JN024291

ソーシャル メディア 解体全書

フェイクニュース・ネット炎上・情報の偏り

山口真一

keiso shobo

ソーシャルメディア解体全書

フェイクニュース・ネット炎上・情報の偏り

目　次

序　論 ………………………………………………………………………1

第 1 章　社会の分断と情報の偏り ……………………………………7
　　1-1　進む社会の分断　8
　　1-2　分断の背景にインターネットあり　10
　　1-3　ネットは社会を分断しない？　18
　　1-4　ソーシャルメディアには極端な意見が表出しやすいメカニズムが
　　　　　ある　21
　　1-5　14.5％の人が46.1％の発信を構成するソーシャルメディアの「偏
　　　　　り」　23
　　1-6　関心の高いテーマほどソーシャルメディア上の意見分布は歪む　25
　　1-7　意見が極端になるとどれくらいソーシャルメディア投稿回数が多
　　　　　くなるか　28
　　1-8　「怒り」はソーシャルメディアで拡散されやすい　32
　　1-9　偏りのある社会でどうすればよいのか　33

第 2 章　フェイクニュースと社会 ……………………………………37
　　2-1　世界で頻発するフェイクニュース　38
　　2-2　フェイクニュースとは何か──定義の考察　43
　　2-3　社会に広まる陰謀論　45
　　2-4　日本のフェイクニュース事例　51
　　2-5　新型コロナウイルスと infodemic　60
　　2-6　日本における疑義言説の件数　71
　　2-7　フェイクニュースの判定と分類方法　72
　　2-8　フェイクニュース・デマの歴史　74
　　2-9　フェイクニュースはなぜ生み出されるのか？　77
　　2-10　メディアにおける公共性と商業性　80
　　2-11　フェイクニュースは社会に何をもたらすか？　82
　　2-12　フェイクニュースが広まる 4 つの理由　86
　　2-13　マスメディア・ミドルメディアとフェイクニュース　89

第3章　日本におけるフェイクニュースの実態　　　　　　　95

　3-1　フェイクニュース問題の認知度　　96

　3-2　フェイクニュース接触の実態　　100

　3-3　誤情報と気付いている人はどれくらいいるのか　　103

　3-4　フェイクニュース拡散行動の実態　　106

　3-5　フェイクニュースを誤情報と判断できない人・拡散してしまう人の特徴　　108

　3-6　フェイクニュースが民主主義に与える影響　　113

　3-7　人々の情報・ニュース接触状況　　117

　3-8　人々はどのような情報検証行動をしているのか　　122

　3-9　新型コロナ・政治フェイクニュース接触の実態　　123

　3-10　コロナ・政治フェイクニュースを誤情報と気付いていない人　126

　3-11　コロナ・政治フェイクニュース拡散行動とその動機　　130

　3-12　フェイクニュースのスーパースプレッダー　　133

　3-13　フェイクニュースからどう身を守ればよいか　　139

第4章　ネット炎上・誹謗中傷のメカニズム　　　　　　141

　4-1　人類総メディア時代のネット炎上　　142

　4-2　ネット炎上がこれまでの批判集中と異なる点　　143

　4-3　ネット炎上の歴史（1999年〜2010年）　　144

　4-4　ネット炎上の歴史（2011年〜2014年）　　148

　4-5　ネット炎上の歴史（2015年〜現在）　　150

　4-6　炎上の分類　　154

　4-7　企業・官公庁炎上の事例　　156

　4-8　著名人炎上の事例　　168

　4-9　メディア炎上の事例　　172

　4-10　一般人炎上の事例　　177

　4-11　一般人炎上の特徴と意図せぬ公人化　　180

　4-12　ある日突然炎上対象となる　　183

　4-13　炎上の特徴と社会的影響　　184

第5章 データから見るネット炎上································187

5-1 炎上に書き込む人の数──アンケート調査からの推計　188

5-2 炎上に書き込む人の数──Twitter からの推計　190

5-3 ネット時代の拡散力　193

5-4 ごく少数のさらにごく一部が多くの言説を占める　195

5-5 炎上参加者の特徴　198

5-6 炎上参加者のパーソナリティ特性　201

5-7 炎上参加者の社会・他人に対する考え方と攻撃性　203

5-8 炎上に書き込む人の動機は正義感　205

5-9 正義感型の炎上参加者は書き込み回数が多い　210

5-10 超萎縮社会の課題　212

5-11 マスメディア・ミドルメディアと炎上　214

第6章 ソーシャルメディアの価値・影響··················219

6-1 クチコミサイト・EC サイトのレビュー　220

6-2 電子掲示板　224

6-3 ブログ　227

6-4 Q&A サイト　230

6-5 SNS　232

6-6 動画共有サービス　240

6-7 メッセージアプリ　245

6-8 コミュニケーションツールの歴史　247

6-9 近年におけるコミュニケーションサービスの変遷の特徴　252

6-10 GDP に反映されない（無料）ソーシャルメディアの価値　254

第7章 ソーシャルメディアの諸課題にどう対処するのか··········257

7-1 海外の政策的対応の現状　258

7-2 日本の現状と提案されている政策の方向性　269

7-3 フェイクニュース対策としてのファクトチェックの効果　274

7-4 ファクトチェックに関する日本の状況と課題　276

7-5 ファクトチェックの限界　277

7-6　プラットフォーム事業者に期待される対策　280

7-7　業界団体に期待される対応　283

7-8　マスメディアに期待される対応　284

7-9　メディア情報リテラシー教育の普及　288

7-10　求められるのは複合的な対策と人々自身の変化　291

【付録】

第1章補足情報 ……………………………………………………………… 294

付録1-1　分極化指数の算出方法（1-3補足）　294

付録1-2　各意見の人がソーシャルメディアに投稿した数の推計方法
（1-5補足）　294

付録1-3　回帰分析モデルと詳細な推定結果（1-7補足）　295

第3章補足情報 ……………………………………………………………… 302

付録2-1　フェイクニュースへの判断や拡散行動に関する回帰分析モデルと
詳細な推定結果（3-5補足）　302

付録2-2　コロナ・政治フェイクニュースへの接触率（3-9補足）　305

付録2-3　各コロナ・政治フェイクニュースを誤情報と気付いていない人の
割合（3-10補足）　307

第5章補足情報 ……………………………………………………………… 311

付録3-1　炎上参加者の特徴に関する回帰分析モデルと詳細な推定結果
（5-5補足）　311

付録3-2　パーソナリティ特性を入れたモデルの詳細な推定結果
（5-6補足）　312

付録3-3　炎上参加件数・書き込み回数に関する回帰分析モデルと詳細な推
定結果（5-9補足）　312

第6章補足情報 ……………………………………………………………… 315

付録4-1　消費者余剰の分析モデルと詳細な推定結果（6-10補足）　315

第7章補足情報 ……………………………………………………………… 319

付録5-1　海外の政策的対応（7-1補足）　319

付録5-2　IFCNのファクトチェック綱領（7-3補足）　325

付録5-3　世界のファクトチェックの状況（7-5補足）　326

謝　辞……………………………………………………………………331

参考文献…………………………………………………………………332

索　引……………………………………………………………………350

序　論

何をもってして「インターネット元年」と呼ぶかは諸説あるが，Windows95
が発売され，インターネットが一般的になっていく 1995 年を指す場合が多い
（とりわけ日本においては）。この年は米国の Yahoo! が誕生した年でもある。そ
の後 1999 年には米国で Blogger[1]が始まり，日本では 2 ちゃんねるが登場する。
これらのソーシャルメディア[2]が登場し，一般的に使われるようになっていく
にしたがって，誰もが自由に世界に発信することができるようになっていった。
ソーシャルメディアが登場する前は，不特定多数への発信は著名人やマスメデ
ィアしかできなかったことを考えると，これは革命的な出来事であり，正に
「人類総メディア時代」と呼んでも過言ではないだろう。

　1990 年代後半は，インターネットやソーシャルメディアのポジティブな側面
が多く語られ，様々な希望的観測が飛び交っていた。例えば，Hauben & Hauben
(1997) は，コンピュータとインターネットは，個人から社会全体へのより広範
囲なコミュニケーションを容易にすることで，民主主義を促進すると述べてい
る。同じような指摘は様々になされており，大衆がモバイル機器でコミュニケ
ーションに参加し，社会の意思決定に参加できることは素晴らしい（Rheingold,
2000）といった内容や，インターネット利用が情報取得や動員のコストの低下
を通して社会参加や政治参加を促進する（Bimber, 2003）といったことがいわれ
た。日本でも，梅田（2006）が，インターネットは「不特定多数無限大に向け
ての開放性」をもっており，テクノロジー（Google など）がその時々の「旬な

---

1) レンタルブログサービス。2003 年に Google に買収される。なお，Google は 1998 年に誕
　生。
2) ソーシャルメディアとは，インターネットを利用して誰でも手軽に情報を発信し，相互の
　やりとりができる双方向のメディアのことを指す（総務省, 2015）。Facebook 等の SNS だけ
　でなく，動画共有サービスや電子掲示板，ブログ，ウィキ（Wiki），クチコミサイト，EC
　サイト（通販サイト）のレビュー等も含まれる。尚，本書においては，SNS を「オープン
　で人と人とがつながるネットワークを形成する，会員制のコミュニティウェブサービスとな
　っているもの」と定義する。詳しくは 6-5 を参照。

プロフェッショナル」をインターネット上から選び出し，彼らの知的貢献を共有している。そして，ブログは知的生産性のツールである」と述べている。

　要するに，インターネットが登場して広がっていくこの時期は，誰もが自由に発信できるという画期的な機能に皆が夢を描いた，「インターネット楽観期」といえる。これらの楽観論に対して「素朴で楽観的な技術決定論」(廣瀬, 1998)という懐疑的な見方もあったが，現在語られるようなインターネットやソーシャルメディアの様々な問題点を指摘する者はほとんどいなかった。

　しかし 2000 年代以降，この「誰もが自由に発信できる」状況における様々な問題点が徐々に指摘されるようになり，2000 年代後半になってくるとインターネット悲観論が主流になってくる。その諸課題を大きく 3 つにまとめると次のように整理できる。

　　①インターネットによる情報の偏り，意見の極端化，社会の分断
　　②フェイクニュースの蔓延
　　③インターネット上の誹謗中傷，ネット炎上

　例えば③に関連して，ネットテレビ番組に出演していたプロレスラーの木村花さん（享年 22 歳）が，ソーシャルメディアでの誹謗中傷を背景に，2020 年 5 月に自ら亡くなってしまったのは記憶に新しい。

　今ではインターネットの可能性をポジティブに評価する人はほとんどいなくなり，「インターネットにはもう暗い未来しかない」という声を多く聞くようになった。確かに，今のインターネットやソーシャルメディアを見ていると，問題は収束していくどころか日に日に拡大化しているように見える。2020 年から世界に大きな影響を与えている新型コロナウイルスに関連しても，感染者に対するインターネット上での誹謗中傷や個人情報の特定などが盛んに行われた。また，数多くのデマが拡散していることも分かっている。かつて期待されたようなインターネットの建設的利用というのは，もう難しいのだろうか。

　結論からいうと，私はソーシャルメディアの普及した人類総メディア時代の未来は暗いものしかないというスタンスはとらない。その理由について簡単にいえば，「人はこれまでも目まぐるしく変わる社会に対応し，今の社会を築き上げてきたから」である。例えば産業革命によって先進国は劇的な経済発展を遂げることとなったが，そこでは奴隷のように働く子供たちや著しい大気汚染

など，様々な問題があった。残念ながら，今でもそれらの問題は完全にはなくなっていない。しかし，問題に対して絶望せず，徐々に人の手で改善してきて，今の社会を築き上げたのもまた事実である。

　しかし様々な問題を無視し，ただ流れに身を任せていたら，その暗くない未来──豊かな情報社会──を築くことは困難だ。このような複雑化する社会だからこそ，諸課題の実態を明らかにし，エビデンスベースで適切な対応方法を検討することが欠かせない。

　本書はその検討をするうえで，ソーシャルメディアに関して必要なエビデンスと考察を網羅的に盛り込んだものとなっている。特徴として，次の3つが挙げられる。

　第一に，ソーシャルメディアに関連する様々な現象について，データ分析や事例をベースに議論する点。筆者の専門は計量経済学というデータ分析手法である。そのようなデータ分析によって明らかになったことはもちろん，国内外の様々な研究成果も参照しながら，複雑なソーシャルメディアの現象の実態を明らかにしていく。

　第二に，特定の問題に閉じず，フェイクニュース，情報の偏り，誹謗中傷・ネット炎上といったネット言論の諸課題を網羅的に取り扱う点。ソーシャルメディアに関連する多くのトピックについてエビデンスベースで検討しており，これらを俯瞰的に知りたい方に本書は向いている。さらに，ソーシャルメディアの社会的影響やコミュニケーションツールの歴史までカバーしている。

　第三に，具体的な対策について論じる点。フェイクニュース，ネット炎上，社会の分断──こういった様々な問題に対して，果たして有効な対処策はあるのだろうか。具体的な施策について，国内外の状況をレビューしたうえで，政府・民間企業・生活者など多様な立場から検討する。

　本書の構成は以下のとおりである。第1章では，インターネットによる情報の偏り，意見の極端化，社会の分断について取り扱う。まず，インターネットが社会を分断するという背景である「選択的接触と同類性」「エコーチェンバー現象と集団極性化」「フィルターバブル」という3つの特徴について解説する。そして，ソーシャルメディアが能動的な言論だけで構成された言論空間であるために，極端な人が多く発信するような偏りが生まれていることを，データを基に解説する。

　第2章と第3章は，フェイクニュースについて取り扱う。第2章では，様々

なフェイクニュース事例を紹介した後，フェイクニュースが生み出される動機
や，「政治的混乱・社会の分断」「経済・生活の混乱」「特定の個人・企業の評
価低下」「情報の価値の毀損」という4つの社会的影響について説明する。さ
らに，フェイクニュースが広まる理由として「人類総メディア時代の高い拡散
力」「フェイクニュースの持つ目新しさ」「『友人の情報は信頼できる』という
無意識のバイアス」「怒りは拡散しやすい」といったことがあることや，メディ
ア（ミドルメディア・マスメディア）がフェイクニュース拡散に大きく関わる
ことがあることを示す。

　第3章では，日本におけるフェイクニュースの実態について，様々な実証分
析結果から特徴を明らかにしていく。例えば，フェイクニュースの接触者のう
ち，それを誤情報と気付いていない人は75%以上存在することや，フェイクニ
ュース接触者のうち，43%は誤情報と気付かずに1つ以上のフェイクニュース
を拡散していること，フェイクニュースに騙されやすい人・拡散しやすい人の
特徴などを明らかにしていく。また，フェイクニュースの社会的影響として，
浮動票ともいえる弱い支持をしている人の考えをネガティブに変える力がある
ことを示す。最後に，フェイクニュースに対して人々が個人としてできること
は何かを説明する。

　第4章と第5章は，インターネット上の誹謗中傷やネット炎上について取り
扱う。第4章では，頻発しているネット炎上や誹謗中傷について，歴史，特徴，
社会的影響などを豊富な事例と共に整理する。ネット炎上は2020年に1,415
件発生していることや，炎上は「可視性」「持続性」「拡散性」の3点において
これまでの批判集中とは大きく異なることなどを明らかにする。また，炎上の
社会的影響として，企業など強者の不正行為に対し，消費者という弱者の声が
通りやすくなり，さらに逸脱した行為への抑止力ともなっているというポジテ
ィブな側面がある一方で，炎上対象者の心理的負担増加，社会生活への影響，
企業の株価の下落といったネガティブな影響があることを指摘する。さらに，
マクロ的には，表現の萎縮をもたらしていることを述べる。

　第5章は，ネット炎上に参加している人の人数，特徴，動機などについて，
Twitterデータやアンケート調査データから，実態を明らかにしていく。炎上
1件あたりについて，Twitterにネガティブな意見を書き込んでいる人はネッ
トユーザの約40万人に1人であることや，その中のさらにごく一部の投稿数
が非常に多いといったような，炎上がごく一部の人の手によって巨大に見えて

いるメカニズムを示す。また，炎上に参加しやすい人の特徴として，「男性」「若い」「世帯年収多い」「主任・係長クラス以上」「メディア利用時間が長い」といった客観的な属性から，協調性が低かったり，社会・他人に対して否定的（不満を持っている）で攻撃性があったりするといった，内面も明らかにする。さらに，マスメディア・ミドルメディアとソーシャルメディアの共振現象が，炎上を激化させていることも指摘する。

　第6章は，様々なソーシャルメディアがどのような価値と影響を持っているか，そして，コミュニケーションツールがどのように変化してきたかを明らかにする。インターネット上のクチコミには年間約1兆円以上の消費喚起効果があるように様々な経済的恩恵がある一方で，とりわけTwitterやFacebookなどのSNSは，誹謗中傷，フェイクニュース，選択的接触などの問題が一番発生しやすいソーシャルメディアにもなっていることを指摘する。また，近年におけるコミュニケーションサービスの変遷の特徴として，「主たるツールの入れ替わり期間が短い」「若い世代から変化が起きる」「消費者ニーズが牽引し，サービス中心にコミュニケーションツールが変化する」という3つを紹介する。そして，人々が無料でソーシャルメディアを使うことのGDPに反映されない価値（消費者余剰）も推計し，それがおよそ15兆6,800億円〜18兆3,000億円で名目GDPの約3.20〜約3.74%に当たることを示す。

　第7章では，これまで見てきたソーシャルメディアの諸課題に対してどのような対策を打てばよいのか考察する。まず，海外の政策動向と，総務省で示されている「リテラシー向上のための啓発活動」「プラットフォーム事業者の自主的取り組みの支援と透明性・アカウンタビリティの向上」「発信者情報開示に関する取り組み」「相談対応の充実に向けた連携と体制整備」の4つの方向性を紹介する。そして，どのような法律が望ましいのかといった政策的なところだけでなく，プラットフォーム事業者，業界団体，マスメディア，教育といった各ステークホルダーの立場から，適切な社会的対処について検討する。

第1章

社会の分断と情報の偏り

　社会の分断が進んでいるといわれる。その背景として，インターネット（とりわけソーシャルメディア）が持つ様々な特徴が指摘されている。本章では，ソーシャルメディアが人々の意見にどのように影響を与えうるかを述べたうえで，どれくらいソーシャルメディア上に表出している意見が偏っているのか，その実態を明らかにする。

〈本章のポイント〉

- インターネットが社会を分断するといわれる背景には，「選択的接触と同類性」「エコーチェンバー現象と集団極性化」「フィルターバブル」という3つの特徴が関係する。
- ソーシャルメディアは「言いたい人だけが言う」という，能動的な言論だけで構成された言論空間である。そのために，極端な意見を持っている人が多く発信する。
- 「憲法改正」というテーマについて，14.5% の極端な意見の人がソーシャルメディア上で 46.1% の投稿を占めている。
- 日韓米で「外国人が自国に増えること」というテーマで分析しても同様の傾向があり，この意見分布の歪みは関心の高い分野ほど大きくなる。
- 怒りの感情はソーシャルメディア上で拡散されやすい。
- 情報の偏りはソーシャルメディアに限らず，マスメディアにも存在する。

1-1 進む社会の分断

「社会が分断されてきている」——ソーシャルメディアを見ていて，そう感じることは無いだろうか。例えば政治について考えてみると，ソーシャルメディア上では，保守的[1]なものもリベラル[2]なものも，双方過激で極端な意見が散見される。そして，ほとんどの場合それらの意見は交わっていない。保守的な人は保守的な人の間で意見を交換・拡散し，リベラルな人はリベラルな人の間で意見を交換・拡散しているようだ。

分かりやすいのがネットニュースのコメント欄かもしれない。例えば，リベラル寄りのニュースが配信されたとき，リベラル寄りのネットニュースサイトのコメント欄では支持する声が溢れる。しかし同じ記事を保守的なネットニュースサイトで確認すると，コメント欄が罵詈雑言で溢れているということがしばしばある。当然，保守とリベラルが逆の場合もまた然りである。

米国で面白い研究結果がある。「自分の子供が自分の支持政党と逆の政党支持者と結婚したらどう思うか」という質問に対して，1960年時点では約5%の人が「unhappy」と答えていた。ところがこれが2010年においては，なんと共和党支持者では50%の親が，民主党支持者では30%の親が「unhappy」と答えていたのだ（Iyengar et al., 2014）。同研究では，程度こそ違うが，英国でも同じように unhappy と答える人が多くなっていることが分かっている。

同じような調査は，米国の Pew Research Center（2014）[3]も発表している。本文献では支持政党でない政党に対してどのように考えているか調査している。

---

1) 旧来の伝統的な風習や社会秩序を重視し，維持しようとする考えのこと。日本の政策について実例を挙げると，憲法改正に積極的（改憲派が多い），集団的自衛権を行使できるようにした安全保障関連法支持，原子力発電を維持，伝統的な家族形態が大事（選択的夫婦別姓に反対），などといえる（朝日新聞, 2017）。ただしいうまでもなく，保守派であっても憲法改正には積極的だが原子力発電には否定的，という人もいる。

2) 自由主義的で，個人の自由や個性を重んずる考えのこと。また，政治的に穏健な革新を目指す立場をとるさま。日本の政策について実例を挙げると，憲法改正に消極的（護憲派が多い），安全保障関連法は憲法違反として反対，原発ゼロを主張，夫婦別姓に賛成，などといえる（朝日新聞, 2017）。ただし，これも保守と同様に，リベラル派であったとしても憲法改正には消極的だが原子力発電には肯定的，という人もいる。

3) 主に米国における人々の意見や政治傾向などについて調査しているシンクタンク。

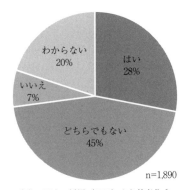

出典：田中・浜屋（2017）より筆者作成。

図1.1　世の中の言論は中庸がなくなり
極端になってきていると思うか

1994年の調査では，民主党に対して「非常に好ましくない」と考えている共和党員は16%で，共和党に対して「非常に好ましくない」と考えている民主党員は17%であった。しかしそれから20年経った2014年には，これが43%と38%となっており，倍以上の割合になっていたのである。さらに，その中の多くの人が，反対の党の政策が「国家の幸福を脅かすほど誤っている」と考えていた。これについて Pew Research Center は，社会の分断・分極化[4]が非常に進んでいると警鐘を鳴らしている。

　日本でも同様の傾向が見られる。「世の中の言論は中庸がなくなり右寄り[5]か左寄り[6]か極端になってきていると思うか」という問いに対し，「いいえ」という回答は7%にすぎず，「はい」が28%もいることが分かっている（田中・浜屋, 2017）。「どちらでもない」が最も多いものの，「はい」と答えた人はその次に多く，社会の分断が人々に実感されてきていることを示唆している（図1.1）。

　どうやら，近年社会の分断が進んでいるというのは，世界共通の認識のようである。そして行きすぎた分極化は，民主主義にとって悪影響があると指摘される。なぜならば，議論や対話といったものは，相手の言っていることに耳を傾けたうえで自分の意見を述べることが大切だからである。分極化された意見同士では相互理解が困難であり，選挙によって白黒つけることはできても，社

---

4) 政治傾向が保守・リベラルどちらかに偏り，中庸が少なくなること。

5) ここでは保守のこと。

6) ここではリベラルのこと。

会がまとまることがない。

1-2 ｜ 分断の背景にインターネットあり

このような分断の大きな要因として挙げられているのが，インターネットとソーシャルメディアである。なぜならば，これらが社会に広がっていくタイミングと，社会の分極化のタイミングが一致しているためである。そして，インターネットの持つ「選択的接触と同類性」「エコーチェンバー現象と集団極性化」「フィルターバブル」という3つの特徴が関わっていると指摘されている。

● 選択的接触と同類性（homophily）

我々がインターネット上で何かを調べたい時，多くの場合，Google などの検索エンジンか，Twitter などのソーシャルメディアで検索することになる。また，ソーシャルメディアで交流する相手を探す際も，ソーシャルメディアを利用している人全員とつながることは当然できないため，何らかの方法で交流する相手を取捨選択して決めることになる。つまり，インターネット上には無数の情報があり，無数の人がおり，無数のコミュニティがあり，我々はそれらの多くに接触する方法を持っている。しかし全てに接触することは不可能なため，常に情報や人をふるいにかけている。そして，インターネット上の多くの機能（検索など）は，そのような情報のフィルタリングを可能としている。

これには様々な良い面がある。我々はフィルタリングのおかげで，自分が必要な情報を簡単に得ることができている。巨大企業にまで成長した Google のミッションが「世界中の情報を整理し，世界中の人々がアクセスできて使えるようにすること」であることからも，情報を整理することにどれほど価値があるか分かるだろう。また，同じような趣味や考え方の人とつながれるだけでなく，少数派（マイノリティ）の人が同じマイノリティの人とつながることで，同じように抱える悩みなどを気軽に相談できるようにもなった。普段社会で接することが難しい人だったとしても，地域の制約がないインターネット上では簡単に見つけて交流することが可能である。

しかしこのような「選択的接触」こそが，社会の分断に深くかかわると指摘されている。人には同類性（homophily）と呼ばれる性質があり，同じような属性や価値観を持つ人とつながることを好む。誰しも，わざわざ自分と考えが違

う，趣味も合わない人と好んでつながろうとしないのである。現実社会ではそ
れでも自分と合わない人と交流する必要に迫られることは少なくないが，大量
の情報や人が存在するインターネット空間においては，いくらでも好みの同質
的な人，意見，情報を選択することが可能である。そのため，選択的接触の過
程で，インターネット利用者は自分とは異なる意見や情報に触れることがなく
なっているというわけだ。

　インターネット上で選択的接触が強く起こっていることは，既に2000年代
初期には指摘されていた。例えば，2004年の米国大統領選挙の間のリベラル
と保守それぞれのブログの交流の程度を測定し，コミュニティの構造の差異を
分析した結果，リベラルなブログと保守的なブログには溝があってほとんど交
流がない一方で，同じイデオロギーのブログ間では強いつながりがあったこと
が分かっている（Adamic & Glance, 2005）[7]。また，金（2003）は，インターネッ
トの情報はエンタメ化・タブロイド化しており，民主主義の道具としてのイン
ターネットに寄せられた期待は裏切られる結果になると指摘している。自分の
関心のあるテーマのみをクリックする現象は，デイリー・ミー——自分のため
の新聞——であり，これは社会にいびつな関心をもたせ，社会全体への関心に
つながらない。

　想像してみてほしい。あらゆるものをフィルタリングできる状態において，
あなたはわざわざ「自分の見たくない情報」や「自分の嫌いな人」にアクセス
しようとするだろうか。おそらく，よほど奇特な人でない限り，そのようなこ
とを積極的にしようとは思わないだろう。これが，同類性（homophily）を持つ
人間が完全なフィルタリングが可能なインターネットを利用した時の帰結とい
うわけである。

コラム1-1　選択的接触とマスメディア

　このようにインターネットにおける選択的接触について話してきたが，実はマス
メディアにも選択的接触はある。例えば，特定の番組しか見ない，特定の新聞しか
読まない，ということは選択的接触になり得る。もちろん新聞などでは，意見対立
のある論点を紹介する場合，両論併記されるのが原則とされているし，そうあるべ

7）特に保守的なブログは互いにつながりが強く，投稿が頻繁に行われていた。

きだろう。しかし，大手新聞にも報道が偏っている例はある（**1-9** 参照）。マスメディアも事実をただ報じるだけでなく，必ず意見も入るものなので，大なり小なり偏りは生まれる。日本の新聞社においては，一般的に，朝日新聞と毎日新聞はリベラルで，読売新聞と産経新聞は保守的だといわれている。

　つまり，多くの新聞読者はそうだろうが，これらのうちの1紙だけを購読して毎日読んでいる場合，特定の争点については偏った情報だけを摂取している可能性がある。田中・浜屋（2019）によると，新聞やテレビ番組への接触においては，約3割の人が，リベラル（あるいは保守的）とされる方の媒体だけに接触していることが明らかになっている。つまり約3割の人は，マスメディアにおいても，選択的接触の状況下にある可能性が高いといえる。

　そもそも選択的接触は同類性（homophily）に根差したものであり，ある意味，人間の本質が背景にある。実は，インターネットのない1940年の米国大統領選挙について研究した結果，もともと共和党派だった人の過半数は共和党の選挙キャンペーンに接触し，民主党派だった人も同様に民主党の選挙キャンペーンに接触していたことが分かっている（Lazarsfeld et al., 1948）。結局，自分の支持していない政党の選挙キャンペーンにわざわざ参加する人は少ないのである。こう考えれば，保守的な人が保守的なマスメディアを利用し，リベラルな人がリベラルなマスメディアを利用していくことは容易に想像できる。

　ただし，マスメディアにはソーシャルメディアにはない特徴がある。それは情報の一覧性だ。新聞であれば，大きなサイズの1ページのなかに様々な情報が記載されている。特に各紙とも，最初の3ページほどは「総合面」で，直近の大きなニュースについてジャンルを問わず掲載している。ほんの数ページほどめくって読むだけでも，様々なジャンルの様々な情報が入ってくるだろう。つまり，偶然の出会いがある。テレビでも同様だ。報道番組では，ニュース一覧という形でその日のニュースがまとめて報道されている。いずれも，プロの編集者があふれる情報のニュースバリューを判断して，発信内容を工夫しているため，情報の精度もより高くなる。また，テレビをつけっぱなしにすることによる「見ようと思っていなかった番組の偶然視聴」もある。

　一方のソーシャルメディアは，この一覧性が乏しい。例えば，新型コロナウイルス感染症に関する情報を発信するアカウントだけをフォローしていれば，その問題に関する情報ばかりが入ってくる。リベラルな意見ばかりの人をフォローしていれば，やはりそういった意見ばかりが入ってくる。逆もまた然りである。プロのジャーナリストが編集しているわけでもない。

　それに対してマスメディアは，自分が普段関心を払っていない情報も偶然入ってくる。普段新型コロナウイルスにばかり関心を持っている人でも，憲法改正や，

国際関係に関する問題など，他の重要なイシューに触れる機会が提供される。つまり，マスメディアにも選択的接触はあるが，偶然の出会いがインターネットに比して起こりやすいといえる（Bennett & Iyengar, 2008）

● エコーチェンバー現象と集団極性化

　このような選択的接触は，「エコーチェンバー現象」と呼ばれるものを引き起こす。エコーチェンバーとは残響室[8]のことを指し，直訳すると「残響室現象」といえる。つまり，選択的接触によって自分と同じ意見の人ばかりと交流をし，自分と同じ意見ばかりがあらゆる方向から返ってくる閉じられたコミュニティでコミュニケーションを繰り返すと，やがて集団極性化[9]によって意見がより強くなっていくことを指す。

　インターネットは開かれた空間だが，コミュニケーションは決して幅広く行われるわけではない。むしろ無数の閉じたコミュニティがあり，そのコミュニティ内でRT（リツイート）[10]などのシェアが行われているのが現実だ。そうすると，広く様々な意見のある場所でコミュニケーションをしているように見えて，実際には，誰と話しても自分と同じ意見しか返ってこないため，同じ意見がどこまでも反復されることになる。

　このように，選択的接触による意見の増幅・強化は民主主義を危機にさらすと，憲法学者の Sunstein（2001）は古くから警告していた。しかし残念ながら，昨今の様々な研究が，インターネット上のエコーチェンバー現象や集団極性化現象を実証的に確認している。

　例えば，2011 年のカナダ連邦選挙で，1,492 人の Twitter ユーザが投稿した5,918 件のツイートのデータを用いて，エコーチェンバー現象を研究したものがある。分析の結果，Twitter には政治的偏極をもたらす効果があることが明らかになった。意見の交わりによる，より広い議論や学習につながるクロスイデオロギー的な効果も一部見られたが，その力よりも，エコーチェンバー現象

---

8) 壁・床・天井などの音の吸収を抑え，長い残響が生じるように設計された部屋のこと。

9) 集団極性化とは，集団で討議した結果，討議前の各個人の意見よりも，より先鋭化した決定がなされることを指す。例えば，左翼の人々が討議した場合はより一層左翼的に，右翼の人々が討議した場合はより一層右翼的になる現象であり，インターネットに関係なく心理学の分野で古くから見られていた現象である（Brown, 2003; Arima, 2012）。

10) Twitter で他のアカウントの投稿をシェアする機能。

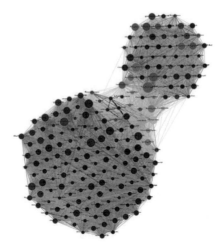

「安倍, アベ」が含まれるツイートを分析している。
出典：鳥海（2020a）。
図 1.2　安倍元首相が検査に行った際のツイート傾向

により二極化されたそれぞれの意見が強まる効果の方が大きかったのである（Gruzd & Roy, 2014）。また，Facebook からコミュニティの人数及び所属するユーザの投稿を取得して分析した研究では，エコーチェンバー現象により，他者の感情の影響を受けて極端にネガティブな意見を持つようになり，特に Facebook をよく使う人ほどこの影響が顕著なことが示されている（Del et al., 2016）。

　日本国内でもエコーチェンバー現象が確認されている。2020 年 8 月に，安倍晋三元首相が大学病院にて検査を行ったというニュースが報道され，Twitter 上でも話題になった。鳥海（2020a）は，この話題に関するツイートを取得し，分析を行っている（図 1.2）。頂点はツイートを表し，1 人でも共通してリツイートしているアカウントがあれば頂点同士をリンクでつないでいる。また，頂点の色は，各ツイートをリツイートしたアカウントにどの程度偏りがあるかを示しており，色が濃いほど偏りが強いということを意味している。

　図 1.2 を見ると，大きく 2 つのクラスタができていることが分かる。右上のクラスタは安倍元首相の健康状態を心配するクラスタである。一方，左下のクラスタは，安倍元首相の健康状態も含めて，元首相に対する批判的なツイートが含まれるクラスタである。こちらのクラスタの頂点の色は全体的に濃く，かなり偏りが見られる。

　ここで着目すべきは，クラスタが大きく2つに分かれ，クラスタ間を結ぶ線よりも，クラスタ内での頂点を結ぶ線の方が，圧倒的に量が多いということである。クラスタ内でのリンクが，クラスタ外と結ぶリンクよりも相対的に濃くなっている。これは，各クラスタ（意見）の中で，似たような人同士がリツイート（シェア）しあっていることを意味する。つまり，安倍元首相の健康状態に関する意見について，Twitter 上ではエコーチェンバーが生じていたといえるだろう。

　他にも，Twitter デモの分析からも同じようにエコーチェンバー現象が観察されている（鳥海, 2020b）。2020 年 12 月に，「#立憲民主党の解党を求めます」，「#自民党の解党を求めます」というハッシュタグが，Twitter 上で拡散された。前者は 2020 年 12 月 18 日〜 27 日 15 時まで 80,112 件がツイート[11]され，後者は 2020 年 12 月 18 日〜 27 日 15 時まで 158,914 件がツイート[12]された。この現象について，2 つの分析がされている。

　第一に，どのくらいのアカウントがどのくらいのツイートを拡散したのかを分析した。その結果，「#立憲民主党の解党を求めます」については，8.6％にあたる 1,774 アカウントが半数の拡散を担っており，「#自民党の解党を求めます」については，4.3％にあたる 864 アカウントが半数の拡散を担っていることが明らかになった。少数のアカウントが一生懸命リツイートをして，大量拡散を行っているといえる。

　第二に，拡散アカウントの内訳の偏りを分析した。具体的には，各ハッシュタグの内容にポジティブなツイートの拡散をしたアカウントについて，政権支持派か否かを分析した。その結果，「#立憲民主党の解党を求めます」については参加アカウントの 78.8％ がもともと政権支持ツイートを多数リツイートしていたアカウント[13]で，「#自民党の解党を求めます」については参加アカウントの 82.9％ が政権批判ツイートを多数リツイートしていたアカウント[14]であることが明らかになった（図 1.3）。どちらのハッシュタグツイートも，過去

11）リツイート（拡散）を除いたオリジナルツイート数は 9,816 件。
12）リツイート（拡散）を除いたオリジナルツイート数は 25,861 件。
13）過去 2 年のツイートで政権に対して支持的なツイートを 10 回以上リツイートしたアカウント。
14）過去 2 年のツイートで政権に対して批判的なツイートを 10 回以上リツイートしたアカウント。

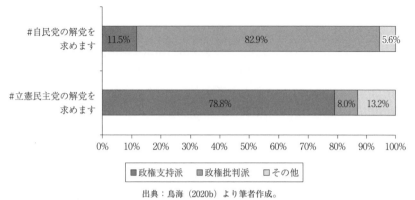

出典：鳥海（2020b）より筆者作成。

図1.3　各ハッシュタグをポジティブにリツイートしたアカウントの特徴

に似たような政治的投稿を行っていたアカウントによるものだったのだ。ここでも，同じような意見を持った人ばかりが「ハッシュタグで連帯」する，エコーチェンバー現象が見て取れる。

　さらに，インターネットでのニュース接触が排外的態度の極性化を引き起こすことも示されている（辻・北村，2018）。この研究では，アンケート調査データを使った実証分析によって，日本においてはパソコンを使ったネットニュース接触が，排外主義的態度・意見を極性化する効果を持つことが分かった。

● フィルターバブル

　このようなフィルタリング，選択的接触は，何も人々の手によるものだけではない。ソーシャルメディアや検索サービスといったものを動かしているアルゴリズム[15]もまた，人々が選択的接触をするのを助けている。

　実は，ソーシャルメディアで表示される投稿の順番や，ニュースの順番，広告内容などは，全てアルゴリズムによって決定されており，一人ひとり全く異なるものが表示されている。例えば，ソーシャルメディアであるFacebookにおいて，AさんとBさんが全く同じ人をフォローしていたとする。しかし，

15）ある問題を解決するための手順や計算のこと。例えば検索サービスGoogleで情報を検索した時，インターネット上にあるありとあらゆる情報がソート（並び替え）される。このソートはランダムに行われているわけではなく，Googleのアルゴリズムによって決められているのである。

A さんと B さんが異なる使い方を Facebook でしていた場合，フォローしている人の投稿が表示される順番は異なってくる。また，その人のニュース閲覧履歴などによって，優先的に表示されるニュースも異なってくる。Google などの検索サービスの検索結果も，実は一人ひとり異なっている。

　これは何も特別なことではなく，多くのウェブサービスでされていることである。サービス側は人々の交流データやウェブサイト閲覧履歴データを収集しており，そのビッグデータを使って「各人が見たい情報」が優先的に目に留まるように配信している。具体的には，コンテンツを選択するフィルタリングと，見たいコンテンツを提供するパーソナライゼーションを行っている。そのため，今我々が見ているウェブの世界というのは，我々が最も満足するように，サービス事業者がカスタマイズして表示している世界というわけである。

　例えば，新しいスマートフォンを欲しいと思って「スマートフォン」を検索したら，Facebook 上の広告がスマートフォン一色になったということはないだろうか。あるいは，Amazon で化粧品を買ったら，似たような化粧品が何度もメールでお勧めされるようになったかもしれない。これらは，ウェブ上の行動データを分析して，サービス事業者があなたの欲しいものを配信しているために起こる現象である。

　同じように，ソーシャルメディアで表示されるようなニュースについても，その人のこれまで閲覧したニュースや入力した政治信条など，様々なデータを分析し，アルゴリズムによって自動でその人に合ったニュースコンテンツなどを配信している。保守的なニュースばかりを閲覧していたら，やがて表示されるニュースは保守的なニュースばかりになるのである。当然リベラルなニュースばかりを閲覧していたらリベラルなニュースばかりが表示される。ネットニュースアプリも同様である。

　これもまた，自分と違った立場や視点の情報に接する機会を失わせ，エコーチェンバー現象と同じように視野を狭め，集団極性化を引き起こす可能性が指摘されている。なぜならば，前述したように，人は自分と似たような意見やニュースが好きだからである。サービス事業者の目的は「その人がクリックしてくれるニュース記事を優先的に表示する」「その人がクリックしてくれる広告を優先的に表示する」「その人が興味を持ってくれる商品をレコメンドする」ことである。そして，人々は自分の同じような意見を見るのが心地よいのだから，アルゴリズムはそのような意見に関連したものばかりを優先的に表示する

ようになるのである。こういった現象をフィルターバブルという（Pariser, 2011）。

　このフィルターバブルの影響は，最新の論文で実証的に明らかになっている。Ro'ee（2021）は，Facebook を利用して実証実験を行った結果，Facebook 上でランダムにニュース接触の機会が与えられると，それがたとえ自分のイデオロギーに合わなかったとしてもニュース記事を見に行くようになったと述べている。そして，自分のイデオロギーと異なるイデオロギーのニュース消費は，感情的な分極化を抑制させていた[16]。この結果が示すのは，少なくともソーシャルメディアでニュースに接触するという過程において，人々が好んで自分の見たいニュースばかりを選んで見に行っているというよりは，アルゴリズムがどんどんその人のイデオロギーに合ったニュースばかりを表示するためにフィルターバブルが起こり，感情的な分極化が促進されているということだ。

1-3 ネットは社会を分断しない？

　このように，インターネットの持つ様々な特徴は人々の意見を極端化し，社会の分断を引き起こすといわれる。しかしそのような中で，それを否定する研究も存在する。それが田中・浜屋（2019）の『ネットは社会を分断しない』（角川新書）である。

　本著では，5万人を半年ごとに2時点調査することで，ソーシャルメディアの利用と政治的意見の極端化についての関係を分析している。具体的には，5万人の中で一部の人はその半年の間にソーシャルメディアを利用し始めているが，その「ソーシャルメディアを利用し始めた人[17]」と「ソーシャルメディアを全く利用していない人」を比較して，分極化指数と言われる意見の極端度を示す指数がどのように変化するかを分析した。分極化指数とは政治的の意見の極端度を表す変数であり，値が大きければそれだけ政治的に極端な意見を持っていることになる（詳しい算出方法は付録1-1参照）。その結果，ソーシャルメディアの利用前に比べて利用後に意見が極端化するような現象は見られなかった

16）例えば，「もし自分の息子や娘が反対政党の人と結婚したらどう思うか」などについて，意見が穏健化する。

17）Twitter，Facebook などの各サービスについて，それぞれ週に2〜3回以上利用している場合「利用している」と定義している。ただし，政治的の動機でソーシャルメディアの利用を開始した人は「利用を開始した人」から除いている。

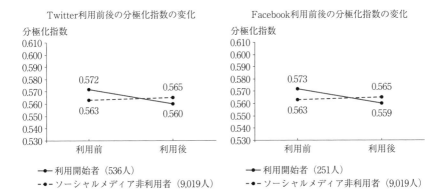

図1.4　ソーシャルメディアの利用と意見の極端度（数字が高いほど意見が極端であることを示す）

（図1.4）。図1.4を見ると，ソーシャルメディア利用開始者の分極化指数が，ソーシャルメディア非利用者と比較して，利用開始後に高くなっている傾向は見られない（むしろ若干低くなっている）。ここでは分かりやすくグラフで示しているが，回帰分析でも同様の結果が得られている。

　このように極端化が見られない理由として，同著ではソーシャルメディアの利用者が意外にも自分のイデオロギーと逆の論客（政治的インフルエンサー）をフォローしていることを挙げている。なんと，各ユーザがフォローしている論客を調査したところ，約39％は自分と反対のイデオロギーの論客だったのである[18]。確かに自分の意見と同質の人をフォローする傾向はあるものの，そもそも現実社会でも自分と異なる意見の人と積極的に交流するケースが多くないことを考えると，39％も反対のイデオロギーの論客であるというのは，ソーシャルメディアでは必ずしも選択的接触が起こらないことを示唆する[19]。

　実は，同じような結果は別の研究でも見られている。米国でのアンケート調査データを基とした研究によると，ソーシャルメディアを積極的に利用している人は，異なるイデオロギーの人との関わりが多く，むしろ意見の極端化を抑制しているといわれている（Lee et al., 2014）。スペイン，ドイツ，米国の3か

---

18) Twitterアカウントを保有して積極的に言論活動を行っている27人の論客について，フォローしている人の政治傾向から保守とリベラルに分けて調査している。
19)「批判するためにフォローしている」という可能性も十分考えられるが，それでも反対のイデオロギーの意見が目に入ってくる状況に変わりはない。

国における Twitter のテキスト分析でも，Twitter ユーザは少なくとも 20％は他の意見（保守であればリベラル）の人をフォローしており，それが意見の穏健化効果をもたらしていることが指摘されている（Barberá, 2014）。さらに，米国の選挙データの分析では，分極化傾向は，インターネットやソーシャルメディアを利用する可能性が低いグループの間で最大であることが明らかになった。特に，高齢者で二極化が一貫して高くなっていた（Boxell, Gentzkow & Shapiro, 2017）。

コラム 1-2 「ネットは社会を分断しない」への反論

　このように，ソーシャルメディアやインターネット利用が社会の分断に与える影響については，研究によって結果が割れている。その理由は大きく2つ考えられる。

　第一に，「極端化効果」と「穏健化効果」の両方があり，打ち消しあっているということ。インターネットを利用していれば当然情報や交流相手の取捨選択をするが，同時に多くの意見や人と偶発的に出会う可能性もある。日常生活では，自分と同質の意見の人ばかりとコミュニケーションすることは少ないかもしれないが，同時に，自分と全く異なる意見の人と討論する機会もそうそうない。筆者が学生と話す中でも，「Twitter を始めて，初めて世の中にはこんなに色々な意見の人がいることを知った」という声を聞くことが少なくない。

　第二に，多くの分析で「政治的イデオロギー」のみを対象としており，調査対象者の政治関心によって結果が左右されかねないこと。例えば，若者より高齢者の方が政治的な意見が極端化していることが示されているが（田中・浜屋, 2019; Boxell, Gentzkow & Shapiro, 2017），そもそも若者は政治に興味がなく，それ故に極端になっていないという面がある。

　実際，辻（2020）は，田中・浜屋（2019）の分析の問題点として，この政治関心度をコントロールしていないことを指摘している。一般的に，政治に関心がある人の方が選択的接触による意見の極端化は起こりそうなものである。なぜなら，そもそも政治に関心がなければ，ソーシャルメディアを利用しても保守・リベラル関係なく，そもそも政治的なユーザをあまりフォローしないし，ニュースも読まないだろうと考えられるためである。しかし，田中・浜屋（2019）の分析においては政治的動機でソーシャルメディアを始めた人は分析対象外となっている[20]ため，その最もインターネット利用によって極端化しそうな人が分析から外されているというわけである。さらに，前述のような若年層と高齢者の比較においても，政治関心が高い人ほど政治的イシューに対する賛否もより明確になることは当然と指摘し

ている。これらはいずれも，分析において政治関心という交絡因子[21]をコントロールしていないために引き起こされていると指摘されている。いずれにせよ，より詳細で多様な分野に跨った分析が求められるところであり，筆者も 2021 年現在，様々なメディアが人々の意見や寛容さに与える影響を分析しているところである。

1-4 ｜ ソーシャルメディアには極端な意見が表出しやすいメカニズムがある

このように，インターネットやソーシャルメディアが人々の意見にどの程度影響を与えるのかということについては，「人々の視野を狭める・人々の意見を極端化する」という見方が主流だが，一致した見解は得られていない。

しかしいずれにせよ，1-1 の冒頭に記載したとおり，ソーシャルメディア上では過激で極端な意見が散見されるのは事実だ。実際，筆者の行った調査では，インターネットを利用している人の約 75% が，「インターネット上には攻撃的な人が多いと思う」と回答していた（2,086 人を対象としたアンケート調査より）（山口, 2015）。同様に米国でも，年齢や政治的志向などの変数をコントロールしても，ソーシャルメディアの利用時間が長いほど，政治を偏向的に捉える人が多いことが実証的に示されている（Gollwitzer, 2018）。

これは少し奇妙な現象である。なぜならば，日米のインターネット普及率を考えると，「インターネット（ソーシャルメディア）を利用している人≒社会に

---

20) 田中・浜屋（2019）でこのような人を分析対象外としているのは，政治的動機でソーシャルメディアを始めた人まで分析に含めてしまうと，時系列分析だったとしても，「政治的に極端になってきたからソーシャルメディアを利用した」のか，「ソーシャルメディアを利用したから政治的に極端になった」のか，因果関係を識別することが困難なためである。そこで，前者を取り除くため，政治的動機以外でソーシャルメディアを始めた人のみで分析をしたのである。ただし，それはソーシャルメディアで政治的情報にあまり触れようとしない層とも考えられるため，元々選択的接触の影響を受けにくい人々であるという指摘を受けることとなった。

21) 交絡を発生させる要因のことである。例えば，アイスクリームが売れると海難事故件数が増えるという正の相関がみられるが，この 2 つの関係の背景には「気温」という交絡因子がある。つまり，気温が高くなるとアイスクリームが売れるようになり，気温が高くなると海で泳ぐ人が増えるので海難事故件数が増えるというわけである。同様にこのケースでは，インターネットを利用していない人ほど政治的に極端という結論だが，「インターネットを利用していない＝高齢＝政治関心が高い」「政治的に極端＝政治関心が高い」ということで，交絡因子として政治関心が高いのだと指摘されている。

いる人」のはずであり，インターネット利用者だけに攻撃的な人や極端な意見の人が多いというのは考えにくいためである。

　実は，このような現象が起きる背景には，ソーシャルメディアの持つ根源的な特徴がある。それは，「ソーシャルメディア上には発信したい人の意見しかない」ということだ。例えば，社会における意見を調査するために一般的に行われる世論調査というものは，電話などを使って質問をして意見を収集する。この時，回答者は無作為に選ばれた人が，聞かれたから答えている状態である。つまり，受動的な発信をしている。また，通常の会話においては，発信は能動的なものと受動的なものが入り混じる。もちろん，強い想いを持って発言をすることもあるが，話し相手がその話題に関心がなければ空を切るだけで，やがてその会話は終わる。会議やディスカッションの場であれば，あまりに話し過ぎていたら司会に止められる。そのうえ，時には相手から質問を受けることもあるため，受動的に発信することもある。

　しかしながら，ソーシャルメディア上の意見というのは，能動的に発信されたものしかない。仮に強い想いを持って攻撃的な意見や極端な意見を大量に発信しても，それを止める司会はいない。言いたいことだけが言われている状態といえる。実は，この「万人による能動的な発信だけで構成された言論空間」がここまで普及したというのは，人類の有史以降初めてのことである。インターネット・ソーシャルメディアが普及して情報革命が起こり，人類は未だかつてないコミュニケーション環境に晒されたといえる。

　そしてこの能動的な発信しかないという言論空間は，大きな偏りを生む。例えばある人がスポーツに全く関心が無かったら，きっとスポーツについての発信はほとんどしないだろう。その一方で，仮に非常に好きなアイドルがいたとしたら，そのアイドルのことを多く投稿するだろう。

　政治についても同様で，政治にあまり関心が無かったり，中庸的な意見を持っていたりする人は，それほど強いこだわりがないためにあまり発信しようとしない。また，特に政治や宗教といったセンシティブな話題は，発信したために見ず知らずの人から攻撃を受けることもあるため，より一層発信しない。「政治の話題はソーシャルメディアでは避けておこう」と考えている人も，読者の中に多いのではないだろうか。

　他方，政治に強い関心を抱いていたり，極端な意見（極端に保守，あるいは極端にリベラル）を持っていたりする場合には，積極的にインターネット上で発

信しようする。反対意見の人から攻撃されることもあるが，自分の意見に確固たる自信や信念があるため，「お前は何もわかっていない」「そんなことを言うなんて売国奴に違いない」などと取り合わず，発信を続ける。このようなメカニズムによって，ソーシャルメディアには攻撃的で極端な意見が，現実社会よりも多くなる。そう，「ソーシャルメディアが人々の意見を極端化しているか」については様々な見解があるが，少なくとも「ソーシャルメディアには極端な意見が多い」とはいえるわけである。

1-5 ｜ 14.5％の人が46.1％の発信を構成するソーシャルメディアの「偏り」

　このメカニズムについて，筆者は2018年に行った3,095名を対象としたアンケート調査データを使って実証分析を行った[22]。具体的には，ある1つのトピックに対する「意見」と，「その話題についてソーシャルメディアに書き込んだ回数」を聞き，分析した。トピックとしては，2018年に大きな注目を集めていた憲法改正を取り上げている。

　簡単にこのトピックについて説明すると，憲法が制定されてから70年以上経ち，国内外の環境が大きく変化する中で，今日の状況に対応するための改正が必要だという意見が出ている。一方，それに反対する政治家や国民も多い。主に議論の争点となっているのが，「戦力の不保持」と「交戦権の否認」を規定している日本国憲法において，自衛隊を明記することと，集団的自衛権の行使を認めるかどうかという点である。

　このような憲法改正について，まず，「非常に賛成である」～「絶対に反対である」の選択肢を用意し，回答者の意見分布を集める[23]。選択肢には「どちらかといえば賛成である」なども用意し，7件法で調査した。これは，「聞かれたから答えている」という受動的な意見の発信であり，声を発さない人も含めた意見といえる。

---

22) 2018年3月に実施した，20歳〜69歳の男女を対象としたオンラインアンケート調査。アンケートはマイボイスコム社の登録モニタに対して行っている。登録モニタにアンケート用紙をオンラインで配布し，3,300件の回答を得て，データクリーニング後の有効回答数は3,095件となった。

23) 実際の質問では，「政府は憲法改正を考えているといわれている。憲法改正についてどう思うか。あなたの意見に最も近いものを1つお選びください。」と尋ねた。

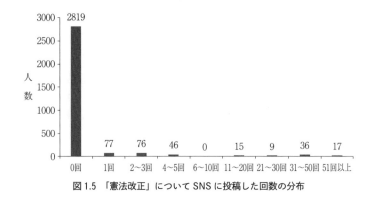

図 1.5　「憲法改正」について SNS に投稿した回数の分布

　続けて，同じ回答者について，Twitter や Facebook などの SNS[24]に，過去
3 か月以内に憲法改正という話題について投稿した回数[25]を調査した。投稿回
数の分布は図 1.5 のとおりである。ほとんどの人は全く投稿しておらず，投稿
している人も多くの人が 1 回や 2 〜 3 回となっているのが分かる。ただし，ご
く一部，51 回以上投稿している人がいる。

　そのうえで，各意見の人数と，それぞれの意見の人が SNS に投稿した回数
をかけあわせることで，各意見の人が SNS に投稿した数を推計した（図1.6）[26]。
図 1.6 では，棒グラフで「それぞれの意見の人の人数」を表し，折れ線グラフ
で「それぞれの意見の人が SNS に投稿した回数の合計」を表している。

　図を見ると，最も人数として少ないのは「非常に賛成である」人（7.2%）で，
次に少ないのは「絶対に反対である」人（7.3%）であることが分かる。このよ
うに中庸的な意見の人が多く，両極端な意見の人が少ない山型な意見分布は，
多くのテーマで見られる。しかし，SNS 上に投稿した回数を見ると，全く異な

---

24) SNS（Social Networking Service）とは，人と人とのコミュニケーション・つながりをサ
　ポートするコミュニティ型のウェブサイトである。ここではソーシャルメディアの中でも，
　Facebook，mixi，Instagram などの，オープンで人と人とがつながるネットワークを形成する，
　会員制のコミュニティウェブサービスとなっているものを SNS と定義する（狭義の SNS）。
　つまり，ネットニュースのコメント欄や電子掲示板などは含めない。詳しくは 6-5 を参照。
25) 選択肢としては「0 回（書き込んだことがない）：0」「1 回：1」「2 〜 3 回：2.5」「4 〜 5 回：
　4.5」「6 〜 10 回：8」「11 〜 20 回：15.5」「21 〜 30 回：25.5」「31 〜 50 回：40.5」「51 回〜：
　60」を用意した（：以降の数字は実際に記載したものではなく，これらの値に変換したとい
　うことを示す）。
26) 詳しい分析方法については付録 1-2 を参照。

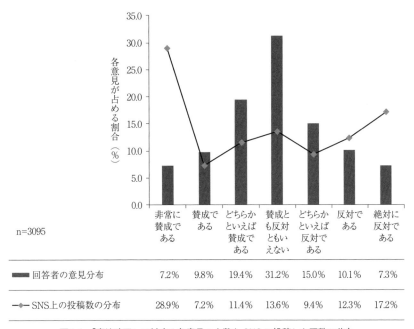

	非常に賛成である	賛成である	どちらかといえば賛成である	賛成とも反対ともいえない	どちらかといえば反対である	反対である	絶対に反対である
n=3095							
回答者の意見分布	7.2%	9.8%	19.4%	31.2%	15.0%	10.1%	7.3%
SNS上の投稿数の分布	28.9%	7.2%	11.4%	13.6%	9.4%	12.3%	17.2%

図1.6 「憲法改正」に対する各意見の人数と SNS に投稿した回数の分布

る分布をしている。なんと,最も多いのは「非常に賛成である」人の投稿 (28.9%) であり,その次に多いのは「絶対に反対である」人の投稿 (17.2%) となっている。これらの意見の人たちは,合計して 14.5% しかいないはずだが,SNS への投稿回数では 46.1% を占めている。その結果,SNS への投稿回数分布は谷型になっている。

1-6 | 関心の高いテーマほどソーシャルメディア上の意見分布は歪む

さらに,日韓米において同様の分析を行った[27]。ただし,3 か国で共通のテーマとして,「外国人が(それぞれの国に)増えること」を取り上げた。自分の

---

27) 韓国,米国では,マイボイスコムの提携会社が保有する,20 〜 69 歳の男女の登録モニタを対象にアンケート調査を行った。2018 年 4 月に実施。登録モニタに対してアンケート用紙をオンラインで配布して回答を収集したところ,それぞれ 1,124 人と 1,134 人から回答を得た。データクリーニング後の有効回答数は 1,000 件。

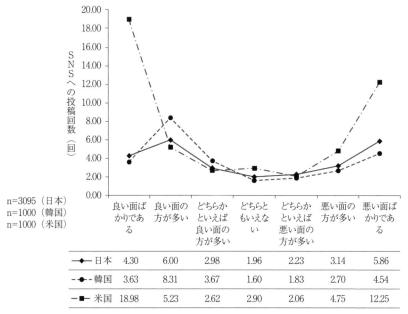

	良い面ばかりである	良い面の方が多い	どちらかといえば良い面の方が多い	どちらともいえない	どちらかといえば悪い面の方が多い	悪い面の方が多い	悪い面ばかりである
日本	4.30	6.00	2.98	1.96	2.23	3.14	5.86
韓国	3.63	8.31	3.67	1.60	1.83	2.70	4.54
米国	18.98	5.23	2.62	2.90	2.06	4.75	12.25

n=3095（日本）
n=1000（韓国）
n=1000（米国）

図1.7　「外国人が自国に増えること」というテーマで各意見の人がSNSに投稿した回数の平均

　国に外国人が増えることについては，国際交流や労働力不足の補てんなど良い面を評価する意見もあれば，犯罪の増加や，日本人の雇用を奪われるなど，悪い面を心配する意見もあり，賛否が分かれている。

　外国人が増えることについての考え方として，「良い面ばかりである」～「悪い面ばかりである」を，やはり7件法で調査した[28]。その結果について，各意見を持っている人のSNS投稿回数平均値（1人当たり）をグラフとしたのが図1.7である。図1.7を見ると，やはり「どちらともいえない」人の投稿回数は少なく，意見が極端になるほどSNSでの投稿回数が増える傾向が確認される。日本と韓国では「良い面ばかりである」人は「良い面の方が多い」人よりも投稿回数が少ないものの，「悪い面の方が多い」人よりは多い。

28）実際の質問では，次のように尋ねている。「日本に住む外国人が増えることについて国際交流や労働力不足の補てんなど良い面を評価する意見もあれば，犯罪の増加や，日本人の雇用を奪われるなど，悪い面を心配する意見もあります。良い面と悪い面を比べた時，あなたはどちらが大きいと思いますか。あなたの意見に最も近いものを1つお選びください。」

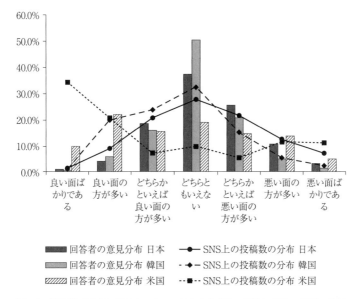

図 1.8　「外国人が自国に増えること」に対する各意見の人数と SNS に投稿した回
数の分布（日韓米）

この傾向は，特に米国で顕著に見られる。「良い面ばかりである」と答えた
人の投稿回数は平均して 18.98 回であり，「悪い面ばかりである」と答えた人の
投稿回数は平均して 12.25 回で，いずれも他の意見の人よりもはるかに投稿回
数が多くなっている。一方，日韓ではこれほど極端な差はない。

　このような国ごとの違いは，そのテーマに対する人々の関心の高さに起因す
ると推測される。United Nations（2020）の統計によると，米国の総人口に占め
る移民の割合は約 15.6％であるのに対し，韓国では約 3.0％，日本では約 2.2％
に過ぎず，米国よりもはるかに低くなっている。したがって，外国人を増やす
というテーマに対する世間の関心度は，米国 >> 韓国 ≧ 日本の順になっている
と考えられる。

　つまりこの結果は，テーマに対する関心度が高いほど，実際の意見分布と SNS
上の意見分布の差が大きくなることを示唆している。図 1.8 は，図 1.6 のよう
に各意見の人数と SNS に投稿した回数の分布を記載したものである。これら
の図を見ると，米国で「良い面ばかりである」と考えている人は，全体の 10.0％
と 2 番目に少ない人数であったが，SNS 上では 34.0％ の投稿を占めている計算

となる。一方，日本では同じ考え方の人は 0.9% いるのに対し SNS 上では 1.4%
を占めており，韓国では 0.8% いるのに対し SNS 上では 1.2% と，大きなバイ
アスはなかった[29]。

1-7 ｜ 意見が極端になるとどれくらいソーシャルメディア投稿回数が多くなるか

「憲法改正」「外国人が自国に増えること」に対する意見と SNS への投稿回
数にどのような関係があるのかより詳しく分析するため，個人の SNS 投稿モ
デルを構築し，回帰分析を行った（前者は日本のみの分析）。回帰分析をすること
で，個人の属性やメディアへの接触時間をコントロールしたうえで定量的な効
果を検証することができる。これらの回帰分析のモデルとその詳細な推定結果，
制御変数の解釈，基本統計量については付録 1-3 を参照されたい。ここでは，
主たる結果（図 1.9）について考察を行う。

図 1.9 は，「意見の極端度が上昇した時の SNS 投稿回数の増加割合」を示し
ている。ただし，意見の極端度は，意見スコア（1〜7 で，7 は「良い面ばかりで
ある」，1 は「悪い面ばかりである」としている）から，各国における全個人の平均
値を引いた値の絶対値とした。例えば，ある人のスコアが 5 で，その国におけ
る平均が 3.5 だった時，意見の極端さは 1.5 となる。同様に，別の人のスコア
が 3 だったら，意見の極端さは 0.5 となる。この値が大きいほど，意見が極端
であることを示している。

結果を見ると，憲法改正というテーマについては，意見の極端度が 1 ポイン
ト増えると SNS 投稿回数が 68.3% 増加するといえる。なお，憲法改正につい
ての意見の極端度の最大値は 3.033 であったので，意見の最も極端な人は，完
全に平均的・中庸な意見の人（極端度は 0）と比べて，SNS 投稿回数が 207.2%
も多いといえる。つまり，3 倍以上（307.2%）投稿している計算だ。

続けて外国人が自国に増えることのテーマについて確認すると，いずれの国
でも「意見が極端な人の方が SNS への投稿回数が多い」という傾向が明らかに
見られる。ただしそのパラメータは国によって異なり，最も高い値を示したの
は米国であった。解釈としては，「外国人が自国に増えること」というテーマ

---

29) ただし「良い面の方が多い」と考えている人は，日本で 4.0%，韓国で 5.9% だったのに対
し，SNS への投稿回数ではそれぞれ 9.0% と 19.8% を占めていたため，バイアスがないわけ
ではない。

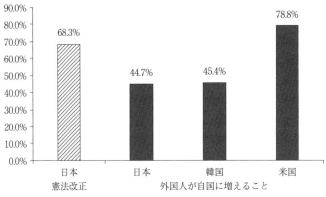

図 1.9 意見の極端度が上昇した時の SNS 投稿回数の増加割合

について，意見の極端度が 1 ポイント上昇すると，SNS への投稿回数が 78.8%
増加する。その一方で，韓国は，意見の極端度が 1 ポイント上昇すると，SNS
への投稿回数が 45.4% 増加し，日本は意見の極端度が 1 ポイント上昇すると，
SNS への投稿回数が 44.7% 増加する。これらの結果は図 1.8 と整合性が取れ，
移民比率の順位とも一致する。

　さらに，他のサービスでも同じ傾向がみられるのか検証するため，3 か国比
較が可能な，外国人が自国に増えることというテーマについて，LINE などの
メッセージアプリや，ネットニュースのコメント欄についてもアンケート調査
データを取得して分析を行った。その主たる結果をまとめたものが図 1.10 とな
る。なお，影響が見られなかったもの（統計的に有意でなかったもの）は 0% とし
ている。図の見方は図 1.9 と同じであり，比較のために SNS の結果も再掲して
いる。

　結果は SNS の時と酷似しており，やはり意見が極端な人の方に投稿回数が
多い傾向が見られる（ただし，日本のメッセージアプリを除く）。図 1.10 を見ると，
全てのサービスにおいて，パラメータの大きさは米国 >> 韓国 > 日本の順にな
っているが，特にその傾向はメッセージアプリで強くなっている。メッセージ
アプリにおいては，「外国人が自国に増えること」というテーマについての意
見が 1 ポイント極端になると，メッセージアプリでの投稿回数が 91.7% も増加
する計算になる（米国）。一方，特に日本ではメッセージアプリにおいて有意に
すらなっていないのは，もともとこのようなテーマで家族・友人・知人間で議

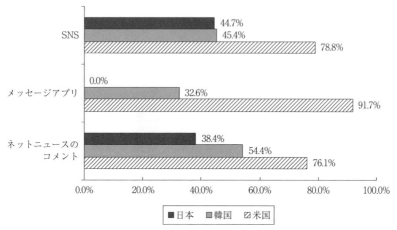

図 1.10　各サービスにおいて意見極端度が 1 ポイント増えた時に増加するソーシャルメディア
　　　　投稿回数の割合

論する文化があまりないため，意見の極端さによる投稿回数の差も小さいこと
が要因と考えられる。

コラム 1-3　至るところで見られるソーシャルメディアの情報の偏り

　以上のように，ソーシャルメディアに投稿される意見には非常に偏りがあるわけ
だが，このような情報の偏りは至るところで見られている。2020 年の東京都知事
選挙を分析した鳥海（2020c）は，Twitter の言説と社会の意見がいかに一致してい
ないかをよく示している。2020 年の東京都知事選挙では，現職の小池百合子氏の
他に，宇都宮健児氏，山本太郎氏，小野泰輔氏，桜井誠氏など計 22 名が立候補し
て争った。

　当該研究では，選挙期間である 2020 年 6 月 18 日〜 2020 年 7 月 4 日の間に収集
した 3,807,230 ツイートのうち，リツイート数が多かった上位 200 ツイートを，リ
ツイートしたユーザに基づいて類似情報ごとに分類を行った。その結果が図 1.11 で
ある。〇がツイート 1 つに対応し，線で結ばれていると，類似した情報であるとい
うことを意味している。

　東京都知事選挙のツイートは大きく 2 つのクラスタに分かれている。大きい方の
A のクラスタで最もリツイートされたツイートは，あるインフルエンサーによるも
ので，「選挙に行こう」という呼びかけのツイートであった。それ以外には，小池

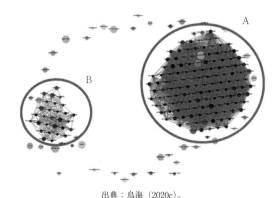

出典：鳥海（2020c）。

図 1.11　東京都知事選挙に関するツイートのクラスタ

都知事への批判ツイートが多数含まれていた。このクラスタは，反小池都知事クラスタといえるだろう。

　クラスタ B に含まれるツイートの中で最も多くリツイートされたツイートは，山本太郎氏を批判するツイートであった。他には，桜井誠氏を支持するツイートや，他の候補者を批判するツイートが含まれていた。このクラスタは，桜井誠氏を支持する，いわゆる保守系のクラスタといえる。以上の分類から分かるとおり，拡散上位 200 ツイートの中には，現職の小池百合子氏支持層は見当たらなかった。

　さらに研究では，「都知事」と「小池」というワードが含まれた 1,273,617 ツイートからランダムにツイートを取り出し，分析を行った。その結果，「小池」という単語が入っている中で小池百合子氏に支持的だったツイートは 10% 以下で，逆に 50% 近くが不支持を表明しているツイートであった。

　以上のように，Twitter 上においては，小池都知事を支持する声はほとんどなかった。しかし実際の選挙の結果は，小池百合子氏が 366 万票集めてトップであり，2 位の宇都宮健児氏は 844,151 票と，小池百合子氏の圧勝といっても良いものであった。この結果について分析した鳥海（2020c）は次のように述べている。

　　　少数派の人たちが声を上げることによって，大勢が声を上げているように見えてしまうノイジーマイノリティーという現象があります．今回（に限らないですが），ツイッター上でそういった現象が生じていたのだと思います．
　　（略）
　　　今回データを分析している中に，"マスコミなんて信じるな！　真実はソーシャルメディアを見ればわかる！"という反小池都知事派の威勢のいいツイートを見かけました．もしかするとこの方の周りには反小池都知事派が多く存在

し，閉鎖コミュニティの中で信念が高まるエコーチェンバー現象が生じていて，
小池都知事支持派はいないと確信したのかも知れません.

　もちろん一つのメディアに頼らずに，情報を数多く入手して意思決定を行う
ことは重要ですが，「真実はソーシャルメディア上にある」というよりは，「マ
スコミが全部正しいとは限らないし，ソーシャルメディアを客観的に見れば真
実に近づくことが可能かもしれない」ぐらいが実際のところかなと思います.
（略）

　我々が見ることができる範囲なんてごくわずかなので，自分の見える世界が
真実だと思い込むのは本当に危険ですね. 自戒を込めて.

1-8 ｜ 「怒り」はソーシャルメディアで拡散されやすい

　極端な意見・強い意見を持っている人ほどソーシャルメディアに投稿しやす
いということだけでなく，実は人々は「怒りの感情」を伴う投稿ほどシェアし
たくなるという研究結果もある. Fan et al. (2014) は，中国の Twitter ともい
われる Weibo において，2010 年から 2011 年にかけての，約 28 万人のユーザ
と約 7,000 万件のデータを使い，ユーザ同士がどういった感情でつながってい
るかを調査した. この研究では，リプライ[30]，シェア[31]，メンション[32]が一
定数以上あれば，つながりがあるとみなすようにしている. 感情については，
「怒り」「喜び」「嫌悪」「悲しみ」の四つの感情に着目した.

　分析の結果，つながりが近い人の場合，全体的に感情の相関も高くなること
が分かり，特に「怒り」の感情の相関が他の感情のそれよりも大幅に大きくな
ることが明らかになった. またこの相関は，つながりが強くなればなるほど値
が大きくなる. つまり，Weibo 上において，人々は「怒り」の感情を共有し
てつながっている傾向があることが明らかになった.

　また，Lottridge & Bentley (2018) では，ニュースシェアの動機を分析する
ため，ニュース記事のスクリーンショット 262 枚を使った 1,000 名へのオンラ
イン調査を行った. その結果，シェアされたニュースで最も多かったのが政治

---

30)　他ユーザの投稿に対する返信.
31)　他ユーザの投稿の拡散. Twitter でいうところのリツイート.
32)　特定のユーザに対してのメッセージ.

関連（48%）で，さらにそのニュースの 77% はシェアした人がネガティブにと
らえていた。特に Twitter などの SNS でのシェア理由として多かったのが，
特定のイデオロギーや怒りの主張で，全体の 67% を占めていた。さらに質的
分析から，リベラルな人々が，トランプ元大統領の政策や行動を「共に憎む」
ためにニュース共有をしているという現象もみられた。

　このようにソーシャルメディアには，怒りやネガティブな感情が拡散しやす
いという特徴がある。つまり，ソーシャルメディアでは「極端な意見が発信さ
れやすい」という発信面だけでなく，「怒りを伴うニュースや投稿が拡散され
やすい」という，拡散面でも偏りを生じさせるメカニズムがあるといえるだろ
う。

1-9　偏りのある社会でどうすればよいのか

　このように偏りのあるソーシャルメディアが社会に根差している現代におい
て，我々はどうすればよいのだろうか。まず我々にできることとして，「ソー
シャルメディア上には極端な意見が表出しやすく，拡散もされやすい」という
バイアスを認知しておくことがある。ソーシャルメディア上では，極端な意見
同士の衝突をしばしば見る。また，自分が何かについて語った時に，それを不
快に思う人から物凄い攻撃を受けることもある。しかし，ソーシャルメディア
というのは必ずしも社会の意見の全体像を反映しておらず，言いたいことの多
い極端な意見の人が多く発信する場となっている。したがって，ソーシャルメ
ディア上で話題になっているからといってそれがマジョリティの意見とは限ら
ないし，ソーシャルメディア上での意見の衝突は，社会全体として意見が衝突
していることを示すものではない。

　もう 1 つ，ソーシャルメディアやネットニュースのプラットフォーム事業者
が，表現の自由に配慮しつつも，ユーザが過激な意見ばかりに晒されないよう
な対策を検討するのも有益と考えられる。例えば，Yahoo! ニュースを提供し
ているヤフー株式会社では，ニュースのコメント欄の表示順を AI によって並
び替え，建設的な意見[33]が上位に表示されるように工夫している。これにより，
過激で攻撃的な意見や，ヘイトに近い意見は，昔に比べかなり人目に付きにく

33）「客観的，証拠や根拠提示を含む」「新たな考え方，解決策，洞察がある」などで判定。

くなった。もちろんそれも完ぺきな精度ではないかもしれないが，このような
取り組みを各事業者が進めることは，ソーシャルメディアの特性が持つバイア
スを緩和し，建設的な議論を促進するのに効果的だろう。なお，ヤフー株式会
社はこの AI 技術の API 無償提供を行っており，NewsPicks などのサービス
に提供している。

コラム 1-4　マスメディアも偏っている

　ここまでインターネット・ソーシャルメディア上の情報が偏るメカニズムについ
て解説してきた。しかし実は，マスメディアの情報も偏っており，「すべての情報
は偏っている」ととらえるのが適切だ。

　1 つ事例を挙げる。2014 年 10 月に，中央教育審議会において，小中学校の「道
徳」が教科化される旨が答申された。もちろん，このことについては様々な意見が
あってよいだろう。ここで確認したいのは，中立といわれている新聞においても，
随分報じられ方が異なっていたということである。特に，各社の態度が色濃く反映
される社説レベルではその違いが如実に表れる。

　例えば産経新聞は，「規範意識や公共心を育む教育がより必要なときである。教
科化の意義は大きい」と，道徳の教科化を歓迎した。一方で，朝日新聞は「教科に
することで多様な価値観が育つのか。かえって逆効果になりはしないか。その懸念
をぬぐえない」「文科省は今年，検定のルールを変えた。『愛国心』を盛り込んだ教
育基本法の目標に照らして重大な欠陥があると判断されると，不合格になる。この
運用次第では，かつての国定教科書に近づきかねない」と批判的な社説を展開して
いた。

　大きな話題を呼んだ「保育園落ちた日本死ね !!!」というブログ関連でも，同様
に新聞社によって異なる報じられ方が見られた。この事例は，2016 年 2 月 15 日に
投稿された匿名のブログ記事「保育園落ちた日本死ね !!!」が，様々な観点から話
題になったものだ。当該ブログでは，保育園に落ちたことを述べたうえで，一億総
活躍社会といいつつ保育園問題を解決できていない政府を批判していた。

　この件はタイトルが強烈だったこともあり大きな社会の動きとなり，インターネ
ット署名や国会議事堂前デモに発展，3 月 9 日には当時の厚生労働相が母親たちと
面会し，緊急対策をまとめる動きとなった。インターネットが大きく社会を動かし
た事例といえるだろう。他方，「日本死ね」という物言いを批判する議員や，ブロ
グの書き方に対するインターネット上の批判コメントも少なくなく，議論を呼んだ
事例である。

　さて，ここで取り上げたいのは，その後の政府の対応に対する新聞の報じ方である。緊急対策案について簡単に述べると，次の2点を自治体に要請するという内容であった。①現在19人以下とされている小規模保育所の定員を22人まで増やす。②自治体が独自に「1歳児5人につき保育士1人」としている基準を国の基準に合わせて「6人に1人」に緩和する。これらに対しての各新聞の報じ方は，以下のようであった。

　　・子供や現場の保育士にしわ寄せがいく（朝日新聞）
　　・小手先の案が多い（毎日新聞）
　　・選挙対策に過ぎない，保育士の負担が増加する（産経新聞）
　　・有力な受け皿となる（読売新聞）

　明らかに，朝日新聞，毎日新聞，産経新聞は政策を批判しているのに対し，読売新聞は評価している。当然，読者に与える印象も全く異なることが予想される。
　より最近の事例として，2021年7月の東京オリンピック開催の是非の議論も考えてみよう。この議論についてもやはり，各新聞によって社説のトーンが異なった。産経新聞は，「開催に向けて政府や東京都，大会組織委員会は努力を続けてほしい」「感染を抑え，社会・経済を前に進める上でも大きな一歩になる」と，オリンピック開催に前向きな姿勢を示した。一方で朝日新聞は，「この夏にその東京で五輪・パラリンピックを開くことが理にかなうとはとても思えない。人々の当然の疑問や懸念に向き合おうとせず，突き進む政府，都，五輪関係者らに対する不信と反発は広がるばかりだ」「冷静に，客観的に周囲の状況を見極め，今夏の開催の中止を決断するよう菅首相に求める」と，明確に反対の姿勢を示していた。
　このように，ソーシャルメディアに比べて偏りがないと思われている新聞においても，大なり小なり意見が入り，そこに偏りがある。結局，情報というのは，発信する主体がいる以上，全て偏っているのである。ソーシャルメディアも，ネットニュースも，マスメディアも，そして我々の周りにいる家族・友人・知人からの情報も，全て何らかの偏りがある。特に情報の溢れる情報社会において，我々は，「情報は全て偏っている」を前提としたうえで様々な情報に触れる必要がある。そのうえで，本章で見たようにソーシャルメディアには非常に大きな偏りや選択的接触があり，マスメディアは相対的にそれが小さいなど，情報のクオリティや偏りに順位付けをして「参考」にするのが良いだろう。

第2章

フェイクニュースと社会

　2016 年の米国大統領選挙以降,「フェイクニュース」が世界的に注目されるようになった。フェイクニュースにはどのようなものがあるのか,なぜ生み出されるのか, 日本ではどの程度発生しているのか, どのような社会的影響を与えているのか。本章では, このような点について俯瞰的に論じる。

〈本章のポイント〉

- フェイクニュースは世界中で頻発しており, 選挙や国民投票で多く発生するほか, フェイクニュースを基に殺人事件が発生している事例もある。
- コロナ禍においても, 様々なデマや陰謀論が世界中で拡散され, 世界保健機関 (WHO) はそれを infodemic と呼び警鐘を鳴らしている。
- 2020 年には日本で 2,615 件の疑義言説が発生していたといわれる。新型コロナウイルス関連のものが最多で 1,110 件であった。
- 害を与えることを目的としたフェイクニュース (disinformation) が生み出される動機としては, 大きく分けて「経済的動機」と「政治的動機」の 2 つがある。
- フェイクニュースの社会的影響には「政治的混乱・社会の分断」「経済・生活の混乱」「特定の個人・企業の評価低下」「情報の価値の毀損」がある。
- フェイクニュースが広まる理由には,「人類総メディア時代の高い拡散力」「フェイクニュースの持つ目新しさ」「『友人の情報は信頼できる』という無意識のバイアス」「怒りは拡散しやすい」という 4 つがある。
- メディア (ミドルメディア・マスメディア) がフェイクニュース拡散に大きく関わることがある。

2-1 | 世界で頻発するフェイクニュース

　「2016年はフェイクニュース元年である」といわれる。それは，2016年末に行われた米国大統領選挙において，大量のフェイクニュースが作成・拡散されたためだ。例えば，ローマ法王とドナルド・トランプ氏の写真を掲載したうえで，「ローマ法王がトランプ氏支持を表明，世界に衝撃[1]」というタイトルを付けて報じたニュースメディアがあった。文字通りかなり衝撃的な内容であるが，これはフェイクニュースであり，事実と異なる。当時，ローマ法王はメキシコとの間に壁を作ると主張するトランプ氏をむしろ批判していた。

　このようなフェイクニュースが発砲事件にまで発展した例もある。「首都ワシントンD.C.にあるピザレストランが児童売春の拠点になっていて，ヒラリー・クリントン候補がそれに関わっている」というフェイクニュースが拡散された結果，それを信じた人が関わっているとされていたピザレストランにライフル銃をもって押し入り，発砲するという事件が2016年12月に発生した（いわゆる「ピザゲート事件」）。幸いにも負傷者はいなかったが，容疑者の男は，ソーシャルメディアで広まっていた前述の疑惑について，確かめるつもりだったと供述している。

　当該選挙直前には，主要メディアの選挙ニュースよりも，偽の選挙ニュースの方が，Facebook上で多くのエンゲージメント[2]を獲得していたことが分かっている（Allcott & Gentzkow, 2017）。具体的には，トランプ氏に有利なフェイクニュースは約3,000万回，クリントン氏に有利なフェイクニュースは約760万回，合計約3,760万回もシェアされたという。さらに同論文では，平均的な米国人成人が，選挙前後の数か月間に1つ以上のフェイクニュースを目にしており，それらを見たことを覚えている人の半数強がそれらを信じていたことも分かっている。

　このようなフェイクニュースは，2021年現在でも大きな問題となっている。選挙などの政治的に大きなイベントが起こるたびに確認されているだけでなく，

---

1) 原題は「Pope Francis Shocks World, Endorses Donald Trump for President, Releases Statement」である。
2) エンゲージメントとは，シェア，いいね！などのリアクション，コメントの合計数のことを指す。

少数民族の弾圧に使われたり，時にはフェイクニュースから殺人事件が起こっていたりする。これまでに発生したフェイクニュースのごく一部を下記に紹介しよう。

● 英国の EU 拠出金偽情報事件

　英国は 2016 年に EU 離脱の是非を問う国民投票を行った。その際，フェイクニュースが国民の投票行動に影響を与えた可能性が指摘されている。EU 離脱派のキャンペーンとして，「EU への拠出金 3 億 5 千万ポンドを国民医療サービスに回そう」というものがあった。しかし実際は，イギリスの EU 拠出金は 1 億数千万ポンドであり，離脱派の上記キャンペーンは誤った情報を基としたものだった。投票後に EU 離脱派もキャンペーンの誤りを認めている。

　しかし，67％のイギリス国民がこのキャンペーンを聞いたとされており，英国統計局によって「事実と異なる」とされていたにも関わらず，42％ は真実であると信じていたとされている（The Policy Institute, 2018）。

● 仏大統領選挙での疑惑事件

　2017 年に行われた仏大統領選挙でも，大量のフェイクニュースが飛び交った。候補者の公開討論直前に，米国のネット掲示板 4chan[3] に，2 通の PDF ファイルが匿名で投稿された。その文書は，マクロン氏が，タックスヘイブン（租税回避地）であるカリブ海のセントクリストファー・ネイビスにペーパーカンパニーを設立し，やはりタックスヘイブンのケイマン諸島に銀行口座を開設していたことを示す内容であった。この文書は，米国の保守系のサイトやライターによって拡散された。

　フランスのメディアは，米国大統領選挙におけるフェイクニュースの氾濫を踏まえ，「クロスチェック」と呼ばれるファクトチェックの体制を築いていた。これは，ファクトチェック団体とフランスメディアが協力し，フェイクニュース排除を進める試みである。このクロスチェックの結果，4chan に投稿された文書は捏造であることが判明した。また，マクロン陣営もサイバー攻撃対策に取り組んでいた。「サイバーブラリング」と呼ぶ戦略で，偽のメールアカウントと文書，メールなどを大量に用意し，サイバー攻撃によってそれらも流出さ

3）世界最大規模の画像電子掲示板。基本的にユーザは匿名で投稿している。

せることで，攻撃元を混乱させる，というものである。

　結果として，フェイクニュースやサイバー攻撃は仏大統領選挙に影響を及ぼさなかったと評価されている。これには，政府当局の対応や，マクロン陣営の対策，また，米国の右派グループにフランス語の言葉の壁があったことが指摘されている。さらに，フランスのリベラシオン編集局長，ヨハン・ハフナゲル氏は次のように述べている。「フランスには FOX ニュース[4]がないからだ。（FOX のように）幅広い視聴者とパーソナリティを持ち，（フェイクニュースなどの情報を）積み上げて，それを自身のアジェンダのために使おうとする放送局がないのだ」（平, 2017）。

● メルケル首相とテロリストに関係がある？

　ドイツでは，メルケル首相がテロリストと関係があるというフェイクニュースが拡散された。シリアからの難民であるモダマニ氏は，2015 年 9 月，ベルリンの難民収容施設に滞在していた時に，施設を訪れたメルケル首相と写真を撮影した。その様子は報道され，インターネット上にも写真が掲載された。しかし，この写真がメルケル首相を貶めるフェイクニュースに利用されてしまったのである。2016 年 3 月のベルギー同時テロの発生後，モダマニ氏が実行犯と似ていたことから（実際には全く無関係），「首相と自爆犯の写真」として Facebook などのソーシャルメディアで拡散されてしまった。

● ミャンマーでのロヒンギャ弾圧

　ミャンマーでは，少数民族を弾圧するために軍部がフェイクニュースを利用していた。ミャンマーには，ロヒンギャと呼ばれるイスラム教徒の少数民族が定住しているが，軍部や過激派による迫害により，隣国バングラディシュへの亡命を余儀なくされている。そのような中，ミャンマーの軍部は，組織的に反ロヒンギャのフェイクニュース（ロヒンギャが仏教徒を殺害しているなど）を生成し，発信していたのである。Facebook は，ミャンマー軍部が関連した 3 つのページの 10 のアカウントを閉鎖したが，対応が遅いという非難を浴びること

---

4) 米国のニュース専門放送局で，保守的・共和党寄りな報道姿勢である。トランプ元大統領の政権下では，多くのマスメディアがトランプ氏に否定的だったためにトランプ氏は各社に冷淡な姿勢をとっていたが，FOX ニュースはトランプ元大統領に好意的だったため，比較的優遇されていた。

となった。

● フェイクニュースで殺人事件：インド

フェイクニュースは時に，殺人事件を引き起こすことがある。2017 年頃に，インドで1本の動画が話題になった。バイクに乗った2人組が路上で遊んでいた子供を抱きかかえ，そのまま逃走する様子を映した監視カメラの映像である。実はこの動画は，パキスタンの NGO が児童誘拐対策の啓発のために作成した映像であった。

しかしこの動画をもとに，インドでは，「人さらいギャングが数百人入国した。よそ者には気をつけろ」というメッセージが，メッセージアプリ WhatsApp[5]で広まった。実際には現実に起こったものでも，インドの動画でもなかったわけだが，この情報が広まった結果，インドの各州では，「人さらいギャング」に間違われた人達が，暴行を受け殺害されるなどの事件が複数回発生してしまったのである。

● フェイクニュースで殺人事件：メキシコ

殺人事件事例はまだある。2018 年にメキシコで起こった事件では，ある2人の男性が路上飲酒をしており，そのため警察に補導され事情聴取を受けていた。ところがこの2人の男性が，子供を誘拐した犯人であるというデマが先ほどと同じように WhatsApp 上で出回ってしまう。

2人が事情聴取を受けている警察署の前には，150 人もの人が集まってきた。そして2人が釈放されると，集まった大衆は2人に暴行を加え，最終的にはガソリンをかけて，焼き殺してしまったのである。この事件の背景には，メキシコで頻発している誘拐事件への不安があったといわれている。

このように，2016 年からフェイクニュース問題が大きく注目され，その問題が全く収束していないことは，Google トレンドのデータからも明らかだ。図 2.1 は，日本で「フェイクニュース」，全世界で「fake news」という単語が，それぞれどれくらい検索されているのか，2016 年1月からの推移を Google ト

5）WhatsApp は世界でもっとも使われているメッセージアプリで，2020 年にはユーザ数が
　20 億人を超えている。

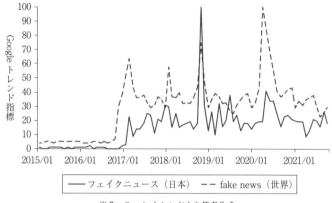

出典：Google トレンドより筆者作成。

図 2.1　Google トレンドにおける「フェイクニュース・fake news」の検索回
数推移

レンドで見たものである[6]。

　図 2.1 からは，2016 年の米国大統領選挙以降，世界で「fake news」の検索
数が急増し，日本もそれに遅れる形で「フェイクニュース」の検索数が増加し
ていることが分かる。その後増減はあるものの，「fake news」はおおむね横
ばい，「フェイクニュース」は微増となっていることが分かる。少なくとも収
束の兆しは全く見えていない。

　いうまでもなく，フェイクニュース，虚偽の情報といったものは太古の昔か
らあった。それはマスメディアの流してしまった誤情報であったり，人々が誤
って流してしまったデマであったり，政府が流すプロパガンダであったりした。
インターネットとフェイクニュースという関係でも，2011 年にはワシントン・
ポストでファクトチェック記事が常設になったり，東日本大震災でデマが拡散
されたりするなど（荻上，2011），度々問題視されてきた。しかしやはり，図 2.1
が示すのは，2016 年を皮切りにインターネット上のフェイクニュースについて
多くの人が関心を抱き，また，大きな問題となっていったということなのであ
る。

――――――――――

6) Google トレンド指標は，期間中に最も検索されていた月を 100 として，検索数を指標化
　したものである。例えば，日本においてフェイクニュースという単語が期間中最も多く検索
　されたのは 2018 年 10 月であった。これは，NHK で「フェイクニュース あるいはどこか遠
　くの戦争の話」というドラマが放送されたことが影響している。

2-2 　フェイクニュースとは何か──定義の考察

「フェイクニュース」とは何であろうか──実は，この言葉の定義は非常に難しい。なぜなら，この「フェイク」という言葉（そしてその対となる「真実」）が，幅広い意味を持ち，1つに定めることが難しいためである。真実とは本来，まぎれもなく起こっていることや，科学的に唯一無二の現象であって然るべきと思うだろう。しかし現実には，真偽を判断するのが人間である限り，誰が判断するかによって何を真実とするかの認識そのものが異なる事態は避けがたいのである。例えば，トランプ元大統領は自身に批判的なマスメディアに対してフェイクニュースを流していると批判したことで，不都合なものをフェイクニュースといって取り合わないようにしているのだと逆に指摘されていた。この一事だけでも，同じ事実に対して片方はフェイクニュースといい，片方は事実だといっている。いかにフェイクとファクトというのが繊細なものかが分かる。

　そういったことから，特に欧米ではフェイクニュースという言葉を使用するのはできるだけ避けたほうが良いといわれている。そして，EUで近年使われる「情報障害（information disorder）」概念として，次の3つがある（Wardle & Derakhshan, 2017）。

1．misinformation（誤情報）：害を与えることを意図していない誤った情報。写真のキャプション，日付，統計，翻訳などの不正確な情報や，勘違いや誤解によって作成・拡散された間違い情報，風刺を真に受けたものなど。

2．disinformation（偽情報）：害を与えることを明確な目的として，意図的に捏造または操作された虚偽の情報のこと。政治的意図を持って流された虚偽の情報や，金儲けのための虚偽の情報，トラブルを起こすための虚偽の情報など。

3．malinformation（悪意ある情報）：害を与えることを目的として意図的に共有された事実の情報。リベンジポルノや悪意を持ってなされた個人情報の公開，評判を落とすためにハッキングして公開された情報など。

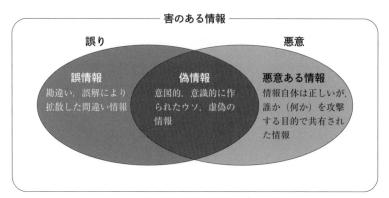

図2.2 害のある情報

　これらの概念は，1と2が虚偽の情報（誤った情報）であり，2と3が害を与える意図を持つものである。重なり合う2（disinformation）は虚偽であり害を与える意図を持った情報といえる。

　欧米では特に害を与える意図を伴う disinformation に注目した議論が多い。しかしながら，日本におけるフェイクニュースの社会的影響などの実態を考える際に，disinformation のみに絞るのが妥当かどうかには疑問が残る。何故ならば，現実には故意ではなく虚偽の情報を基に公共的な被害が発生した場合も，社会に与える影響はそれが故意であった場合と同様と考えられるためである。少なくとも本書の研究ではフェイクニュース事例の調査において，日本では悪意を持って（故意に）嘘情報を流布しているものと，本気で信じているが結果的に嘘情報を流布して非難を行っているものが，共に拡散されていることが確認されている。実際，OECD では，disinformation と misinformation 双方が民主主義にとって脅威[7]であり，対策が重要であると述べている（OECD, "Reinforcing democracy"）。さらに，実際にはこの disinformation なのか misinformation なのかといった点は，人々には当然判断がつかず，それを観察する筆者のような研究者からしても極めて判別が難しいものである。

　以上より，情報障害の中から誤った情報ではない malinformation を除いた，

7）具体的には，「民主主義制度への信頼の低下や，民主主義プロセスへの幻滅を助長する可能性がある」「国内政策や選挙制度を歪める」「国民の健康，国益，国家安全保障を守るための努力が損なわれる」「政府の政策実施能力を損なう可能性がある」の4つが挙げられている。

disinformation と misinformation を合わせたものをフェイクニュースと本書では定義する[8]。具体的には「文字・画像・映像などのあらゆる形態における，不正確な，又は誤解を招くような情報」といえるだろう。

2-3 | 社会に広まる陰謀論

このようなフェイクニュースの中には，「陰謀論（conspiracy theory）」といわれるものもあり，少なくない数の陰謀論が世界中で広まっている。陰謀論の定義は難しいが，概ね，ある出来事について，事実や一般的にいわれているような説とは別に，何かの謀略によって起こったものであるとする考え方とされる。多くの場合，強大な権力を持つ人物・組織や，普通の人に知られていない闇の組織のようなものが，人知れず不正な行為や操作を行っていると主張している。ここでは，近年における代表的な陰謀論を3つ紹介する。

● Qアノン

米国では2021年1月6日に，大統領選挙でのジョー・バイデン氏陣営の不正を訴えてトランプ支持者らが国会議事堂を襲撃する事件（米国議会議事堂襲撃事件）が起きた。その背後には，「Qアノン」と呼ばれる陰謀論者の集団があったとされる。「Q」はインターネットの掲示板である4chanに2017年頃から投稿を始めた謎のトランプ支持者が名乗った名前で，「アノン」は匿名を意味する「アノニマス（anonymous）」の略である。彼らは，「米国の政財界やメディアは"ディープ・ステート（闇の政府）"に牛耳られている。トランプ氏がこの闇の政府と戦っている」，「世界は悪魔を崇拝する小児性愛者のリベラル派によって支配されている」などの陰謀論を掲げている。米国だけで数百万人いるともされ，日本を含む70以上の国に広がっているという報告もある（NHK, 2021）。これらの人々は2018年頃から行動を起こし始め，2018年4月には，司法省の前で，民主党関係者の犯罪行為を明らかにするよう求めるデモを行った。そし

---

8) フェイクニュースという言葉が様々な意図で使用されている状況を鑑みるに，misinformation と disinformation を合わせた別の新たな用語を定義すべきだと筆者は考えている。しかしながら，現実には，後述するようにフェイクニュースという言葉のみ認知度が高く，misinformation や disinformation といった単語や，新たな造語では馴染みがないと考えられるため，本書ではフェイクニュースで一貫する。

て，「自分たち以外の誰かによって世界が支配され，自分たちはその被害者だ」という被害者意識を持っているといわれる。

　一見すると荒唐無稽な話であるが，米国の Yahoo! ニュースと YouGov が2020 年に行った調査では，トランプ氏の支持者の約半数が，Q アノンの具体的な内容の 1 つである「民主党がエリートの児童性売買組織に関与している」を信じていると回答していた（Bruce, 2020）。また，ミシガン州では，Q アノン支持を仄めかす人物が 2020 年に教育委員に当選している。NHK の取材によると，この女性は 2020 年の米国大統領選挙でバイデン氏の陣営が大規模な不正を行ったと信じ，新型コロナウイルスはまやかしだと信じている。教育委員としては，「子供たちが学校で学んでいるリベラルな価値観に多くの親が疑問を感じている。子供たちに自分の国を誇れるようになってほしい」と語っている。彼女は，自身に対する批判が，都合の悪い文化を排除しようとする「キャンセル・カルチャー」だとして批判している。

　当該人物をめぐっては，批判する立場の元教師の人が，「何を信じるのも自由である。しかし，教育委員は現実に基づいて判断する必要がある。彼女は事実と異なるうそに基づいて判断している」と指摘している。一方で，支持する人々は「保守派の主張をつぶそうとする言論の封殺はうんざりだ。私たちは信条の自由を求めているだけだ」と語る。米国社会で深まる分断に Q アノンという要素が加わり，事態をより複雑かつ深刻にしているといえるだろう。

　さらにこの Q アノンは，新型コロナウイルス感染症の流行によって加速した。Q アノンを信じる人たちは，「新型コロナウイルスはデマだ（存在しない）」という陰謀論を信じ，マスク着用や外出規制などの政府の感染防止策に反対している。実際，新型コロナウイルス拡大やロックダウンが始まった 2020 年 3 月以降，Q アノンのソーシャルメディアアカウントが大幅に増加していることが指摘されている。この理由について，オックスフォード大学インターネット研究所のジョナサン・ブライト氏は「生活がコントロールできていないと感じた時に，人々は陰謀説を信じやすくなる。また，新型コロナウイルスによってインターネットで多くの時間を割くようになったことで，反ワクチンやその他の陰謀論を目にすることが増えた」と語っている（安田, 2020）。

　Q アノンの支持者達は，自分たちが「敵」と認定した政治家やジャーナリスト，有名人に対し，否定的なメッセージを大量に投稿する。時に，攻撃はオンラインだけでなく，オフラインでの加害行為に発生するケースもある。アリゾ

ナ州では 2018 年 6 月，ライフルで武装した Q アノン信奉者が，大量の武器を積んだ車でダム近くの橋を封鎖した。また，陰謀論に取りつかれた男性が殺人事件まで起こした例もある（Visser, 2019）。

こうしたことを踏まえ，Facebook や Twitter などのソーシャルメディアでは，陰謀論の拡散を防ぐための対策を強化している。Q アノンによる陰謀論の投稿は適宜削除され，アカウントも凍結されている。しかし，Q アノンは他のソーシャルメディアに活動の場を移し，今なお広がりを続けているといわれる。例えば，トランプ支持者人気のソーシャルメディアである Parler が 2021 年 1 月にオフラインになった後[9]，Gab という右派に人気のサービスに人が集中した。公式アカウントの発表では，1 時間に 1 万アカウント以上の新規ユーザが参加しているということだった。さらに，2021 年 1 月の米国議会議事堂襲撃事件において，過激派などが当局から逃れるために暗号化されたメッセージプラットフォームを使用していたと，FBI は指摘している（BBC, 2021a）。

こうした陰謀論が広まる理由として，英国ケント大学は次の 3 つを指摘している（毎日新聞, 2021）。

- 知識への欲求：パンデミックやテロ事件が起きた理由を知ろうとする。間違った場所に答えを見つけてしまう人もいる。
- 安心したい欲求：自分が事態を制御できていないことについて，その説明を求める。
- 優越感への欲求：「他の人が持っていない情報を持ち，真実を知っている」と考えることで気持ちよくいられる。

また，カリフォルニア大学教授のジョン・ピエール氏は「Q アノンを信じる人の多くは，主要メディアの情報に不信感を持ち，インターネットやソーシャルメディアで多くの時間を費やして，自分が納得できる情報を探している」と説明している（安田, 2020）。

このような Q アノンは，デモやオンライン上のメッセージ攻撃だけでなく，家族の分断をももたらしている。米国で育ち，現在はクロアチアで暮らす 24

9）Amazon が同社のホスティングサービス AWS から締め出したため，2021 年 1 月 10 日に完全にオフラインサービスとなった。同年 2 月 15 日にサービス再開。

歳のジェイコブさんの母親がQアノンの熱心な信者になってしまい，四六時中ネットを見るようになった。「『会いに来たよ』と言ったのに，ネットから離れることを拒否された」，「中毒になっているようなものだった。カルトに飲み込まれたような感じだ」と，ジェイコブさんは話している。その後この親子は疎遠になってしまった。また，オクラホマシティのケリーさんの妻は，トランプ元大統領が民主党員を大量逮捕するために，今にも戒厳令を宣言すると信じ，水や食料を備蓄していた。ケリーさんは寄り添って話し合い，妻を止めようとしたが失敗し，この夫婦はついには離婚してしまったという（COURRIER Japan, 2020）。

　このように身近な人が陰謀論にはまってしまった際には，共有の経験や思い出を話すなどしてしっかりとコミュニケーションをとること，陰謀論の真偽について口論をせずに，自ら疑念を抱いてもらうように促すことなどが推奨されている（Badham, 2020）。大切なのは，頭ごなしに否定せずにしっかりと話し合うことだ。

● ワクチン関連の陰謀論

　米Microsoftの創業者であるビル・ゲイツ氏は，世界的な講演動画配信サイトTEDで，2010年に「ワクチンで人口増加を抑制する」旨の発言をした。これは，発展途上国では乳幼児の死亡率と出生率が高いことを踏まえて，ワクチンで乳幼児の死亡率を抑えれば，出生率も低下して人口爆発が防げるという趣旨のものであった。しかしこの発言が曲解・一部切り取られ，現在の新型コロナウイルスは計画されたものであり，そのワクチンは人口抑制を目論むビル・ゲイツ氏の陰謀であるという陰謀論がソーシャルメディア上で拡散されている[10]。この新型コロナウイルスは計画されたものであるという言説は「Plandemic」といわれ，中には800万回再生された動画もあった。他にも，ワクチンにはマイクロチップが埋め込まれていて，世界中の人々を管理しようとしていてその首謀者がビル・ゲイツである，といった類のデマも存在する。こうしたデマは，英国ロイター通信のファクトチェックによって否定されている。

　なお，このような反ワクチン的なデマや陰謀論は，新型コロナウイルスに始

---

10) このように人口抑制・人口減少を目論んでいるという言説は少なくなく，目論んでいるとされる人がビル・ゲイツ氏でない場合もある。

まったことではない。古くは19世紀ごろ，「天然痘のワクチンを接種すると牛になる」というデマが流行した。1990年代には，「MMRワクチン（おたふく風邪，麻疹，風疹の三種混合ワクチン）を接種すると自閉症になる」という言説が科学界をも巻き込んでまことしやかに喧伝され，実際に欧米やオーストラリアなどでワクチン接種率は大幅に低下し，麻疹に感染する子供が増加した（ただしその後，デマであることが明らか[11]になり，接種率は回復している）。

　このように，ワクチンとデマや陰謀論の相性が良いのには，次の3つの背景がある。

1. 多くの人にかかわることで，関心が高いため。ワクチンは接種者が多ければ多いほど感染拡大を防ぐことができるので，国が推奨する場合が多い。しかし，ワクチンは体内に入れるものなので，有効性もさることながら，安全性はどうなのかということを多くの人が気にする。ワクチンメーカーなどが成分や副反応について公表するが，それでも人々の不安をあおるようなデマやフェイクニュースが出やすく，人々の関心度も高いため広く拡散しやすいといえる。

2. 高度な専門知識が必要なため。ウイルスやワクチンに関する内容は総じて専門性が高く，一般の人が理解しにくいために真偽を容易に確かめることができない。また，そのために不安にも陥りやすい。後述するとおり，不安や怒りといった感情はデマやフェイクニュースを拡散するのに寄与する。実際，デマを流すインフルエンサーの中には，海外の英語の論文を引用しながら説明し，読み手の怒りや不安をあおっている人もいる。しかし実際には，翻訳を誤っていたり，一部を切り取って拡大解釈していたりする。

3. ワクチンが予防医療であるため。ワクチンは治療に用いる薬とは違い，予防のために用いるものである。それ故にデメリットが目立ちやすく，

---

11) 1998年，MMRワクチンの接種と自閉症の発症との間に関係性があるという論文が医学ジャーナルであるThe Lancetに掲載された。同誌は国際的に信頼されている世界五大医学雑誌の1つであり，影響は甚大であった。しかし本研究結果をその後の研究で再現することはできず，2010年に英国の一般医療評議会（GMC：General Medical Council）は論文に問題があることを指摘し，また，The Lancetはこれを捏造された虚偽データに基づいた科学における不正行為と認定し，論文を抹消することとなった（Park, 2010）。

メリットが目立ちにくい。「ワクチンを受けても病気になった人」は予防が効かなかったと恨みに思い，「ワクチンの副反応・副作用で苦しむ人」も予防医療によって体調を崩したと恨みに思う。一方で，大多数の「何も起きない人」はその効果を実感することは少ない（ワクチンで病気を防いだのか，普通に病気にならなかったのか分からないため）（岩田, 2017）。

　こうした構造的な問題と，「Qアノン」の項で述べたような反権力思想が結びついて，ビル・ゲイツ氏を「敵」とするような陰謀論的な言説が流布したものと考えられる。

● 9.11 陰謀論

　陰謀論は，2001年の米国同時多発テロをめぐっても未だに尽きない。その陰謀論とは，首謀者は米国政府だったのではないかという疑惑である。その動機は，当時のブッシュ政権が，イラクとアフガニスタンへの侵攻を正当化したかった，というものだ。一見荒唐無稽なように思えるが，2006年に米スクリップス・ハワード財団が実施した世論調査（Hargrove & Stempel III, 2006）では，何らかの陰謀があったと思うとの回答は36％に上っている。「ツインタワーは飛行機の激突だけでは倒壊などしないはず」「世界貿易センターの第7ビルは，飛行機が激突していないのに驚くほど倒壊が速かった。あれはビル解体のプロの仕業だ」「ニューヨークの株価は事件直後に下落した。一部の人間がテロ発生を事前に察知していたからに違いない」──陰謀論者は，様々な理由をつけて陰謀論を支持している（AFPBB News, 2011）。

　現在においても，専門家が真相を究明するグループを形成しており，様々な疑惑が提起されている[12]。日本国内においても，米国政府による公式見解に疑問を呈する学術論文まで出ている（風斗, 2016）。このように，研究者や専門家も，何らかの陰謀を疑っている。

　流言研究の古典である Allport & Postman（1947）は，第二次世界大戦前後の戦時流言を素材として研究を行い，「流言の量は問題の重要性と状況のあい

---

12)「Architects & Engineers for 9/11 Truth（911の真実を求める建築家とエンジニアたち）」，「911の真実を求める日本の科学者の会」など。

まいさの積に比例する」という言明を導き出している。この言明に鑑みると，テロやパンデミックのような社会的危機の際にデマが拡散するのは首肯できることだろう。なぜなら，そうした状況においては，問題は人々の生命や健康を脅かす可能性がある重要なものであり，刻一刻と変化する状況の中で情報はあいまいになる傾向があるからである。

コラム 2-1　陰謀論は誰でも信じてしまう

　陰謀論と聞くと，荒唐無稽で自分には無関係のものと感じるかもしれない。しかし実は，多くの人が何らかの陰謀論を信じていることが分かっており，さらに，その陰謀論を信じる人は社会階級を超え，性別を超え，年齢を超えているといわれる。つまり，何か特別な人が陰謀論にのめりこんでいるという話ではなく，多種多様な人が何らかを信じているということだ。

　実際，2015 年に英ケンブリッジ大学が調査したところ，5 つの陰謀論について，ほとんどの英国人は 1 つ以上を信じていると回答していた。例として使われた陰謀論は，「世界を支配する秘密結社が実は存在している」とか，「人類は実はすでに異星人と接触している」といった内容であった。

　さらにこれは，政治的イデオロギーに依存せず，保守でもリベラルでも起こりうることのようである。ブッシュ元大統領が貿易センタービルを破壊した（9.11 陰謀論）と信じている人の多くは民主党支持者で，オバマ元大統領が出生証明書を偽装していた[13]と信じた人のほとんどが共和党支持者だった。

2-4 | 日本のフェイクニュース事例

このようなフェイクニュースの話を聞くと，「欧米の問題」というイメージ

---

13) オバマ元大統領は出生時に米国籍を保有しておらず，米国憲法上大統領の資格がないとする陰謀論のこと。2008 年の米国大統領選挙運動中や，大統領就任後，そして退任後に至るまで長期間にわたっていわれている陰謀論であり，根深い。オバマ元大統領もこれらの疑惑に対応し，2008 年にはハワイの公式出生証明書を公開し，2011 年には出生証明書原本のコピーを公開したが，根強く残っている。なお，このような陰謀論を主張していた人の中に，後に大統領を務めるトランプ氏がいる。

があるかもしれない。確かに，日本は欧米ほどフェイクニュースが深刻な影響を社会に及ぼしていないと指摘されることがしばしばある。この理由は2つある。

　第一に，言語の理由である。多くの日本人は通常，英語のニュースを日常的に読まない。そのため，世界共通言語である英語で作成された大量のフェイクニュースに接する機会がほとんどない。また逆に，海外でフェイクニュースを作ろうとする人や組織も，難易度の高い日本語で自然なレベルのニュースを作成するのは難しいため，あまり現れない。米国ではロシア[14]などによる米国内を混乱させることを狙ったフェイクニュースが問題視されているが，日本ではそういったものが日本語で作成される可能性も低いわけである。

　第二に，政治的理由である。日本ではたまに政権交代が起こるものの，基本的には保守党が強く，選挙の結果が僅差という場合がほとんどない。しかしながら，前述した事例で，例えば英国のEU離脱に関する国民選挙や，米国の大統領選挙などは，いずれも僅差で国を二分した。このように競争が激しい場合には，フェイクニュースを拡散させて人々の投票行動に影響を与えることが大きな効果を生むと考えられる。逆に言えば，競争が相対的に激しくない日本では，フェイクニュースによって人々の投票行動を変えるインセンティブが小さいといえる。

　このように，欧米に比べて日本のフェイクニュース問題は相対的に深刻ではないといわれるが，年々多くのフェイクニュースが社会に出回るようになっており，既に対岸の火事ではないというのもまた事実である。例えば，2016年の熊本地震の際，「動物園からライオンが逃げた」というフェイクニュースをTwitterで投稿した人が，偽計業務妨害の疑いで逮捕されたことを覚えている人もいるだろう。ツイートは投稿から1時間で2万回以上もリツイートされ，熊本市動植物園には問い合わせの電話などが多くかけられたという。また，当時熊本に住んでいて被災した学生は，生命の危険を感じて家族全員での車中泊を余儀なくされた。取材に対し，「災害だったから気付けるところに気付けなくなっている」「被害を受けた側というのは新しい情報だったりをすぐ得ようとする中で，そういうふざけをするというのはとても許されないことだなと思います」と答えている。なお，投稿者は関東在住の男性であった（Yahoo

---

14）ロシアの介入については2-9を参照。

JAPAN, 2021）。

　実は，このように災害時にフェイクニュースが拡散する事例は，東日本大震災や西日本豪雨でも見られていた。「レスキュー隊のような服を着た窃盗グループが被災地に入った」などのフェイクニュースが大量に拡散された結果，広島県警が「デマ情報（フェイクニュース）の可能性が疑われる場合は，情報の発信元を確認しましょう」などの注意喚起をするに至っている。

　他にも，2018年沖縄県知事選挙において，候補者を貶めるようなフェ

おいふざけんな、地震のせいで
うちの近くの動物園からライオン放たれたんだが
熊本

出典：Twitter（モザイク処理は筆者が加工したもの）。
図2.3　熊本地震の時に実際にあった投稿

イクニュースが多数拡散されたことが確認されている。本件では，沖縄タイムスや琉球新報がマスメディアとしてファクトチェックに取り組んでいる（藤代, 2019）。

　このような日本のフェイクニュース状況について，次の8つのニュースジャンルに沿って，2019年に日本で広まった事例を紹介する。これから挙げるフェイクニュースは，2019年12月までにファクトチェック[15]されたフェイクニュースの中で，各分野において特に拡散されていた事例を1つずつ（国内政治に関することのみ与党に関するものと野党に関するものを合計2つ）ピックアップしたものである。なお，ファクトチェックについては，ファクトチェック・イニシアティブ・ジャパン（FIJ）[16]のメディアパートナーであり継続的にファクトチェックを実施しているBuzzFeed JapanとINFACT（旧ニュースのタネ）の2団体が実施したものを対象としている。

15）ファクトチェックとは，ファクトチェック・イニシアティブ・ジャパン（FIJ）によると，次のように定義される。「ファクトチェックは，社会に広がっている情報・ニュースや言説が事実に基づいているかどうかを調べ，そのプロセスを記事化して，正確な情報を人々と共有する営みです。一言でいえば，言説・情報の『真偽検証』となります。」
16）日本でファクトチェックの普及活動を行う非営利団体。

【ニュース分野一覧】

1．スポーツ・芸能・文化に関すること
2．社会・事件に関すること
3．外国人に関すること
4．生活・健康に関すること
5．経済に関すること
6．国内政治に関すること
7．国際情勢に関すること
8．災害に関すること

●スポーツ・芸能・文化：新国立競技場駐車場の英語表記がめちゃくちゃ

「新国立競技場の英語表記がめちゃくちゃな件」などとして，「月極駐車募集中」の看板に「The moon ultra parking is being recruited.」という誤った英訳が併記されている画像が，2019年12月にTwitterに投稿され，9,000件以上のリツイートにより拡散された。しかし実際には，この画像は少なくとも2015年5月には存在していたもので，2016年12月の起工式よりもはるかに前になるため，画像の撮影場所が新国立競技場でないことは明らかなものであった。実際はどこの画像なのか，画像が加工されていないかなどは不明である（Infact, 2019a）。

●社会・事件：京アニ放火殺人にNHKが絡んでいた

2019年7月に京都アニメーションで放火殺人が起こり，36名が死亡，33名が重軽傷を負うという凄惨な事件となった。この事件に関連し，「NHKのディレクターが青葉真司容疑者を過去に取材しており，接点があった」「スクープを撮影するため，京都アニメーションの取材日を容疑者に漏らしていた」「遺留品を回収していた」といった情報がインターネット上に広がった。一連の情報は，7月18日の事件当日にNHKが京都アニメーションを取材する予定で，現場に向かう途中だったディレクターがタクシーから容疑者確保の様子を撮影していたことに端を発し，拡散していたとみられる。

このようなフェイクニュースが拡散されたことで，怒りにかられたネットユーザがディレクターの特定を始め，顔写真を含む詳細なプロフィールがインタ

ーネット上に晒され，多くの誹謗中傷が書かれた。さらに，「ディレクターと青葉真司の関係。消された衝撃の新事実とは？」「実行犯とNHKディレクターの接点あり」「NHKが証拠隠滅を図っている」などのタイトルを付けたトレンドブログ[17]が立ち上がり，情報は瞬く間に広がっていった。

　これに対してNHKは7月30日に，「事件及び容疑者とは何のかかわりもなく，これらの書き込みは，いずれも事実無根です」「NHKの取材と今回の事件を関連付けるような書き込みも，明らかに事実と異なる誤った情報であり，こうした情報の発信は極めて遺憾です」とするプレスリリースを発表した。事件が凄惨だったことから噂が噂を呼び，大きな動きになった事例といえる（簱智，2019a）。

● 外国人：韓国旅行中の日本人女児を暴行，犯人が無罪に

　「韓国，ソウル市日本人女児 強姦事件に判決 一転無罪へ」。このようなタイトルのニュースが，「大韓民国民間報道」というニュースサイトで配信された。本ニュースは，韓国に旅行していた日本人女児の姉妹がデパートで強姦されたが，「被害者が日本に帰国したため罪を無理に罰する必要もなく，無罪が妥当と考えられる」として犯人の男は無罪になったという内容のものであった。この衝撃的なニュースはFacebookやTwitterで合計約2万回拡散され，インフルエンサーも言及していた。

　しかしこれは実際には事実無根の情報であった。作成した男性はBuzzFeedの取材に対し，「短期間でお金を稼ぎたい，というのが理由である。政治的な記事のトラフィック拡散を用いて金銭を得ようとしたのは，初めてでした」というように作成動機を答えている。そう，広告収入を得るためにフェイクニュース記事を作成したのだ。また，テーマを韓国ネタとした理由は，「韓国のネタはいま，日本のネット上で頻繁にやり取りされている情報です。拡散力も高い。」「それがフェイクであれ，韓国についてはどんな話題でも信じたいという思いの人，拡散してやろうという人がネット全体にいた。さらに，それを望んでいる人たちも。コンテンツを作りやすいですよね」と答えている。端的に言って，ヘイトを煽る記事はよく拡散されるからということである。

---

17) エンタメ情報や事件など，世の中で関心を集めている出来事についてまとめているブログのこと。検索エンジン対策（SEO：Search Engine Optimization）を重視しており，何かで検索するとこのようなブログが上位に来ることも多くなっている。

出典：旗智（2019b）。

図2.4　実際に掲載されていたウェブサイト（現在は閉鎖）　本当のニュースサイトのように見える

　しかしこの事件はこれで終わらない。なんと2019年にも，電子掲示板5ちゃんねるにスレッドが立ち，複数のまとめサイトが引用した。一度ファクトチェックされた記事にもかかわらず，いつまでもフェイクニュースが拡散されてしまう現状が見える（旗智, 2019b）。

●生活・健康：5G でムクドリ大量死

　2019年8月，『女性自身』のウェブサイトに「ムクドリが大量死！次世代通信規格5G はベルギーでは導入中止に」という記事が掲載された（女性自身, 2019）[18]。この記事は，専門家として医療・環境ジャーナリストの見解を引用しつつ，5G の問題点を指摘するものであった。その記事中で，「2018年10月，オランダ・ハーグで駅前に設置した5G のアンテナ塔から実験電波を飛ばしたところ，隣接する公園の木の枝に止まっていたムクドリが次々に墜落し，297羽が突然死した。」と述べている。

　ハーグで実際にムクドリの大量死があったのは事実だ。しかし，当該期間にその付近で5G 通信のテストが行われた事実はなく，また，2018年6月に実際

18）本フェイクニュースのみ，米 Snopes がファクトチェックした内容を根拠としている。

にテストが行われた際にも，鳥の大量死は報告されていなかった。フェイクニュースの検証を専門とする米 Snopes は，5G によるムクドリの大量死に関して 2018 年 11 月に誤っているであると判定している。Snopes によると，反 5G の陰謀系サイトを複数運営する人が Facebook でシェアしていた内容が発端となっていたようである（福田, 2019; Snopes, 2018）。マスメディアが誤った情報を拡散してしまった例といえよう。

● 経済：小売売上高低下を日本のメディアは報じない

　2019 年 11 月に，Twitter に「すっご。日本の 10 月の小売売上高が歴史的低下ってアルジャジーラからブルームバーグまで報道してるのに日本語で検索すると全然出てこない上に，わずかに出てくるニュースも 9 月からの下落幅 −14 ％じゃなくて前年同期比の −7% の方しか載せてないし。」と投稿され，1.8 万件以上リツイートされた。

　しかしこの言説は不正確であり，ファクトチェックサイト InFact の調査では，「国内の全国紙と通信社あわせて 7 社のメディアを調べたところ，毎日新聞以外の 6 社が，小売売上高に関する記事をニュースサイトなどに掲載していた」ということが分かった。また，確かに「前月比 −14.4% 減」を載せたメディアは日本経済新聞だけであったが，このような経済統計の発表で前年同月比を用いるのは一般的な報道である（Infact, 2019b）。

● 国内政治：安倍元首相が「富裕層の税金を上げるなんて馬鹿げた政策」と答弁

　安倍晋三元首相が「富裕層の税金を上げるなんて馬鹿げた政策」と答弁した，という内容のタイトルと字幕がついた動画が，2019 年 6 月に Twitter で投稿された。この投稿は同年 7 月の参議院選挙を前に拡散し，再生回数は 740 万回を超えた。

　しかしこの動画は大きく編集された動画で，内容が誤りであるフェイクニュースであった。実際に議事録を参照すると，安倍元首相はまず，年金財源として大企業や富裕層への増税を行うという共産党の小池晃書記局長の提案に対し，「信憑性がない」「日本の経済自体が相当のダメージを受ける」「マイナス成長になるかもしれない」と否定的な発言をした。そのうえで，マクロ経済スライドをやめるべきという提案への回答として，「それは全くばかげたこれは政策

なんだろうと，こう言わざるを得ない。」と発言している。つまり，富裕層の税金を上げることに対しての答弁と，その後のマクロ経済スライドに関する答弁の間が編集で切り落とされ，さらにタイトルでも誘導的な内容が書かれており，あたかも安倍元首相が富裕層の税金を上げることに対してばかげた政策と発言したように見える，誤ったニュースとなっていた（簱智, 2019b）。

● 国内政治：蓮舫議員が「改正児童虐待防止法」に反対した

　タレントのフィフィさんが立憲民主党の蓮舫議員について，2004 年に「児童虐待防止法改正に反対した」と 2019 年 2 月に Twitter に投稿した発言が，17,000 件以上リツイートされた。これは千葉県野田市の小 4 女児が自宅浴室で死亡し，傷害容疑で両親が逮捕された事件に関する一連の投稿の中でのツイートであった。

　しかし，このツイートには 2 つの事実誤認がある。1 つ目は，蓮舫議員が国会議員に当選したのは児童虐待防止法の改正後で，蓮舫議員は改正児童虐待防止法が成立した時点では国会議員ではなかった[19]。2 つ目は，改正児童虐待防止法に反対した議員はいないということだ。この法案は 2003 年に超党派で中間合意した内容に沿って作られたもので，その結果改正児童虐待防止法は衆参ともに全会一致で可決成立した。

　つまりフェイクニュースであったわけだが，日刊スポーツや朝日新聞デジタルでも「フィフィ，蓮舫氏に児童虐待防止問題『真意を問いたい』」というタイトルで，フィフィ氏が蓮舫氏を批判したと紹介していた。フィフィさんはその後，立憲民主党から事実誤認の連絡を受けたとしてツイートを削除し，謝罪している。また，先述したメディア記事も削除されている（吉川, 2019）。

● 国際情勢：中村哲さんの追悼式典に日本政府関係者がいない

　2019 年 12 月，アフガニスタンで人道支援に取り組んできた NGO「ペシャワール会」の現地代表で医師の中村哲さんの乗った車が何者かに銃撃され，中村さんや運転手ら計 6 人が死亡した。そして，同国首都のカブール空港において追悼式典が開かれて家族が参列し，長年にわたって人道支援に取り組んできた中村医師はアフガニスタン政府から讃えられた。

19）蓮舫議員は 2004 年 7 月に初当選。改正児童虐待防止法が成立したのは衆院で同年 3 月，参院で同年 4 月。

蓮舫 RENHO・れんほう@立憲民主党 ✅
@renho_sha   ⋯

何か誤解が流布されているようです。

私は議員になってから児童虐待をなくすための活動に
力を入れています。2004年夏に初当選し、その秋に施行された児童養護施
設の視察を重ね、その秋に施行された児童虐待防止法
と整合性を取るための児童福祉法改正案について初め
ての本会議質問を行いました。kokkai.ndl.go.jp/cgi-
bin/KENSAK...

午後2:24・2019年2月18日・Twitter Web Client

2,590 件のリツイート　**178** 件の引用ツイート　**4,550** 件のいいね

蓮舫 RENHO・れんほう@立憲民主党 ✅
@renho_sha   ⋯

しかし、大手メディアもファクトチェックをせずに記
事を配信しているようで…、残念です。

午後3:07・2019年2月18日・Twitter Web Client

1,595 件のリツイート　**169** 件の引用ツイート　**3,776** 件のいいね

出典：Twitter。
残念ながら、フィフィ氏の誤ったツイートと比較して、拡散数（リツイート数）はかなり少ない。
図 2.5　一連の報道などに対する蓮舫議員の Twitter での指摘　メディアにも苦言を呈している

　この追悼式典を巡って、フェイクニュースが拡散された。内容は、この追悼式典について「日本政府が航空機をチャーターして、中村さんを迎えにに（原文ママ）行けばよかったのに、日本政府は最後まで無視しましたね。アフガニスタンの空港には、政府関係者の姿はなかった……😭」というものであった。このツイートは投稿から2日で 6,700 件以上リツイートされ、「日本政府の中村さんに対するこの態度を覚えておきます」「ほんとうに酷いですよね」などのコメントが寄せられた。

　しかし、追悼式典に政府関係者の姿が無かったという言説は誤りである。担当者によると、式典には鈴鹿光次・駐アフガニスタン特命全権大使ら大使館関係者、および遺族支援や遺体の帰国支援のため、日本から遺族に同行していた外務省の「海外緊急展開チーム」（ERT）の1人が参列していた。そこに日本の閣僚などの姿はなかったとしても、「政府関係者がいなかった」という情報は誤りといえる（簱智, 2019c）。

● 災害：NHK が取材でタクシー貸し切り
　2019 年 10 月、「鋸南町へ取材に向かう NHK が、大原駅の勝浦タクシーを3台も貸し切ってしまったため、その間、電車が着いてもタクシーが全然居ない状態。日ごろからタクシーしか移動手段の無い病院帰りのお年寄りが駅で待ちぼうけ。きっと明日以降も取材に行くだろうけど、自社の車で取材に向かって欲しい。」という投稿が Twitter になされた。これは台風 15 号で大きな被害を受けた千葉県鋸南町で、NHK が取材でタクシーを貸し切りにしてしまってい

るということを言及するツイートである。投稿者は別のツイートで，実際にお年寄りから話を聞いたと述べている。このツイートは 14,000 件以上リツイートされ，「被災地の方を困らせるのは如何なもの」「ボランティアだって自己完結でやってるのに」「何がジャーナリズムだ」などと，NHK を批判する声が溢れることとなった。

　しかしながら，ツイート内で名前が挙げられたタクシー会社によると，NHK がタクシーを利用したのは，投稿の 2 週間前ほどの 9 月 26 日で，使用したタクシーは 1 台だけ，事前に予約する貸し切りではなくその場での利用だったとのことである。NHK も取材に対して，「取材で 1 度，タクシーを利用しましたが，3 台を貸し切ったなどの事実はございません。取材でのタクシーの適正な利用を，日ごろから指導・徹底しています」と述べている（簗智, 2019d）。

2-5 ｜ 新型コロナウイルスと infodemic

　フェイクニュースについて，世界的に特に問題視されているのは政治的なものである。2016 年と 2020 年の米大統領選挙，2016 年の英国 EU 離脱国民投票，2017 年の仏大統領選挙など，民主主義にとって極めて重要なタイミングにおいて，常に政治的フェイクニュースが問題となってきた。

　さらに 2020 年に入り，新たに新型コロナウイルスに関するフェイクニュースが大きな問題となった。新型コロナウイルス関連では様々なデマや陰謀論が世界中で拡散され，世界保健機関（WHO）はそれを infodemic と呼び警鐘を鳴らした。infodemic とは，情報（information）とパンデミック（pandemic）を組み合わせた単語で，フェイクニュースが急速に拡散して社会に影響を及ぼすことを指す。

　例えば，「度数の高いアルコールを飲むことで体内の新型コロナウイルスを死滅させることができる」というフェイクニュースが広まった事例がある。その結果，イランではメタノール中毒[20]により 2 月 23 日から 5 月 2 日までの間に 5,876 人が入院し，800 人以上が死亡したといわれている。また，国境なき医師団（MSF）が集計したデータによれば，2020 年に入ってからすでに世界で

---

20) 普段は酒を飲まない人たちでさえ，飲料用アルコールの代表的成分であるエタノールを買い求めた。その結果すぐに供給量が足りなくなり，悪徳業者によってイランはメタノールを混ぜた有毒な酒が取引されるようになったのである。

7,000 例近くのメタノール中毒が発生した（NATIONAL GEOGRAPHIC, 2020）。未知のウイルスの感染拡大で人々が恐怖におびえる中，誤った対処方法が広まり，それによって死亡する事例が多く出てしまったのである。

　以上を踏まえ，本節では新型コロナウイルスと（国内）政治の 2 つに関連したフェイクニュースを紹介する[21]。フェイクニュースは次の条件に合ったもので，新型コロナウイルス関連で 10 件，政治関連で 10 件となっている。

- 新型コロナウイルス関連：「深く息を吸って 10 秒我慢できれば，新型コロナウイルスに感染していない」など，医療・健康ジャンルに該当するものを 5 件，その他を 5 件。さらに，その条件に合うもので拡散量の多いものを選択した。
- 政治関連：「コロナ禍の中，4 月 8 日・9 日の国会審議が，野党の審議拒否によって実施されなくなった」など，保守派にポジティブと考えられるニュースを 5 件。「安倍元首相のニコニコ生放送において，運営が大量にコメントを削除して言論統制のようなことをしていた」など，リベラル派にポジティブと考えられるニュースを 5 件。さらに，その条件に合うもので拡散量の多いものを選択した。

　それぞれの事例は次のとおりである。

● 転売屋がマスクを 1 週間あたり 9 億枚も購入してマスク不足に

　コロナ禍でマスクの供給がひっ迫する中，2020 年 4 月末にフェイクニュースが Twitter に投稿された。「転売屋[22]がマスクを 1 週間当たり 9 億枚も購入したため，増産されたマスクの市場供給にもかかわらず，マスク不足になっている」というものである。しかし，新聞各社の情報を参照すると，この 9 億枚というのはマスクの全販売数であり，転売屋が購入した枚数を表しているもの

---

21) 具体的には，2020 年 1 月～ 2020 年 7 月の間にファクトチェックされた，新型コロナウイルスと国内政治に関するフェイクニュースを対象とする。ファクトチェック機関は，FIJ のパートナーであり，継続的にファクトチェックを実施している BuzzFeed Japan と INFACT の 2 団体としているが，一部例外もある。これは 2-4 で紹介した事例と同じ基準である。

22) 本件のように不足しているものやプレミア商品を多く購入し，フリマアプリやオークションサイトなどで高値で販売する人のこと。

ではなかった（InFact, 2020a）。

● PCR 検査は普通の風邪も検出する

　新型コロナウイルスに関連して，一見信憑性のありそうな大学教授という肩書の人物からもフェイクニュースが投稿されていた。ある大学の教授がYouTube に投稿していた動画の内容は，「新型コロナウイルスと普通の風邪の原因となる遺伝子は似ているため，遺伝子検査である PCR 検査ではどちらでも陽性反応が出るので，意味がない」というものである。

　しかし，実際には PCR 検査は新型コロナウイルスに特徴的な遺伝子情報に基づき検出することが可能となっており，根拠の示されていない動画内の主張は誤りであることが分かっている。動画はその後 YouTube から削除されたが，同一内容の音声がコピーされた動画は 75,000 回以上再生されている（InFact, 2020b）。

● 深く息を吸って 10 秒我慢できれば，新型コロナウイルスに感染していない

　専門家からの情報として拡散したフェイクニュースもある。台湾の専門家からの情報として「深く息を吸って 10 秒我慢できれば感染していない」とコロナウイルスの感染判定に関する内容が，メッセージアプリなどでチェーンメール的に拡散されたものである。例えば，次のような内容のものが広く拡散した。

> 新型コロナウイルスは，感染されても何日も症状が出ない場合があります。では，自身が感染されたかどうか，どう分かるのでしょう。咳と熱の症状が出て，病院に行った時は大体 50% は肺が繊維化されていると考えられます。即ち，症状が出て受診すると遅れるケースが多いのです。
> 台湾の専門家は，毎朝，自身でチェックできる簡単な診療を提示してます。深く息を吸って，10 秒我慢する。咳が出たり，息切れる等，すごく不便なことがなければ，肺が繊維症状になってない，即ち，感染されてないということです。（注：新型コロナで悪化すると，肺胞の組織が繊維化して硬くなっていくようです。）
> 現在，既に大変な事態になってるので，毎朝，良い空気を吸いながら，自己診断をしてみてください。

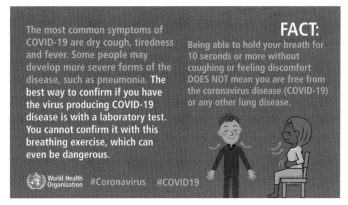

出典：WHO ウェブサイト（https://www.who.int/emergencies/diseases/novel-coronavirus-2019/advice-for-public/myth-busters　※ 2021 年 9 月 23 日確認）。

図 2.6　WHO によるファクトチェック画像　右側で当該フェイクニュースを否定している

　また，日本のお医者さんは，とても有効なアドバイスをしてくれています。皆んな，常に，口と喉を濡らして，絶対に乾燥した状態におかないこと。15 分毎に水を一口飲むのが良いそうです。ウィルスが口に入ったとしても，水とか他の飲み物によって，食道から胃に入ってしまえば，胃酸によりウィルスは死んでしまう。水分をよく取らない場合，ウィルスが気管支から肺に侵入してしまうので，とても危ないのです。

　しかし，その台湾にあるファクトチェック機関や，WHO も医学的根拠が無いとして否定している（図 2.6）。これについては愛知県警が広報課の公式 Twitter で同じ内容を投稿してしまい，その後謝罪する事態にまでなっていたことも知られている（千葉, 2020; 読売新聞, 2020）。

● 新型コロナウイルスは 26 〜 27 度のお湯を飲むと予防できる

　「耐熱性なく 26 〜 27 度で死滅」といったフェイクニュースも，メッセージアプリを中心に広範囲に拡散された。もともとは中国で広まっていたものが，日本語に訳されて爆発的に拡散されたと考えられる。「中国・深センの病院で働く知り合いからの情報」など，信頼できる情報源があるかのように書かれたものが多いが，その内容は多くの専門家が否定している。

　落ち着いて考えれば当然だが，人間の体温より低い 26 〜 27 度でコロナウイルスが死滅することはなく，お湯を飲んでも予防にはならない。57 度など違う温度のパターンもあるが，いずれにせよウイルスへの感染は口だけではなく，たとえ人体の外で熱に弱いとしても，体内で同じになるとは限らないといわれている。また，このお湯を飲む内容に関しては，格闘技ジムの「K-1 ジム総本部」のウェブサイトにも同様の誤った情報が掲載されていたことがインターネット上で批判を集め，削除された（InFact, 2020c）。

● 新型コロナウイルス検査では，陰性の場合 8 万円かかる

　新型コロナウイルスの感染拡大をめぐり，検査に関するフェイクニュースも拡散された。内容は，「日本での検査は陰性の場合 8 万円自己負担，陽性の場合は国負担」というものである。投稿からわずか 2 日で 16,000 件リツイートされるなど，広く拡散された。そして，リプライ欄には「検査を受けたくても受けられない人が必ずたくさん出ますね」「なんのために消費税上げたの？」などの声が寄せられた。

　実際には，そもそも当時新型コロナウイルスの任意検査は未実施で，検査を受けるのは「渡航歴や患者との接触歴などから，都道府県が必要と判断した場合」とされていた。BuzzFeed News の取材に応じた厚生労働省結核感染症課の担当者によれば，この場合の検査費用は陰性・陽性に関わらず公費負担となり「無料」であった[23]。また，検査の結果入院などが必要となった場合の費用も，公費で負担されるとのことであった（籏智, 2020a）。

● 花こう岩はウイルスの分解に即効性がある

　新型コロナウイルスの感染が広がる中で，フリマアプリなどでは花こう岩などの「石」が数多く出品される不思議な現象が発生していた。実際に商品ページを開くと「ご高齢の方やご病気の方がいらっしゃり，コロナウイルス対策が必要なかた。よかったらどうぞ」などと記されている。

　だが実際には，花こう岩に詳しい専門家によると，「花こう岩は，地下深くマグマが固まってできた岩石で，建材や墓石などによく使われる石です。地域によっては，庭先や近くの川原にたくさん落ちているごく普通の石です。病気

23）本フェイクニュースが拡散された 2020 年 2 月時点での情報。

への効能などは確認されておらず，科学的根拠は全くありません」と効果を否定している。

　根拠が不確かな石などが出品されていることについて，薬剤師で弁護士の村上貴洋氏は「新型コロナウイルスに効果があるとうたって，こうした『商品』をインターネット上で販売することは，業者だけではなく個人でも効果・効能の表現次第では，法律に触れる可能性があり，場合によっては刑事罰に問われるおそれもあります」と指摘している（NHK, 2020）。

● WHO が感染者の隔離は不要でソーシャルディスタンスも不要と述べた

　あたかも WHO の発言を切り取るかのようにしたフェイクニュースも拡散された。内容は，海外ユーザの投稿を引用し，「WHO が急に方向転換 ◉新型コロナウイルス感染者の隔離は必要ない ◉検疫も必要ない ◉ソーシャルディスタンスも必要ない ◉感染者からも感染しない と言い出した。」とするものである。

　米国のラジオパーソナリティーによる WHO の記者会見の動画に関する英文ツイートを引用し，これを日本語に訳した形をとっていた。しかし，そもそも引用された動画は，6 月 9 日（日本時間）の WHO の新型コロナウイルス対策担当専門家の発言を紹介したもので，投稿より 1 か月近く前のものだった。また，実際の記者会見の内容は第 2 波への警戒を呼び掛けるものであった。

　ただし動画内では，「無症状の人から実際に他の人に感染することは今もってまれと考えられる」という発言をしており，この発言をした人はその後「WHO の方針を定めたわけではなく，今分かっている現状を明確に述べようとしただけです」「誤解させてしまいました」「私が言及していたのは，ごく一部の研究の結果です」「症状がある人も，ない人も，他人に感染させることが分かっています」と釈明している（InFact, 2020d）。

● 5G が新型コロナウイルスを広めている

　欧州を発端とし，5G 技術が新型コロナウイルスと関係があるという誤った情報が，欧米や日本で広まった。5G が免疫系の働きを抑制したり，電波を介して新型コロナウイルスを拡散させたりする可能性があるという根拠不明な情報が多く広まったのである。

なんとこの情報を信じた人たちによって，欧州では数十もの基地局アンテナが燃やされた。米国の国土安全保障省（DHS）も，米国のいくつかの州では基地局アンテナに対する放火と物理的攻撃が発生したと報告している。

WHO は新型コロナウイルスに関するデマのリストを発表しており，その中にはこの 5G 陰謀説も含まれている。「ウイルスは無線や携帯電話のネットワークで広まることはありません」「新型コロナウイルスは 5G 通信網が存在しない多くの国でも拡散しています」といった内容である（ファクトチェック・イニシアティブ, 2020）。

●日本政府が 2020 年 4 月 1 日からロックダウン（都市封鎖）を行う

2020 年 3 月 28 日頃，「4 月 1 日からロックダウンという発表がある」という噂がソーシャルメディア上で流れた。どちらも「テレビ局のプロデューサーからの情報」「テレビ関係者と大使館経由の情報」などと呼びかけられており，「大切な人に回してください」「生きよう！」などと結ばれている。

この噂について，菅義偉元官房長官は 3 月 30 日の会見で「まず，そうした事実はありません。明確に否定しておきます」としたうえで，緊急事態宣言については多方面からの専門的な知見に基づき慎重な判断をするとともに，国会に知らせるとしていた。その後実際に緊急事態宣言が 2020 年 4 月 7 日から出されたが，日本ではいずれにせよ，罰則付きの移動制限や都市の封鎖といったロックダウンをすることは 2020 年時点の法律上不可能であった。

中央大学教授の松田美佐氏は，BuzzFeed の取材に対し，「役人や社長から聞いた，マスコミの知り合いが言っていた……など。もしくは親しいネットワークを強調することもありますね。友達が言っていた，などもその典型です」と述べており，噂には権威付けやまた聞きが伴うことを指摘している（BuzzFeed, 2020b）。

●漂白剤（次亜塩素酸ナトリウム）を飲むと新型コロナウイルスに効果がある

漂白剤を飲むことで新型コロナウイルスを予防できるとして，漂白剤を購入し飲むように推奨するツイートが拡散された。2020 年 1 月 28 日を皮切りに Twitter ユーザが複数回投稿したことが発端となっている。米国当局は激しい嘔吐と肝不全を起こす可能性があるとして，漂白剤の摂取に対し繰り返し警告

している（Putterman, 2020）。

● 河井案里議員が安倍首相と共に「一連托生」と書かれた紙を掲げていた

公職選挙法違反容疑で逮捕された元参議院議員の河井案里氏が、安倍元首相とともに「一連托生[24]」と書かれた紙を掲げているように見える画像の投稿がなされた。しかしながら、この画像は2019年6月に河井案里氏が自身のFacebookに投稿した写真を加工したもので、実際には「祈必勝」と書かれていた。

● ロイター通信が、コロナ禍の中50人で旅行した昭恵夫人について「世界一間抜けなファーストレディー」と報じた

落語家の立川談四楼氏が、「ロイター通信が『世界一間抜けなファーストレディー』として昭恵夫人の50人旅行を報じ、その夫である安倍さんの新型コロナへの対応を『臆病でナメクジのように遅い』と痛烈に皮肉ったんだってさ。」といった投稿をTwitterにし、1万回以上リツイートされた。

しかし実際はロイター記事を引用した一般ユーザの投稿の言葉を参照したもので、記事自体にこの表現は登場しない。また、「臆病でナメクジのように遅い」というのは記事中の「a timid and sluggish response to the outbreak」について言及していると考えられるが、これも「及び腰で動きが鈍い」といった程度のニュアンスであり、「臆病」「ナメクジ」のような攻撃的な表現とはずれがある（InFact, 2020e）。

● コロナ禍の中、4月8日・9日の国会審議が、野党の審議拒否によって実施されなくなった

2020年4月7日に、自民党の衆議院議員から「こんな時に野党の審議拒否…補正予算の中身をよく検討したいとの理由で明日、明後日の全ての委員会が審議ストップ…」とのTwitter投稿がなされた。しかし、4月8、9両日の国会審議が実施されなかったのは、7日に発令された緊急事態宣言を受けたも

24）なお、いちれんたくしょうの本来の漢字は「一蓮托生」であるが、ここでは画像のまま記載している。

のである。これは与野党で協議の上に決まったことで，一方的な「審議拒否」ではないため誤りといえる（籏智, 2020c）。

● 歴代総理の中で安倍首相が初めて硫黄島を訪問した

2020年3月10日に，「歴代総理で安倍総理が初めて硫黄島に訪問しました。その時に滑走路下に未だ遺骨が眠っているのを知った総理は泣きながら感謝と敬意の土下座をされました。ここまでした総理がいただろうか？」などとする内容の投稿がTwitterにされた。このツイートは3.2万件以上リツイートされたが，これは誤りである。安倍元首相の硫黄島訪問は「現役の総理としては3人目」であり，1人目は小泉純一郎氏，2人目は菅直人氏である。

前述の投稿者はその後，「確かに硫黄島に初めて訪問したのは安倍総理ではありませんでした。私の勘違いでした」と訂正した（InFact, 2020f）。

● 安倍首相がウイルス対策会議を欠席して稲田朋美議員の誕生会に出席した

「安倍総理 ウイルス対策会議を欠席して稲田朋美の誕生会出席」という噂がソーシャルメディア上で出回ったが，稲田氏の誕生日を祝う会に安倍首相が参加したのは2020年2月21日である。この日，新型コロナウイルス対策本部の会議は行われていなかった。また，議事概要や首相動静を見ると，安倍元首相はその時点までの13回の全ての会議に出席していた（大船, 2020）。

● 安倍首相が日本の平均的な共働き夫婦の月収について，「ご主人が50万円，奥さんが25万円」と発言した

2020年3月30日に，安倍晋三元首相が「日本の平均的な共働き夫婦の月収 ご主人の月給が50万円 奥さんのパート収入が月25万円 ご夫婦で月75万円の収入があるわけですが」と発言したとする情報がTwitterに投稿され，少なくとも5,000件以上のリツイートにより拡散された。この同じ画像や同様の文言は，過去にもネット上でたびたび拡散しており，2019年ごろから出回り始めていた画像が再び使われた形であった。

しかしそもそもこの発言は誤りで，2016年1月8日の衆議院予算委員会で安倍元首相が語った発言が改変されているとみられる。当時は，無所属の山井和則衆院議員から「実質賃金が下がっている」との指摘を受け，“例え話”とし

て次のような答弁をしていた。

> 「ご指摘の実質賃金の減少についてでありますが，景気が回復し雇用が増
> 加する過程において，パートで働く人が増えていくと，1 人当たりの平均
> 賃金が低く出ることになるわけでありまして，私と妻，妻は働いていなか
> ったけれども，景気はそろそろ本格的によくなっていくから働こうかと思
> ったら，働き始めたら，我が家の収入は例えば私が 50 万円で妻が 25 万円
> であったとしたら 75 万円に増えるわけでございますが，2 人が働くことに
> よって，2 で割りますから，平均は，全体は下がっていくということにな
> るわけでございます」

　つまり，この発言は安倍家のたとえ話であり，日本の平均的な共働き夫婦を
指しているものではない（瀬谷, 2020）。

●健康保険が外国人に悪用される原因は，民主党政権の医療観光を強化する政策のため

　新型コロナウイルスの感染拡大をめぐり，「日本の健康保険が外国人に悪用
される原因」として，民主党政権による医療ツーリズムの強化を指摘した
Twitter 投稿があり，1.8 万件以上もリツイートされた。しかしこの情報は誤
りであり，合わさって広がっている民主党が「外国人の加入要件を引き下げ
た」という情報も誤りである。
　確かに，日本で医療ツーリズムの強化が本格化したきっかけは，2010 年 6 月
の鳩山由紀夫政権が閣議決定した「新成長戦略」にあることには間違いない。
しかし，翌 2011 年 1 月に導入された「医療滞在ビザ」による治療は，国民健
康保険制度の対象外で，全額自己負担である。つまり「健康保険を悪用する原
因」になるということは，誤りである。

●「桜を見る会」の参加者数，安倍政権で 850 人に対し鳩山政権下では 1 万人だった

　費用面や招待者基準などをめぐって批判が集まり，2020 年に中止が決まった
首相主催の「桜を見る会」に関しての誤情報が拡散された。ニッポン放送のラ
ジオ番組「飯田浩司の OK! Cozy up!」でのやりとりを文字起こしした記事【安

倍総理主催「桜を見る会」は公金の私物化なのか】を発端とし，「鳩山首相が
例年より相当多く呼び，1万人の大台に乗った」という情報が広がったもので
ある。

　実際には，少なくともこの10年で，参加者が1万人という大台に乗ったの
は2006年，小泉元首相の時である。その後，民主党への政権交代直後，鳩山
元首相の時も確かに1万人が参加しているが，その前年の2007年には安倍元
首相（第1次政権）の際にも，小泉元首相と同じ11,000人が参加しており，鳩
山元首相の時が特別多かったわけではない。また，この問題をめぐっては，
「安倍政権850人，鳩山政権1万人」というツイートが3,000件以上リツイー
トされ拡散したが，同様に誤りである。850人というのは，安倍首相が招待し
たとされている後援会関係者の人数であり，比較の対象として不適切である
（簱智，2019e）。

●安倍元首相のニコニコ生放送において，運営が大量にコメント
　を削除して言論統制のようなことをしていた

　安倍元首相が出演した「ニコニコ生放送」で2020年5月6日に生配信され
た番組に関連して，「運営により削除」という文が並んだスクリーンショット
とともに，「安倍晋三のニコ生凄いな　言論統制そのものやんけ」としたTwitter
で投稿され，ジャーナリストがリツイートするなど拡散された。

　しかし，ニコニコ生放送などのサービスを展開する総合サイト「niconico」
のTwitter公式アカウントは，安倍首相が出演した生放送でのコメント大量削
除を否定している。そもそも大量のコメント削除が行われたのはニコニコ生放
送ではなく，同じniconicoの下にある動画投稿サービス「ニコニコ動画」で
配信された別の録画放送動画である。元投稿のスクリーンショットはニコニコ
動画のコメントを記録する外部サイト「ニコニコメ」からのもので，ニコニコメで
はニコニコ生放送のコメントは記録されないため，全くの誤りといえる（InFact，
2020g）。

●アベノマスクを回収して再検品した結果，不良品はたったの12
　枚だった

　2020年5月26日に，「あんだけパさん[25]が大騒ぎしてたアベノマスク[26]の
不良品って，回収して再検品したら，たったの12枚だったってひどい話だよ

ね。」とする投稿が Twitter でなされた。この投稿は 1 万リツイート以上の拡
散がなされている。

　しかし，投稿では全体で不良品が 12 枚であるかのように述べられているが，
14 日の厚生労働委員会で政府参考人の厚労省医政局長が，妊婦向けマスクの不
具合の数は 4 万 7 千枚，全戸配布用マスクの不良品数が 12 枚だと明らかにし
ており不正確である（Infact, 2020h）。

2-6 ｜ 日本における疑義言説の件数

　このようなフェイクニュースが日本でどれくらい発生しているかを，シエン
プレ デジタル・クライシス総合研究所（2021）が FIJ 保有の疑義言説データベ
ースを使って発表している[27]。それによると，2020 年に発生した疑義言説は
合計 2,615 件で，1 日平均して 7.2 件発生していた（図 2.7）。特に多かったのは
コロナ禍において緊急事態宣言が初めて出された 4 月であり，286 件となって
いる。

　疑義言説の内訳では，新型コロナウイルス関連のものが最多で 1,110 件あり，
その後米国大統領選挙（164 件），大阪都構想・住民投票（60 件）と続いた。
2-5 で新型コロナウイルス関連と政治関連のフェイクニュースをクローズアッ
プしたが，統計的にも，未知のウイルスである新型コロナウイルスと政治関係
の疑義言説が多いことが分かる。

25）「パさん」というのは「パヨクさん」のことを指していると考えられる。パヨクとは左翼
　　をもじったネットスラングで，主にインターネット上で左翼的な言動を展開している人のこ
　　とを指す。多くの場合蔑称的な意味合いを持つ。
26）アベノマスクとは，新型コロナウイルスが流行する中で，マスク不足の対策として安倍元
　　首相が実施した，全世帯にガーゼ製マスクを 2 枚ずつ配布するという施策及びそのマスク自
　　体のことを指す。施策を評価する声もあったが，施策全体で数百億円かかったことや，配布
　　マスクに虫や髪の毛などの異物混入が報告されたことから大きな批判を浴びた。
27）疑義言説データベースは「ClaimMonitor2」といわれるもので，FIJ のメディアパートナ
　　ーなど関係者が利用することができる。FIJ の会員から選抜されたモデレーターが，スマー
　　トニュースなどにより開発された疑義言説収集システム（FCC）などにより検知した疑義言
　　説データを ClaimMonitor2 に入力し，通知する仕組みとなっている。

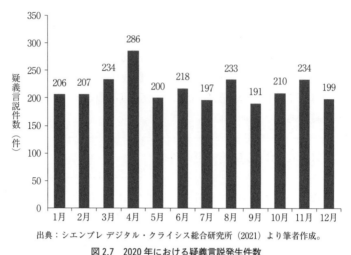

出典：シエンプレ デジタル・クライシス総合研究所（2021）より筆者作成。

図 2.7 2020 年における疑義言説発生件数

2-7 │ フェイクニュースの判定と分類方法

　フェイクニュースの定義が難しいのは 2-2 で述べたとおりだが，ファクトチェックの際には，その真偽のほどをより正確に表すためにいくつかに分類された判定基準を用いる。例えば英国の DCMS 下院特別委員会（デジタル・文化・メディア・スポーツ特別委員会）は，フェイクニュースをその誤りの度合いによって表 2.1 のように 6 つに分類している（DCMS, 2017）。

　同じように Wardle（2017）は，2016 年の米大統領選を事例に選挙期間中に出回ったフェイクニュースを整理し，騙そうとする意図の大きさで 7 分類を行っている。7 分類は「捏造された内容」「加工された内容」「偽の内容」「誤解を招くような内容」「誤った結びつけ」「誤った文脈」「風刺とパロディ」となっており，表 2.1 と酷似している。また，これらはいずれも騙そうとする意図の高い順となっている。加えて，Wardle（2017）はこれにフェイクニュースが作られる動機として以下の 8 つを掛け合わせてマッピングすることで，フェイクニュースの明確なパターンが出てくるとしている。

　・質の悪いジャーナリズム

表2.1 フェイクニュースの6分類

判 定	概 要
Fabricated content （捏造された内容）	完全に虚偽である。
Manipulated content （加工された内容）	本来よりセンセーショナルな見出しをつけるなど，元情報を歪めている。
Imposter content （偽の内容）	元情報のソースを別のもの（例えば信頼ある通信社のブランド）に変えている。
Misleading content （誤解を招くような内容）	ミスリーディングな情報の利用。（例：コメントを事実のように伝えている）
False context of connection （誤った文脈）	本来は正しい情報が間違った文脈で利用されている。（例：見出しが記事の内容を表していない）
Satire and parody （風刺・パロディ）	ユーモアがあるが嘘の物語をあたかも真実のように表現している。（必ずしもフェイクニュースとして分類されるわけではないが，意図せず読者を騙している場合がある）

概要の日本語訳は，プラットフォームサービスに関する研究会（第8回）にて三菱総合研究所が作成した「諸外国におけるフェイクニュース及び偽情報への対応」から引用した。

- うけねらい
- 扇動・いたずら
- 感情
- 党派心
- 金儲け
- 政治的影響力
- プロパガンダ

　日本においては，FIJ が，フェイクニュースの疑いがある記事を，メディアパートナー各社がファクトチェックした結果について，整理して公表するという活動を行っている。FIJ では，ファクトチェック記事を発表する際に，対象の情報についての真実性・正確性の評価判定基準をガイドラインとして設けている。これは評価判定の恣意性を減らす取り組みであり，Wardle（2017）やDegital, Culture, Media and Sports Committee（DCMS）（2017）が設けた基準と類似するものである（表2.2）。

表 2.2　FIJ のレーティングと定義

判 定	概 要
正確	事実の誤りはなく，重要な要素が欠けていない。
ほぼ正確	一部は不正確だが，主要な部分・根幹に誤りはない。
ミスリード	一見事実と異なることは言っていないが，釣り見出しや重要な事実の欠落などにより，誤解の余地が大きい。
不正確	正確な部分と不正確な部分が混じっていて，全体として正確性が欠如している。
根拠不明	誤りと証明できないが，証拠・根拠がないか非常に乏しい。
誤り	全て，もしくは根幹部分に事実の誤りがある。
虚偽	全て，もしくは根幹部分に事実の誤りがあり，事実でないと知りながら伝えた疑いが濃厚である。
判定留保	真偽を証明することが困難。誤りの可能性が強くはないが，否定もできない。
検証対象外	意見や主観的な認識・評価に関することであり，真偽を証明・解明できる事柄ではない。

出典：FIJ のウェブサイト（https://fij.info/introduction/guideline）より筆者作成。

2-8 ｜ フェイクニュース・デマの歴史

　このように近年注目されるフェイクニュースだが，そもそもフェイクニュースというものは人間社会に普遍的なものである。それはデマや流言あるいは噂といったもので，人類は常にデマや流言，あるいは噂と言われるものに振り回されてきたといってもよいだろう。そして，これらは今日フェイクニュースと呼ばれている現象と極めて酷似した様相を呈している。

　噂に関する研究を行った松田（2014）は，人から人へと口伝えで広まっていく情報を指す言葉として，噂だけではなくデマ，流言，ゴシップ，風評，都市伝説なども取り上げている。その中でデマはその語源をデマゴギズムに持つものであり，この言葉は「政治的な意図から相手を中傷する目的で流される情報を指す」ものと紹介されている。これは 2-2 で紹介したフェイクニュースの定義と似ているものだ。

　こういったことから，フェイクニュースの起源を政治的なプロパガンダに求める場合は，紀元前のローマ帝国初代皇帝が政敵に勝つために虚偽情報を利用

したことまで遡れるし，先ほど紹介した噂やデマに起源を求めれば，約 10 万年前の言語の起源にまで遡れる可能性があることが指摘されている（笹原, 2018）。

　そのうえで，さらに狭義でのフェイクニュースを検討する際には，「テクノロジー」と「メディア」の２つの影響で整理することができる。笹原（2018）では，フェイクニュースを「テクノロジーを悪用することで虚偽情報を効果的に生み出し，拡散し，日常生活だけでなく民主主義まで影響を与えるようなソーシャルメディア時代の偽ニュース」に限定し，その歴史について整理している。ポイントとなるのは「テクノロジーを悪用」という部分だろう。そのように限定した場合，正に 2-1 で述べたように，米国大統領選挙が行われた 2016 年が「フェイクニュース元年」といえる。もともとフェイクニュースという言葉は，米国ではパロディニュース番組を指すのが一般的であった。しかし，2016 年のこの一連の騒動を通じて，有権者のイデオロギー的な偏りに寄り添う嘘の政治ニュースを指すものへと変化していったといわれている（Owen, 2017）。

　もう１つは，メディア史という観点からとらえ直すというやり方である。佐藤（2019）は，フェイクニュースを流言のメディア史という観点から捉え直し，インターネット登場以前の書物や新聞がフェイクニュースと無関係ではなかったことを示している。同書では「新聞・雑誌・ラジオ・テレビ・インターネットなど広告媒体（メディア）で伝達される『あいまい情報』を特にメディア流言」と呼び，ラジオ放送を契機とした「マスコミ」が登場してからのメディア流言史について扱っている。

　そこでは具体的な事例として第二次世界大戦時や 1923 年の関東大震災時の新聞報道がいかにあいまい情報を流していたかが示されている。実際，2-4 で紹介したフェイクニュース事例の中でも，5G によるムクドリの大量死は，『女性自身』という雑誌のウェブ版の記事を発端としていた。その意味では，メディア流言は今日まで継続しており，インターネット上へと移行することでフェイクニュース問題の一端を担っているともいえるだろう。なお，同書ではメディア流言を「社会変動にともなう揺らぎの中で人々がストレスと不安の解消を求めて行うコミュニケーションの所産であり，現代社会，すなわちメディア社会の構成要素の一部」としている。

　日本におけるデマや流言の歴史についてもう少し詳しく述べる。ここでは社会的影響が大きかったものを過去から現在にかけて取り上げる。典型的な例が，1923 年に起こった関東大震災におけるデマ・流言だろう。震災発生直後，混

乱に乗じて，朝鮮人が放火や井戸への毒の投げ込みを行っているというデマや流言が流れる。その結果，実際にはそのようなことをしていない多くの朝鮮人や朝鮮人と見なされた人々が虐殺されている。災害発生時はデマや流言が発生しやすい環境といえる。

　さらに，関東大震災はこの他にも思わぬ影響を及ぼしている。震災後には，震災によって生じた被害を救済するための震災手形が発行されたが，それが不良債権化し社会問題となった。そのような中で，1927年に当時の大蔵大臣が「東京渡辺銀行が倒産した」（実際にはまだしていなかった）という発言を議会で発言し，それが報道されることで多くの預金者がお金をおろしに東京渡辺銀行に殺到した。そしてここから他の銀行の倒産の噂も社会に広まっていき，連鎖的に取り付け騒ぎが起きてしまった。これが昭和金融恐慌のきっかけになったといわれている。

　同じような事件で有名なものとしては，1973年に豊川信用金庫で起こった取り付け騒ぎがある。これは，「豊川信用金庫が倒産する」といったデマが社会に広がり，大量の預貯金が引きだされて倒産危機を起こした事例である。警察が捜査を行った結果，当該信用金庫に就職が決まった学生とその友人の会話に出た，「信用金庫は危ない」という発言が人々の口伝に広まっていたことが原因ということが分かっている。そのように言われた方の学生（豊川信用金庫に就職が決まった学生）が親戚に「信用金庫は危ないのか」と尋ね，その親戚が他の親戚に尋ね，それが別の方に伝わり……という形で広まっていったとされる。その過程の中で，「豊川信用金庫は危ないのか？」から，「豊川信用金庫が危ないらしい」に変わってきた。なお，最初の学生の発言は，「信用金庫には強盗が入るため危険」という意味の冗談だったとされている。

　以上のように，フェイクニュースを「テクノロジー」という観点で考えると，2016年がフェイクニュース元年といえるが，メディア史の中で考えると100年前までさかのぼることができる。さらに，2-2で示した定義に照らし合わせれば，それこそ10万年前の言語の起源にさかのぼることができるといえるだろう。

　いずれにせよ，これらの事実が示すのは，フェイクニュース（あるいはデマ・流言）というものは人間社会に密接に関わっており，深く根差しているものであるということである。それがソーシャルメディアの普及により，量が増えて大規模化しやすくなったということに過ぎない。そのため，フェイクニュース

が根絶された社会というのは考えづらく，むしろそのような社会は歪められた社会といえるだろう。だからこそ，我々はフェイクニュースがあることを前提に，その社会的影響をどのように弱めるのか検討していく必要があるのだ。

2-9　フェイクニュースはなぜ生み出されるのか？

　このようなフェイクニュースが生み出される背景には様々なものがある。例えば，熊本地震の時に「動物園からライオンが逃げた」（2-4 参照）という投稿をした人は，ネタで面白いと思ってやったのだろう。また，芸能人などの根も葉もない噂が広まるのは，多くの場合思い違いを基としており，こうしたものも少なくない。さらに，メディアが誤ることもある（誤情報：misinformation）。しかし，何らかの意図を持って作成された偽情報（disinformation）の多くは，大きく分けて「経済的動機」と「政治的動機」の2つで作成されている。

　例えば，2016 年の米国大統領選挙では，米国から 9,000 km 以上離れた東欧の小国（マケドニア共和国）に住む学生が，大量のフェイクニュースを作成していたことが分かっている。少なくとも数百人の住民がフェイクニュース作成に携わり，100 以上の米国政治情報サイトが運営されていたようだ（Mizoroki et al., 2016）。そしてそのフェイクニュースの多くが，トランプ氏の支持者に向けたものであった。

　なぜ，このように米国と全く関係のなさそうな国の学生がそのようにフェイクニュースを作成していたのだろうか。当然，彼らは政治的立場から，遠い米国でトランプ氏を勝たせたかったわけではない。実は彼らの狙いは，記事の作成・拡散による莫大な広告収入にあったのである。彼らは，米国の右翼系ウェブサイトなどから，完全に剽窃したり，寄せ集めたりした情報に扇動的な見出しを付けて公開し，拡散を狙っていた。特に右翼ネタほど拡散されやすいことから，トランプ氏を擁護するようなフェイクニュースが大半を占めたということである。数か月で親の生涯年収分稼いだ者もいるようだ。

　ある家族では，17 歳の男子高校生がフェイクニュースを作成して両親の年収を超える多くの収入を得ていた。罪の意識がないのか尋ねると，クラスメイトの約 4 割がフェイクニュースを作成しているといい，その母親も「お小遣いをあげなくて済んで家計は助かっていますし，息子にはもっと頑張って欲しい」と述べたようである。失業率が約 3 割と，日々の生活も苦しいマケドニア

の若者にとって，フェイクニュースによる収入はあまりに魅力的である。彼らは，「天井知らず」などの極端な言葉を使うことや，時差を考慮して投稿するなどの工夫を凝らし，米国大統領選挙以外でも多くのフェイクニュースを作り続けている（佐野，2018）。

　前述した「韓国旅行中の日本人女児を暴行，犯人が無罪に」というフェイクニュースも，全く同じように経済的理由から生み出されていた。この事例でも同じように，「日本で韓国ネタは拡散されやすいから」という理由で，韓国関連の排外的な記事を作成していたのである。

　このように経済的動機からフェイクニュースが多く生み出されるようになった原因として，インターネットの普及がもたらしたアテンションエコノミーが挙げられる。アテンションエコノミーとは，「関心経済」のことで，情報が指数関数的に増加してとても人々が読み切ることができない時代において，情報の質よりも人々の関心をいかに集めるかが重視され，その関心や注目の獲得が経済的価値を持って交換財になるということを示す（Goldhaber, 1997）。

　心理学・行動経済学では，人間の思考モードにはシステム1（速い思考）とシステム2（遅い思考）があるとされる（二重過程理論）。システム1は直感や経験に基づく無意識の（自動的な）思考であり，速く思考できるために多くのものに反応できる。対して，システム2は状況を理解したり考えたりといった熟慮による思考を指し，集中を必要とするため同時にすることができない。また，システム2には，通常は自動化されている注意や記憶の機能を補完して，システム1の働きを調整する機能が備わっているとされる（Kahneman, 2011）。アテンションエコノミーでは，システム1を刺激することが重要である。なぜならば，利用者の熟慮を伴わない自動的な反応がPV（ページビュー）[28]やエンゲージメントといった収入に直接結びつくためである。システム1は速く，次から次へと思考できるものなので，システム1ばかりを刺激するのが効率的だ。

　それが分かりやすく形になっているのが，インターネット広告とPV至上主義である。インターネットの普及により，広告収入を軸としたウェブサイトが大量に生まれた。そのようなウェブサイトにとって一番重要なのが，PV数を稼いで少しでも多くの広告収入を得ることである。広告収入のカウント方法としては，PV数に応じたもの，広告クリック数に応じたもの，実際に広告先で

───────────────
28）ウェブページの特定のページが開かれた回数のこと。

購入した数に応じたものなど様々あるが，いずれの場合もいかにして自分のウェブサイトに人を呼び込むかがカギになる。その時に重要なのが，情報の質よりも，「人々の関心を多く惹く」こととなるわけである。

　加えて，誰もが簡単にメディアを創設できる現代では，既存のマスメディアと大きく異なる原理で記事が作成される。どういうことかというと，例えば新聞などのマスメディアの媒体は，消費者からメディアを選ばれる競争があるために，メディア自体の「質」を向上させて顧客を増やす必要がある。例えば，1社がフェイクニュースばかり垂れ流していたら，誰もその会社の新聞は購読しなくなるだろう。

　しかしインターネット記事はそうではない。人々は媒体でニュースを読むというより，検索エンジンで検索したり，ソーシャルメディアで拡散されたりしている記事を見て，記事単位で閲覧する。その情報ソースがどの会社なのかは二の次である。そのような場合は，質の高い情報を発信してメディアとしての信頼度を高めるよりも，センセーショナルな見出しを付けてソーシャルメディアでシェアされやすい記事にしたり，検索サービス対策をして記事が検索の上位に来るように工夫したりしたほうが短期的に儲かる。その結果，人々の目を引くように工夫されたフェイクニュースが量産されるのである。

　もう1つの政治的動機については，自国内，あるいは他国から，何らかの政治的意図を持ってフェイクニュースがもたらされるケースである。前述したミャンマーでのロヒンギャ弾圧に使われていた数々のフェイクニュースは，正にプロパガンダといえるもので，政府が意図的に流したフェイクニュースといえるだろう。また，**コラム 2-1** で記しているとおり，米国のトランプ元大統領や保守派，共和党員などは，民主党のオバマ元大統領について，「米国生まれではないので大統領になる資格がない」と主張していた。米国は国籍について出生地主義を採用しているため，出生地がケニアであるオバマ元大統領は大統領になれないというものである。これはオバマ元大統領が出生証明書を公開したことで落ち着いたが，それ以降でも出生証明書が偽造されているという主張が残り，公開後の2011年5月の調査でも13%の米国人がオバマ元大統領は他の国で生まれたと考えていることが分かっている（Morales, 2011）。

　2016年米国大統領選挙に際しても，ロシアが選挙介入工作を行ったといわれている。オバマ大統領（当時）の指示に基づき作成された報告書では次のように指摘されている。

　　ロシアは「米国の民主的プロセスに関する国民の信頼を損ね，クリントン
　　候補を非難し，彼女の当選可能性や大統領としての潜在性を害することを
　　意図した」影響活動を展開し，この活動は「プーチン大統領の指示に基づ
　　く」ものであり，「プーチン大統領とロシア政府はトランプ候補に対して
　　明らかに選好があった」とした。(川口・土屋, 2019: 61)

　米国が主張するロシアの選挙介入は次のとおりである。機密情報の窃取と暴
露（党関連機関へのハッキングなど），各種メディアを用いた影響工作（トロール
やボットを用いたソーシャルメディア上での世論誘導，分断，偽情報の投稿など），選
挙関連システムへの攻撃（投票結果の改ざん（未遂）など）。
　こうしたロシアの介入に対する対抗措置として，日本経済新聞 (2016) は次
のように報じている。オバマ大統領（当時）は，「ロシア政府が米大統領選に
干渉するためサイバー攻撃を仕掛けたとして，米国駐在のロシア外交官 35 人
の国外退去処分，2つのロシア関連施設閉鎖など新たな制裁措置を発令した。
サイバー攻撃に直接関与や技術供与したとして，ロシア軍参謀本部情報総局
(GRU) など5政府機関・ロシア民間企業，GRU 幹部4人を資産凍結など制裁
対象に指定した」。なお，ロシア側は全面的に関与を否定している。2018 年，
米国司法省は，大統領選挙に介入した罪でロシア人 13 人とロシア企業3社を
正式に起訴したと発表した (BBC, 2018)。

2-10 ｜ メディアにおける公共性と商業性

　前述したような経済的動機は，一部のネットメディアや個人の発信だけが関
わる問題ではない。そもそもインターネットが普及する前から，マスメディア
は「公共性」と「商業性」のバランスを考えてきた。マスメディアには公共性
が求められ，バランスよく様々な情報を正確に報じることが期待される。しか
し同時に民間企業なので，商業性も求められる。多くのマスメディアは広告収
入と購読料を軸としているため，より多くの人に自社のメディアを読んでもら
う必要がある。
　インターネットがもたらしたアテンションエコノミーは，この「公共性」と
「商業性」のバランスを崩しつつある。情報過多になっているこの時代に，少

しでも他社より注目されることが収入につながるため，多くのメディアが見出しでインパクトを出そうと躍起になっている。特にネットメディアではその傾向が強く，ソーシャルメディアでシェアされやすいような極端なタイトル（ともすればほとんど本文と整合性が取れていない）のものが目立つようになってきた。また，マスメディアでさえ，インターネットに押されて収入が減っていく中で，より商業性を重視せざるを得ない状況になってきている。

　このような傾向に歯止めをかけようとニュース配信サイトも対策を強化している。例えば，グノシーは2017年6月から，記事ごとに読者に「満足している」「気に入らない」などの評価をしてもらう仕組みを導入し，思わせぶりなタイトルで期待をあおり，中身がともなわない「釣り記事」への対策を強化した（朝日新聞デジタル, 2017a）。また，Yahoo!ニュースでは，2021年6月から記事をユーザが評価できる新機能「記事リアクションボタン」を追加した。この機能では，記事に「学びがある」「分かりやすい」「新しい視点」という3つのボタンが表示され，ユーザが自由に押すことができる。この狙いについてヤフー株式会社は，「『記事リアクションボタン』でのユーザによるアクションを，2021年度内にも記事の配信元である媒体各社への配信料の支払いに活用するなどして，良質な記事の支援につなげていく」としている。

コラム 2-2　マケドニアの学生にモラルを説くということ

　読者の方々はマケドニアの事例を見てどのように感じただろうか。「嘘で他国を混乱させて稼ぐなんて信じられない」「モラルはないのか」と思っただろうか。確かに，その感性は間違っていないし，多くの人が彼らの行動が素晴らしいものだとは思わないだろう。

　しかしながら，非常に貧しいマケドニアの学生に対して，「他国に関するモラル」を説くことにどれほど効果があるだろうか。自分の生活が今後どうなるか分からない中で，9,000km以上離れた国が自分の作成したフェイクニュースで混乱しようと，それでお金が儲かるならば間違いなくやり続けるだろう。マスメディアですら時に商業性を重視してしまう中で，個人が作成したメディアが公共性を重視するインセンティブは非常に低く，どうしても商業性の方に傾く。先述したようなアテンションエコノミーの進行や，記事単位でニュースが読まれてメディア自体の信頼度は二の次で良いといった特徴は，この流れに拍車をかけている。

　広告に関係するGoogleや，多くのフェイクニュースがシェアされてしまった

Facebook などは多くのコストをかけて対策に乗り出している。また，Twitter では
ニュースをクリックせずにリツイートしようとするとアラートが出る仕組みを導入
した。しかし，フェイクニュースを撲滅することは不可能だろうし，マケドニアの
学生にフェイクニュースを作成するのは良くないことだと説いても効果はないだろ
う。一人ひとりが，フェイクニュースが存在することを前提に情報と接触し，身を
守っていくことが求められるのである。

2-11　フェイクニュースは社会に何をもたらすか？

　このようなフェイクニュースは，社会にどのような影響をもたらすのだろう
か。主な社会的影響として，次の4つに整理することができる。

1. 政治的混乱・社会の分断
2. 経済・生活の混乱
3. 特定の個人・企業の評価低下
4. 情報の価値の毀損

● 政治的混乱・社会の分断

　2-9で政治的動機からフェイクニュースが生み出されるということを説明し
たが，実際に多くの政治・社会的混乱を招くことになる。例えば，2-1で紹介
した英国のEU拠出金偽情報事件は，EU離脱選挙に影響を与えた可能性があ
る。また，移民の多いドイツなど欧州諸国では，移民に関するヘイト的（差別
的）なフェイクニュースが多く拡散されており，社会問題となっている。さら
に，ある政党に有利なフェイクニュースが出回ることで，やはり選挙に影響を
与える可能性がある。

　このような現象は同時に，社会の分断をもたらす。なぜならば，フェイクニ
ュースがはびこる社会では，議論が困難になってくるからである。議論という
のは，お互いに同じ前提を共有したうえで，意見交換をすることで成立する。
しかしながら，フェイクニュースをどちらか片方だけでも信じていると，その
前提が一致しなくなる。

　例えば，2020年の米国大統領選挙では，選挙不正があったという真偽不明

情報が駆け巡った。選挙不正があったという前提の人と選挙不正はなかったという前提の人では，議論はできないだろう。民主主義が上手く機能するには有意義な議論が欠かせないが，このように前提が異なると議論にならず，どの陣営が勝とうと全く納得できない人たちが多く出る。実際，2021年5月にロイターが行った調査では，共和党員の56%が，選挙不正が行われていたという真偽不明情報を信じており，トランプ元大統領が真の大統領だと考えている人が53%いるという結果が出ている（Reuters, 2021）。当然，それらの共和党員が，そのような不正で勝利したと考えているバイデン大統領の声に耳を傾けるのは困難であり，討論の民主主義は実現しない。

● 経済・生活の混乱

特定の商品や会社について実態とは異なる情報が流れることで，実態と異なる経済の流れが誘発されることがある。これは故意の場合も，故意でない場合もある。例えば，2008年9月，ユナイテッド航空の親会社が2002年に破産したことを伝える記事が6年経ってインターネット上に再登場し，同社が新たに破産申請したことを報じているものと誤解されたという事件があった。このニュースにより，NASDAQ が取引停止するまでのわずか数分間で株価が76%も下落したのである。このニュースがフェイクニュースであることが判明した後，株価は回復したが，それでも前日の終値を11.2%下回って取引終了となった。このニュースによる余波を実証研究した結果，6日目程度までは影響がある事が明らかになっただけでなく，他の大手航空会社の株価に持続的な悪影響を及ぼしたことも分かった（Carvalho et al., 2011）。

前述した豊川信用金庫事件や，大蔵大臣の「東京渡辺銀行がとうとう破綻を致しました」という発言もこれに該当するだろう。また，豊川信用金庫事件に類似した事例として，佐賀銀行の取り付け騒ぎもある。佐賀新聞（2018）によると，2003年12月24日，県内のある女性が「ある友人からの情報によると，銀行が潰れるそうです」と知人ら26人に携帯電話のメールで送ったのがきっかけで，佐賀銀行が潰れるという噂が広まった。デマは夕方にかけて加速度的に拡大し，伝達の過程で「建設会社が民事再生法を申請し，連鎖で銀行が潰れる」「テレビで言っていた」などと内容が変わっていった。窓口や ATM には客が殺到し，約500億円が引き出される事態となった。メールの発信元になった女性は信用毀損の疑いで書類送検されたが，佐賀地検は「犯意や取り付け騒

ぎとの因果関係の認定は困難」として嫌疑不十分で不起訴処分とした。この事件の背景について，有馬ほか（2019）では，「いくつかの要因として挙げられているものは，不況下にあったこと，資金繰りに問題になりそうな年末に該当していたこと，および事件の数か月前に実際に佐賀商工共済協同組合の破綻があったことも，騒ぎを大きくした一因とされている。」と指摘している。

　さらに最近の事例として，2020年2月に広まった「トイレットペーパーの多くは中国で製造・輸出しているため，新型コロナウイルスの影響でこれから不足する。品薄になる前に事前に購入しておいた方が良い」といった旨の，いわゆるトイレットペーパーデマがある。このデマはすぐに訂正され，訂正情報がソーシャルメディアで駆け巡り，製紙業界団体や自治体も即座に「トイレットペーパーの供給力，在庫は十分にある」とこのデマを否定する声明を発表した。さらに，マスメディアでも幅広く伝えられたが，不安に駆られた人々が買い占めをした結果，本当に品薄となってしまった（小森，2020）。日本トレンドリサーチ（2020）の調査によると，買い溜めをした人の91.5%は当該情報をデマだと知っていたというのだから興味深い。デマだと分かっていても，それを信じた人が買い溜めに走れば品薄になるのは変わりないので，それならば自分も買い溜めた方が良いという心理が働いたわけである。いずれにせよ，フェイクニュースがきっかけで生活が大きく混乱した事例といえよう。

　このような株価下落や取り付け騒ぎの他，公共に危害を加える詐欺や悪徳商法も，フェイクニュースが経済的混乱をもたらしている事例といえるだろう。

●　特定の個人・企業の評価低下

　特定の個人や商品に対し，事実とは異なる情報を用いて攻撃することを指す。政治的混乱と同様に，デマを流す者が意図的に作り上げたフェイクもあるが，デマを流す者自身が誤情報と気付かず正義感にかられて報じているケースも存在する。

　例えば，コロナ禍において，デマによって風評被害が発生している例がしばしば見られる。実際は感染者がいないのに，「感染者が発生した」というデマが流され，客足が遠のいた商店などは枚挙に暇がない。

　毎日新聞（2020）によると，滋賀県のコンビニ店員が，「コロナに感染した」という嘘の情報を流された挙句，Twitter上で勤務先名と顔写真までアップされた事例がある。女性はストレスのため休職を余儀なくされ，名誉棄損の疑い

で告訴している。毎日新聞は次のように報じている。

> ツイッターへの投稿は5月上旬にあった。レジカウンター内でマスク姿で勤務する女性の写真とともに，店名を記し，「咳（せき）をして態度も悪い。暴言を吐いた」「この店には絶対行かないように。拡散してください」などと書き込まれた。別の投稿では写真とともに「自分はコロナ感染者だと言って，近寄って来た」などとされた。／翌日，投稿に気付いたコンビニの本部が店の男性オーナー（48）に連絡。発熱も心当たりもない女性は気にしないようにしていたが，知人や常連客から「投稿を見た」と言われ，「ネットの広がりの速さに恐怖を覚えた」と振り返る。不適切な投稿としてツイッター社に通報したが，削除されなかった。

　この投稿は現在も削除されないまま残っており，女性は「どこで誰が投稿を見ているか分からず不安だった。コロナに感染しているという風評被害が家族に及ぶことも心配だった」と当時の心境を明かしている。

● 情報の価値の毀損

　最も大きな社会的影響は，「全ての情報を疑わざるを得なくなる」ということだろう。例えば全情報の中にフェイクニュースが1%しかなかったとしても，どの情報がフェイクかは容易には分からないため，残りの99%の情報も常に疑ってかかる必要がある。特にインターネットが普及したことにより，誰もが自由に発信できるようになり，情報量は爆発的に増えた。せっかく情報が溢れる社会になったにもかかわらず，フェイクニュースが一部存在することにより，その全ての情報を疑わざるを得ない状況といえる。それは情報全体の価値を毀損し，情報検証コストを増大させ，人々に猜疑心を植え付ける。

コラム 2-3　フェイクニュースが増大させる社会的コスト

　以上，社会的影響を4つに分類したが，これらに共通するのは，フェイクニュースから生じた社会的影響を打ち消すために社会が多くのコストを支払わなければならないということである。
　「政治的混乱・社会の分断」が起こってしまうと，選挙に影響を与えるばかりで

なく，選挙後も分断によってコミュニケーションが困難になる。これを解決する特効薬は今のところない。また，2021年の米国議会議事堂襲撃事件のような大きな動きが起これば，不必要な警察や司法の稼働を生み，社会が混乱状態を解消するのに様々な人や機関が動員される。

「経済・生活の混乱」では，不適切に下落した株価を戻すために投資家は余分な取引を行う必要があるし，倒産した企業が出ればそれを救済するために政府や資本家が対応に迫られる。

「特定の個人・企業の評価低下」では，フェイクニュースを打ち消すために正しい情報を発表しても受け入れてもらえないことがあり，フェイクを基に評価を下げてくる人に対して裁判が必要なケースも少なくない。

「情報の価値の毀損」では，そのような毀損を軽減するためにファクトチェックなどがされているものの，フェイクニュース作成コストに比べてファクトチェックコストはあまりに高いため，ほとんどのフェイクニュースがファクトチェックされていないのが現状である。

2-12 ｜ フェイクニュースが広まる4つの理由

「フェイクニュースの方が真実のニュースよりも拡散スピードが速く，また，拡散範囲が広い」——衝撃的な研究結果が，2018年に科学誌 Science に掲載された（Vosoughi et al., 2018）。当該論文では，300万人の Twitter ユーザの間で流布した12万6,000件のニュース項目を分析した。分析の結果，次の3点が分かったという。

1．正しいニュースは最も人気のあるものでも1,000人以上に到達することがめったになかったのに対し，虚偽のニュースの上位1%は1,000～10万人に到達していたこと。
2．真実が1,500人以上にリーチするには，フェイクニュースより約6倍の時間がかかること。
3．フェイクニュースの方が真実より，約70%高く拡散されやすいこと。

では，なぜ今，これほどまでにフェイクニュースは拡散されるようになり，社会に大きな影響を及ぼすようになったのだろうか。ここでは，考えられる4

つの理由を挙げる。

● 人類総メディア時代の高い拡散力

　フェイクニュースが「今」問題視される根本的な理由として，ソーシャルメディア普及による人類総メディア時代の到来がある。無論，前述したとおり，フェイクニュースというものは人類の歴史の中で常にあったもので，センセーショナルなフェイクニュースが人々の間で瞬く間に口頭で伝わっていくことは少なからずある。

　しかし，人類総メディア時代が到来し，情報環境も大きく変化した。誰もが自由に，容易に，世界に対して情報を発信・共有することができるようになった。このことにより，フェイクニュースを誰でも容易に作成・発信しやすくなっただけでなく，「可視性」「拡散性」という2つのインターネットの特徴が，フェイクニュース拡散に特に大きく寄与している。

　可視性とは，情報の見える化を指す。これまでのフェイクニュースが伝わる過程では，雑誌や新聞などのマスメディアが挟まらない限り「見る」ことはできず，あまり拡散しなかった。井戸端会議でどんなに広めても，そこで話した内容は空気に消えていき，そこにまた来た人が見ることができない。しかし，インターネットに投稿した内容は，いつでも誰でも見ることができる。井戸端会議で済んでいた内容が，今では時間や場所の制約なしに誰でも自由に閲覧できるわけである。これは情報の伝達スピードと規模を大幅に拡大する。

　もう1つの拡散性は，いうまでもなく1クリックで拡散できるその高い拡散力を指す。ソーシャルメディア上では，情報をシェアし，自分のフォロワーに見せることができる。そのうえ，多くのソーシャルメディアは，人々の「もっと見てほしい」「もっといろんな人にシェアしたい」という欲望を満たすために，非常に簡単に拡散できるような設計となっている。

　以上のように，フェイクニュースがより早く・広範囲に拡散される下地が技術的に整ってしまったのが，今の情報社会，人類総メディア時代といえる。

● フェイクニュースの持つ「目新しさ」

　先ほどの論文（Vosoughi et al., 2018）では，「目新しさ」がフェイクニュース拡散の原動力であると指摘している。フェイクニュースと真実のニュースについて分析したところ，目新しさに関するどんな指標と照らし合わせても，フェ

イクニュースが真実を上回ることが明らかになった。

　これは考えてみれば当然の話である。真実というのは，地味で地に足のついたものだ。その一方で，フェイクニュースは言ってしまえば創作なので，いくらでも目新しい内容にできる。あまりに奇抜であれば嘘と見抜かれてしまうだろうが，真実味を混ぜたうえで，目新しくセンセーショナルにすることは容易いだろう。

　人は目新しいものに注目しやすく，また，人々に広めたくなることが分かっている。目新しいフェイクニュースに出会ったとき，真実よりもよほど拡散したくなってしまうわけである。

●「友人の情報は信頼できる」という無意識のバイアス

　ソーシャルメディアが普及したことによって，多くの人が，自分の読んでいる新聞などのメディアから直接情報を得るというより，友人（フォローしている人）がシェアしたニュースを閲覧する形でニュースを知るようになった。

　そして，人が情報を信頼する過程において，その情報発信者の専門性よりも，情報発信者とどれだけ話したかの方が，強い影響を与えることが示されている（Bottger, 1984）。つまり，自分がフォローしている友人がニュースを拡散している場合，同じニュースを専門家やメディアから知るよりも信用するといえる。

　かつてマスメディアしかなかった頃は，情報はメディア（媒体）ごとに取得するのが主流だったために，「このメディアからの情報は信頼できる」「このメディアは面白いかもしれないが，話半分で読もう」など，人々はメディアごとに信頼度を測ることができていた。しかしながら，今はニュースが切り出されて家族・友人・知人・フォローしている人から拡散されるため，そのような判断が働きにくくなっている。

● 怒りは拡散しやすい

　1-8 でも見たように，怒りの感情がソーシャルメディア上で拡散しやすいことはあらゆる研究が示している。そして多くのフェイクニュースは，人々の怒りや正義感といった感情をあおるような内容になっている。Chuai & Zhao（2020）では，中国の Twitter である Weibo 上でシェアされた，2011 年から 2016 年にかけて収集した 10,000 件の真のニュースと，22,479 件のフェイクニュースについて分析した。その結果，フェイクニュースは真のニュースよりも怒りの感情

が多く，喜びの感情が少ないことが分かった。そして特にこの傾向は，拡散数が多いものについて顕著だったようである。「この人は許せない」「この事実を広めてやらなければいけない」——人々はこのような怒りの感情を抱いたとき，怒りの投稿とともに情報を拡散してしまうのだ。

2-13 | マスメディア・ミドルメディアとフェイクニュース

　フェイクニュースの拡散において，忘れてはいけないのがマスメディア・ミドルメディアの関わりだ。藤代 (2019a) や藤代 (2021) では，フェイクニュース拡散過程においてミドルメディアが大きな役割を果たしていると指摘している。ミドルメディアとは，マスメディアとパーソナルメディア（ソーシャルメディアなど，個人が発信するメディア）の中間的存在を指す。ネットの話題や反応を取り上げるニュースサイト，まとめサイト，トレンドブログなどが代表例といえよう。

　例えば，日本ジャーナリスト教育センター（JCEJ）にてフェイクニュースと判定された，「辻元清美が『大発狂』とネットで話題に　記者の質問に無言——突然，意味不明の言葉を発し…」というタイトルのニュースは，大手ネットニュースサイト J-CAST ニュースにて 2017 年に配信されたものだ。このニュースは，もともとテレビ番組「報道ステーション」で報じられていた内容を，何人かの Twitter ユーザが批判的にツイートしたことに端を発したものである。それをまとめサイト「政経ワロスまとめニュース♪」が「大発狂」[29]という要素を加えて「【報ステ】辻元清美が大発狂！　民進党・前原代表を罠にハメた小池百合子の真の意図に気付いた模様ｗｗｗ希望の党の公認選別リストで左翼壊滅かｗｗｗ」というタイトルで記事化した。テレビ報道では明らかに発狂などしていなかったが，まとめサイトは PV を稼ぐことが重要であり，このような極端なタイトルを付けることが多い。さらに，それを J-CAST ニュースが拾って件のタイトルでニュースを配信したというわけである。

　J-CAST ニュースでは，指摘を受けてタイトルを「辻元清美がネットで話題に　記者の質問に無言——突然，意味不明の言葉を発し…」に変更しており，また，「政経ワロスまとめニュース♪」の記事は 2021 年 9 月現在削除されてい

---

29) この「大発狂」が前述の JCEJ でフェイクと判定された。

る。しかし，記事は Yahoo! ニュースなどのニュースポータルサイトにも掲載され，JCEJ がファクトチェック記事を出すまでに，Facebook なども含むソーシャルメディア上で計約15万8千人にリーチしていたとのことである（日本ジャーナリスト教育センター，2017）。

以上を踏まえ，藤代（2019b）はミドルメディアが，「マスメディアを情報源とするコンテンツに対し，ソーシャルメディアの批判的・否定的反応という解釈・分析を加えることでフェイクニュースを生成」していると指摘している。このようなオンラインニュースの生態系が，フェイクニュースを広く拡散させているというわけだ。

また，マスメディアもフェイクニュースと無縁ではない。Benkler et al.（2018）は，2016 年の米国大統領選挙において，フェイクニュースや陰謀論が人気の政治系ネットニュースに取り上げられ，それをさらにマスメディアが取り上げることでフェイクニュースの拡散を助け，社会の分断を煽ってしまっていると指摘している。

マスメディアがフェイクニュースの発信源となることもある。有名な例では，1989 年に朝日新聞が報じた「サンゴ汚した K・Y ってだれだ」というタイトルの記事がある。当該記事は，ギネス世界記録にも掲載されたことのある沖縄県西表島の巨大サンゴに「K・Y」という落書きがあったことを報じる内容であった。その背景には，サンゴ発見後たちまち有名になり多くの人が訪れたことがあると指摘し，「日本人は，落書きにかけては今や世界に冠たる民族かもしれない。だけどこれは，将来の人たちが見たら，80 年代日本人の記念碑になるに違いない。百年単位で育ってきたものを，瞬時に傷つけて恥じない，精神の貧しさの，すさんだ心の……。」と，日本人のモラルの低さを嘆いた。

ところが，これはカメラマンが自らサンゴに傷をつけたもので，全くの虚偽報道であった。その背景には，当時急速に伸びていたテレビニュースとの競争にさらされ，新聞が写真報道に力を入れていたということがいわれており，ここでも経済的動機がこのようなフェイクニュースを生み出したことが示唆される（桂，1990）。

ここまでの大事件はそうそうないが，マスメディアによる捏造やフェイクニュースは他にも存在する。

例えば，フジテレビが産経新聞と合同で行っている世論調査データについて，2019 年5月〜 2020 年5月の計14回に架空データが入っていたことがある。こ

れは同局からの業務を再委託された会社が架空データを入力しており，全体の12.9%に当たる1,886件が架空だった。本件はBPO（放送倫理・番組向上機構）が「重大な放送倫理違反があった」との見解を発表している。

　また，近年では，炎上[30]していないものを炎上と報じるような「非実在型炎上」がたびたび起こっていることが指摘されている。例えば，2020年4月26日放送の「サザエさん」において，磯野家がGWにレジャーに行く計画を立てたり，動物園を訪れたりしたという内容が流れた。時期がコロナ禍であったため，これに対して「コロナで自粛の中，GWに出掛ける話なんてサザエさん不謹慎過ぎ！」などの批判が付き，炎上したという記事が，スポーツ新聞であるデイリースポーツよりネット配信された。タイトルは「『サザエさん』がまさかの"炎上"…実社会がコロナ禍の中でGWのレジャーは不謹慎と」であった。

　この件が報じられて以降，むしろ前述のようなサザエさんへの批判に対する批判の投稿が相次いだ。「フィクションまで自粛しろというのか」「こんなことを本気で言っているならヤバい」「世の中息苦しい」などの声が多く投稿されたのである。さらに著名人にもこうした批判に対して苦言を呈する人が現れ，それが拡散，多くのネットニュースサイト・まとめサイトが記事として取り上げるに至った。確かに，アニメの登場人物がGW中に外出しようとしただけで「不謹慎」と指摘されるのは，非常に窮屈だと感じられる。

　しかしながら，鳥海（2020d）がツイートを分析した結果，サザエさんが放送されてから最初にデイリースポーツで取り上げられるまでの数時間で「不謹慎だ」と言って批判していた人は，「たった11人」しかいなかったことが分かった。事実，その後のツイートを筆者が確認しても，サザエさんを不謹慎な内容だと批判する投稿はほぼ皆無であった。

　たった11人の批判で炎上が発生し，さらにその炎上に対する批判がこれほど盛り上がるというのは，不可解な話である。しかし現実にツイート数が急増していたことは，Yahoo!リアルタイム検索で見たツイート数推移からでも明らかである（図2.8）。図を見ると，サザエさん放送時にはほとんど投稿されていなかった「サザエ　不謹慎」を含むツイートが，最初にメディアで報道されてから急増し，さらにその後インフルエンサーがそれらの記事に言及したこと

30）炎上とは，ある人や企業の行為・発言・書き込みに対して，インターネット上で多数の批判や誹謗中傷が行われることを指す。詳しくは第4章・第5章で取り扱う。

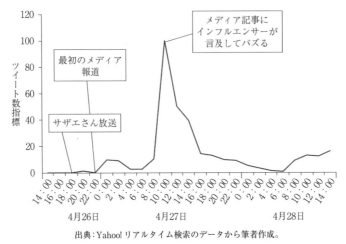

出典：Yahoo! リアルタイム検索のデータから筆者作成。

図2.8 「サザエ 不謹慎」のツイート数推移（最大値を100とした指標）

で，瞬く間に広まっていったことが分かる。

　非実在型炎上の背景にあるのも，結局のところ経済的動機である。炎上とい
うタイトルを入れることで話題性を狙い，PV数を稼ぐというわけだ。実際，
この記事は話題となり，著名人を含む多くの人が言及したため，広告費という
観点からは成功といえるだろう[31]。

　このようにマスメディアが非実在炎上に加担するケースはそれほど多くない
が，ネットニュースサイトやまとめサイトの多くは積極的に非実在型炎上を起
こし，PV数を稼ごうとしているという現状がある。

コラム2-4　マスメディアがトイレットペーパー買い占めを助長した？

　2-11で紹介したトイレットペーパデマ，及びその後の買い占めにおいても，
マスメディアが深く関わっていたことが指摘されている。前述のとおり，もともと
ソーシャルメディア上で「中国で生産されているから品薄になる」というデマが散
見されたことに端を発している。しかし実は，このデマを最初に見聞きした情報源
として，テレビ・ラジオが37％と最多で，Twitterは11％だったことが明らかに

---

31) ただし，鳥海（2020d）の指摘を受け，記事タイトルは「『サザエさん』実社会がコロナ
　　禍の中でGWのレジャーは不謹慎との声も」に変更された。

なっている。もちろんこれはデマを打ち消す内容だったわけだが，実際に 2 月 27 日〜 28 日にかけて，空の商品棚などを示しながらテレビ各局が「何が『トイレットペーパー品薄』SNS デマ拡散」などの見出しで報じていた。実はこれにより，Twitter 上で「トイレットペーパー不足」を含むツイート数も急増していることが分かっている。これを調査した福島（2020）は以下のように指摘している。

■ 買いだめの動きは，どこか特定の地域が起点となったのではなく，流言がきっかけとなって各地で散発的に始まり，2 月 28 日に急加速した。急加速を主に促したのは，品切れの様子を伝えたテレビであった。

■ 流言を信じて買いだめをした人は少なかった。多くの人は流言を信じていなかったが，「他人は流言を信じて買いだめをしているので，このままではトイレットペーパーが手に入らなくなってしまう」と思い，買いだめをしていた。

　実際，同研究では，「『トイレットペーパーの買いだめがおきているが，在庫は十分にある』というテレビや新聞，ネットのニュースメディアの報道についてどのような感想を持っているか」を調査したところ，「報道はやむを得ないが，売り切れの商品棚や買い物客の行列の映像は不安をあおるので，伝え方を工夫すべき」という回答が最多であった。

　似たような結果は飯塚ほか（2020）でも示されている。同研究では 2 月 21 日〜 3 月 10 日における，関連したツイート 4,476,754 件と，トイレットペーパーの売上高の関係を分析した。まず，トイレットペーパーの売上高は，2 月 27 日に急増し，2 月 28 日にピークを迎えていた。これは前述のテレビ報道が過熱した時期と一致する。また，Twitter 上で誤情報ツイートのみ見た閲覧可能者数（アカウント数）は 311,345 人だったのに対し，訂正ツイートのみ見た閲覧可能者数は 112,440,832 人と圧倒的に多かった。後者は前者の約 357 倍に当たる。さらに，売上高に対してツイートの閲覧がどのような影響を与えているか分析したところ，訂正ツイートがトイレットペーパーの過剰購入の最も大きな要因であることが明らかになった。そこで「デマを見ていないユーザーは訂正ツイートを RT しない」という施策を行った場合売り上げがどのように変化するかを確認したところ，この施策を行わない場合と比較して売上高を 40.4% 低減できることが示された。

　本件は，フェイクニュースの訂正情報の伝え方の難しさを物語っている。では，どのような報道をするのが適切だったのだろうか。それには 2 つ考えられる。

　第一に，訂正が必要かどうか見極めることが重要である。飯塚ほか（2020）では，Twitter 上でデマの信ぴょう性が低い（つまりデマの拡散率が小さい）場合は訂正

 丸富製紙株式会社
@maru_tomi0103

こんにちは！丸富製紙です。
各地でトイレットペーパーが不足するなど、一部報道されておりますが、当社倉庫には在庫が潤沢にございますので、ご安心ください！
今後も通常通り、生産・出荷を行なっていく予定です。
#丸富製紙 #トイレットペーパー #在庫あります #静岡県 #富士市 #製紙 #メーカー

午後3:33・2020年3月2日・Twitter for iPhone

12.6万 件のリツイート　**5,146** 件の引用ツイート　**24.8万** 件のいいね

出典：Twitter。
図 2.9　丸富製紙株式会社の投稿

ツイートによって過剰購入がむしろ促進される。その一方で，デマの信ぴょう性が高い（つまりデマの拡散率が高い）場合には，訂正ツイートによって過剰購入を低減させることができるということが，シミュレーションから示されている。つまり，本件のようにデマの拡散率が低い状態で，影響力の大きいマスメディアが訂正情報を報じると，むしろ過剰購入が促進されてしまうといえる。そのため，報じないのが最適解だった可能性がある。

　第二に，空の棚を映して不安を煽るのではなく，十分に在庫があることを強調して報じ，人々に安心感を与えることが重要である。例えば丸富製紙株式会社は，「トイレットペーパーの在庫あります！」という写真付きツイートを行い，広く拡散され，ユーザに安心感を与えた（図2.9）。2020 年のエンゲージメントボリュームランキングでは 2 位を記録している。本ツイートをする前の公式アカウントのフォロワー数はわずか 14 人だったのに対し，投稿後は 10 万件以上のリツイートがされ，フォロワー数も 1 万人を超えた。本件は第 1 回ジャパン・デジタル・コミュニケーション・アワード（JDC アワード）で大賞も受賞している。

第3章

日本におけるフェイクニュースの実態

日本においてフェイクニュース対策を検討する際に，実態把握が急務であることは総務省などにより度々指摘されてきた。本章では，日本におけるフェイクニュースの実態をアンケート調査データから明らかにしていく。

〈本章のポイント〉

- 33.2% の人は9つのフェイクニュースの少なくとも1つ以上に接触している。
- フェイクニュースに接触した人のうち，それを誤情報と気付いていない人は77.5% 存在する。50代，60代といった中高年以上の世代の人がその割合が高い（60代で84.4%）。
- フェイクニュース接触者のうち，43.0% は誤情報と気付かずに1つ以上のフェイクニュースを拡散している。
- フェイクニュースに騙されやすい人・拡散しやすい人の特徴として，「ニュースリテラシーが低い」「情報リテラシーが低い」「ネット歴が短い」「自己評価が高い」「ネットニュースをよく利用している」などがある。
- フェイクニュースは，浮動票ともいえる弱い支持をしている人の考えをネガティブに変える力がある。つまり，選挙結果を大きく左右する可能性がある。
- 「情報の発信主体を確認する」「他の情報源を探し，確認する」といった情報検証行動は，若い人の方が実施している。
- 拡散されているフェイクニュースの約95% は，1%にも満たない大量拡散者（スーパースプレッダー）によって拡散されている。

3-1 ┃ フェイクニュース問題の認知度

　本章では，日本におけるフェイクニュースの実態を明らかにするため，2回に渡って行った，のべ 12,000 人規模のアンケート調査データ分析結果を紐解く。3-1 ～ 3-5 で用いるアンケート調査データは，2020 年 1 月に実施した，15 ～ 69 歳の男女を対象としたオンラインアンケートデータ 6,000 件である[1]。ただし学歴などの基礎情報と，ニュース接触行動，フェイクニュース認知などを聞く予備調査を実施しており，それらの問については 15,000 件のデータを取得している[2]。

　まず，フェイクニュース・ファクトチェック・disinformation・misinformation といった，フェイクニュース関連用語の認知について調査した結果が図 3.1 である。「人に説明できる程度に詳しく知っている」「人に説明はできないが，どのようなものかは知っている」を合わせて「知っている」とすると，フェイクニュースを知っている人は 64% 存在することとなる。「名前を聞いたことがある」まで含めると 86% と，高い水準である。しかし，その対策でもあるファクトチェックの認知率は激減し，知っている人は 17%，名前を聞いたことがある人を含めても 30% に留まった。未だフェイクニュース問題が社会の共通認識になっているとは言い難い。さらに，disinformation, misinformation に至っては，知っている人は 10% 以下しかいない。

　さて，このフェイクニュースと，その対策であるファクトチェックの認知度についてさらに傾向を確認するため，年代と政治的な考え方[3]によるクロス分

────────────

1) アンケートはマイボイスコム社並びにその提携会社の登録モニタに対して実施している。
2) 予備調査では登録モニタに調査票を配信し，16,512 人の回答を回収した。データクリーニング後のサンプルサイズは 15,000 人である。なお，母集団を日本全国に居住の者としており，性年代別の人口に応じて割付を行って取得した。具体的には，総務省の発表している人口推計（令和元年 8 月確定値）によって 5 歳刻みの性年代別の人口を取得し，その比率に応じて割付を行った。本調査では，母集団を予備調査で明らかになったニュースに接触している人とし，その人口比に応じた割付を行って目標数を定めて取得した。配信対象は予備調査でデータクリーニングを通過し，かつ普段のニュース接触行動で「ニュースには一切接触（閲覧・視聴など）していない」以外を選択していた 14,317 人である。回答は 6,692 人から回収し，データクリーニング後のサンプルサイズは 6,000 人となった。
3) 政治的な考え方は，Stroud（2010）を参照して，主観的に「保守～リベラル」を 5 段階で回答してもらう形式をとった。

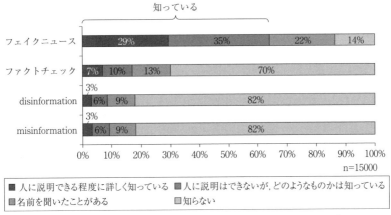

図 3.1　フェイクニュースなどの言葉を知っている人の割合（n=15,000）

析を行う。認知率（知っている人の割合）の分析結果は**図 3.2** と**図 3.3** のとおりである。ただし，フェイクニュースの認知が棒グラフ，ファクトチェックの認知が折れ線グラフとなっている。

　まず**図 3.2** からは，20 代，30 代で特に「フェイクニュース」という言葉の認知率が低く，10 代や中高年以上で高いことが分かる。中高年以上はマスメディア利用者が相対的に多いため，報道で知った人が多いと考えられる。また，10 代はソーシャルメディアを利用する中でフェイクニュースという単語に出会ったり，情報に関する授業の中で知ったりしていると思われる。その一方で，「ファクトチェック」という言葉については年齢による差はほとんどなく，10 代だけやや低いという結果となった。いずれの年代でも 20% を割っており，5 人に 4 人以上は「ファクトチェック」という言葉を知らない。

　次に，政治的な考え方別の**図 3.3** を見ると，年齢別よりもはっきりとした傾向が見られる。全体の 51% 存在した「どちらともいえない」という，政治的中庸層（あるいは関心の低い層）は，「フェイクニュース」，「ファクトチェック」共に認知率が低く，55% と 10% に留まっている。また，保守リベラルの傾向では，保守層はリベラル層に比べるとフェイクニュース，ファクトチェック共に認知率が低いという結果になった。政治に関心のない人はあまり知らず，イデオロギーではリベラルの方が相対的にフェイクニュースについて認知率が高いといえる。

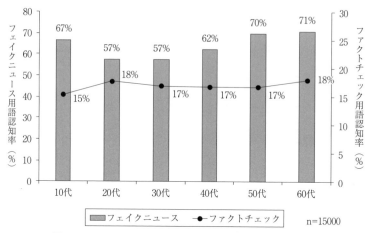

図 3.2　フェイクニュース・ファクトチェックの認知率（年代別）

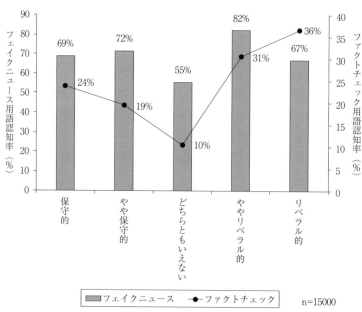

図 3.3　フェイクニュース・ファクトチェックの認知率（政治的考え方別）

コラム 3-1　人々は少なからずフェイクニュースに問題意識を持っている

　図 3.1 においてフェイクニュースを知っていると答えた 9,614 名に対してフェイクニュースに対してどう考えているか調査したところ，多くの人はフェイクニュースを深刻な社会問題と考えている実態が分かった。図 3.4 は，フェイクニュースに対する 6 つの考えについて，それぞれ「非常にそう思う」〜「全くそう思わない」の 5 件法で調査した結果である。上の 3 つ[4]はフェイクニュースに対して何らかの対処が必要という意見で，下の 3 つ[5]はフェイクニュースには社会的影響がなく，対処が必要ないという意見となっている。

　図 3.4 を見ると，80% 以上の人がフェイクニュースは深刻な社会問題である，また，社会に悪影響を与えているという風に捉えており，何らかの対処が必要と考えていることが分かる。そして，法規制が必要という考えも，74% と過半数存在していた[6]。

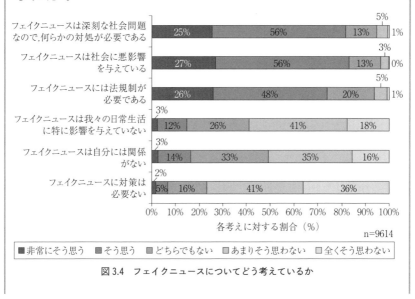

図 3.4　フェイクニュースについてどう考えているか

---

4)「フェイクニュースは深刻な社会問題なので，何らかの対処が必要である」「フェイクニュースは社会に悪影響を与えている」「フェイクニュースには法規制が必要である」の 3 つ。

5)「フェイクニュースは我々の日常生活に特に影響を与えていない」「フェイクニュースは自分には関係がない」「フェイクニュースに対策は必要ない」の 3 つ。

6) ただし，フェイクニュースへの法規制については様々な問題が指摘されている。詳しくは第 7 章で取り上げる。

　一方で，フェイクニュースが生活に影響を与えていない，自分には関係ないと考えている人は約15%しか存在せず，対策が必要ないと考えている人に至ってはわずか7%に留まった。多くの人が，何らかの対策が必要と考えている実態が分かる。

　ただし，これらはいずれもフェイクニュース認知者に対して行っているアンケート調査であり，そもそも認知していない人が36%存在することに留意が必要である。

3-2 ｜ フェイクニュース接触の実態

　人々はフェイクニュースにどのように接触し，どう拡散しているのか──それを調査・分析するため，フェイクニュース事例を直接提示することで，フェイクニュースに対する行動を取得することとした。提示するのは，2-4で取り扱った8分野9つの，ファクトチェック済みのフェイクニュースである[7)8)]。各フェイクニュースの分類と実際に調査で提示した文言は**表3.1**のとおり。

　これら9つのフェイクニュースに接触している人はどのくらいいるのかを分析したところ，概ねどの事例でも5〜10%の人が接触していることが明らかになった（**図3.5**）。また，「京アニ放火事件で，NHKディレクターと容疑者の間に接点」が最も多く，14.0%となった。凄惨な事件であったため，関連のフェイクニュース含めて幅広く拡散されたものと考えられる。ただしこの接触率については，そのフェイクニュースを信じているかどうかに関係なく算出していることに留意が必要である。

　「この中にはない」を選択した人は66.8%であった。つまり，たった9つのフェイクニュースではあるものの，情報・ニュースに接触している人の中で約3人に1人（33.2%）は少なくとも1つ以上のフェイクニュースと接触していることになる。2-6にあるとおり，実際には疑義言説は年間通して2,000件以上確認されていることを考えると，人々の身近にフェイクニュースが存在していることが分かる。

　続けて，9つのフェイクニュースのうち，どれか1つでも接触していた人の

---

7) ピックアップする際には，過去に別の事例で同じ動画や記事が拡散されているものなどは避けている。

8) フェイクニュースが広まらないように，調査後に提示した全ての事例が誤った情報であることを調査対象者に通達している。

表 3.1　各フェイクニュースの分類と実際に調査で提示した文言

分　類	フェイクニュース
スポーツ・芸能・文化に関すること	新国立競技場の「月極駐車募集中」の英訳が「The moon ultra parking is being recruited.」とでたらめである。
社会・事件に関すること	京都アニメーションの放火・殺人事件について，NHK のディレクターと容疑者の間に接点があり，スクープを撮影するために取材日を容疑者に漏らすなどしていた。
外国人に関すること	韓国を旅行していた日本人女児がデパートで暴行されたが，「被害者が日本に帰国したため無罪が妥当と考えられる」として，犯人の男は無罪になった。
生活・健康に関すること	オランダで 5G の実験電波を飛ばしたところ，近くの木に止まっていたムクドリが大量に死んだ。
経済に関すること	日本の 2019 年 10 月の小売売上高が歴史的低下となり，海外では多く報道されているにもかかわらず，日本ではほとんど報道されなかった。
国内政治に関すること	安倍元首相が国会論戦において，「富裕層の税金を上げるなんて馬鹿げた政策」と答弁した。
	蓮舫議員が，2004 年の「児童虐待防止法改正」に反対していた。当該改正では，警察の積極的介入が盛り込まれた。
国際情勢に関すること	アフガニスタンで銃撃されて亡くなった医師の中村哲氏の追悼式典に，日本政府関係者は 1 人も出席しなかった。
災害に関すること	台風 15 号襲来時に，取材に向かう NHK が大原駅の勝浦タクシーを 3 台貸し切ったため，タクシーが全然いなくなってしまった。※台風 15 号は，千葉県を中心に大きな被害をもたらした台風。2019 年 9 月上陸。

割合を年代別に示したものが図 3.6 である。図 3.6 からは，10 代の 44.1% はフェイクニュースに接触している一方で，60 代は 29.3% と相対的に少なく，若い人の方がフェイクニュースに接触していることが分かる。これは，ソーシャルメディアやネットニュースの利用時間が長いことが影響しているだろう。なお，60 代の方が 50 代より接触している割合が高いのは，定年退職後にインターネットでよくニュースを見るようになったことが関係していると考えられる。

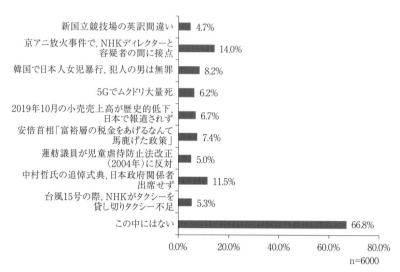

図3.5 各フェイクニュースに接触した人の割合

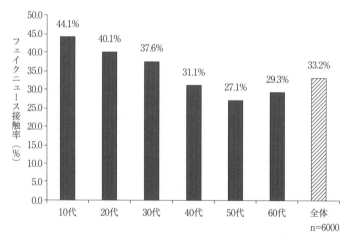

図3.6 9つ中1つ以上フェイクニュースに接触した人の割合

> **コラム 3-2　なぜ実際のフェイクニュース事例で研究するのか**
>
> 　「フェイクニュースに対する人々の行動」を分析するうえで最も難しいのが，そもそもフェイクニュースはフェイクであるという認識をしないで接触・拡散している可能性が高いという点である。例えば，みずほ情報総研[9]（2020）が発表しているフェイクニュースの実態調査では，フェイクニュースの説明をした後にフェイクニュースを見かける頻度について直接質問し，そのうえで，フェイクニュース拡散経験や騙された経験などの詳細な分析をしている。
>
> 　しかし，この質問では総合的なフェイクニュースへの行動を調査できる反面，フェイクニュースと認識していないニュースに対する行動は調査できない。また，とりわけ騙された経験は，気付かずに騙されている人の方が多いことが予想され，正確な調査が難しいといえる。
>
> 　他方，Twitter などのソーシャルメディアの分析であれば，ファクトチェック済みのフェイクニュース事例を対象にユーザの行動を分析することで，上記の問題は解決できる。しかしながら，ユーザの属性や，内面，リテラシー，メディア利用時間などは取得できないため，掘り下げての分析が難しくなる。また，対象とするソーシャルメディアによっても分析結果が左右されるうえ，ソーシャルメディア外での行動（直接話すなど）を取得することができないという難点を抱えている。
>
> 　以上の理由から，本書では実際のフェイクニュース事例を用いて分析している。

3-3 　誤情報と気付いている人はどれくらいいるのか

　では，フェイクニュースに接触したうえで，それを誤情報[10]と見抜けている人はどの程度いるのだろうか。フェイクニュースの接触や拡散などの様々な調査を行った後，「嘘・虚偽の情報・ニュースだと思うもの」を調査し，誤情報と気付いている人の割合を明らかにした（図3.7）。図からは，事例による偏りはそれほど大きくなく，「5G でムクドリ大量死」という生活・健康に関するフ

9）現みずほリサーチ＆テクノロジーズ株式会社。

10）一般的に，誤情報＝misinformation，偽情報＝disinformation とされる。本研究で取り扱っている 9 つの中にはフェイクニュース misinformation も disinformation も含まれている可能性があるが，意図的かどうか外部から判断することは困難であるため，ここでは統一して誤情報と表記する。

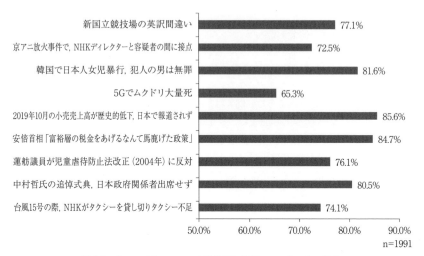

新国立競技場の英訳間違い　77.1%
京アニ放火事件で, NHKディレクターと容疑者の間に接点　72.5%
韓国で日本人女児暴行, 犯人の男は無罪　81.6%
5Gでムクドリ大量死　65.3%
2019年10月の小売売上高が歴史的低下, 日本で報道されず　85.6%
安倍首相「富裕層の税金をあげるなんて馬鹿げた政策」　84.7%
蓮舫議員が児童虐待防止法改正 (2004年) に反対　76.1%
中村哲氏の追悼式典, 日本政府関係者出席せず　80.5%
台風15号の際, NHKがタクシーを貸し切りタクシー不足　74.1%

50.0%　60.0%　70.0%　80.0%　90.0%
n=1991

図 3.7　各フェイクニュースを誤情報と気付いていない人の割合

ェイクニュース以外，70% 以上の人が誤情報と気付いていない現状が分かる[11]。どれもファクトチェック済みのフェイクニュースではあるにもかかわらず，そのファクトチェック結果はあまり浸透しておらず，フェイクニュースを嘘と見抜くことの困難さが浮き彫りになったといえる。

　さらにこの誤情報だと気付いているかどうかを，年代別に見たものが**図 3.8**である[12]。この図からは，年齢によっての違いはほとんどないばかりか，どちらかといえば50代，60代といった中高年以上の世代の方が，誤情報と気付けていない人の割合が高いことが分かる。

　その要因として考えられるのは，50代，60代は若い世代に比べてソーシャルメディア利用時間が短いため，ファクトチェック記事や，嘘を指摘するような投稿に触れる機会も少なく，修正される確率が低いということである。例えば，先ほど誤情報と気付いていない人の割合がやや少なかった「5G でムクド

11）それぞれの分母は，各フェイクニュースに接触した人数である。

12）9つのフェイクニュースを合わせた年代別の傾向の分析に当たっては，各年代におけるフェイクニュースを誤情報と気付いていない合計数をフェイクニュース接触合計数で割ることで求めている。つまり，例えば6つのフェイクニュースに接触して5つを誤情報と気付いていないAさんと，2つのフェイクニュースに接触して1つを誤情報と気付いていないBさんがいた場合，この2人の誤情報と気付いていない割合は 6/8=0.75=75% となる。

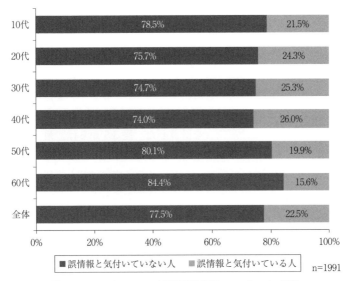

図3.8 フェイクニュースを誤情報と気付いていない人の割合

リ大量死」については，記事が配信されて以降その誤りを指摘する投稿が多く
なされた（当該ニュースが海外で以前にファクトチェックが済んでいたため，早く修
正投稿が出ていた）。そのフェイクニュースを信じている人の割合では，明らか
に10代の値が低く，60代の値が高い傾向があった。インターネットを利用す
ることはフェイクニュースに触れる機会を増やしていると同時に，ファクトに
触れる機会も増やしているといえるだろう。

　そして，中高年以上でこれほどフェイクニュースが信じられているというこ
とは，2つの発見をもたらす。第一に，後述するように若い世代ほどフェイク
ニュースを拡散する傾向が見られるが，それはそもそもニュースを拡散する文
化が若い世代に根付いているということであり，若い世代が虚偽かどうかを見
抜けていないわけではないということ。第二に，フェイクニュース対策では若
者のリテラシー向上ということが指摘されることも多いものの，実際には中高
年以上でも信じている人は相当数存在し，世代関係なく対策の検討が必要とい
うことである。

3-4 ｜ フェイクニュース拡散行動の実態

　これらフェイクニュースに接触している人の中で，実際に接触した後に拡散行動として何をしたのかを調査した結果が図3.9である[13]。算出に当たっては，各フェイクニュースそれぞれの接触者についてその後の行動を調査した後，加重平均を求めて全体における割合を計算した。図3.9からは，最も多い拡散手段が「友人・知人・家族に話した（直接）」（16.3%）だということが分かる。フェイクニュース拡散においてはソーシャルメディアの役割が指摘されることが多いが，実際にはリアルのクチコミによる拡散が最も多く，ソーシャルメディアによる拡散防止策だけでは拡散を防ぎきれない実態が明らかになったといえる。

　さて，それぞれのフェイクニュースについて，これらの行動のうち1つ以上をとった人は，何らかの形でフェイクニュースを拡散した人といえる。ただし，フェイクニュースの拡散については，「これは誤っているから気を付けよう」といったような，注意喚起の意味で拡散している可能性もある。そこで，3-3で調査した誤情報と気付けていないことと，拡散した行動を掛け合わせて，「フェイクニュースを誤情報と気付かずに拡散している」という行動とした。

　各フェイクニュース事例に接触している人について，誤情報と気付かずに拡散した人がどれくらいいるかをまとめたものが図3.10である。この図からは，国内政治に関するフェイクニュースは若干拡散されやすいなど多少のばらつきはあるものの，概ねどのフェイクニュース事例でも20〜30%ほどの人が，誤情報と気付かずに拡散に至っていることが分かる[14]。フェイクニュースに接触した人の中で，少なくない人たちが，フェイクニュースを広める手助けをしてしまっているといえる。

　この9つのフェイクニュースのうち1つでも誤情報と気付かずに拡散した人を，「フェイクニュースを誤情報と気付かずに拡散した者」とした時，その割合を見たものが図3.11である。1つ以上のフェイクニュースに接触した人の中での割合を棒グラフで，フェイクニュースに接触していない人も含めての中で

---

13) 質問文では，「それぞれの情報・ニュースを知ったあとにあなたがとった行動として，当てはまるものを全てお選びください。」としている。
14) それぞれの分母は，各フェイクニュースに接触した人数である。

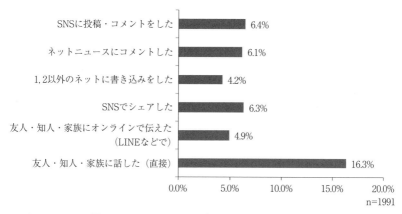

図3.9　フェイクニュースを知った後にとった拡散行動

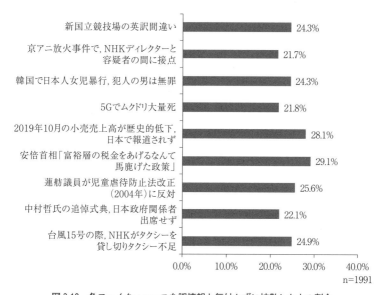

図3.10　各フェイクニュースを誤情報と気付かずに拡散した人の割合

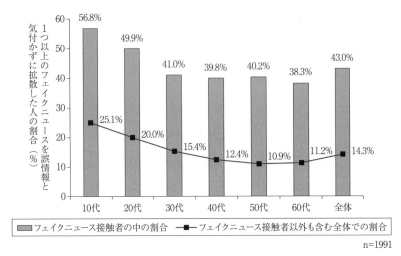

n=1991

図3.11 フェイクニュースを誤情報と気付かずに拡散した人の割合

の割合を折れ線グラフで示している。

全体では，フェイクニュースに1つ以上接触した人の中で43.0%が誤情報と気付かずに拡散していることが分かる（フェイクニュース接触者以外も含めた全てのサンプルに占める割合は14.3%）。特に10代では56.8%となっており，フェイクニュースに接触した人の半分以上が誤情報と気付かずに拡散している実態が浮き彫りになった。年齢が上がるにつれて拡散しない傾向にある。このように若年層の方が拡散しやすい主な要因としては，そもそもソーシャルメディアやメッセージアプリを利用している時間が中高年以上に比べてかなり長いため，ニュースをシェアすることが多いということが考えられる。どのニュースもよくシェアするようであれば，フェイクニュースを拡散してしまう確率も高まる。

3-5 │ フェイクニュースを誤情報と判断できない人・拡散してしまう人の特徴

では，このようにフェイクニュースを誤情報と気付かない人，及び拡散してしまう人は，どのような特徴を持っているのだろうか。本節ではフェイクニュース行動モデルを構築し，回帰分析によってその特徴を明らかにする。分析モデル，各変数の詳細，推定結果の詳細な解釈は**付録2-1**を参照されたい。ここでは，「誤情報と気付かないが拡散はしない傾向の人」「誤情報と気付かず拡散

表 3.2　フェイクニュースを誤情報と気付かないが拡散はしない傾向にある人・誤情報と気付かないで拡散する傾向にある人の特徴

	誤情報と気付いていない・拡散していない人の特徴	誤情報と気付いていない・拡散している人の特徴
リテラシー	メディアリテラシーが低い ニュースリテラシーが低い デジタルリテラシーが低い	メディアリテラシーが高い ニュースリテラシーが低い デジタルリテラシーが低い 情報リテラシーが低い
属性	ネット歴が短い	自己評価が高い 女性 ネット歴が短い
メディア利用時間	ネットニュース利用時間が長い メッセージアプリ利用時間が短い 新聞閲読時間が短い	ソーシャルメディア利用時間が長い ネットニュース利用時間が長い 新聞閲読時間が短い

注：特徴は「誤情報と気付いている人と比較して」のものである。

しやすい傾向の人」の特徴として明らかになったことをまとめた**表 3.2** の考察を行う。なお，比較の対象は「誤情報と気付く傾向の人」である。

　まず，リテラシー[15]については，「ニュースリテラシー」と「デジタルリテラシー」が低いと，拡散の有無にかかわらずフェイクニュースを誤情報と気付かない傾向が見られた。また，「情報リテラシー」が低いとフェイクニュースを誤情報と気付かずに拡散する傾向だった。

　興味深いのは，「メディアリテラシー」が低いとフェイクニュースを誤情報と気付かないが拡散はしない傾向が見られた一方で，「メディアリテラシー」が高いとフェイクニュースを誤情報と気付かずに拡散する傾向だったことである。つまり，拡散するかどうかで効果が逆転している。その理由は 2 つ考えられる。第一に，調査が自己申告制であるためである[16]。後述するように，自己

---

15) 4 つのリテラシーはそれぞれ以下のように定義される。メディアリテラシー：特定の事象に関して，メディア情報にアクセスして分析し発信する能力。ニュースリテラシー：ニュースが社会で果たす役割を理解する能力，ニュースを検索・識別する能力，ニュースを作成する能力。デジタルリテラシー：インターネットに関する知識と，それと相関している情報の読み取り，書き込み，表示，聞き取り，作成，伝達に関する能力。情報リテラシー：情報を適切に判断し，情報を通じて決定を下す能力。詳しくは**付録 2-1** 参照。

評価の高い人ほどフェイクニュースを誤情報と気付かずに拡散する傾向にある。つまり，自分はメディアについて詳しいと考えており，ニュース制作者に連絡を取っていたり，メディアの与える負の影響に関して周囲の人間に注意を促したりしている人（付録2-1の調査項目参照）は，むしろフェイクニュースを拡散すると考えられる。第二に，調査項目に拡散行為が含まれているためである。メディアリテラシー調査項目には「私は自分の家族や友人と，ニュースに関して情報交換を行っている」などが含まれるため，ニュースを拡散する行為と相関する。

　次に，属性については，自己評価の高い人ほどフェイクニュースを誤情報と気付かずに拡散する傾向にある。自分に自信のある人ほどフェイクニュースに騙されて積極的に拡散してしまいがちといえるだろう。性別については，女性の方がフェイクニュースを誤っていると気付かずに拡散しやすく，これは女性の方がソーシャルメディア上でアクティブなためと考えられる（Polletta & Chen, 2013）。年齢については，年齢の高い人ほどフェイクニュースを誤っていると気付かないが拡散しない傾向にあり，図3.8の傾向と一致する。最後に，インターネット利用歴が短い人ほど，拡散の有無にかかわらず誤情報と気付かない傾向が見られた。インターネットに慣れた人の方が，インターネット上にはフェイクニュースが多く存在することを認識しているためと考えられる。インターネットに慣れていないとフェイクニュースに騙されやすいということであり，インターネットを使いたての青少年や，IT に慣れていない高齢者などは特に注意が必要といえる。これはデジタルリテラシーが高いとフェイクニュースを誤情報と気付きやすかったこととも整合性がある。

　メディア利用時間については，ソーシャルメディア利用時間が長いと誤情報と気付かずに拡散する傾向が見られた。これは，ソーシャルメディア利用時間が長かったり，オンライン上での繋がりが強い人であったりするとフェイクニュースを拡散しやすいことを示した Shen et al.（2019）や Li（2019）と同様の結果である。また，ネットニュース利用時間が長いと，拡散の有無に関係なく誤情報と気付かない傾向も見られた。これは，ネットニュースには玉石混交の

16）実は，筆者の最新の研究では，クイズ形式でメディアリテラシーを計測している。その分析では，メディアリテラシーの低い人ほどフェイクニュースを誤情報と判断できないし，拡散もしてしまう傾向が顕著にみられた。あくまでも表3.2は，メディアリテラシーに関する自己評価の結果といえる。

内容が含まれている一方で，個人の発信ではなく記事の形態をとっているため，信じやすいことが背景にあると考えられる。また，ネットニュース利用時間が長いと，エコーチェンバー現象によって選択的接触をするために，フェイクニュース接触が増加する一方でそれと異なる意見（ファクト）への接触が減少するという指摘もある（Cardenal et al., 2019）。

　その一方で，メッセージアプリの利用時間が長いと，フェイクニュースを誤情報と気付かないが拡散はしない傾向がむしろ弱まった。同様の研究は先行研究でも見られており（Neyazi, Kalogeropoulos & Nielsen, 2021），その背景としてはフェイクニュースもメッセージアプリ上で拡散される一方で，知り合いにフェイクニュースを拡散してしまった場合，それを訂正する情報も多いためと考えられる。Twitter や Facebook と異なり登録している友人との距離は近いため，仮にフェイクニュースを誤情報と気付いたら，その訂正情報を伝える可能性は高いだろう。最後に，新聞の閲読時間が長いと，拡散の有無にかかわらずフェイクニュースに気付きやすい傾向が見られた。これは，マスメディアへの信頼度が高いとフェイクニュースを信じにくいことを指摘した Zimmermann & Kohring（2020）と近い結果だ。新聞も誤った情報を発信することはあるものの，相対的にインターネット上の自由な発信やネットニュースよりははるかに少ない。また，新聞教育（Newspaper in Education）のように，教育にも活用されることがあるものであり，読むことがフェイクニュース耐性を高めている可能性がある。

　以上の結果から，次の３つがいえる。

1. 政府は，リテラシー向上のための教育・啓発活動の推進をもっとしていくべきである。メディアリテラシー，ニュースリテラシー，デジタルリテラシー，情報リテラシーを向上させることは，いずれも何らかの形でフェイクニュース対策に有効であった。とりわけニュースリテラシーとデジタルリテラシーが高いことは，フェイクニュースの正しい真偽判断と，拡散しない行動の両方とポジティブな関係であった[17)18)]。ただしメディアリテラシーについては，少なくとも自己判断でメディアリテラシーが高いと考えている人はフェイクニュースを誤っていると気付かずに拡散する傾向が顕著に見られたため，啓発にあたっては注意が必要である。つまり，自信だけつけさせて能力が伴わないと逆効果といえるので，「フェイクニュースには誰もが騙され

る」ということを伝え続けることもまた，リテラシー教育・啓発の中
で重要といえる。

2．フェイクニュース問題は若い人だけの問題ではなく，むしろ年齢の高
い人の方がフェイクニュース誤情報と気付かない（が拡散はしない）傾
向にある。また，インターネット利用歴が短い人は，拡散の有無に関
係なくフェイクニュースを誤情報と気付かない傾向だ。さらに，自己
評価の高い人は誤情報と気付かず拡散する傾向にある。以上のことか
ら，人々は，「自分は大丈夫」と考えるのではなく，誰でも騙される
ことを念頭に情報・ニュースに接することが大切である。また，政府
のリテラシー教育・啓発は，年齢問わず実施することが求められる。

3．メディアとして特にネットニュースへの対策が求められる。ネットニ
ュースをよく利用する人は，拡散の有無にかかわらずフェイクニュー
スを誤情報と気付かない傾向だった。フェイクニュース対策としては，
米国のバイデン大統領がソーシャルメディア上の新型コロナウイルス
のワクチンに関するデマについて対策を求めていたように，ソーシャ
ルメディアが着目されることが多い。確かにソーシャルメディア利用
時間が長い人はフェイクニュースを誤情報と気付かずに拡散する傾向
が見られた。しかし同時に，ネットニュースでも対策が求められると
いえる。そして人々自身も，そのようなメディアを利用していると騙

17）ただし，メディアリテラシーとニュースリテラシーは多くの場合境目が曖昧であり，とり
わけ本研究の調査項目によるニュースリテラシーは，広義のメディアリテラシーに含まれて
区別されないことが多いだろう。実際，坂本（2022）は，メディアリテラシーとニュースリ
テラシーは多くの部分で重なると指摘している。また，国内外のメディアリテラシーに関す
る尺度を整理した小寺（2017）が示しているメディアリテラシーの調査項目には，本研究で
ニュースリテラシーとしているものが多分に含まれる。

18）また同様に，本研究の情報リテラシーとデジタルリテラシーは，統合されて情報リテラシ
ー（またはITリテラシー）と呼ばれることが多い。実際，コトバンクでは，情報リテラシ
ーを「『情報技術を使いこなす能力』と『情報を読み解き活用する能力』の2つの意味をも
つ。」と説明し，「『情報技術を使いこなす能力』とは，コンピュータや各種のアプリケーシ
ョン・ソフト（特定の作業のためのソフトウェア），コンピュータ・ネットワークなどのIT
（情報技術）を利用して，データを作成，整理したり，インターネットでさまざまな情報を
検索したり，プログラムを組むことのできる能力」としている。「情報を読み解き活用する
能力」は本研究の情報リテラシーであり，「情報技術を使いこなす能力」は本研究のデジタ
ルリテラシーであろう。

されやすいということを自覚しておくことが大切だろう。

コラム 3-3　誰でも騙されるし，人は自分が思っているほど優れていない

　本節で自己評価とフェイクニュース拡散行動の関係について触れたが，実は米国の研究でも興味深い結果が得られている。Lyons et al.（2021）の実証研究によると，フェイクニュースの真偽を判断する能力について，90% の人は自分は平均以上に高いと考えていて，4 人に 3 人は自分の能力を過大評価していることが分かった。さらにそれだけでなく，そのように自身の判断能力を過大評価している人は，実際には時事問題に対する主張の真偽を見分ける能力がむしろ低いことが明らかになったのである。拡散行動でも同様の傾向があり，判断能力を過大評価している人は，特に政治的に自分と合った主義に対しては，フェイクコンテンツにいいねやシェアをしやすいということだ。

　筆者らの研究では自己評価は拡散行動としか相関していなかった（自己評価の高い人はフェイクニュースを誤情報と気付かず拡散しやすい）ため，完全に一致する結果ではない。もちろん，総合的な自己評価と真偽判断能力の評価も異なる。しかし，「自己評価の高い人はフェイクニュースを誤情報と気付かず拡散しやすい」という筆者らの結果と，「情報の判断能力を過大に評価している人はフェイクニュースに騙されやすいし，拡散しやすい」という本研究の結果は，かなり似た傾向を示しているといえるだろう。また，自己申告制でのメディアリテラシーの分析結果とも整合性がとれる。

　要するに，多くの人は自分の限界を認識しておらず，自分に自信がある人ほど，フェイクニュースを信じて広めてしまうのである。

3-6 ｜ フェイクニュースが民主主義に与える影響

　フェイクニュースの社会的影響を考えるうえで重要なのが，「人々はフェイクニュースによって考えを変えるのか？」ということである。特に 2-11 で整理したフェイクニュースの社会的影響のうち，「政治的混乱・社会の分断」については，人々がフェイクニュースによって考えを変えることで，選挙結果が左右され，さらに議論の前提が崩れて議論が困難になるということを指摘している。しかし，フェイクニュースに触れただけで人々の考えがどれほど変わる

のかはあまり分かっておらず，社会的影響に懐疑的な声もある。

そこで，国内政治に関するフェイクニュース2つをとりあげ，それが人々の考えにどのような影響を及ぼすか実証実験を行った。ここで取り上げた2つのフェイクニュースは，2-4で紹介した以下のものである。

1．安倍元首相が国会論戦において，「富裕層の税金を上げるなんて馬鹿げた政策」と答弁した。
2．蓮舫議員が，2004年の「児童虐待防止法改正」に反対していた。当該改正では，警察の積極的介入が盛り込まれた。

実証実験は，先述のオンラインアンケート調査上で行った。実験に当たっては，当該2つのフェイクニュースの内容を周知したうえで，これらを知る前と知った後において，安倍元首相と蓮舫議員についてそれぞれ「非常に支持する」〜「全く支持しない」の7段階で考えを聞き，その変化を見ることにした。ただし，このフェイクニュースが誤情報であると考えている人を分析に混ぜるのは不適切であるため，調査時点で誤情報と気付けていない人のみを対象とした。その結果，安倍元首相のフェイクニュースについては4,297人，蓮舫議員のフェイクニュースについては4,615人が対象となった。

その意見分布の変化を見たものが図3.12，図3.13である。棒グラフはフェイクニュースを知る前の意見の分布であり，折れ線グラフはフェイクニュースを知った後の意見の分布を示している。これらの図を見ると，「どちらともいえない」および支持していた人の数はほぼ全てにわたって減少しており，支持していない人の数は全て増加していることが確認される。このことは，フェイクニュースがたとえ1つであったとしても，人々の考え方に少なくない影響を与えることを示唆している。さらにそれは，保守かリベラルかといったイデオロギーに関係ない。

さらに，それぞれのフェイクニュースによって各人に対して支持を下げた人の割合を，最初の意見別に算出したものが図3.14となる。例えば，安倍元首相について「非常に支持する」と考えていた人の28.9%が，フェイクニュースを知って支持を下げた（「支持する」〜「全く支持しない」のいずれかにいった）ということを示している。

図3.14を見ると，事例によらず，もともと支持していた人の方が支持して

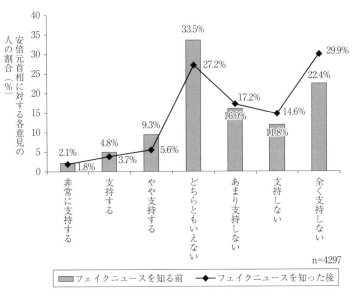

図 3.12　フェイクニュースを知る前後の安倍元首相への支持の分布

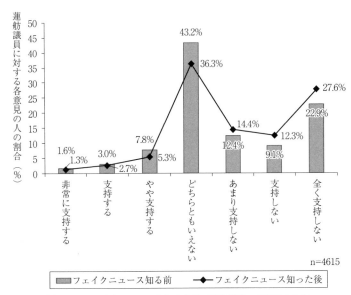

図 3.13　フェイクニュースを知る前後の蓮舫議員への支持の分布

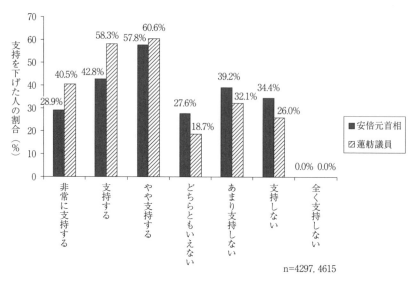

n=4297, 4615

図3.14　フェイクニュースによって支持を下げた人の割合（最初の支持別）

いなかった人よりも支持を落とす傾向にあることが分かる[19]。「あまり支持しない」より「やや支持する」人の方が，「支持しない」より「支持する」人の方が，いずれの場合も支持を下げている。そして，その傾向は蓮舫議員のフェイクニュースで顕著に見られる。

　次に，支持の程度でみると，支持しているかしていないかにかかわらず，強い思いを持っている人の考え方はあまり変わらず，中庸の人の考え方の方が変わっていることが確認される。つまり，「支持する」より「やや支持する」人の方が支持を下げており，「支持しない」より「あまり支持しない」人の方が支持を下げている。確固たる強い思いをもって支持しているわけではないので，フェイクニュースによって考え方が変化しやすいと考えられる。

　以上をまとめると，政治的なフェイクニュースは少なからず人々の考えを変える効果を持っており，最も効果を発揮するのは「弱く支持している層」に対してであるといえる[20]。このことは，フェイクニュースが少なからず選挙に影響を与えかねないことを示唆している。なぜならば，図3.12と図3.13からも

---

19)「全く支持しない」の人はそれ以上支持を下げられないので，いずれの場合も0%となっている。

明らかなとおり，「弱い支持」をする人というのは，支持者の中で多くの割合を示すためである。浮動票ともいえるような弱い支持層がフェイクニュースで支持しない方に流れることは，選挙結果を大きく左右する可能性がある。

3-7 人々の情報・ニュース接触状況

　これまでフェイクニュースに対する人々の行動を見てきたが，そもそも現在，人々はどのような情報環境にさらされているのだろうか。本節では，普段情報・ニュースに接触している媒体や，メディア信頼度の調査結果を示す。

　ただし，3-7 〜 3-12 ではこれまでのアンケートとは異なるデータを使う。データは，2020 年 9 月に実施した，15 〜 69 歳の男女を対象としたオンラインアンケートデータ 5,991 件である[21]。ただし本アンケートでも予備調査を実施しており，母集団を日本全国に居住の者として，5 歳刻みの性年代別の人口に応じて割付を行って 20,000 件のデータを取得した[22]。予備調査では新型コロナウイルスと政治に関するフェイクニュースをそれぞれ 10 件[23]用意し，それらへの回答結果から以下を回収目標として予備調査と連続的に本調査を実施した。5,991 人の内訳は，20 件のフェイクニュースのどれか 1 つ以上に接触している人が 4,991 人，20 件のフェイクニュースいずれにも接触していない人が 1,000 人である[24]。

　さて，図 3.15 は情報・ニュースに接している媒体を調査した結果である。図からは，テレビが突出して高い（84.1％）ことが確認される。インターネットが普及して視聴率低迷が叫ばれているが，依然として情報・ニュースへの接触

20) 同じように弱い考え方でも「どちらともいえない」人では支持を下げている人が少なかったのは，そもそも政治に関心のない層が多く含まれるためと考えられる。
21) アンケートはマイボイスコム社並びにその提携会社の登録モニタに対して実施している。
22) 目標件数を 20,000 件として実施し，21,530 件の回答を得て，データクリーニング後に 20,000 件となった。
23) この合計 20 件のフェイクニュースについては 2-5 と同じものである。
24) ただし，スクリーニング調査の段階でフェイクニュースに接触している人を多めにとっているため，このまま分析すると，フェイクニュース接触率や接触している媒体の特徴などの分析が実態と乖離する。そこで，すべての分析において，スクリーニング調査でのフェイクニュース接触率に応じたウェイトバックを行って分析をした。スクリーニング調査では 1 つ以上のフェイクニュースに接触した人は 51.7% 存在した。それに対し，本調査では 83.3% を占めているため，それを調整するためのウェイトバックをしている。

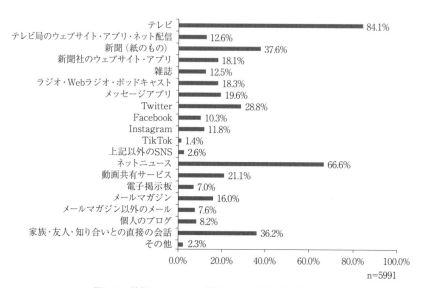

図 3.15　情報・ニュースに接触している媒体（複数選択）

先として非常に多く利用されていることがうかがえる。また，次に多いのはネットニュース（66.6%）であり，3人に2人が利用するほどすでに普及している。3位，4位はほぼ同じで新聞（紙のもの）（37.6%）と家族・友人・知り合いとの直接の会話（36.2%）となった。マスメディアである新聞も依然として情報源として高水準なのと同時に，3人に1人以上の人が周囲の人からの直接の会話から情報・ニュースに接しているというのは興味深いところである。ソーシャルメディアで情報・ニュースに接触している人は5位の Twitter（28.8%）まで登場せず，現在の情報環境においてもマスメディアやネットニュースといったニュース媒体と，直接の会話が主流といえる。

　ソーシャルメディアの内訳をみると Twitter（28.8%）が突出して高く，Facebook（10.3%）は Instagram（11.8%）以下であった。世界では Facebook が情報・ニュース接触として最も注目されるところだが，日本では少ない。これは日本の Facebook 利用率があまり高くないことに起因するが，情報環境において世界と少し異なる状況にあるといえる。

　続けて，各媒体に対する信頼度を，「5点：信頼できると思う」～「1点：信頼できないと思う」の5段階で調査した結果が図 3.16 である[25]。

　これを見ると，まず突出して高いのがマスメディアであり，とりわけ紙の新

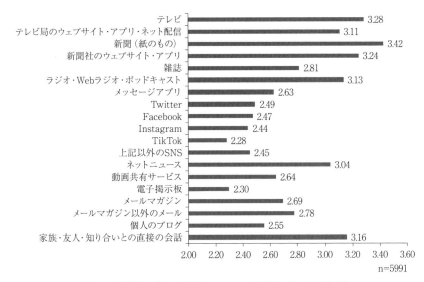

図3.16　各媒体で流れる情報・ニュースの信頼度（高いほど信頼）

聞への高い信頼度（3.42）がうかがえる。マスメディアの中では唯一雑誌のみ
が信頼度が低くなっている。また，マスメディア以外ではネットニュースが高
いことからも，ソーシャルメディアや電子掲示板の情報よりも，メディアとし
てまとまっている情報・ニュースの方が信頼されている傾向が分かる。

　興味深いのは「家族・友人・知り合いとの直接の会話」の信頼度が，テレビ
のウェブサイト・アプリ・ネット配信や，ラジオ，ネットニュースよりも高い
点である。2-12でも述べたとおり，コミュニケーション研究の分野では，人が
情報を信頼する過程において，その情報発信者の専門性よりも，情報発信者と
どれだけ話したかの方が，強い影響を与えることが示されている（Bottger, 1984）。
実際，特に新型コロナウイルス関連のフェイクニュースは家族や友人との直接
の会話や，LINE グループなど知っている人からのメッセージでかなり広まっ
たことが指摘されている（2-5）。たとえ家族・友人から直接や，メッセージア
プリを通して聞いた情報でも，安易に信じてはいけないといえるだろう。

　そして，図3.16 について年代別に傾向を見たのが図3.17 ～図3.19 である。
まず，図3.17 でメディア（マスメディア・ネットニュース）の傾向を見ると，雑

---

25) 具体的には，「あなたは以下で流れている・発信されている情報・ニュースをどれくらい
　　信頼していますか。」という質問をしている。

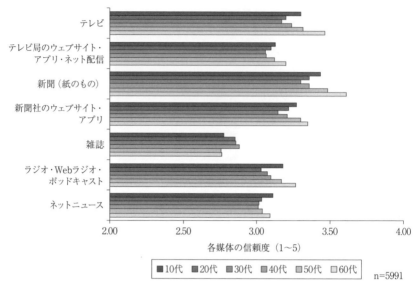

図3.17　各媒体で流れる情報・ニュースの信頼度（メディア）

誌を除いてはっきりとＵ字型になっているのが分かる。多くのメディアにおいて20代・30代・40代では信頼度が低い。その一方で，これらの年代は雑誌への信頼度が相対的に高くなっている。興味深いのは10代で，特にデジタルに慣れていそうな年代であるが，実際にはテレビや新聞などのマスメディアの情報・ニュースを20代〜40代に比べて高く信頼していることが確認される。

　次に，図3.18のソーシャルメディアについては，予想通り若い世代ほど信頼度が高い傾向が見られる。ただし，決して単調減少というわけではなく，全てのソーシャルメディアについて最も信頼度が高いのは20代であり，やや逆Ｕ字になっている。同じ傾向は動画共有サービス，電子掲示板でも見られる（図3.19）。そして，メールマガジン，メールマガジン以外のメール，直接の会話はむしろ中高年以上の方が信頼しており，個人のブログについては最も信頼しているのは30代であった。

　総合すると，若者はソーシャルメディアへの信頼度が高いものの，10代は20代よりもソーシャルメディアを信じておらず，また，マスメディアやネットニュースなどのメディアを信頼する傾向が強いといえる。特に物心ついた頃からパソコンやインターネットが当たり前に存在していた世代が，マスメディアを

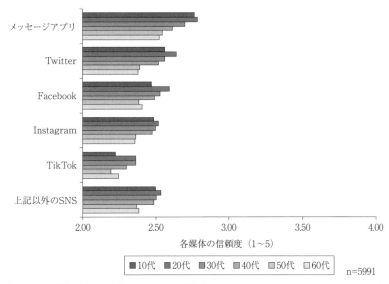

n=5991

図 3.18　各媒体で流れる情報・ニュースの信頼度（ソーシャルメディア・メッセージアプリ）

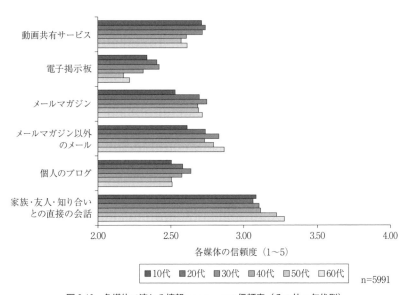

n=5991

図 3.19　各媒体で流れる情報・ニュースの信頼度（その他・年代別）

信頼していないわけではないということが分かる。

3-8 ｜ 人々はどのような情報検証行動をしているのか

　フェイクニュースに騙されないために重要なこととして，情報検証行動が指摘されている。本節では，人々が興味のある情報・ニュースに出会った後にどのような情報検証行動をしているのか，Kim et al.（2014）を参考に，9つの情報検証行動について調査を行った結果を示す（図3.20）[26]。図を見ると，全ての行動について毎回している人はほとんどいないものの「たまにしている」以上の人は，「ネットで検索して他の情報源を探し，確認する」で50％以上，それ以外でも約40％はいることが分かる。ただし，インターネットでの検索よりも，発信の目的を考えたり，リンク元を確認したりする方が手間はかからないはずであり，単純に手間によるものというよりは，インターネットで検索して他の情報源を探すことはそれなりに社会に浸透しているといえるだろう。

　続けてこれを年代別に見た図3.21[27]からは，若い人ほど情報検証行動をしっかりやっている実態が浮き彫りになる。これは単調減少であり，最も情報検証行動をしているのは10代である。これにはインターネットに精通していることも関係していると考えられるが[28]，インターネットと関係のなさそうな項目（「情報が発信された目的を考える」など）まで，単調減少となっているのは興味深い。

　この理由としては，3-3や3-5で考察したように，情報が集約されてある程度の質が担保されたマスメディアから情報を摂取していた中高年以上と，玉石混交の情報が大量に存在するインターネットから情報を摂取することが当たり前になっている若い世代で，考え方が異なっていることが考えられる。つまり，

26）なお，質問文では「あなたは普段情報・ニュースに接する時何をしていますか。関心のある情報・ニュースを知った後に普段からしている行動について，最も近いものを1つお選びください。」としており，関心のある情報・ニュースの時に限定している。

27）ただし，「6点：毎回している」〜「1点：全くしていない」として点数化して，各年代の平均値を算出している。

28）例えば「情報の発信主体（SNSアカウント・メディア・企業・官公庁など）を確認する」「ネットで検索して他の情報源を探し，確認する」「SNSなどネットで他の人（自分以外の人）がどのように言っているかを確認する」などはインターネットに慣れている人の方が実施すると思われる。

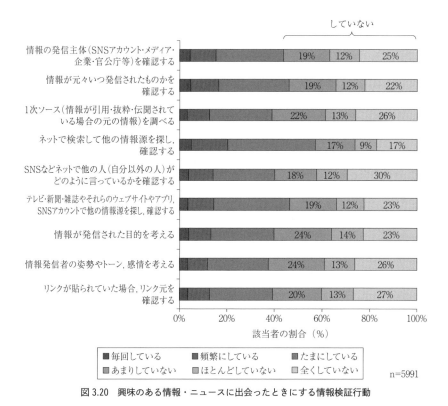

図 3.20　興味のある情報・ニュースに出会ったときにする情報検証行動

インターネットを早い段階から利用し，そこで情報と接触していると，そこにはデマやフェイクニュースが少なくないことに気付く。そのため，情報検証行動する人が多くなっているというわけである。

3-9 | 新型コロナ・政治フェイクニュース接触の実態

　2-5 で示した新型コロナウイルスと政治に関する 20 件のフェイクニュースについて，その接触率をフェイクニュースの種類別・年代別に示したものが図 3.22 である。左が新型コロナウイルス関連のフェイクニュース，真ん中が政治関連のフェイクニュース，右が全体について分析した結果となっている。それぞれ，該当するフェイクニュースに 1 つ以上接触した人の割合を示している。さらに，各ブロックの一番右の棒は全年代を，それ以外は年代別の割合を表し

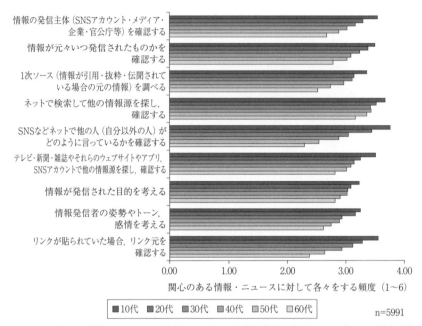

図3.21 興味のある情報・ニュースに出会ったときにする情報検証行動(1〜6で高いほど頻度が高い・年代別)

ている。なお,20件のフェイクニュース個別の接触率については,付録2-2を参照されたい。

図3.22からは,若者の方がフェイクニュースに接触する傾向にあるものの,それは単調減少でないことが分かる。特に新型コロナウイルス関連のフェイクニュースについては,1位こそ10代(53.1%)であるものの,2位は40代(50.7%)となっている。また,新型コロナウイルス関連のフェイクニュースの方が接触率が高いこともあり,全体傾向でもその影響が如実に出ており,2位はやはり40代(56.1%)であった。

そして,20件のフェイクニュースの中でどれか1つでも接触したことのある人は51.7%存在していた。20件に絞っているものの,2人に1人以上は新型コロナウイルスと政治関連の何らかのフェイクニュースに接触しているといえる。特に新型コロナウイルス関連は多く,45.2%の人は10件中1件以上のフェイクニュースに接触していた。これは3-2で見た8分野9つのフェイクニュースの接触率よりもかなり高い。その背景には,災害時・危機時には流言が広まりや

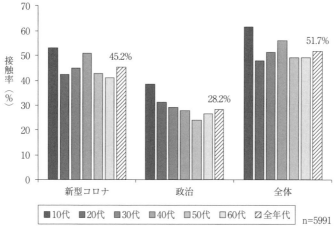

図 3.22　1 つ以上のフェイクニュースに接触した人の割合

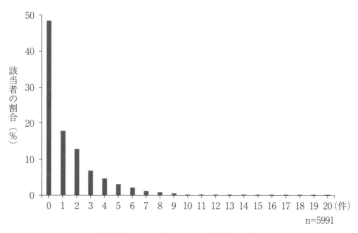

図 3.23　フェイクニュース接触数の分布

すいといわれるように未知の感染症関連でフェイクニュースが広範囲に広まっ
たこと，メッセージアプリなどを介して広範囲にフェイクニュースが拡散され
たこと，メディアが積極的にファクトチェック結果を報道したことなどがある
と考えられる[29]。

さらに，フェイクニュース接触数について分布を描いたものが図 3.23 である。多くの人はフェイクニュースに接触していないものの，一部の人は 10 件などの非常に多くのフェイクニュースに接触していることが分かる。

| 3-10 | コロナ・政治フェイクニュースを誤情報と気付いていない人 |

では，これらのフェイクニュースに接触している人の中で，どれくらいの人が誤情報と気付いているのだろうか。新型コロナウイルスと政治関連のフェイクニュースについても，3-3 と同様に誤情報と気付いていない人の割合を調査[30]し，年代別に示したものが図 3.24 である[31]。なお，20 件のフェイクニュースそれぞれに対して誤情報と気付いていない人の割合は付録 2-3 に記している。

図 3.24 からは，新型コロナウイルス関連のフェイクニュースについては，誤情報と気付いていない人が少ないことが分かる。全体で 41.1% であり，その値は 3-3 の 8 分野 9 つのフェイクニュースの調査よりも明らかに低い。その背景には，元より疑わしい情報・ニュースがあること[32]や，一時フェイクニュースが広まったものの，その後マスメディア含め様々なメディアでそれらが誤情報である旨の注意喚起がなされ，それがソーシャルメディアや直接の会話を通して広まっていったためと考えられる。つまり，メディアでファクトチェック結果を広めることは効果があるといえる。

このように，新型コロナウイルス関連のフェイクニュースについては，比較的誤情報と気付いていない人が少なかった一方で，政治関連では全体で 81.2%

---

29) ここでは誤情報と気付いているかどうかに関わらず接触率を調査しているため，メディアで初めてファクトを知って接触した場合も接触率に含まれる。

30) 各フェイクニュース接触者について，それぞれの情報・ニュースの正確さについてどのように考えているか「絶対に正しいと思う」〜「絶対に間違っていると思う」の 7 段階で回答してもらい，「おそらく間違っていると思う」「間違っていると思う」「絶対に間違っていると思う」を選択した人を誤情報と気付いている人とした。

31) 3-3 同様，分析に当たっては，各年代におけるフェイクニュースを誤情報と気付いていない合計数をフェイクニュース接触合計数で割ることで求めている。つまり，フェイクニュース接触数を考慮した加重平均値となっている。

32) 例えば 26 度のお湯を飲めば予防ができるというのは，人間の体温を考慮すると相当に考えにくいといえるだろう。

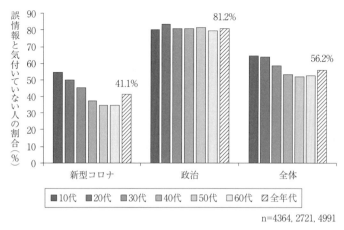

n=4364, 2721, 4991

図 3.24　誤情報と気付いていない人の割合（年代別）

と高水準となった。政治関連のフェイクニュースは，ファクトチェック結果が全く浸透していない現状が浮き彫りになったといえる。

　また，年代別に見ると，国内政治関連のフェイクニュースは年齢によって違いがないものの，新型コロナウイルス関連のフェイクニュースは年齢によって違いがあり，年齢が高くなるにつれて誤情報と気付いていない人が少なくなる傾向が如実にみてとれる。この傾向は多様なジャンルの分析をした 3-3 と真逆の結論である。その理由としては，これもマスメディアが積極的にファクトチェック結果を報じたことが挙げられるだろう。年齢の高い人ほどマスメディア利用時間が長く，ソーシャルメディア利用時間が短くなる。そのため，マスメディア利用時間の長い年齢の高い人たちは，ファクトチェック結果をマスメディアで知る機会が多くなり，マスメディアによって誤情報と気付く確率が高くなったと考えられる。

コラム 3-4　複数のメディアの情報が複合的にフェイクニュースを信じ込ませる

　実は，本調査のフェイクニュース接触経路として最多がテレビ（35.1%）で，2 位がネットニュース（22.7%），3 位が Twitter（13.5%）であった。さらにこれは，誤情報と気付いている人の多い新型コロナウイルス関連のフェイクニュースだけでなく，政治関連のフェイクニュースでも同様の傾向だった。マスメディアがこれらの

政治関連フェイクニュースを，フェイクだと明示せずに報道したとは考えにくいものである。それにもかかわらず，多くの人が誤情報だと判断できていないという奇妙な現象が起こっている。

　このような現象が起こる理由は想像の域を出ないが，1つ考えられるのは，別の文脈で報じられた内容を当該フェイクニュースのように解釈し，それが定着しているということである。例えば，「安倍首相が日本の平均的な共働き夫婦の月収について，『ご主人が50万円，奥さんが25万円』と発言した」というフェイクニュースは，BuzzFeedがファクトチェックしたものである。当該記事では，Twitterで拡散している当該フェイクニュースの画像（**図3.25**）を示したうえで，内容が誤りであることを述べている。

　これは2019年頃から画像が出回り始め，2020年に，新型コロナウイルスの感染拡大に伴い「現金給付」をめぐって政府に批判が集まった際，再び画像が使われた形となったものである。BuzzFeedではファクトチェックを行い，この情報・ニュースを「誤り」と判定している[33]。

　ところが，Yahoo! ニュースに掲載された本ファクトチェック記事[34]のコメント欄で，2021年1月時点で3,000回以上と最も「いいね」されて一番上に来ていたコメントでは，「月収50万稼いでいる人がどれだけいるんだって話だよ……　総理大臣なら日本の平均年収くらい理解しておかないとダメでしょ（笑）」と記載されていた。どのような意図で書かれたコメントかは推測の域を出ないが，内容からは安倍元首相が平均年収として言ったわけでもなければ，平均的なモデルケースの話をしようとしていたわけではないということが伝わっていないようにも見える。

　そして，コメント欄で明確に画像が誤りであることを指摘しているものは7番目のコメント「確かに画像の内容は明らかにミスリードを誘うものであり事実と異なる。が，記事にもある当時安部〔原文ママ〕首相がパートもしくは共働き増加の原因として挙げた『景気はそろそろ本格的によくなっていくから働こうか』などというのも事実と異なるのではないかと思います。」まで出てこなかった（当該コメントの「いいね」数は308）。

　ちなみに本記事のタイトルは「安倍首相『平均的な共働き夫婦の奥さんの月収』画像は誤り　発言が改変，検索で大量ヒット」であり，明確に誤りであることを示している。それにも関わらず，ファクトチェック記事にすら誤解したようなコメントが付き，それに「いいね」が集まっていた。

　ここから1つ推察することができる。人は認知バイアス・確証バイアス[35]によって，情報・ニュースも自分に都合の良いように解釈すると指摘される。つまり，

---

33) 詳しい内容は2-5を参照のこと。
34) 現在はYahoo! ニュースでは掲載を終了している。

例えば昔，安倍元首相が「我が家の収入
は例えば私が50万円で妻が25万円で
あったとしたら75万円に増えるわけで
ございますが」と発言したことをテレビ
で報じているのを見たとする。あるいは，
その後の衆議院予算委員会で，立憲民主
党の西村智奈美議員が「25万円ももら
えるパートがどこにあるのか，あったら
教えてほしい」と追及するなどしている

出典：瀬谷 (2020)。

図3.25　出回っているフェイクニュース画像

ため，テレビで批判的に取り上げられたかもしれない。その記憶と，インターネッ
ト上で出回っている**図3.25**のような画像が結びつき，「日本の平均的な共働き夫婦
の月収　ご主人の月給が50万円　奥さんのパート収入が月25万円　ご夫婦で月
75万円の収入があるわけですが」というニュースを最初にテレビで見た，と考え
たというわけである。

　政治関連のフェイクニュースというのは，今回取り上げた10件のフェイクニュ
ースからも明らかなとおり，事実を含んでいたり，事実と関連したりするものが多
くなっている。例えば「コロナ禍の中，4月8日・9日の国会審議が，野党の審議
拒否によって実施されなくなった」であれば，確かにこの2日間の国会審議はされ
ていなかった。ただし，4月7日の緊急事態宣言を受け与野党の協議のうえ決まっ
たことで，一方的な「審議拒否」ではなかったことが分かっている。そのように国
会審議がなくなったというニュースをマスメディアで見たうえで，「野党が審議拒
否した」という情報・ニュースと別の場所で接触した時に，それらがセットで混同
されるということは十分考えられる。この場合，フェイクニュースに最初に接触し
たと想起されるのはマスメディアの方である。

　さらに藤代（2021）では，マスメディアの報じた内容や，マスメディアの内容
を引用したソーシャルメディア上の投稿を，ミドルメディアがフェイクを追加する
形でフェイクニュースが誕生していくことが少なくないことを指摘している。つま
り，ミドルメディアを中心に，メディア間の相互作用でフェイクニュースは成長し
ていくというわけだ。この場合もやはり，人々はマスメディアで接触している一方
で，その後ミドルメディアによってフェイクニュースを信じてしまうことは大いに
あり得る。

　この現象は，ニュースの報じ方の難しさとファクトチェック結果の報じ方の難し

35）認知バイアスとは，これまでの生活，経験，自分の考え方，直感などに基づく先入観によ
って，非合理的な選択をしてしまうこと。確証バイアスとは，自分が既に持っている先入観
や信念，仮説を肯定するために，自分にとって都合のよい情報ばかりを集める傾向性のこと。

さの両方を我々に示している。たとえマスメディアで正しいニュースを報じていたとしても，それが真実を含むフェイクニュースと結びつくことで，「信頼度の高いマスメディア（3-7の調査結果より）で報じられていた内容」として記憶されてしまう。情報・ニュースに接触する媒体が複雑化する情報社会では，各媒体での情報・ニュースはその媒体で完結しないのだ。

　また，ファクトチェック結果も，タイトルで誤りであることを明確にしているケースですら，むしろ誤解を生じたまま広まることがある。先ほどのファクトチェック記事は「そんな中，安倍晋三首相が『日本の平均的な共働き夫婦の月収　ご主人の月給が50万円　奥さんのパート収入が月25万円　ご夫婦で月75万円の収入があるわけですが』と発言したとする画像を添えたTwitterの投稿が拡散した。」という文章から始まるが，この箇所と引用されているTwitter投稿の画像までを流し読みした場合，むしろこれを真実と考えるだろう。

3-11 ｜ コロナ・政治フェイクニュース拡散行動とその動機

　3-4でフェイクニュース拡散行動の実態を明らかにしたが，新型コロナウイルスと政治フェイクニュース20件についても同様の調査を行った。図3.26は，1つ以上のフェイクニュースに接触している人の中で，1つ以上のフェイクニュースを誤情報と気付かずに拡散した人の割合を示したものである。図3.26を見ると，新型コロナウイルス関連のフェイクニュースは政治関連よりも拡散されていない傾向が分かる。これは，3-10からも明らかなとおり誤情報と気付いていない人が相対的に少ないため，拡散した人も少なくなったといえる。また年代別には，10代〜30代と，40代〜60代で拡散率がかなり異なることが分かる。特に拡散率が高いのは20代で，低いのは50代だ。

　そして，3-4と比較すると興味深い点が分かる。8分野9つのフェイクニュースについて分析した3-4では，誤情報と気付かずに拡散している人は，1つ以上のフェイクニュースに接触している人の43.0%にのぼっていた。しかし図3.26では28.1%にとどまるため，新型コロナウイルスと政治のフェイクニュースの方が少ないといえる。その理由としては，新型コロナウイルスは誤情報と気付いている人が多かったこと，そして，偏ったジャンルでの分析になっていることの2つが関わっていると考えられる。後者については，今回は20件のフェイクニュースがあるものの，2分野について調査している。そのため，接

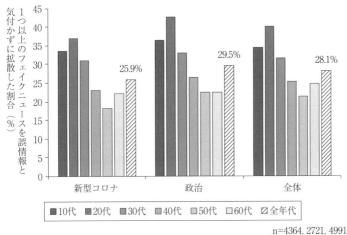

n=4364, 2721, 4991

図 3.26　フェイクニュース接触後に誤情報と気付かずに拡散した人の割合（年代別）

触した後に拡散するような「その問題に関心のある人」は限定され，拡散する
にしても同じ人が色々なフェイクニュースの拡散をしていたと考えられる[36]。

　さらに，フェイクニュースを拡散した動機を調査した結果が図 3.27 である。
ただし，本節における拡散には，誤情報と気付いている場合も含んでいる（誤
情報と気付いていたかどうかの判断基準も選択肢に含まれるため）。

　拡散動機を見ると，「情報を共有して他の人の意見を聞きたかったから」
（25.0%）が最も多く，その後「不安に感じ，それを他の人と共有したかったか
ら」（21.0%），「怒りを覚え，それを他の人と共有したかったから」（20.2%）と続
く。後者の 2 つについては不安や怒りといった感情から拡散する行動であり，
これらの感情がとりわけデマの拡散に関係していることは 2-8 や 2-12 でも見
たとおりである。

　そして，「情報を共有して他の人の意見を聞きたかったから」について，
2020 年に行ったフェイクニュース拡散者へのインタビュー調査では，「これど
う思う？」といったシェアがフェイクニュースの拡散に大きく寄与しているこ

───────────

36）8 分野網羅的なフェイクニュースについては，その問題に関心のある人が多種多様に存在
　　するため，なんらか 1 つ以上拡散する人が多くなる。しかし，2 分野しかない場合は，新型
　　コロナウイルスか政治に関心のある人は積極的に拡散するであろうが，そうでない人は接触
　　しても拡散しない人が多いだろう。

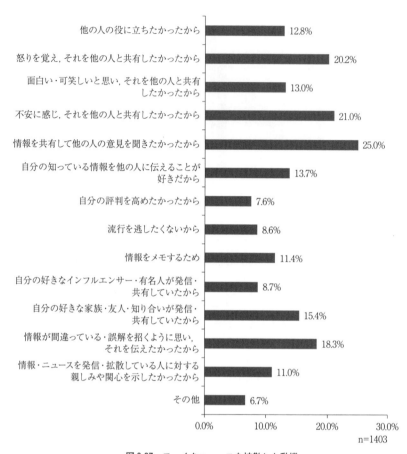

図 3.27　フェイクニュースを拡散した動機

とが分かっている。「これどう思う？」というように伝えたものが, 次に伝わる時には「〜らしい」となり, その後断定になっていく……という現象が伝達の中で確認されている。2-8 で紹介した豊川信用金庫の事例からもよく分かるだろう。疑わしい情報を安易に別の人に聞くことが, 結果的にフェイクニュースを広めることにつながる可能性がある。

　また, これをニュースジャンル別に分析すると, いくつかの項目で大きな違いが出ていた。まず, 感情については, 新型コロナウイルス関連では「不安に感じ, それを他の人と共有したかったから」が多く, 国内政治関連では「怒り

を覚え，それを他の人と共有したかったから」が多かった。また，国内政治関連では利他的な動機「他の人の役に立ちたかったから」が少なかった。さらに，国内政治関連では「自分の好きなインフルエンサー・有名人が発信・共有していたから」が相対的に多めであった。国内政治というイシューではインフルエンサーがどのように言っているかが，新型コロナウイルスのような科学的なフェイクニュースに比べて重要であるといえる。

3-12 | フェイクニュースのスーパースプレッダー

これまで見てきたように，様々な手段でフェイクニュースを誤情報と気付かずに拡散する人は少なからずおり，社会にフェイクニュースが浸透していく。本節では，その拡散メカニズムを明らかにしていくため，「家族・友人・知り合いに誤情報と気付かずに拡散」した人数と，「ソーシャルメディアで誤情報と気付かずに拡散」した人数を，以下のとおり算出した。

- 家族・友人・知り合いに誤情報と気付かずに拡散した人数：各フェイクニュースについて，接触後の行動として「LINEなどのメッセージアプリで家族・友人・知り合い・グループにいる人などに伝えた」「メールで家族・友人・知り合い・メーリングリストの人などに伝えた」「家族・友人・知り合いに直接話した」のいずれかを1つ以上選択していた場合，これら3つの手段で合計何人に伝えたかを調査した。人数はフェイクニュースごとに算出した。
- ソーシャルメディアで誤情報と気付かずに拡散した人数：Twitter，Facebook，Instagram，TikTok，その他のソーシャルメディアの5つについて，それぞれフォロワー数を調査した（その他のソーシャルメディアについては合計を回答してもらった）。そして，各フェイクニュースについて例えば「Twitterに投稿した・シェアした（リツイートした）」が接触後の行動として選択されていれば，Twitterのフォロワー全員に拡散したとした。拡散人数は各フェイクニュースのソーシャルメディアごとに算出した。

このような手法で算出された拡散人数の分布は図3.28，図3.29のようにな

る。両方ともフェイクニュース20件の合計拡散人数を横軸に示しており，縦軸はそれぞれの拡散人数に該当する人の割合である。そして，図3.28は「家族・友人・知り合いに拡散」した人数について，図3.29は「ソーシャルメディアで拡散」した人数について示している。例えば図3.28であれば，家族・友人・知り合い1人に拡散した人は全体の2.78％存在することを示している。なお，目盛りが見づらくなるため，0人に拡散しているケースは表示していない。家族・友人・知り合いに1人も拡散していない人は88.72％，ソーシャルメディアで1人にも拡散していない人は92.03％存在していた[37]。

　これらの図からは，誤情報と気付かずに拡散している人の拡散数の多くは数人（ソーシャルメディアであれば数十人，数百人）である一方で，大量に拡散している人が一部いることが分かる。家族・友人・知り合いに拡散している人の最大拡散数は5,008人で，ソーシャルメディアで拡散している人の最大拡散数は2,325,000人であった。フォロワー数の多い人が，複数のフェイクニュースを複数のソーシャルメディアで拡散すると非常に多い拡散数となることがわかる[38]。

　これらの図が示すのは，拡散している人も多くは数人（ソーシャルメディアでは数十人）程度である一方で，一部大量に拡散している人が存在するということである。そこで，大量に拡散している人──スーパースプレッダー──の拡散数を確認することにした。スーパースプレッダーについて，本研究では以下のように定義する。

　　1．家族・友人・知り合いに対して誤情報だと気付かずに100人以上に拡散した
　　2．ソーシャルメディアで誤情報だと気付かずに10,000人以上に拡散した

---

37) これらの分母は3-11と異なり「フェイクニュース接触者」ではなく，「日本全国に在住の人」として推計している。フェイクニュース接触者を多めに取得した5,991人を対象とした本調査結果から推計しているが，3-7の注24で説明しているようなウェイトバックを行っている。以下同様の調整をしている。

38) ただし，家族・友人・知り合いへの拡散は比較的実際に相手に伝えた人数に近いと考えられるが，ソーシャルメディアでの拡散はあくまでフォロワー数の積み上げであり，実際にそれを読んだ人が何人いたかは示していない点には留意する必要がある。例えば，投稿を閲覧した人がフォロワーの10分の1であれば最大拡散数は232,500人となるし，100分の1であれば23,250人となる。

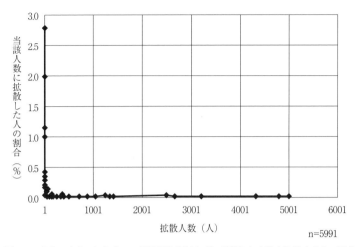

図 3.28　家族・友人・知り合いに誤情報と気付かずに拡散した人数と該当する人の割合

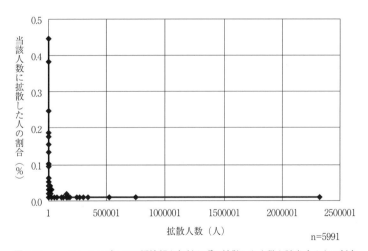

図 3.29　ソーシャルメディアで誤情報と気付かずに拡散した人数と該当する人の割合

　これらのうちいずれかに該当する場合スーパースプレッダーとする。なお，条件1に該当する人は0.65%，条件2に該当する人は0.62%存在していた。また，いずれか1つに該当する人は1.09%存在していた。

　スーパースプレッダーについて，人数と拡散数を比較したものが図 3.30，図 3.31である。図 3.30と図 3.31を見ると，いずれのケースでも人数はごくわ

ずかにもかかわらず，誤情報だと気付かずに拡散した人数では約95%を占めていることが分かる。例えば，家族・友人・知り合いに対してのスーパースプレッダーは0.65%しかいないにもかかわらず，拡散している人数で言うと全体の94.42%を占めている。手段にかかわらず，ごく一部の拡散者がフェイクニュースを非常に広めている実態が浮き彫りになったといえるだろう。

　さらにそのスーパースプレッダーの割合を年代別に見たものが図3.32と図3.33である。これらの図は形状が異なっており，家族・友人・知り合いに対してのスーパースプレッダーについては，20代が最も多く1.70%で，次いで30代（1.25%），40代（0.51%），10代（0.48%）となっていた（図3.32）。その一方で，ソーシャルメディアでは最も多いのが10代（1.62%）で，若い人ほどスーパースプレッダーが多いという傾向を示している（図3.33）。フェイクニュースの拡散と言っても多種多様な方法があり，手段によってメインとなっている人が異なることが分かる。

コラム3-5　スーパースプレッダーはごく一部

　実は，このように一部の人がフェイクニュースを大量に拡散していることは他の調査でも指摘されている。例えば，非営利団体 Center for Countering Digital Hate（CCDH）と反ワクチン業界を監視する団体 Anti-Vax Watch が，2021年2月1日から3月16日までに Facebook と Twitter で投稿された80万件以上の新型コロナウイルスのワクチンに関連したデマ投稿（反ワクチンコンテンツ）を分析した。その結果分かったのは，わずか12名のアカウントが，ワクチンデマの65%を作成・拡散しているということだった。特にFacebookでは，最大73%のコンテンツが，これらの12名から発信されたものということである。この12名がFacebookやTwitterなどに抱えるフォロワー数は合計5,900万人を超えてソーシャルメディア上で多大な影響力を持ち，CCDHのレポートでは，この12人を「Disinformation Dozen」と呼んでいる（Center for Countering Digital Hate, 2021）。

　フェイクニュースに限らなければ，1-2で紹介したように，「#自民党の解党を求めます」というハッシュタグ運動について，4.3%にあたる864アカウントが半数の拡散を担っていたことが分かっている（鳥海, 2020b）。もちろん大多数のアカウントは参加すらしていない[39]ので，Twitterユーザ全体から見れば，本当にごくごく一部の人が拡散の多くを担っていることが分かる。

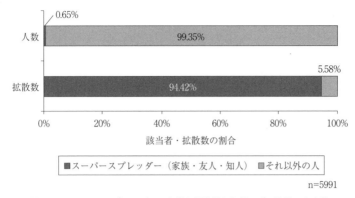

図 3.30　スーパースプレッダーの人数と誤情報と気付かずに拡散した人数
（家族・友人・知り合いに対して）

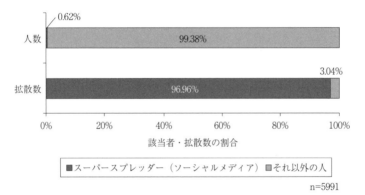

図 3.31　スーパースプレッダーの人数と誤情報と気付かずに拡散した人数
（ソーシャルメディアで）

39）拡散に参加したのは 24,988 アカウントである。ハッシュタグ運動としては大きいが，
　Twitter の日本語アカウント全体からすれば極めてわずかである。

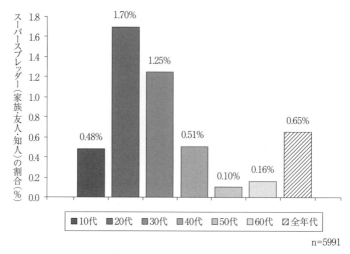

n=5991

図3.32　スーパースプレッダーの割合（家族・友人・知り合いに対して）

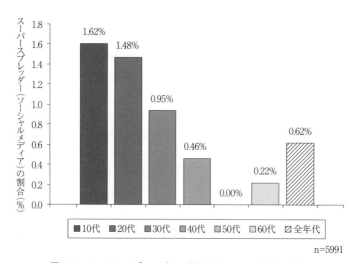

n=5991

図3.33　スーパースプレッダーの割合（ソーシャルメディアで）

3-13 ｜ フェイクニュースからどう身を守ればよいか

　フェイクニュースから，我々はどう身を守ればよいのだろうか。一番重要なのは，「私は騙されない」と考えるのではなく，「誰でも騙される」と考えることだ。3-5 で見たとおり，多くの人がフェイクニュースを誤情報だと見抜けていないばかりか，自分の真偽判定能力を過信している人ほど騙されやすい傾向にある。若い人だけの問題でもない。自分が騙されるかもと用心することがフェイクニュース対策では最も大切だ。

　そのうえで，具体的な対策としては次の3点がある。

　　①情報に接触したらすぐに行動せず，まずは考える。
　　②身近な人からの情報であっても鵜呑みにしない。
　　③真偽が分からないなら拡散しない。

　まず①について，この情報社会においてあまりにも多くの情報を入手することが出来るようになったために，我々は深く考えずにそれを信じたり，拡散したりしがちである。特に，拡散するのも目の前のスマートフォンで1秒足らずで出来てしまうため，つい反射的に拡散してしまう。しかしながら，実際には大量に入手している情報の中にはフェイクニュースが混じっているのである。情報に接触したらまずひと呼吸置き，考える癖をつけることが大切だ。

　具体的にやれることも多くある。その情報に根拠があるか，情報の発信元（情報源）は何か，情報はいつ発信されたか，その情報を発信している人はその分野の専門家か，その情報が発信された意図は何か，どの部分が事実でどの部分が情報を書いた人の意見かなどを確認・考察すればよい。こう書くと難しそうだが，実際には流れてきた情報の内容を少し確認するだけで，これらについてある程度分かる。特に事実を一部含んだうえで，切り貼りや曲解をして誤った内容を広めようとするものも多いため，事実と意見を切り分けて解釈することは大切だ。

　また，他の情報源を確認するのも有効である。検索サービスやソーシャルメディアでその内容について検索するだけで，それを否定するような発信が出てくることも少なくない。画像が引用されている場合には，その画像で画像検索

するといった手段もある。仮に否定するような発信がなくとも，マスメディア
や大手ネットニュースによる続報が全くなければ，その内容は相当に怪しい
（裏取りができないということを暗示している）。他の情報源を確認するのに何も国
会図書館に行く必要はなく，インターネット上の調査だけでも，ほとんどの場
合確認することが可能だ。

　次に，②については，3-4で示した通り，フェイクニュース拡散手段として
最も多かったのが「友人・知人・家族に話した（直接）」であった。この傾向は
インタビュー調査でも明らかになっている。さらに，2-12や3-7では，人はそ
のように交流の深い人間からの情報を信じやすい傾向にあることを述べた。自
分にそういったバイアスがある事を認識したうえで，誰からの情報であっても
ひと呼吸おいて考える癖をつけることが大切だ。

　最後に，③については，実際には①のように様々な情報検証をしても，分か
らないことは少なくない。例えば，「日本政府が2020年4月1日からロックダ
ウン（都市封鎖）を行う」（2-5参照）という情報は，政府内部の情報であり，
我々にはすぐに情報を検証する手段がない。新型コロナウイルスやそのワクチ
ンについても，未知の部分や専門的すぎる部分が多く，すぐに情報を検証する
のは難しいだろう。そういった時に我々にできる最良の手段は，情報を拡散し
ないことである。結局自分でとどめることが，最も効果的なフェイクニュース
蔓延への対抗手段になる。正に各人がマスクをするなどでウイルスの拡散を防
ごうとしているように，情報に対してもそのように気を付けることで，フェイ
クニュースというウイルスの拡散を抑え込むことができるというわけだ。

　また，「〜という情報を聞いたんだけどどう思う？」などの噂話としての拡
散も要注意である。そのように話したつもりが，それが2人，3人と伝わる中
でだんだんと断定になるということはよくあることで，過去の事例や我々のイ
ンタビュー調査でもそのような傾向が見えている。断定でない内容でも拡散し
ないことが重要である。

第4章

ネット炎上・誹謗中傷のメカニズム

　ネット炎上が頻発しており，それによって個人の進学・結婚の取り消しや芸能活動の自粛などの影響が出たり，企業の株価が下落したりするなど，実社会に様々な影響が生まれている。本章では，炎上や誹謗中傷について，歴史，特徴，社会的影響などを豊富な事例と共に整理する。

〈本章のポイント〉

- ネット炎上は2020年に1,415件発生している。
- 炎上は「可視性」「持続性」「拡散性」の3点において，これまでの批判集中とは大きく異なる。
- 炎上の分類としては，「炎上対象（企業・官公庁，著名人，メディア，一般人）」「対象が何をしたか（規範に反した行為，特定の層を不快にさせる，捏造・ステルスマーケティング）」「賛否（批判多数，賛否両論，賛成多数）」の3つの軸で捉えることができる。
- 1,000リツイート以上の規模の大きい炎上で最も多いのは一般人が対象となった炎上であった。さらに，一般人が炎上すると大規模化しやすい。
- 炎上の良い影響として，企業など強者の不正行為に対して消費者という弱者の声が通りやすくなり，さらに抑止力ともなっていることがある。
- 炎上の悪い影響として，炎上対象者の心理的負担増加や，社会生活への影響，企業であれば株価の下落（中規模炎上で平均して0.7%下落）やイメージダウンがある。特に個人を対象とする炎上の特徴としては，誹謗中傷や個人情報の流布といった個人攻撃がメインとなり，議論が起こらないことが挙げられる。さらにマクロ的には，表現の萎縮をもたらしている。

4-1 | 人類総メディア時代のネット炎上

　人々がインターネットを使って自由に発信できるようになると共に，ネット炎上という現象が注目されるようになった。ネット炎上とは，ある人や企業の行為・発言・書き込みに対して，インターネット上で多数の批判や誹謗中傷が行われることを指す。発言内容や行為の場は，必ずしもインターネットに限らず，テレビやラジオなどのメディアでの発言を基に炎上することもある。シエンプレ デジタル・クライシス総合研究所（2021）によると，2020 年の炎上発生件数は 1,415 件であった[1]。1 年は 365 日（2020 年は閏年で 366 日）しかないので，1 日あたり約 4 回，どこかで誰かが燃えているのが現実といえる。

　例えば，ある蕎麦屋のアルバイト店員が，洗浄機に入って悪ふざけをする写真を「洗浄機で洗われてきれいになっちゃった」というコメント付きで Twitter 上に投稿したところ，不潔だとして批判や誹謗中傷が殺到したこともある。本人はネタのつもりでやったのであろうが，誰でも見られる Twitter に投稿してしまったことで炎上してしまったのである。投稿した学生の個人情報は瞬く間に特定され，氏名，住所，大学名全てがネット上に拡散されてしまった。さらに，こういう場合は店側にも批判が殺到する。蕎麦屋にクレームの電話が殺到し，常連からも批判されてしまったようだ。「不衛生だ，金を返せ」などのクレームが止まらない状況を受け，保健所の調査も入り，最終的に蕎麦屋はなんと閉店するに至った。最終的に，店側がアルバイト店員に対して民事訴訟を起こす事態に発展した（和解金を支払うことで和解が成立）。

　芸能人・タレントも頻繁に炎上に遭う。女子プロレスラーの木村花さんが，人気番組を発端としたインターネット上の誹謗中傷・非難に耐えられず，亡くなってしまったというニュースが記憶に新しい人もいるだろう。経緯について簡単に説明すると，木村さんはフジテレビなどが制作を手掛けて Netflix を中心に放送されていた「テラスハウス」に出演していた。「テラスハウス」はリアリティーショーという体裁をとっており，「台本がない」という設定の下，

1）「炎上」というキーワードを含む Twitter 上の投稿を抽出し，目視にて分類（特定の団体や個人に依存しない事象は除外）してカウントした。具体的には，①シエンプレのクローリングシステムでデータを抽出②重複を削除（リツイートなど）③無関係のデータ（火災情報など）を削除④目視で精査⑤同一企業の重複を削除，という 5 つの手順で行った。

ひとつ屋根の下で複数の男女が暮らしている様子を記録・放映する番組であった。

　そしてインターネット上で攻撃される主な要因となったのは，番組内で木村さんが出演者のコメディアンを目指している男性に対して激怒した一幕である。元々木村さんとその男性は良い雰囲気であったのだが，京都への旅行を機に，自分の世界にこもりがちでマイペースな男性と木村氏はすれ違っていった。そして事件は起こる。木村さんが洗濯機の中に非常に大切にしていたリング衣装を入れたままにしているのに男性が気付かず，そのまま洗濯・乾燥をしてしまったのである。そのことに激怒し，なおかつ怒られてもただ黙っている男性に対してフラストレーションを募らせた木村さんは，「人生を舐めている」といい，男性につかみかかって男性の被っていた帽子を取って投げ捨ててしまう。

　その放送後，「全日本人はあなたの敵です」「早く消えろ」「ブス」などの心ない言葉が木村さんのTwitterアカウントにリプライで送られた。放送直後にはなんと1日に数百件つくこともあり，中には1人で100件以上のメッセージを送る人もいたようだ。その果てに，前述したような悲劇が起こってしまった。

4-2 ｜ ネット炎上がこれまでの批判集中と異なる点

　このように，何かをきっかけに企業や人に対して批判や中傷が噴出することというのは，インターネット普及前からあった。例えば政治家のスキャンダルが発覚すれば，それに対して多くの人が批判の声を上げて辞任に追い込まれるということもあった。しかし，ネット炎上はインターネット上で起こる現象だからこそ，「可視性」「持続性」「拡散性」という3つの特徴を持っている。

　「可視性」とは，発信した情報が誰にでも見られる性質をいう。インターネット普及前は，マスメディアをとおして何かネガティブな情報に出会ったとしても，それをテレビや新聞の前で吐き出すか，せいぜい周りの人に言うことくらいしかなかった。非常に強い思いを持ったとしても，電話や手紙で抗議する程度で，それが他の人にまで伝わることは無い。しかしながら，ソーシャルメディアを通して人々が批判や中傷を書き込むことにより，それは誰にでも見られる情報となる。このことは，その批判集中を知る人を増やす効果を持つだけでなく，それを見て追随して批判・中傷に参加する人や，自分と同じ考えの人が多くいると思ってより強固に批判・中傷を行う人を生み出す。

「持続性」とは，インターネット上に書き込まれた内容がいつまでも残り続ける性質を指す。前述したような誰にでも見られる情報が，いつまでも誰でも見られる状態で残り続けるわけである。これは非同期コミュニケーション[2]を可能とするインターネットの重要な特徴であるが，炎上したものを何十年も残し続けることにつながる。

「拡散性」とは，ソーシャルメディア上で情報が容易に拡散される性質を指す。ソーシャルメディアは人々がよりコミュニケーションを円滑に・楽しくできるように，容易に情報を拡散できるように設計されていることが多い。例えば Twitter では，リツイート機能を使うことで，自分のフォロワーに一瞬で情報を拡散することができる。この性質は，批判・中傷されているものを，瞬く間に広めることにつながる。

以上，インターネットが持つ3つの性質から，ネット炎上はこれまでに比べてより大きな規模になりやすくなったのである。

4-3 │ ネット炎上の歴史（1999年〜2010年）

最初のネット炎上を何とするかは諸説があるが，1999年に起こった東芝クレーマー事件は有力候補だろう。1999年は2ちゃんねる（現5ちゃんねる）が誕生した年でもあり，誕生して間もなかった2ちゃんねるが本事件に関する特設掲示板を開設していた。本事件は，消費者が企業にクレームを出し，そのやり取りがウェブサイトにアップロードされることで，企業に批判が集まって炎上した事件である。最終的には，会社による謝罪会見や不買運動などにつながり，ネット炎上が社会に大きな影響を与えるに至った。

1998年12月に東芝のビデオデッキを購入した消費者が，その性能に不満を感じ，購入直後に修理を依頼した。しかし，無許可で改造されたうえ，交渉相手が次々に変わりたらいまわしにされた挙句，説明が部署によって異なっていたことに不満を募らせた。さらに，やり取りをしていく中で，渉外管理室に電話を回され，対応した担当者から暴言を浴びせられることとなり，これが炎上の発端となる。

---

2) 人々が異なる時間でコミュニケーションをすること。例えば電話は同じ時間でのコミュニケーション（同期コミュニケーション）しかできないが，E-Mail やチャットは別の時間でのコミュニケーション（非同期コミュニケーション）を可能とする。

　当該消費者はやり取りを録音しており，自身のウェブサイトにて，「東芝のアフターサービスについて（修理を依頼し，東芝本社社員から暴言を浴びるまで）」と題し，録音していた電話音声を公開したのである。その音声は，東芝の渉外管理室が検品を要求する消費者をクレーマーと決めつけ，「お宅さんみたいのはね，お客さんじゃないんですよ，もう。クレーマーっちゅうのお宅さんはね。クレーマーっちゅうの」などと一方的に怒鳴りつけるものであった。

　このやりとりが多くの批判を呼び，そのウェブサイトには 150 万を超えるアクセスが集まった（前屋, 2000）。これに対して当初東芝は静観していたが，大きな話題になっていく中で，ウェブページの一部差し止めを求める仮処分を申請した。しかし，東芝が自社のウェブサイトでそれを公表すると，音声をアップロードした消費者は言論の自由に反すると，さらに東芝を批判した。加えて，企業による個人の攻撃や言論への圧力とマスコミも報道を始め，アクセスは急増，個人のウェブサイトとしては極めて珍しい 550 万アクセスを超えることとなった。

　これにより東芝を批判する投稿や不買運動が発生し，社会的影響を重く見た東芝は，副社長が対応や差し止め請求を謝罪するに至った。結局東芝側が会社のウェブサイトにクレーム対応に関する文書を発表し，担当者の発言は不適切と認め，仮処分の申請は取り下げることを明示した。

　ここまで聞くと東芝が全面的に悪いようであるが，東芝からの言い分もある。東芝広報室は当時，当該消費者について「いきなりビデオデッキを社長あてに送るなど，普通の顧客の取る行動からは逸脱していた」と述べ，その問題点を指摘している。ただし，「あの応対の言葉遣いは確かに不適切だった。できるだけ早くお会いして解決したいが，会えなくて困っている状態だ。行き違いを説明し，謝るべき点は謝りたい」とも取材に答えていた（朝日新聞, 1999）。

　いずれにせよ，この事件によって，インターネットには個人の主張を広く発信する力があることが明らかになり，様々な業種の企業で，顧客対応を改めるきっかけになったのである。また，会見では，当時の東芝副社長が「謝罪が遅れたことが最大のミス，スピーディーに対処することがインターネット時代には必須」と述べた。東芝側が「本人と会って話すのが先決」と考え，インターネット上で話題が拡がっていくのを静観していたことを反省しての発言だろう。

　以降，類似の事例はたびたび起こるが，2004 年にアメーバブログ，mixi，GREE といった無料ブログや無料ソーシャルメディアが誕生して以降頻度が増

すようになり（田代・折田, 2012），2005 年頃から「ネット炎上」という言葉で一般に使われるようになったといわれる（小林, 2015）。

2005 年に起きた「きんもーっ☆事件」は，一個人が対象となった炎上だ。2005 年夏に開かれていたコミックマーケット[3]に出店していたホットドッグチェーン店の女子大生アルバイトスタッフはあるブログを投稿した。その内容が，コミックマーケットに参加する人たちを写真に撮り，「きんもーっ☆」「恐い！きもい！」と侮蔑的な内容のものだったのである。これを閲覧したユーザが，掲示板にこのブログを批判する内容を投稿し，それに同調するユーザたちも批判をはじめ，ホットドッグ店の運営企業にも問い合わせが行われるようになった。また，ブログ投稿者については，本名や大学，友人関係などの個人情報が掲示板に投稿され，インターネット上で拡散されることになった。

企業ではなく個人が攻撃対象になり，ブログ上での何気ない発言が大きな問題になりかねないという認識につながる事件となった。また，本事件では，掲示板での炎上の翌日にホットドッグ店がコメントを出し，1 週間以内に公式サイトでの謝罪が行われている。1 か月以上かけて対応を行った東芝事件と比べてスピード感があることも特徴といえる（吉野, 2021）。

その後，炎上をテーマにして，荻上（2007）の『ウェブ炎上──ネット群集の暴走と可能性』（筑摩書房），伊地知（2007）の『ブログ炎上 〜Web2.0 時代のリスクとチャンス』（アスキー），伊地知（2009）の『ネット炎上であなたの会社が潰れる！──ウェブ上の攻撃から身を守る危機管理バイブル』（WAVE 出版），中川（2010）の『ウェブを炎上させるイタい人たち──面妖なネット原理主義者の「いなし方」』（宝島社）など，多くの本が出版されるようになり，炎上というものの存在が広まっていく。

この頃には，「スマイリーキクチ中傷被害事件」が起こり，インターネット上の投稿を理由に多くの人が書類送検されたことが話題になった。本炎上は，お笑いタレントであるスマイリーキクチ氏が女子高生コンクリート詰め殺人事件[4]の犯人であると誤解した人から，10 年以上誹謗中傷を受け続けた事例である。女子高生コンクリート詰め殺人事件の加害者は少年であったため匿名報道がなされたが，その結果，犯行現場である足立区，犯人グループと同世代，十代の時に不良であったという要素を備えていて，かつ，芸能人でメディアの露

3）コミックマーケット準備会が主催する，世界最大の同人誌即売会のこと。

出が多かったスマイリーキクチ氏が，当事件の犯人であるという話がソーシャルメディアに投稿されるようになった。

　当然そのような事実はなかったのだが，スマイリーキクチ氏が事件のことをお笑いにしたという事実無根の投稿もあり，2 ちゃんねる（現 5 ちゃんねる）や所属事務所の電子掲示板といった場所に，「生きる資格がねぇ」「鬼畜さん，火の無い所に煙は立たないよ」などの中傷が頻繁に投稿されるようになった。

　スマイリーキクチ氏は所属事務所のウェブサイトで公式に否定したが，中傷は収まらない。テレビ局やスポンサー企業に「殺人犯をテレビに出すな」といった抗議が増え，仕事にも大きな影響が出るようになっていった。警察に訴えたものの，最初は「事件になっていないので削除依頼をしてください」と言われるだけであった。再度警察に訴えた際は，中傷コメントの発信場所が特定されたが，当時はネット関係の法整備や捜査手法が進んでおらず，立件と捜査は断念された。

　その後も長く解決が見られなかったが，2008 年 8 月に中野署の刑事課に相談したところ，担当者がネットに詳しかったために事態が動いた。最終的に，特に悪質性の高い書き込みを厳選し，該当する者を一斉摘発することとなり，19人が検挙される事態となったのである。

　検挙された人達に共通していたのが，デマを信じて正義感から書き込みをしていたと供述したことであった。そのうえで，「ネットにだまされた」「本にだまされた」と責任をなすりつけた。しかしより掘り下げていくと，「仕事，人間関係など私生活で辛いことがありムシャクシャしていた」「離婚して辛かった。キクチはただ中傷されただけで，自分のほうが辛い」といったように，被害者意識を出すといった行動をとった。そして，スマイリーキクチ氏に直接謝罪する者は現れなかった（スマイリーキクチ, 2014; 朝日新聞デジタル, 2017b）。

　本事例はインターネット上では，何もやっていなくても炎上対象になることを示しただけでなく，匿名の投稿であったとしても書類送検されることがある

4）1989 年に発覚した事件。バイト帰りの女子高生を強姦した揚げ句，犯人グループの 1 人の家に監禁して，輪姦や暴行を 41 日間にわたり行った事件。最終的に女子高生は暴行で死亡し，ドラム缶に入れてコンクリート詰めにされ死体遺棄された。犯罪が極めて悪質であるうえに加害者が全員少年であったことが社会的注目を浴びた。また，加害者が全員少年であったために，本名などのプロフィールが隠されたので，本件のような誤解による炎上が起こったといえる。

ことが広く知れ渡るきっかけとなった。

4-4 │ ネット炎上の歴史（2011年〜2014年）

その後，炎上は増加の一途をたどる。デジタルリスクマネジメント企業のエルテスが発表していたデータでは，炎上件数が2010年に102件だったのに対し，2011年に341件と急増していたことが分かっている（総務省, 2019）[5]。その背景には，Twitterの国内利用者数の増加や，スマートフォンの普及がある。Twitterの国内利用者数は2010年に急増し，さらに，2011年の東日本大震災でかなり有益に利用されたことから日本で多くの人が利用するようになる。なお，Twitterはこの時期世界的に利用者数をのばしており，世界の月間アクティブユーザ数は2010年に5,400万人，2011年に1.17億人，2012年に1.67億人と増加していった。日本におけるスマートフォン普及率も同様に，2010年に9.7%，2011年に29.3%，2012年に49.5%（総務省, 2017）と大きく増加する。

SNSやスマートフォンの普及は，それまで電子掲示板がメインだった炎上の在り方を根本的に変えた。2ちゃんねるなどの電子掲示板の利用者は多かったものの，パソコンに詳しくない人までやる一般的なサービスとまではいえないサービスであった。しかしながら，ソーシャルメディアをスマートフォンでやるのが一般的になると，パソコンに詳しくない人でも気軽に利用するサービスとして定着していった。また，それまで日本で流行ったSNS（mixiやGREE）に比べ，Twitterは格段に拡散性と手軽さが勝っていた。これは非常に便利であると同時に，炎上の一般化ももたらしたのである。

シエンプレ デジタル・クライシス総合研究所（2020）が2019年1月〜2019年10月の炎上事例から50件を無作為に抽出して分析したところ，炎上の72%においてTwitterが発生源となっていた。なおかつ，2016年12月〜2019年11月において「炎上」を含むワードがどれほど拡散・投稿されたかを分析したところ，94.5%をTwitterが占めていた[6]。情報伝達力に優れているTwitterが炎上の拡散においても重要な役割を担っているのが分かる。ただし，後述する

---

5) エルテスの定めている炎上の定義は，「エルテス社が指定するまとめサイトに掲載され，かつ，Twitterのリツイートが50回以上されているもの」である。

6) 分析対象となっているのはTwitter, Instagram, Facebook, Yahoo! ニュース，アメブロ，Fc2ブログ，Yahoo! 知恵袋，ログ速など。

ようにこれは Twitter だけで拡散させているというわけでなく，Twitter で話
題のものをネットメディアやマスメディアが取り上げ，それがまた Twitter で
引用されて広まるといった，共振現象が起こっている（藤代，2016）。

　この頃には「少年及び弁護士誹謗中傷事件」が起こる。本事件は，ある学生
が 2 ちゃんねるで長期にわたってハンドルネームを使い，他人を強く批判し，
嫌がらせを行っていたことに端を発する事件である。ハンドルネームを使い始
めたのは 2009 年であり，当時高校生であった。そして大学生となった当該学
生は，2012 年に 2 ちゃんねる上で自分の大学の合格証をアップロードした。
しかし，日頃から挑発的な態度を取っていたこともあり，掲示板ではこの少年
の個人情報を特定しようと盛り上がってしまった。mixi や Twitter，他掲示板
での活動などから，彼にまつわる情報が 2 ちゃんねるの中に書き込まれていっ
た。

　しかしこの炎上はより巨大な炎上をもたらすこととなる。この学生が炎上し
た際に，IT に強い弁護士として活動していたある弁護士が依頼を受けること
になった。当該弁護士は，当時の 2 ちゃんねるのルールに従い，投稿の削除請
求や発信者の情報開示請求に関して，担当弁護士の名前が記載された裁判所の
仮処分命令を掲示板にアップした。

　当時匿名掲示板における炎上・中傷において弁護士を雇って反撃するという
ことは稀であったため，当該学生に対する誹謗中傷は一時的に減ることになる。
しかしながら，開示された者がすべて訴訟に至るわけではないことが広まり，
2 ちゃんねる上では当該弁護士の対応をスレッドで予想したり，誹謗中傷をす
ることで反応を楽しんだりするようになり，殺害予告などの犯罪行為にまで至
るものも出ることとなった。

　その結果，「何時にナイフでめった刺しにする」など，計 100 万回以上の殺
害予告を受けるだけでなく，当該弁護士の名前を名乗った犯罪予告が出された
り，弁護士事務所への出入りが盗撮されたりするなど，現実における被害にま
で発展した（朝日新聞デジタル，2020a）。また，インターネット上でも「無能弁護
士」「詐欺師」などとしてやじる記事や，動画や音楽として笑うようなコンテ
ンツを作られ，彼のイメージにも大きな影響を与えた。動画配信サービスのニ
コニコ動画では，当該弁護士の名前のタグのついた動画が一般ユーザによって
2,460 件投稿されており，イメージダウンにつながるコラージュ動画などが多
く存在する。インターネットミーム[7]化したといえるが，大量の殺害予告を含

むもので，非常に悪質といえよう。現実でも，インターネット上でも，多大な
被害を受けたのである。脅迫容疑などで十数人が逮捕または書類送検されたが，
当該弁護士への誹謗中傷は，2021年現在でも散見される。

　また，2013年頃にはバカッター・バイトテロといわれる，バイト店員や客
が社会的に望ましくない行為をしている写真をアップロードして批判されると
いう炎上が頻発した。前述した蕎麦屋の事件も2013年に起こったものである。
他にも，コンビニやスーパーのアイスケースに入った写真をアップロードして
炎上するといった事件も複数発生しており，商品に関する返金，店舗のアイス
クリーム類の全撤去，ケースの清掃，消毒といった金銭的被害が発生している。
従業員が大型冷蔵庫に体を突っ込んだ写真をアップロードして炎上したブロン
コビリーは，大量の電話・メールによる苦情を受け，翌日には休業し，結局当
該店舗の契約は解除されて炎上から1週間で閉店することとなった。1枚の写
真から店が一瞬で潰れ，他のバイトも職を失うことになったのである。さらに，
店側はその後損害賠償請求訴訟を起こしている。

4-5 ネット炎上の歴史（2015年〜現在）

　2015年頃からは炎上の大規模化が進み，社会の重要な意思決定に大きな影
響を及ぼす例がたびたび出るようになる。

　2015年に発生した「五輪エンブレム騒動」はその典型だろう。これは，イ
ンターネット上で，デザイナーの佐野研二郎氏が手掛けた五輪エンブレムのデ
ザインについて，「ダサい」などの批判が出ていたところ，ベルギーの劇場及
びデザイナーから盗作について提訴され，批判が拡大していった一連の騒動を
指す。

　提訴後，五輪組織委員会は「発表前にベルギーを含めて世界中の商標確認を
しており，問題ない」とコメントしたものの，インターネット上では過去の作
品が「パクリ疑惑一覧」として提示されることとなる。一覧に示された多くの
作品はただ似ているだけと思われるものだったが，一部明らかにコピーしただ
けのものもあり，マスメディアでの報道も過熱していった。専門家の間では，

---

7) インターネット上で模倣されて広まっていくテキスト・画像・動画・コラージュなどのこ
　と。

少なくとも当該五輪エンブレムについては著作権侵害に当たらないとの意見が多かったものの，擁護する人間も攻撃対象となり，沈黙せざるを得ず言論発信を停止することとなる。最終的に個人情報の拡散と家族への誹謗中傷にまで至り，佐野氏は「人間として耐えられない」としてデザインを撤回することとなった。

　また，第 1 章で紹介した「保育園落ちた日本死ね !!!」というブログに端を発する炎上も，インターネット署名や国会議事堂前デモに発展し，3 月 9 日には当時の厚生労働相が母親たちと面会して緊急対策をまとめることとなった。これも炎上が大きく社会を動かした事例といえるだろう。

　もう 1 つこの時期の特徴的なこととして，2020 年から世界中に大きな影響を与えている新型コロナウイルスが，このネット炎上と密接に関わっていることが挙げられる。シエンプレ デジタル・クライシス総合研究所（2021）によると，2020 年の炎上件数は 2019 年に比べて 200 件ほど増えており，特に緊急事態宣言が最初に出された 4 月，5 月における炎上件数が多くなった（4 月は前年同月比で 3.4 倍）。

　このように炎上が増えた理由は 3 つある。第一に，自粛生活が長期化する中で，ソーシャルメディア利用時間が増加したことが挙げられる。例えば，世界のデータとなるが，Twitter は 2020 年の第 1 四半期決算で，ロックダウンの影響からアクティブユーザ数が前年比 24% 増加したことを発表した。また，Facebook は，ウイルスの影響を受けた多くの国でメッセージ数が 50% 増加したことを発表している。ソーシャルメディア利用時間が増えると，自分が不快に感じる情報と接する機会が増えるうえ，批判や中傷を書き込む頻度も高まる。つまり，情報の受信と発信の双方の面から，ネット炎上が起きやすくなるといえる。

　第二に，巨大災害などで社会全体が不安になると，不謹慎狩りなど，少しのことでネット炎上が起きやすくなることが挙げられる。不謹慎狩りとは，インターネット上で不謹慎だと捉えられる物事について批判したり中傷したりすることである。典型的な例として，熊本地震が起こった際に，モデルの菜々緒氏がファッション誌用の写真を自身の Instagram 上で複数投稿したところ，「ズレてる」「自分の写真より義援金の振込先や必要物資の送り先を」などの批判を受けた。また，タレントでモデルの紗栄子氏は，500 万円の寄付をしたとネット上で公表したところ，「いちいち SNS に上げる必要があるのか」「こんな

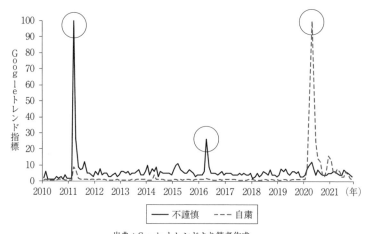

出典：Google トレンドより筆者作成。
図 4.1　Google トレンドにおける「不謹慎・自粛」の検索回数推移

ときに，わざわざ募金しましたって画像アップする神経がマジですごい。」「好感度上げたいのか」などと批判された。

　この不謹慎というワードがインターネット上で多く見られるようになったのは東日本大震災の時である。当時は「大変な時期なのだから」ということで，様々な現象が不謹慎と批判された。例えば，テレビ広告を流す企業も批判されることとなり，多くの企業が広告の出稿を取りやめ，AC ジャパンの公共広告 CM が多く放映されることとなった。これについて，亀井（2011）は，「災害時に被害を受け，日常生活の営みに支障を感じている消費者に対して，商品の販売促進を目的とする営利的な広告の展開は『不謹慎』の誹りを免れないことによる消費者の反発や不平を回避するためだけでなく，広告一般に対する人々の不信感や嫌悪感の発生を最低限にとどめたいとする，広告主企業を初めとする広告関係者の判断によるもの」と指摘している。

　図 4.1 は，インターネット上で「不謹慎」と「自粛」という言葉がどれだけ検索されているか，Google トレンドを使って調査したものである。それぞれの単語の検索回数が最も多かった時を 100 とした指標となっている。

　図 4.1 を見ると，まず，東日本大震災時（2011 年 3 月）に不謹慎という単語が急増していることが分かる。そして，その後短期間で落ち着くものの，東日本大震災前と比べて多い数値で横ばいになり，東日本大震災をきっかけにインタ

ーネット上で不謹慎という言葉が定着したことが分かる。なお，この時自粛という言葉も増えている。その後熊本地震時（2016 年 4 月）に再び増加するが，東日本大震災ほどではなかった。そして 2020 年から始まった新型コロナウイルスの危機に際しても，不謹慎という言葉は微増している。しかしながら，東日本大震災や熊本地震ほどの数ではない。

　代わりに自粛という単語を見ると，これまでとは全く異なる数で検索されるようになっていることが分かる。実は，各ワードの最大値を 100 としてグラフを示しているが，絶対値で見ると自粛のピーク時の検索回数は，不謹慎のおよそ 11 倍となっており，いかにコロナ禍において自粛という言葉が話題になっているかが良く分かる。

　「自粛警察」という言葉を聞いたことのある人も多いだろう。自粛警察とは，緊急事態宣言の下で外出や営業の自粛要請に応じない個人や企業に対し，通報する・中傷ビラを貼る・電話をする・ネットで攻撃するなどで，私的に取り締まりを行う人たちのことを指す。商店街の組合に対し，「商店街すべてをなんで閉めさせないんだ，すぐに閉めさせろ。何考えてんだバカヤロー」と電話をかける事例，営業自粛しているにも関わらず「コドモアツメルナ オミセシメロ マスクノムダ」と赤字で書かれた紙を貼られた駄菓子屋，営業再開が報じられた動物園に対して「『営業を再開したらどうなるか知らないぞ』『殺すぞ』」と電話する事例──自粛警察による多くの過剰な「取り締まり」が報告されている。

　もちろんこのような行動はインターネット上でも見られる。感染者やクラスターの発生した店舗に対して誹謗中傷が書かれるのは日常茶飯事であるし，営業再開の報に対して批判や誹謗中傷が付くこともある。例えば，広島市の社会福祉施設では，クラスターが発生してしまったため，施設自ら感染したことを公表した。広島市としては，接触者の特定や囲い込みをスムーズに行うことにつながったと感謝していたが，感染した職員の個人情報を聞き出そうとする人が現れたり，施設が誹謗中傷や差別を受けたりすることとなってしまった。さらに，ことはそれだけで終わらず，ソーシャルメディア上では，施設の利用者が訪れるような関係先の飲食店などで新型コロナウイルスにかかった患者が出たという誤情報が出るに至った。

　以上のような背景から，大きな被害を生み，社会全体が不安になっているような状況では，炎上が起こりやすくなるといえる。

　第三に，感染症ならではの，「監視と同調圧力によってこの危機を乗り越える」という心理が挙げられる。感染症は一人ひとりの行動が社会全体の被害状況に大きく影響を与えるものである。誰もがいつものように移動し，マスクをしないでいたら感染は拡大する一方であろう。そのため，政府による自粛要請に従わない人は悪い人であり，監視して懲らしめなければならないという考えが生まれやすい。田野（2020）は以下のように述べている。

　　外出や営業の「自粛」を呼びかける政府の曖昧な要請は，それに従わない
　　人を懲らしめてやれという他罰感情にお墨付きを与えてしまった。その結
　　果，政府の要請を大義名分にして他人に正義の鉄槌を下す行動の魅力が呼
　　び起こされ，「自粛警察」のような動きへとつながっていったのではない
　　か。

4-6 ｜ 炎上の分類

　炎上の特徴を捉え，対策するうえで，炎上の分類をすることは重要である。炎上の分類方法としては，これまで「批判集中型」「議論加熱型」「荒らし」（伊地知, 2007）など，炎上の書き込みによる分類が多くなされてきた（中川, 2010）。しかしながら，書き込み内容だけでの分類では，対策を考えるという観点からは十分ではない。なぜならば，どういった人・企業がどのような発言・行為で炎上したのかを整理しなければ，パターンごとの対策を練れないからである。

　そこで，炎上の分類として，ここでは「炎上対象」「対象が何をしたか」「賛否」という3つの軸で考える（表4.1）。

　この中で「対象が何をしたか」に簡単に解説を加える。まず，規範に反した行為というのは，食材偽装や著作権侵害，器物破損などの法律に反する行為，法律に反さなくても社会通念上規範に反していると思われる行為などを指す。ポイントは，法律に違反していなくても規範に反していると捉えられれば炎上する点である。また，ソーシャルメディアなどでユーザ間に流れる暗黙の規範に反した場合も炎上する。炎上対象として挙げた企業・官公庁，著名人，メディア，一般人，全てで起こり得る炎上である。

　特定の層を不快にさせるというのは，人種差別や性差別などの差別[8]や，ス

表4.1 炎上の分類

大分類	小分類	概　要
炎上対象	企業・官公庁 著名人 メディア 一般人	インターネットへの投稿から，広告，メディアでの発言，コンテンツ内容など，炎上原因は多岐にわたる。後述するように，一般人は大規模化しやすい傾向がある。
対象が何をしたか	規範に反した行為 特定の層を不快にさせる 捏造，ステルスマーケティング	いずれの場合も，「規範に反していると思われる」「特定の層が不快と感じた」など，社会全体としてどうかに依存せず，一部の主観的な反応でも炎上する。
賛否	批判多数 賛否両論 賛成多数	炎上になると批判的な意見が出やすくなるが（賛同した一般ユーザも攻撃される可能性があるため），支持する意見も少なからず出る場合がある。

　ポーツやアイドルなどのファンを不快にさせるものを指す。近年特に多いのがジェンダー関連の炎上であり，女性の性的な描写の含まれたコンテンツ表現や，ステレオタイプな価値観に基づく広告などでよく炎上が起こっている。不快かどうかというのは特に主観が入りやすいものであり，賛否が分かれることの多い分野といえる。

　捏造，ステルスマーケティングというのは，事実と異なる捏造された報道や，虚偽のクチコミによるステルスマーケティングを指し，露呈した場合に炎上する。ステルスマーケティングとは，宣伝であることを消費者に隠して行う宣伝のことである。クチコミサイトの匿名性を利用して，販売店側が消費者になりすまして自社製品の宣伝や競合他社の製品を批判したりする行為（吉田・坂間，2013）や，企業に依頼を受けた業者や有名人などが，企業との関係を明らかにせずに，一消費者を装いその企業の製品やサービスについての好意的なクチコミを投稿する行為などを指す。ステルスマーケティングは，クチコミは中立だと考えている消費者の情報選択を誤らせてしまう（詳しくは6-1参照）。主に一般人を除く企業・官公庁，著名人，メディアで起こる。

　また，大分類で記載している「賛否」については，通常炎上が発生すると，

8）差別は規範にも反しているが，それが表出する際には特定の層を不快にさせることにつながるため，ここではこちらに分類する。

ネガティブなコメントが溢れるようになる。その要因としては，多くの場合批判される要素があるからというのと，いざ炎上するとユーザが賛意を投稿しづらい（投稿した場合自分も攻撃される可能性があるため）事が挙げられる。しかしながら，現実には支持する意見が少なからず出て，賛否両論となることも多い。

　例えば「ナイキCM炎上事件」では，3人のサッカー少女がスポーツを通じて，差別や自分のアイデンティティについての悩みから解放される様子が2分間の動画で表現されたナイキの動画が炎上した。本動画を称賛する意見は多かったが，同時に，「日本人の多くが差別をしているかのような印象操作」「不愉快」「周りで差別はない」などの批判が大量に噴出して炎上した。賛否が二分したのである。実は，ナイキは以前から人種差別をテーマとした広告を打ち出しており，米国では，人種差別抗議をしてNFL（ナショナル・フットボール・リーグ）から事実上追放されたキャパニック選手を起用したことがある。これも米国で保守層を中心に大炎上し，当時のトランプ元大統領までもが批判する事態となった。しかしこの時も，支持する意見も多く，むしろオンラインで驚異的な売り上げを記録したということがいわれている（篠原, 2020）。いずれに関しても，ナイキは批判を受けても広告を取り下げなかった。

　以上を踏まえ，次節からは，「対象が何をしたか」の軸に沿って分類して，炎上事例を見ていきたいと思う。

4-7 ｜ 企業・官公庁炎上の事例

●規範に反した行為：PCデポ不要契約事件

　家電量販店PCデポが80歳を超える認知症患者に対して高額の契約を結び，解約の際に家族に20万円の請求をしたことが批判され，炎上した。

　2015年に離れて暮らす父親のデバイス契約を見直していたK氏は，月額5,133円の高額な契約が結ばれていることに気付く。当時，父親が所有していた端末は2台であったが，10台もの端末までサポートを行うという過剰な契約がPCデポと結ばれていたのである。K氏は契約先のPCデポを訪れ解約を主張した結果，無償での契約解除に至った。その際にK氏は，「父が認知症であるため，自分に無断で契約をしないこと」を求め，同意を得ることができたと主張している。この時点では大きな事件になることはなかった。

　しかし，3か月後にK氏の父親が一人でPCデポに向かった際に，PCの修理

に付随して月額 14,245 円の契約が結ばれてしまう。店側の主張では，K 氏の父親が「息子には内緒にしてほしい」と主張したことや，K 氏に無断で契約を結ばないと同意した記録が残っていないということであった。この高額な契約から 8 か月から経過後に K 氏がこれに気付き解約を求めたところ，20 万円の解約料が請求された。設置の技術費用や 3 年分の雑誌購読料を PC デポが先に負担していく契約であったため，高額な解約料となっていた。

　最終的に話し合いで解約料は 108,000 円に減額されたが，納得には至らずこの高齢者の息子が Twitter で事の経緯を投稿し，炎上につながった。K 氏が後日に契約書を求めて訪問した際に，取締役に笑いながら対応されたことも，K 氏の心証を悪化させ投稿に至った一因だったとされる（ヨッピー，2016）。

　これは法律違反ではないといえるが，オプションを過剰に付与して大量の解約料を請求する点，意思決定能力の低い高齢者や機械に弱い人をターゲットにしている点が，「規範に反した行為」とみられ，社会的な批判を浴びることになった。これらの炎上事件の後には PC デポの株価は 3 日で 30%近く暴落した。なお，その後は「使用状況にそぐわないサービス契約の加入者に関して，コースの変更および契約の解除を無償で行なう」などの，契約に関する適正化推進に向けた対応を発表した。

● 規範に反した行為：環境省うなぎツイート炎上

　2019 年 7 月，環境省の公式アカウントが「土用のウナギはご予約を」とツイートしたところバッシングを受け，ツイートを削除し謝罪することとなった。

　土用の丑の日の 1 週間前に環境省は，土用のウナギを食べる際には食品ロスを避けるために事前の予約を行おうと，ツイートした。食品ロスの啓発目的であったが，「絶滅危惧種であるニホンウナギを食べることを推奨するのか」と，批判が集中した。数時間後に環境省はツイートを削除したが，説明がなかったため対応にも批判が殺到した。さらに，この話はこれで終わらず，削除したツイートの画像が他者の著作物からの無断利用であったため，著作権の上でも批判をされることとなった（朝日新聞，2019）。

　本来の目的は食品ロスの削減であったが，削除の対応などでユーザの批判を浴びることとなり，さらに著作権上の問題なども露呈することとなった。投稿前には著作権の配慮をし，問題になった際には，削除を行う必要があるのか，削除後の対応はどうするかを事前に明確にしておくべきだっただろう。

● 規範に反した行為：ドコモ代理店メモ事件

2020年1月に，ドコモの携帯代理店で顧客に渡された資料の中に，従業員の営業メモが紛れ込み，客を侮辱する内容やあくどいビジネスの方針が伝わることとなった。さらに，このメモがTwitter上で拡散されることでブランドのイメージを損ねることとなった。

当該メモには，「親代表の一括請求の子番号です。つまりクソ野郎」「いちおしパックをつけてあげてください」「親が支払いしてるから，お金に無頓着だと思うから話す価値はあるかと」などと書かれており，内容がひどいとソーシャルメディア上に画像と共に投稿され，約2万件リツイートされた（図4.2）。ニュー

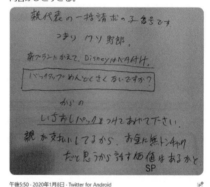

知人が携帯の機種変しに行ったら、書類に店長からのセールス指示書がまぎれていたと。内容がひどすぎる。

午後5:50・2020年1月8日・Twitter for Android

1.9万 件のリツイート　**1,365** 件の引用ツイート　**3.1万** 件のいいね

出典：Twitter。

図4.2　実際の投稿　メモの内容が画像付きで分かる

スでも取り上げられ，多くの人の知るところとなった。店舗側はその場でメモが紛れ込んだことに気付くことはなく，ソーシャルメディア上で問題になった後で行動したという点も，被害者が投稿に至るまでに行っていた対応が不十分であったといえる。

ソーシャルメディアの無い時代であれば，代理店に直接電話で抗議されるまでで済んでいたかもしれないが，証拠の画像付きでのソーシャルメディア上での拡散と，ニュースによる報道で，携帯キャリアのブランドイメージに傷がつくことになった。ドコモ及び代理店はウェブサイト上で謝罪文を載せることとなった（IT Media, 2020）。

● 特定の層を不快にさせる：アツギタイツキャンペーン事件

2020年の11月2日のタイツの日に合わせて，アツギがタイツを履いた女性のイラストを公開するキャンペーンをTwitterで行った。しかしながら，その

際のイラストが性的な描写を連想させると大量に批判を浴び，謝罪をすること
となった。

　キャンペーンに合わせて投稿されたイラストでは，スカートをたくし上げて
タイツを履いた足を見せつける様子や，短いスカートやアングルが強調された
ものがあり，性的だという意見があった。またその際の公式 Twitter の発言が
「動悸がおさまらないアツギ中の人」という文章であった。これらについて，
「客である女性を性的搾取させる企業の商品なんか絶対買わない 本当に最低の
企業だよ」「アツギは女性や子供を性的モノ扱いする企業なんだとわかった。
エロい目線のタイツやストッキングなんて気持ち悪いからもう買わない」など
の不快感を露わにする声が集まった。過剰な萌え絵バッシングだと擁護する声
も少なくなかったが，翌日には謝罪とともに Twitter のアカウントを削除する
こととなった。

　本件では擁護する声も一定数あったが，アツギはストッキングやタイツの販
売をしていて，女性をメインの顧客に置いている。つまり，一部の作品につい
て男性向けコンテンツと捉えられかねない表現があったことは，ターゲット層
と PR の訴求方法がずれていたといえ，これが大炎上につながったと指摘され
る（J-CAST ニュース, 2020）。

● 特定の層を不快にさせる：リカちゃん人形ツイート事件

　2020 年に，タカラトミーの公式アカウントは，販売する人形シリーズ「リ
カちゃん」のプロモーションで，不快感を集める表現で炎上した。

　本件は，タカラトミーの公式アカウントが「某小学 5 年生の女の子の個人情
報を暴露しちゃいますね …！」「# 個人情報を勝手に暴露します」と，リカち
ゃんからのメッセージが届く電話番号などをまとめたツイートを行ったことに
端を発する。キャンペーンのプロモーションであるが，小学生女子の個人情報
を勝手に暴露するといったモラルに反する表現を行ったことで，「子供向けお
もちゃを販売する会社が子供に対する犯罪を，しかも自社の看板商品リカちゃ
んを用いてネタにしちゃ駄目でしょ流石に」などの批判が集中した。その結果,
ツイートの 3 日後には謝罪をして，ツイートの削除をした。

　本件は，リカちゃん人形で遊ぶ子供やその保護者の目線からはかけ離れてい
た。さらに，ジェンダーや性犯罪にまつわる表現をしていたことが批判につな
がった。面白いネタとして投稿したものと考えられるが，「笑えんネタはネタ

じゃない」「リカちゃんの購買層はそれがリアルな脅威として存在する世界なので」と批判がついていたように，とりわけ子供向け玩具メーカーの投稿として不適切だった（松田，2020）。

● 特定の層を不快にさせる：鹿児島県志布志うなぎ PR 動画事件

鹿児島県志布志は，ふるさと納税のうなぎを PR する動画を公開したが，うなぎを少女に模した動画が批判され，動画を削除することになった。海外メディアでも取り上げられ，「日本の女性差別の例」として紹介されることになった。

動画の内容は，ウナギを少女「うな子」に擬人化し，プールの中で育てていく実写ドキュメンタリーである。その中では少女から「養って」というセリフや，水着のイメージビデオのような内容，少女を飼育するという文脈のシナリオなどが批判を集めた。「少女の搾取を映像から感じる」「制作者の性的趣味が込められた作品」「小児性愛者の監禁を表現」という厳しい批判が噴出した。

志布志市の意図としては，天然水を使った育成環境を紹介すること，ストレスのかからない環境で育てていることを伝えたかったということである。しかし，飼育するうなぎに少女の擬人化を用いたこと，水着のシチュエーションやセリフが際立っていたこと，自治体という立場にあったことがその炎上を加速させた。最終的には BBC（英国），ガーディアン（英国），AFP（フランス）などの海外メディアでも「多発する日本の性差別問題」として報じられたほか，米国外交政策研究の専門誌である「フォーリン・ポリシー」もこの問題を報じ，「性差別ホラー映画」というタイトルで騒動を紹介した（勝部，2016）。

● 特定の層を不快にさせる：東急電鉄マナー広告事件

2017 年に東急電鉄が女性をモデルにした座席マナー広告を配信したが，「マナーを女性にのみ押し付けている」と捉えられて炎上した。東急のシリーズ広告では 6 つ目であり，2016 年に公開された「車内で化粧はみっともない」ということを啓発した 2 つ目の広告でも同様の炎上をしていることから，マナー広告，とりわけ女性を起用したもの広告運用の難しさがうかがえる。

「ヒールが似合う人がいた。美しく座る人だった。」というフレーズで，だらしなく座る男性 2 人と足を閉じて座る女性の写った写真の広告が，座席篇としてポスターと動画で公開された。これに対し，マナー違反をしている男性には

触れていない，女性にのみ強制をしている，ヒールや美しさを強制しているといった点が批判された。具体的には，「これだとヒール履いた女性は足ぴったり閉じて座ると綺麗だよ！っていうお節介くそ抑圧でしかない」「マナー違反で怒られるのはポスターになってる若い女性とあまり顔を見せない若い男性のみ。誰に配慮してるの？」などの批判がついた。また，中には，広告を男性版にオマージュする皮肉な投稿も行われた[9]。一方で，「何が駄目なのかよくわからんのだけど…周りのマナーの悪さに対してマナーが凄く良いっていう対比してるだけじゃないの？駄目なの？」「人を直接貶さず，むしろ褒めながらマナー向上を訴える秀逸な広告」「女性蔑視に対して過敏になりすぎている」などの擁護する声も多く出て，賛否両論となった。

　本件では，広報担当者は取材に対し，「見た人が共感して周囲への気配りを意識してもらえるような内容になっている」と説明し，取り下げなかった。また，「内容が偏らないよう，男性モデルも使った広告も過去に作っている」とも話しており，実際にそのような広告も少なくない。しかし，ソーシャルメディア上で批判される場合には，部分的に切り取られることがあるため，それが伝わらなかったといえる。いずれにせよ，本件からは「特定の層を不快にさせる」パターンの炎上，とりわけジェンダー関連について，非常にセンシティブで炎上しやすいことが分かる（濱田, 2017）。

● 特定の層を不快にさせる：マルちゃん正麺漫画炎上事件

　東洋水産のマルちゃん正麺が Twitter 上で公開した漫画の1シーンが男女差別だと批判を受けて炎上した。一方で批判に疑問を持ち，作品を支援する声が大量についた。マルちゃん正麺は一時続編を公開延期としたものの，最終的には投稿を削除せず，漫画の続編もその後掲載し企画を完走した。

　2020 年 11 月にマルちゃん正麺が PR にした漫画は，母親の外出中に，父親と3歳ほどの息子が2人でラーメンを作って食べるものだった。最後のシーンでは，外出から帰ってきた母親と父親が一緒に皿洗いしながら，外出中の息子の様子を談笑するという微笑ましい内容だが，最後のシーンが物議をかもすこ

---

9) 男性が真ん中で足を組んで座り，女性2人が両隣に座っているというイラストで，「両サイドの美女から舌打ちされた　なぜだかわからなかった」という標語を付けたもの。この投稿者も，東急電鉄のマナー広告は真ん中にいる女性にマナーを押し付けていると捉えたと考えられる。

ととなった。「食事に参加していない母親が皿洗いするのはおかしい」「帰ってくるまで洗い物を放置するな」「男が育児をしない国ニッポンの漫画って感じ」という声が上がったのである。作品では確かに，昼食からしばらくして夕方になるシーンや，母親が帰った瞬間には父親がテレビを見ていた様子が描写されていた。これを家事に参加しない男性の怠慢とみなして不快に感じたのだろう。

　200ほどのリツイートの後に批判が集まっているとネットニュースに掲載されたが，その後は「作品に対する難癖」「批判する人が不寛容」などと作品を擁護するコメントが多く投稿された。実際，投稿へのメッセージ欄を見ると，このような擁護する声の方が圧倒的に多い。マルちゃん正麺はこれを受けて，今後の内容の精査のため第2話を公開延期とした（2週間ほど延期された）。

　小規模な批判がネットニュースに取り上げられて炎上と話題になることは少なくない。2-13で取り上げた非実在型炎上のサザエさんの件と本件はとても似ている。ただ忘れてはいけないのは，批判するのも表現の自由ということである。課題があるのは，むしろ公開を延期すると発表したマルちゃん正麺側だろう。第5章でも取り上げるが，不寛容社会というより，少しの批判で取り下げる超萎縮社会となってしまっている。本件は，公開前に漫画の内容をチェックしていれば予想できた批判でもある。それを怠り，少数の批判に焦って「今後の掲載につきまして現在精査しております」と発表して公開を延期したのは準備不足といえるだろう。ただし，最終的に作品は削除せず，全6話を公開している。

●特定の層を不快にさせる：環境省萌えキャラ事件

　2020年8月，環境省が，地球温暖化に関心を持ってもらうためTwitterに投稿した動画が，炎上を呼んだ。当該動画には萌えキャラが登場するが，その必要性について批判を浴びたのである。

　当該動画は，公式キャラクターである女子校生の「君野イマ」と「君野ミライ」が，環境にやさしい製品を紹介する内容である（図4.3）。2人は公式サイトにおいて身長158cmの「萌えキャラクター」として紹介されている[10]。環境省によるとアニメの制作や動画作成などを含めこれまでに1億2,000万円がかかったというが，動画は合わせて320万再生されており，特に若年層の気候

―――――――――
10) キャラクター自体は2017年より存在。

出典：環境省ウェブサイト（https://ondankataisaku.env.go.jp/coolchoice/character/release/）。

図4.3 君野イマと君野ミライによる動画のスクリーンショット

変動問題の意識向上につながったとして「PR効果はあった」としている。

　これに対し，「立ち姿が内股である」「スカートが短い」「身長158 cmの設定は必要か」などの設定への批判が上がった（ヘフェリン，2020）。また，「若い女性を漫画や動画にしたら『受ける』という発想が安直」「もうこういうの無理。令和にこれはない。価値観アップデートしてください」「税金の無駄」などという起用そのものに対する批判も噴出した。その一方で，「かわいいと思うけど，何がいけないのだろう」という炎上に対する疑問も多く出たほか，フリーアナウンサーの柴田阿弥氏が「キャラクターとして普通だと感じた。これが駄目だったら，環境省の官僚が出てきて，普通に地球温暖化対策をPRするしかない。そのコンセプトムービーがはたして300万回再生を記録するかといったら疑問」とコメントするなど，賛否両論となった。これに対し環境省は，「現時点で変更等は予定しておりません」「従来の普及啓発の手法にとらわれず，より効果的な手法を検討したい」など述べるにとどまり，撤回はしなかった（ABEMA TIMES, 2020）。

　この炎上は，アツギタイツキャンペーン事件のようにデジタルキャラクターであってもジェンダー関係は燃えやすいということと，公的な機関が萌えキャラクターを使うことに批判的な人がいることを示唆している。萌えキャラには一部の人を惹きつける力はあるが，ジェンダー的批判を含めすべての人を納得させることは難しい。若者認知に効果がある一方で，炎上のリスクを完全に避

けることは難しいといえる。

● 特定の層を不快にさせる：温泉むすめ性的表現炎上事件

「温泉むすめ」は，全国の各温泉地をモチーフとして想像上の二次元キャラクターを制作する地域活性化のプロジェクトである。若年層や外国人観光客に向けて，女性キャラクターによるプロモーションを行っている。

そのような温泉むすめについて，2021年11月，パネルを見たとする Twitter ユーザが，「なんでこんなものを置いているの（怒りの絵文字）と思って調べたらひどい。」と批判した。特に，キャラクターの紹介文に，スカートめくり，夜這いを期待，肉感がありセクシー，ワインを飲む中学生，セクシーな「大人の女性」に憧れる中学生──などの言葉が登場することが，性差別で性的搾取として批判の対象となった。当該ユーザは数万人のフォロワーを抱えるインフルエンサーであり，この批判を受け，「親子連れでこんなキャラクターのパネルがあったら嫌だ」「おじさんの願望を描いているみたい」という同様の批判のコメントが Twitter 上で集まった。その一方で，「（温泉むすめによって）温泉について知る機会ができた」「フェミニストはイラストをすぐ目の敵にする」といった擁護意見や批判に反論する意見も多くでた。

鳥海（2021a）は，本炎上について分析を行っている。2021年11月10日〜21日12時における Twitter 上の関連ツイート約70万をネットワーク分析し，3つの大きいクラスタを見つけた。①主に温泉むすめ批判に対する反論や擁護，②温泉むすめという取り組み自体を肯定，③温泉むすめを批判，という3つである。賛否両論系の炎上だったといえるだろう。ただし，①の拡散数は309,901回，②の拡散数は77,244回だったのに対し，③は36,222回と少なく，Twitter 上では擁護や肯定が多数派だったといえる。また同分析では，①のクラスタは7.5％のアカウントが50％の拡散を担っており，③のクラスタは10.7％が50％の拡散を担っていたことを明らかにしており，いずれのクラスタも「一部のアカウントによる積極的な活動の結果である」と指摘している。

なお，炎上の後には，特に批判された表現は修正されており，企画も継続している。

● 特定の層を不快にさせる：全日空外国人身体的特徴表現事件

2014年，全日空が制作した外国人をステレオタイプに表現したCMが，炎

上を起こした。身体的特徴の表現が，人種差別に当たるのではないかという指摘があり，公開していたCMを停止し，再度作り直して投稿されることとなった。

当該CMは，空港での国際線出発ロビー前の会話で「日本人のイメージを変えよう」と言われた際に，タレントが高い付け鼻と金のカツラを装着するといった内容である。全日空は2014年に羽田の国際線を増便したことを広告するために，このようなCMを投稿した。

しかしこれに対し，主に日本在住の外国人が，ソーシャルメディア上に英語で批判を書き込む事態となった。例えば，全日空のFacebookページに，「たった今，全日空の新しいCMを見ました。本気なの？全日空はこれが問題ないと思っているんですか⁉」といった批判がついた。カツラや付け鼻という安っぽい表現で身体的特徴を表現し，笑いのネタにしたことが問題視されたといえよう（AFPBB News, 2014）。「コマーシャルに悪意はなかった」「物議をかもしている人たちには偏見がある」という擁護の声も少なくなかったが，批判を受けて配信3日後にポスターやインターネットの広告の問題箇所を取り除いて，再度配信が行われることとなった。

● 捏造，ステルスマーケティング：アナ雪ステマ事件

ステルスマーケティングを漫画家に依頼したのではないかとユーザから批判を浴び，『アナと雪の女王2』が炎上した。

2019年12月3日，『アナと雪の女王2』の映画が公開された後に，その感想を描いた漫画がTwitterで活動する複数の漫画家から投稿された。全て漫画家のツイートについてPR表記はなかったが，映画の内容を肯定的に紹介するものであった。このように，自身の感想や体験を漫画にしてシェアする行為は一般的であり，他の利用者などの共感を生むことで拡散されやすい。しかし，この映画では複数人の漫画家が同時刻に漫画を投稿したことが注目された。それを見ていたTwitterユーザは，これを漫画家による自発的な投稿ではなく，企業案件ではないかと疑う声を上げた。つまり，ステルスマーケティングが疑われたのである。

炎上を受け翌日4日には，一部の漫画家が，試写会に招かれて描いたものであったと謝罪・釈明する事態となった。また，ウォルト・ディズニー・ジャパンは取材に対して「依頼の段階で伝達ミスがあり，広告表示がなされなかった。

意図して起きたものではない」と回答したが，これも大手企業が漫画家だけに謝罪をさせて終わりにしていると批判される要因となった（徳力, 2019）。結局その後，12月5日と11日にウォルト・ディズニー・ジャパンが謝罪文を発表し，報酬が支払われたうえでのマーケティング施策であったことが正式に明らかになった。

　消費者の判断を誤らせるステルスマーケティングは，ウォルト・ディズニー本社のある米国では違法となっているが，日本では規制する法律は2021年現在，存在しない。しかしながら，炎上において重要なのは消費者心情であり，過去にもステルスマーケティングが発覚して大炎上につながった事例は少なくない。

●捏造，ステルスマーケティング：オルビス従業員インフルエンサー事件

　業務外での従業員の発信にもステルスマーケティングの疑惑がかけられることがある。化粧品などを販売するオルビスは，インフルエンサーが入社してPRが行われていたことがステルスマーケティングとして炎上した。入社時のソーシャルメディア利用の研修や，従業員の状況管理の必要性が再認識される事件となった。

　フォロワー3万人超えのある美容関連インフルエンサーが，オルビスとその子会社のポーラの製品に関わるツイートを30件以上していた。しかしながら，アカウントのプロフィール写真の画像から，当該インフルエンサーがオルビス社内関係者ではないかという疑惑が出て批判されることとなったのである。結局疑惑は正しく，当該インフルエンサーは入社前の2015年にソーシャルメディア活動を始めており，入社後も従業員であることを明かさずに活動を継続していた。紹介では他社製品も少なからずあったが，自社の製品を一消費者の体で紹介していたことは事実であり，消費者からはステルスマーケティングであると批判された。

　オルビスは従業員であることを明かさずに自社製品を紹介してはいけないという，ソーシャルメディア投稿の社内ルールを徹底させることができなかったために発生した問題であると謝罪した。しかし，消費者は当該のアカウントがオルビスの新作発表会に参加していたことや，Twitter上でオルビス公式アカウントとリプライなどのやりとりをしていたことから，オルビス側が当該アカ

ウントを従業員のものだと認識していたのではないかということも指摘していた。これに対しては，グループ各社では従業員の個人情報を共有していないため把握していなかったと釈明している（ねとらぼ, 2021）。

● 捏造，ステルスマーケティング：電子書籍ステマ事件

電子書籍サイト Renta! が，Twitter を書籍のプロモーションに使って炎上した。一部の投稿にはプロモーションとタグをつけていたが，一般人を装うアカウントを使っていると批判され炎上したのである。

Renta! のプロモーションに使っていたアカウントは「なかむら@漫画厨[11]」という名前に男性のイラストを用いたものだった。一般的なユーザ名に寄せたものであり，アカウントの説明欄には企業に関する情報が一切書かれていなかった。また，漫画と関係ない通常のツイートも行っていたため，企業アカウントと見抜くことは難しかった。しかし，プロモツイート（有料の宣伝ツイート）機能を使って Renta! の作品をしばしば紹介していたことから，Twitter ユーザがアカウントの運用方針に疑問を持ち，漫画企業への問い合わせを行ったところ，企業運営のアカウントだと判明した。利害関係者という事実を隠して発信を行うステルスマーケティングとして，批判を浴びた。

運用企業は，プロモツイートとして投稿が表示された場合，プロモーションタグが自動でつくため，それで十分だと判断していた。作品内の画像を添付して紹介する投稿を続けて，2.4 万フォロワーを獲得していたが，これらの批判を受けて過去ツイートの削除と更新停止をすることとなった。PR 表記を怠ったために，「消費者目線の発信」をしようとした結果が「消費者を騙そうという意図」にとらえられたといえる。

なお，同業他社であるコミックシーモアでも消費者風のアカウントを使っているが，コミックシーモアの書店員が運営していることを最初から説明欄に記入しており，2021 年現在も 1.6 万フォロワーで発信を継続している。PR であることを明記しても十分な効果を得ることができ，かつ，リスクも減らせるといえるだろう（ねとらぼ, 2020）。

---

11)「漫画厨」というのは，漫画中毒ということを意味し，転じて漫画好きのことを指すネットスラング。

4-8 | 著名人炎上の事例

● 規範に反した行為：YouTuber コロナ禍沖縄旅行炎上事件

美容系情報を発信する YouTuber が，2020 年 3 月下旬にコロナ禍の自粛要請を無視して沖縄旅行に行った動画を投稿したことで炎上した。100 万人以上いた登録者のうち，数万人が登録を解除するに至った。

当該 YouTuber は，チャンネルの登録者が 100 万人を超えたことを記念に沖縄旅行を行った。当時は各地方で県を跨いだ移動を控えてほしいと言われていたこともあり，自粛要請を無視したこの行動は批判されることとなった。「ファンの皆様への感謝の気持ちを伝えたかったので公開した」ということであるが，自粛要請に耐えている視聴者や，拡散情報を見た人は不満を感じてしまったのである。特に学生は学校が休校して不満を抱えており，学生向けメイク動画も投稿している彼女には打撃となった。視聴者の支持が収益に直接つながる YouTuber にとって，人気の下落や批判に会うことは避けたい事柄である。さらには，その後の配信で炎上したことに納得できないことを語り，再炎上してしまった（BusinessJournal, 2020）。

同じように自粛要請に従わないで炎上する事例は芸能人など様々な人で発生したが，本件は YouTuber のようなインフルエンサーも同じように炎上することを示した。

● 規範に反した行為：モテる男は 3 軒予約事件

Twitter 上で共感を得るために上げた理想像が，他の方面から批判の対象の対象として映ることがある。Twitter 上に 2.9 万フォロワーを持つ美容ライターが「モテる男の共通点」を投稿したが，その行動が常識はずれだと批判された。

当該ライターは「私が知っているモテる男の人たちに共通しているのは，フレンチ，中華，和食のだいたい 3 軒くらいを事前に予約しておき，女の子に『（予約していることは言わず）どれが食べたい？』と聞いて，スマートに入店できるようにしておくということ。」という投稿を Twitter にした。これに対し，「2/3 はドタキャンしてるの？」「飲食店のことを考えていない」といった批判の声があがったのである。飲食店関係者からも批判された。当該ライターはツ

イートを削除し，翌日には謝罪のツイートをするも「キャンセルする際には他の人に譲った」「女の子に聞く直前に空き状況を確認していただけ」という否定が火に油を注ぎ，さらに炎上することになった。

バズ[12]を狙った投稿と考えられるが，飲食店の目線を無視した行き過ぎた内容であり反感を買った。

● 特定の層を不快にさせる：DaiGo 氏差別発言事件

メンタリストの DaiGo 氏が YouTube でライブ配信をしていた際，「ホームレスの命はどうでもいい」「税金で生活保護の人たちに食わせる金があるんだったら，猫を救ってほしい」「自分にとって必要もない命は軽い」という発言を行った。これは生活困窮者を否定する行為する「優生思想」だと捉えられ，「優生思想にぶつかると，親族の寝たきりの母に対し『死ね』と言われた気になる」「生活保護を受ける人の足が遠のく」といった批判が大量に投稿された（日刊スポーツ, 2021）。さらに，著名人も苦言を呈したり，テレビでも取り扱われたりするなど，大きな炎上となった。

当初は「僕は個人的に思うので，そう言っただけなので，別に謝罪するべきことではないと思いますよ」と強気の姿勢でいたが，批判が非常に大きくなると一転して謝罪動画を公開し，2 か月の間活動を自粛すると発表した。

● 特定の層を不快にさせる：デヴィ夫人不妊発言事件

タレントのデヴィ夫人が生放送のバラエティ番組で，不妊治療の保険適用の拡大の話題が出たときに，デヴィ夫人は「不妊になる一番の理由は，妊娠して子どもを産みたくないって堕胎する。あれを絶対に禁じりゃいいんですよ」などと述べ，不妊は人工妊娠中絶手術が原因と主張し，中絶の禁止を求める持論を展開した。これに対し，「偏見と決めつけが強い方だが，それが自分に向けられるとつらい」「堕胎してない不妊治療者への誤解が増えてかわいそう」といった批判が殺到した。

デヴィ夫人のその後の謝罪文によると，堕胎した過去を告げられず原因不明の不妊になる場合があることや，中絶による影響を広めて取り返しのつかない後悔を避けることを目的にした発言であったらしい。しかし，番組の公式ウェ

12）インターネット上で話題になること。

ブサイトも，発言内容について「全く誤り」と発表して謝罪する事態となった。

●捏造，ステルスマーケティング：YouTuber詐欺疑惑事件

　有名YouTuberが2020年に炎上した。その内容は，ナイトブラのプロデュースを行っていたのにもかかわらず，裏で豊胸手術を受けていたことを隠していたことである。その結果，商品を購入した2万人に対しての返金を行った。

　当該商品の広告では，当該YouTuberがモデルになり，「これひとつで昼も夜もバストアップ」と書かれていた。しかし，モデルとなったYouTuberは豊胸手術を受けていたことが判明し，「人を騙して金を稼ぐな」といった詐欺と指摘する批判が殺到した。この事件には専門家も反応し，「ナイトブラによるバストアップはあり得ない」とコメントを残した。当該YouTuberは，これらの事件を受けて謝罪と，購入者への返金を約束した。

　さらに，これをきっかけにナイトブラ以外も炎上することになった。ナイトブラと同時期には当該YouTuberの海外旅行時の薬物使用疑惑が報道された（その後，本人が大麻の使用を認めている）。また，その後の脱毛サロンの紹介で「9ヶ月0円で初期費用の不安も無い」とコメントした時には，「現実には9か月の利用料金を後払いにできるだけ」とまた誇大広告ではないかと炎上した。その後，謝罪するも「不貞腐れてて不快」「企業に従った私は悪くないというスタンスが無理」という反応があがってしまうほどであった。一度大規模に炎上したことにより，その後も炎上しやすくなったといえる。

●捏造，ステルスマーケティング：吉本興業芸人京都市ステマ疑惑事件

　お笑い芸人として吉本興業で活動するコンビ「ミキ」が京都市の依頼で行ったプロモーションツイートが，ステルスマーケティングに当たると批判され炎上した。

　ミキは，「＃京都市国際映画祭2018」のタグや，イベントのURLとともに，映画祭を楽しむ写真を投稿した。当時のミキのフォロワーはコンビで合わせて30万ほどであった。しかしその1年後，京都新聞によって，吉本から京都市への請求書が京都市に開示請求された。そこでは，映画祭SNS発信の単価として50万円が表記されており，当時吉本でツイートを行っていたミキに対しての案件であったと明らかになったのである。この報道を受け，「コンビで1

ツイート50万円」「PRとは思って
いなかった」といったユーザの驚き
が投稿され拡散された。

　これに対して吉本興業は，ステル
スマーケティングであることは否定
していて，ハッシュタグを表記して
いること（図4.4）などから「プロ
モーション業務であるということは
世間一般にご理解いただける」と見
解を表明した。また，京都市は取材
に対し「明確な広告表示は行わなか
ったが，事実を優良誤認させるもの
ではない。今は（広告であると）表
記した方が良かったと思うが，問題
はないと考えている」と述べた。

大好きな京都の町並み！！
京都を愛する人なら誰でも，京都市を応援できるんや
って！詳しくはここから！
www2.city.kyoto.lg.jp/rizai/furusato...
#京都市盛り上げ隊
#京都国際映画祭2018
#京都市ふるさと納税

午前11:39 · 2018年10月10日 · Twitter for iPhone

131 件のリツイート　**38** 件の引用ツイート　**1,343** 件のいいね

出典：Twitter。

図4.4　投稿の一例

　しかしながら，徳力（2019）は，
本件の京都市，吉本興業側の認識を①誤認させなければステマでないと思って
いる，②企画であって広告や宣伝ではないと思っている，③芸能人は特別扱い
だと思っているの3つに整理し，下記のように問題点を指摘している。

①誤認させなければステマでないと思っている
　優良誤認は景品表示法第5条1項に規定されている違反事項の1つで，ここ
を破ったら明確に不当表示となる。本件はその点には当たらないかもしれない。
しかしながら，ステルスマーケティングというのはそもそも広告であることを
隠した宣伝行為全般が含まれる。そしてそれが問題視されるのは，消費者に宣
伝や広告であることを隠すことによって，消費者が騙されているためである。
その見地に立った時，例えば図4.4を見て，2人の地元愛溢れる投稿に共感し
てふるさと納税[13]を行った消費者がいたとする。しかしその消費者は，宣伝
投稿と分かっていたらしなかったかもしれない。

13）図4.4に含まれるURLはふるさと納税のURLである。

②企画であって広告や宣伝ではないと思っている

吉本興業側は，「＃京都市盛り上げ隊」と書いているため，これはミキが出演している企画の京都市盛り上げ隊活動の延長のツイートであり，それを明示しているので問題ないとする見解である。しかし，請求書に明確に「SNS投稿」が別立てて100万円の対価であることが明記されているので，この解釈は論理的におかしい。

③芸能人は特別扱いだと思っている

一般人のクチコミマーケティングのルールと芸能人は違うのだという業界関係者の認識がある。しかし，WOM[14)]マーケティング協議会（WOMJ）のガイドラインでも「知名度や影響力の大小にかかわらず（著名人・芸能人であっても），個人のアカウントでの情報発信の場合は『情報発信者（情報を発信する消費者)』とみなします」と明記されている。実際，消費者にとっては芸能人のステルスマーケティングでも同じように誤った判断をしてしまうだろう。

4-9 | メディア炎上の事例

● 規範に反した行為：感染者グラフ印象操作事件

福島テレビで2020年9月に放送された，新型コロナウイルス感染者への印象を尋ねたグラフが印象操作ではないかと炎上した。福島テレビは，「新型コロナに感染した人がいたら本人のせいだと思う」というアンケートを5か国に調査した結果について，番組内で放送した。その調査結果を伝えるグラフにおいて，日本では「そう思う」が「そう思わない」よりもはるかに大きな面積となっていた。そのようなグラフ（図4.5）を示しながら，日本では「感染は本人の責任だと思う」と不寛容な人が多いと報じたのである。

しかし，実際には「そう思わない」と回答をした人は全体の約85%であり，「そう思う」と回答した人の5倍以上存在していた。グラフを80%以上表示にしていたために上記のような印象を与えたのである。確かに「そう思わない」人の割合は，英国では約97%，米国では約95%だったため，日本は相対的に「そう思わない」という寛容な人の割合が少ない。しかし，グラフからの印象と実態は乖離していたといえる。

---

14) WOMとは，Word of Mouthの略で，クチコミのことを指す。

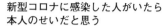

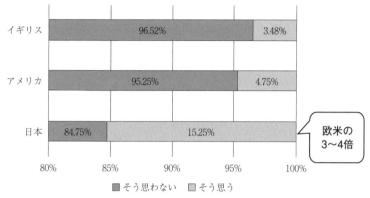

出典：実際のグラフをもとに筆者作成。

図 4.5　実際に使われたグラフのイメージ

　この放送に対し，「バレバレな作為的なグラフ」「なぜ一部だけアップするの
か」といった批判が集まり「＃詐欺グラフ」というタグと共に 5 万件以上のリ
ツイートがされることとなった。さらに，調査を行った大学教授からも指摘を
受けることとなった。これを放送した福島テレビは数日後に省略しないグラフ
を放送し，謝罪を行うこととなった。

　このグラフは誤った内容は報じていない。しかし，グラフの表示においては
たびたびこのような問題が指摘されており，特に日本をネガティブに報じるも
のは炎上しやすいことも相まって批判が過熱したと考えられる。メディアはミ
スリーディングな印象を与えないグラフ作成を心掛ける必要がある。

● 規範に反した行為：熊本地震弁当ツイート事件

　2016 年 4 月，熊本地震を取材していた毎日放送のアナウンサーが，現地の取
材をする中「やっと今日の 1 食目。食料なかなか手に入りにくいです」という
言葉と共に，弁当の写真を Twitter に投稿した。これに対してソーシャルメデ
ィア上では，「食料飲料が最低限なのに」「あなた以上に現地の方は食料を求め
ているでしょうに」「食糧持参しろよ」といった批判が相次いだ。ツイートを
削除し謝罪をするも，しばらくの間批判が相次ぎ，テレビ局にも 400 件以上の
電話やメールが殺到したようだ。

マスメディアに対して規範的な行動を行うことを求める声は大きい。この件では毎日放送の広報部は「避難所等で被災した方々に支給されていたものではなく，被災せずに通常営業している店舗で社員が購入したもの」と述べていたが，そうとは捉えられずに炎上してしまった（J-CAST ニュース，2016）。被災状況の報道は大変意義のあるものであるが，被害者への配慮よりも報道を優先したと捉えられて批判された例は，この他にも多く存在する。例えばこの熊本地震の時には，報道ヘリコプターの騒音が救助の妨げになっていると批判を集めた。このように災害時には，被災者を安全圏から写すという姿勢が批判の対象になりやすく，アナウンサーのソーシャルメディア投稿にも細心の注意を払う必要があるといえる。

●特定の層を不快にさせる：「これでわかった！世界のいま」差別事件

NHK の国際ニュース番組「これでわかった！世界のいま」の公式 Twitter が投稿した「白人と黒人の格差」を解説するアニメーションに対し，表現が不適切だと批判が集まって炎上した。

本アニメーションは Black Lives Matter [15] のデモに関して解説したもので，白いタンクトップを身につけた筋肉質の黒人男性が，およそ1分20秒にわたって「俺たち黒人と白人の貧富の格差があるんだ」などと話していた。また，白人の平均資産が黒人の7倍にのぼることや，新型コロナウイルスの影響で多くの黒人が失業したり，労働時間が削られたりしたことを挙げ「こんな怒りがあちこちで噴き出したんだ」と締めくくっている（安藤，髙橋，2020）。

この動画はいくつかの問題を抱えていた。第一に，抗議デモというハッシュタグがついていたにもかかわらず，人種差別で発生する命の格差には触れず，経済的な側面のみを取り上げたものになっていた。第二に，動画内容で黒人に対するステレオタイプな表現が見られた。動画内で中心的に描かれていた黒人男性はタンクトップを来て筋骨隆々であり，顔も怖い。これは暴力をしそうというイメージを抱かせる。第三に，デモの様子が実際の様子とかなり異なっていた。デモの参加者が全員黒人となっており，かつ，怒りを訴える背景では略

---

15) 米国で2020年に黒人男性のジョージ・フロイドさんが白人警官に膝で首を抑え付けられ，その後死亡したことを発端にした，人種差別に抗議する運動のこと。

奪や暴動と思われる行為が行われていた。しかし，略奪を行っているのはデモ参加者というより便乗犯であることが指摘されていた。

　こういったコンテンツ自体の問題に加え，話題が極めてセンシティブだったことや，番組の文脈を見られない状態で切り抜いて Twitter に投稿したことが批判激化の原因となった。日本で話題になっただけでなく，米国の大手メディアも取り上げ，駐米大使も侮辱的でデリカシーに欠ける描かれ方をしていると Twitter でコメントを発表するに至った。

● 特定の層を不快にさせる：「スッキリ」アイヌ民族差別事件

　2021 年 3 月，日本テレビの情報番組「スッキリ」において，お笑い芸人がアイヌ民族を描くドキュメンタリーを紹介した際に，アイヌ民族の名を動物に例えるという差別表現を行った。これに対し放送直後から批判が相次いで炎上し，BPO（放送倫理・番組向上機構）が放送倫理違反を指摘する事態となった。

　事態を重く見た日本テレビは，5 か月後には検証番組を放送し，差別発言に至った番組のチェック体制や知識不足についての説明を行った。日本テレビは，担当者は台本を事前に考査部に確認しようとしたが失念し，放送中の関係者も事前確認が入っているだろうと思い込み即座に訂正や謝罪ができなかったとしている（朝日新聞デジタル，2021）。

● 捏造，ステルスマーケティング：緊急事態宣言下での鉄道ファン密集捏造事件

　2020 年 5 月に放送されたテレビ朝日「モーニングショー」で，新型コロナウイルスの緊急事態宣言中に千葉県蘇我駅前に集まる鉄道ファンの様子を紹介した。実際にインタビュアーが鉄道見物をしている人たちに声をかける映像や，視聴者提供の密に集まる画像が複数紹介された。しかしその中の 1 枚の写真について，ソーシャルメディア上で鉄道ファンが考察し，過去の密集の様子だと指摘されることとなった。2020 年 3 月の緊急事態宣言前の写真だったのである。

　これは捏造ではないかと批判され，「鉄道ファンを悪者にしようとしている」というストーリーと共に炎上した。後日モーニングショーでは謝罪をしたものの，「# モーニングショーはクソ」というトレンドが Twitter 上で拡散し，大量の批判を浴びることとなった。トレンドは瞬間 1 位まで拡散された。

　報道では 1 枚の写真が誤った時期のものであったが，インタビュー映像など，

報道全体がフェイクや捏造であったようにソーシャルメディア上では拡散された。ミスか捏造かは分からないが，テレビ朝日は実際に行った誤った報道以上の批判を受けることになった。同じように緊急事態宣言下での密を伝えようとし，関係ない時期の写真を使用して炎上した事例は他局でも存在する。伝えたいメッセージを強調しようと誤った写真を使用することは，報道倫理上も好ましくないのはもちろん，視聴者に著しくネガティブな印象を与えて番組全体に対して批判されることを忘れてはいけない。

● 捏造，ステルスマーケティング：ほこ×たてやらせ事件

　フジテレビのバラエティ番組「ほこ×たて」の編集に悪質なやらせ・動物虐待があったと出演者が暴露し，大炎上して放送終了となった。日曜7時のゴールデンタイムを担った人気のレギュラー番組であり，企業や大人が誇りをかけて，異なる製品や技術を競うという内容だった。

　炎上した企画は，ラジコンカーやラジコンボートのエキスパートが操作するラジコンを，元海軍や元空軍のスナイパーが撃ち抜けるかというものだった。しかし，出演者の1人であったラジコンカー世界チャンピオンの男性が，番組内容に不満を感じ，番組終了後にウェブサイトでこれらの撮影はやらせであるという記事を公開した。その内容は，撮影中の事故でラジコンカーが壊れて対決中止となった様子をスナイパーが破壊して勝利と編集し，現場の勝敗とは大きく異なる形で放映がされたというものであった。また当該男性は過去にも「ほこ×たて」に出演しており，過去のやらせも同時に暴露した。動物とラジコンカーの追いかけ対決では，動物の首とラジコンを釣り糸で結び，無理やり動物にラジコンを追わせていたというのである。

　これらの暴露を受けて，「ガチンコ勝負も演出かよ」「釣り糸を首に巻き付けて引っ張るって…死ぬ可能性があります」などの批判が集中し，大炎上となった。さらに，この暴露の後には，別の企画の参加者から金属とドリルの貫通対決もやらせだという報告が起きた。

　以上の内容を受け，社内調査の結果「真剣勝負を標榜している番組の継続は不可能と判断」としてフジテレビは，「ほこ×たて」の放送終了を決めた。また，BPOの審議対象ともなり，実際に行われていない対決を出演者にとって不本意な形で作り出したことなどを問題視して「重大な放送倫理違反があった」とされた。平均視聴率が15％を超えることもあった人気番組であったが，

捏造によって視聴者の期待と信頼を裏切り，炎上したことがきっかけで消滅してしまった。

4-10 | 一般人炎上の事例

● 規範に反した行為：大分焼き肉店 4 人組バイトテロ事件

2021 年 10 月，高級焼き肉店の従業員が，肉を焼く岩塩プレートを何度も舐めて笑う動画を Instagram に投稿した。これに対し，調理器具である岩塩プレートを汚すような，厨房内での非常識な行動に批判が集まった。投稿は Instagram のストーリー機能を用いて行われ，24 時間後に消えるものであったが，通報を受けたという人気 YouTuber が動画配信で紹介し，バイトテロではないかと指摘して炎上した。

動画を投稿した従業員はアカウントを非公開・削除するも拡散された情報は消えず，ネットメディアでも報じられて騒動となった。2021 年 12 月現在もこの動画は YouTube 上に転載され残っている。これを見たソーシャルメディアユーザからは「誕生日に行きたかったけど，今回の件で迷う」「夢だったけど下品女のせいでもう行きたくない」などのコメントが投稿されている。

被害にあったのは，芸能人や有名 YouTuber も通う予算 1 万円以上の焼き肉店であり，反響は大きかった。この事例では，すぐ消えるストーリー機能だからといって規範に反した行為をアップしても，転載されて拡散されることと，高級店であってもバイトテロに遭うことがあるということを示している。この焼き肉店は撮影を行った 2 名の従業員に確認して謝罪をし，今後岩塩プレートをお客様の前で包装から取りだすと約束した。また，従業員 2 人は退職をすることとなった（J-CAST ニュース, 2021）。

● 規範に反した行為：コンビニ監視カメラ悪用事件

2021 年 6 月，コンビニの男性店員 2 名が店の監視カメラを写したモニターの前で「女性客がかがんだ際に胸が見えてる」と盛り上がっている様子を TikTok に投稿した。不真面目な勤務態度を仲間うちで共有して盛り上がろうとしたのだろうが，人気 YouTuber がこれを取り上げて 80 万以上再生されることとなり，大炎上となった。「女性への冒涜」「盗撮が非常に不愉快」といった女性差別といった批判や，「SNS にあげる神経が分からない」といったコメントが投

稿され，最終的に2名の店員は退職した。

　注目すべきは，「大分焼き肉店4人組バイトテロ事件」と同じYouTuberが
これを広めている点である。このYouTuberは，視聴者のタレコミから炎上し
そうな案件を調査し，暴露を行う配信を行っている。友人にのみ公開するアカ
ウントでも，疎遠になった人からや，そのまた友人から人づてでタレコミが行
われることで炎上になる。このような人気インフルエンサーが取り上げると多
くの人に知られるだけでなく，ネットメディアやマスメディアが取り上げる可
能性も高まり，非常に大きな炎上となりやすい。友人間のみでふざけているつ
もりでも，バイトテロとして瞬く間に世間に出回るのである。

● 規範に反した行為：手術写真投稿炎上事件

　こういった炎上は若いバイト従業員に限らない[16]。2017年2月，福岡県に
ある病院の看護師がソーシャルメディアに投稿した写真が炎上した。投稿され
た写真は1月に撮影されたもので，手術台に横たわる患者の横でピースサイン
をする看護師と，ポーズをとっている医師の姿が写されていた。当該医師は病
院の院長であり，最後の手術ということで記念に撮影して欲しいと本人が指示
したものであるという。

　このように写真を撮ることは医師の間では珍しくないという意見もあったが，
人の命を扱う手術室で患者の隣で撮影していること，そしてそれをソーシャル
メディア上に投稿していることが多くの批判の対象となった。テレビなどのマ
スメディアでも取り上げられ，医師は謝罪会見を開き，軽率だったと謝罪した。

● 規範に反した行為：おでんツンツン男

　一般人炎上はバイト従業員だけではなく，客発信でも起こり得る[17]。2016年
12月，コンビニカウンターに設置されたおでんを指でツンツンする動画をIn-

---

16) 例えば，本事件と同時期には，全日空の50代パイロットが乗務中に航空機内や景色の
　　写真をスマートフォンで撮影し，知り合いの女性に送信していたことが発覚している。これ
　　は送信された女性がソーシャルメディア上に写真を投稿していることを，外部から指摘され，
　　調査したところ発覚したものである。他に，中国では操縦席に女性が座ってピースをしてい
　　る写真が「機長にすごく感謝」というコメントと共に投稿された。女性自ら投稿した写真で
　　あったが，これは桂林航空機の飛行中に撮影されたものであり，コックピット内に招き入れ
　　たパイロットは終身乗務禁止となった。
17) 頻発したアイスケース炎上事件もそうである。

stagram に投稿した男性がいた。動画では「見てください，こういうように最近ではおでんがはやりですね。それも触っちゃう。これもツンツンって。ツンツン，ツンツン，ツンツンツン，ツンツンツンツン，ツンツン，あっついわ，ツンツンツンツンツンツン」などと言い，執拗におでんをツンツンする様子が収められていた。

　この不潔な行為に対しソーシャルメディア上では批判が集中し，最終的におでん8個・販売価格合計730円相当を販売不能にさせたほか，店側にケースの洗浄を行わせたとして，器物破損および威力業務妨害の罪に問われ逮捕された（ねとらぼ, 2016）。その後不起訴処分になったが，現在もインターネット上には動画や個人情報が残っている。当該男性は5年後の2021年にインターネットテレビ番組に出演し，自分の店を経営していてお店を盛り上げたかったので毎日動画を撮ってソーシャルメディアに投稿していたということや，インターネットに詳しくなかったので個人情報が特定されると思っていなかったし，気にしなくて良いと思っていたといった旨を話し，「正直インターネットをなめていた」と述べている（ABEMA TIMES, 2021）。

● 特定の層を不快にさせる：ヘイトアカウント身バレ事件

　ある匿名アカウントが，「韓国人がゴミのような人種です」「非韓三原則を徹底すべきだと思います。」などのヘイトツイートを日頃から投稿していた。これらの投稿以外にも，自ら手掛けたCG作品の画像も投稿していたが，これがとあるインタビュー記事の作品と同じだとソーシャルメディアユーザが気付き，アカウントの女性の職場と本名が明らかになることとなった。

　当該女性は有名なゲーム企業のクリエイターであることが判明し，所属していた企業が謝罪する事態となった。「海外でのキャリアが終わった」「差別主義者が社員なんて，イメージが悪くなる」など会社やキャリアに対しての信用を失ったという声が投稿された。

　匿名であり注目も集まらないだろうと，人種差別的な投稿を続けていたが，少しでも身につながる情報が投稿されていれば，周りを巻き込んだ炎上につながる。そして，一個人として投稿していたものであったとしても，所属が明らかになった場合は，このように企業への批判につながることもある。

● 特定の層を不快にさせる：エイズ差別投稿事件

　日本の事例ではないが，米国でかなり有名な差別投稿事件がある。2013年，米国でインターネット企業に広報として勤めていた女性の個人アカウントが，アフリカへの旅を前に，「アフリカに向かっています。エイズにかからないといいな……っていうのは冗談よ。私は白人だもの。」という投稿をTwitterにした。当時のこの女性のフォロワー数は200人ほどしかいなかったが，この明らかな差別発言をニュースサイトがリツイートすることで，瞬く間に大炎上となっていった。

　しかし女性は投稿のとおりアフリカに向かっており，飛行機に乗っていたためこの問題に気付くことが無いまま炎上が拡がっていった。「#○○はまだ着陸していないのか」など名前入りのハッシュタグが，米国，欧州，南アフリカを中心に拡散され続けていた。女性は離陸から11時間した着陸後に事件にようやく気付き，ツイートは削除され，彼女の謝罪が各メディアを通して発表された。大きな騒動を受けて，彼女が広報として勤めていたインターネット企業には「侮辱的な発言」「深刻な問題」と捉えられ，企業の価値観とかけ離れていたため解雇されることとなった（The NewYork Times Magazine, 2015）。

　フォロワーが200人に満たない個人のアカウントであったが，差別発言によって一晩のうちに解雇までつながることとなった。個人であっても企業や学校の肩書きを公開している場合や，名前と顔写真が検索で一致してしまう場合，先ほどの事件と同様「この企業の従業員が差別的発言」といった見出しで拡散される可能性がある。

4-11 ｜ 一般人炎上の特徴と意図せぬ公人化

　このような一般人の炎上は大規模化しやすいことが分かっている。NHKと筆者が2016年6月から2017年10月における1,000リツイート以上の規模の大きい炎上について分析したところ，次の2点が分かった（NHK, 2017）。

　1．大炎上の当事者として，一般人が27.6％と最も多い。
　2．一般人が大炎上した場合，特に大規模化しやすく，リツイート数の平均が18,175件となった。

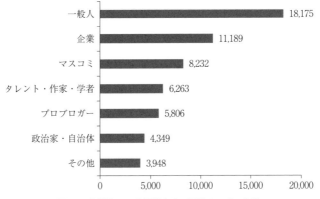

図4.6 各対象への大規模炎上の平均リツイート数

　まず1点目については，大規模炎上対象者として一般人が27.6%と最多であ
り，続いて政治家・自治体が20.8，企業・営利団体が19.0%……と続いた[18]。
　次に2点目については，中心となったツイートのリツイート数を分析したと
ころ，平均値は図4.6のようになった。図4.6からは，一般人を対象とした炎
上のリツイート数（18,175件）が突出して多く，2位の企業（11,189件）の1.5倍
以上にもなっていることが分かる。大規模化しやすい理由としては，次の2つ
が考えられる。第一に，一般人は著名人や企業と比べて炎上しにくく，炎上す
る場合には本人にかなり非がある場合が多いため。第二に，個人が炎上した場
合，企業などと違って組織だって対応することが困難であり，むしろ炎上を激
化させてしまうような対応をとる場合が少なくないためである。
　ここで疑問となるのは，なぜこのような一般人炎上が繰り返し起こるのかと
いう点である。その背景には，ソーシャルメディアの限られたコミュニティ内
で自分の行動を報告しただけのつもりでも，拡散力が高いがために，公に意見
を表明したのと同等となってしまうということがある。これを板倉（2006）で
は「意図せぬ公人[19]化問題」として指摘している。従来のマスメディアによ

---

18) ただし，炎上対象の分類は4-6と異なり，次のようになっている。「一般人」「政治家・自
　治体」「企業・営利団体」「報道・メディア」「タレント・学者など」「YouTuberやブロガ
　ー」「その他」。
19) 公人とは，公人性を備えた私人である（板倉, 2006）。具体的には，公務員・犯罪行為者・
　芸能人・影響力の高い団体の代表者などを例に挙げている。

る犯罪報道の多くは，報道に社会的意義があったことからなされていた。それに対し，自らインターネットを通じて不特定多数の人間に発信してしまっている「意図せぬ公人化」によって，かつてであれば報道されず，起訴もされなかったようなケースの「違法」性が暴露されてしまうのだ。たとえソーシャルメディアのフォロワー数が少ないユーザでも，非公開設定にしていない場合は，前述した拡散力によって，発信した情報が瞬く間に拡散することがある。また，非公開設定にしていても，転載されて炎上につながることがある。

　その結果もたらされる未来は悲惨だ。学校を退学になるケースが多いほか，過去の炎上事件もインターネット上に個人情報付きで残り続けてしまうため，過去にさかのぼって検索された結果，進学や結婚が取り消されたといった事例も出てきている。内定取り消しもある。また，先に書いたとおり店側が金銭的被害を受け，中には倒産する事例もあり，それが損害賠償請求に発展することもある。

　一般人が炎上する時，多くの場合社会的に受け入れられないことをしていることが多い。その意味では，後述するように炎上の良い影響として，社会にとって悪い行いが是正されているともいえる。しかし，日本は法治国家だ。何か社会的に受け入れられないことがなされたときは，法の下で裁かれるべきである。アイスケースに入った学生とコンビニ——つまり当事者——の間で話し合ったり，裁判をしたりして決着を見るのは良いだろう。しかし第三者が自分の評価軸で内容をジャッジし，個人に対して誹謗中傷や批判を浴びせかけ，その人が社会的制裁を受けるまで攻撃し続けるのは，私刑（リンチ）と変わらないといえる。

　さらに，インターネットは過剰性を持つ（荻上, 2007）。この場合の過剰性とは，制裁の過剰だ。学生がコンビニに迷惑をかけたからといって，退学や罰金などの罰を受けるだけでなく，長期間にわたりまともに社会生活を送るのが困難になるのが，本当に妥当な罰かは疑問である。さらに，炎上対象となった人は，規範に反した行為をしている者が法的手続きをとるのはおかしいという思い込みから，書き込まれた誹謗中傷に対して，民事・刑事的手段をとることが難しくなっているという指摘がある。これを板倉（2006）では誤ったクリーンハンズの原則[20]としている。

20）自分が綺麗でなければ，法の保護は受けられないという原則。つまり，自分が法律違反をしておきながら，法律で助けてもらおうというのは許されないというものである。

4-12 | ある日突然炎上対象となる

　これまで様々な炎上事例を取り上げてきた。事例を読んでいて，炎上対象に明らかに非があるものから，賛否両論のもの，こじつけで炎上しているようなもの，様々に感じただろう。そして，炎上というのはどこか遠いところの現象で，対岸の火事だと考えた人もいるかもしれない。しかしながら，自分が何もしていなくても，無関係なことである日突然自分が炎上の対象になることがある。典型例が，前述した「スマイリーキクチ中傷被害事件」だろう。

　他にも，常盤自動車道で男性会社員があおり運転を受けた後に殴られた事件では，傷害容疑で指名手配された男性の車に同乗していた女性として，全く関係ない女性の写真や個人情報が拡散されたこともある。特に「ガラケー女」という言葉が広く拡散された。ガラケー女という名称は，「殺すぞ」などと怒鳴りながら被害者の会社員を殴打する様子を，同乗者の女性が携帯電話で撮影している様子がクローズアップされ，つけられた名称だ。スマートフォンではないフィーチャーフォン（いわゆるガラケー）であったため，このような名前となった。

　この事件に対する社会の注目度は高かった。そして，「あおり運転　指名手配犯　ガラケー女　○○　拡散希望」などと書かれた投稿が，Twitter で瞬く間に拡散されていった。ところが，これは同乗者の女性とは全く異なる女性に対する事実無根のデマだったのである。

　同乗者の女性と間違えられた会社を経営していた女性のもとには 300 件を超える苦情の電話と，ソーシャルメディアへの「捕まれ BBA（ババア）」「精神異常者」などの批判や誹謗中傷が 1,000 件以上寄せられることとなった。全く関係のない事柄で，大量の攻撃を受けたのである。声明文を出し，記者会見を開き，そのうえで真犯人が逮捕されたことで，やっと事態は収拾に向かう。しかし，今度はデマを流した人に対して訴訟を起こすべく動いたら，「金銭目的の浅ましい行為だ」などという新たな誹謗中傷が書かれるようになったという。

　また，2013 年，滋賀県の男性がブログ開設者を相手取り損害賠償を求める訴訟を起こした。理由は，2011 年に起きた大津市の中学 2 年生の男子生徒がいじめを苦に亡くなってしまった事件に絡み，その加害者少年の祖父であると，事実無根のことをブログに書かれたためである。同じ県で起きた事件で，加害

者少年は同姓ではあったものの，男性とは全く関係がなかった。

　男性の勤務先には「殺人鬼はいるか」「死ね」など脅迫じみた電話が100本以上殺到した。そのたびに根拠のない噂と否定したものの，脅迫電話や脅迫状は止まず，内容が誤りであると報じられてもなお，沈静化には1週間以上を要した。さらに沈静化しても，ネットには書かれた情報がいつまでも残る。友人・知り合いは黙っていても，本当は（誤解したまま）自分のことをそのように見ているかもしれない。あるいは，家族に危害が加えられるかもしれない。思い悩んだ男性は，精神科に通院までした。

　結局，ブログに顔写真や虚偽の事実を掲載した男性は，名誉棄損罪で罰金20万円の略式命令を受けることとなるが，受けた精神的被害はなかったことにはできないのである。

4-13 ｜ 炎上の特徴と社会的影響

　炎上の社会的影響として，まず良い影響としては，企業など強者の不正行為に対し，消費者という弱者の声が通りやすくなったという点である。例えば前述した「PCデポ不要契約炎上事件」では，弱い立場である消費者が，証拠の写真付きでツイートすることができたおかげで，企業の不正行為が明るみになり，様々な対応がなされた。これはインターネットがなければ泣き寝入りになっていたかもしれない。また，「鹿児島県志布志うなぎPR動画事件」では女性蔑視的な動画が削除されることとなったし，様々な規範に反した行為や差別的な言動に対して是正が促されることになり，また，抑止効果も発揮しているかもしれない。さらに，インターネット上で批判をするのも表現の自由であり，議論を活発にしていると捉えることもできる。

　一方，悪い影響としては，炎上対象者の心理的負担増加や，社会生活への影響，企業であれば株価の下落やイメージダウンがある。進学・結婚の取り消しといったケースも既に出てきているし，自死することを考えたという例も出ている。韓国では芸能人が自死するような炎上事件が多発しているし，日本でも起こった。企業の株価については，田中（2017）が中規模以上の炎上[21]について分析したところ，平均的な株価への影響はマイナス0.7%であったことが分

21）2017年当時存在していたNAVERまとめにおいて，1万件以上のPVがあった炎上のこと。

かっている。また，大規模な炎上に限ると，5%程度の下落が見られたという。0.7%というと大きくなさそうであるが，実は航空機事故や化学工場の爆発事故による株価の下落幅と同程度の数字である。

　また，特に個人を対象とする炎上の特徴としては，誹謗中傷や個人情報の流布といった個人攻撃がメインとなり，議論が起こらないというものがある。あらゆる炎上事例がそうなっているが，例えば極大規模炎上であった「五輪エンブレム騒動」もそうだ。詳しくは4-5に書かれているが，本件ではいくつか議論のポイントがあった。例えば，旧エンブレムのデザインについて，仮に多くの人が著作権侵害と感じたにもかかわらず，専門家（特に法律の専門家）の間で著作権侵害に当たらないという見方が強かったとすれば，人々の求める水準と法律が一致していないということになる。そこは大いに議論する余地があるだろう。また，他にも，エンブレム選考過程が不透明であるという批判が多かった。そこも議論すべき点といえる。しかし現実にはそのような議論はなされず，最終的に個人情報の拡散と家族への誹謗中傷にまで至り，佐野氏は「人間として耐えられない」としてデザイン撤回となった。また，著作権についても，専門家の間では著作権侵害に当たらないとの意見が多かったものの，擁護する人間も攻撃対象となり，沈黙せざるを得ず言論発信を停止するに至った。まさに，4-11で見たような，各々の価値観による過剰な個人攻撃がされたといえる。

　とはいえ，これらはあくまでミクロ的な影響である。より広い視点でマクロ的な影響を捉えると，表現の萎縮がある。何か表現するだけでバッシングを受けるために，様々な表現ができなくなるというものである。表現の萎縮は，既に大きな社会現象となっているといっても過言ではない。五輪エンブレム騒動の続きからもそれが確認される。デザイナーの佐野氏がエンブレムを取り下げてエンブレムの変更が確定した後，2015年12月上旬締め切りで急遽新エンブレムが募集された。そして，2016年1月時点で8つの候補が残ったことが報じられた。この8つについてどのようなデザインであったかは明らかになっていないし，今後も明らかにならないだろう。

　しかし，4月に公表された新五輪エンブレムの最終候補4作品の中で，その前の8つの候補に入っていたのは3つしかなかったことが分かっている。つまり，ベスト4を決める際に，ベスト8外から候補を持ってきたのである。なぜこのようなことが起こってしまったかというと，その理由は商標調査にある。8つの候補から絞る際に商標調査を行った結果，半分を超える5作品が商標的

に危ういという判定をくだされ，選考から漏れてしまったのである。

　ここで1つ疑問が残る。あのように著作権関係で大きな事件に発展した五輪エンブレム事件の直後に，他者の著作物を，法律に触れるレベルで利用した作品を応募した人が，それほど多かったのかということである。むしろ，選考する側がかなり守りに入り，少しでも著作権侵害の疑いがありそうな作品は全てNGにしたという可能性が高いかもしれない。クリエイターの立場に立って考えてみると，選考でせっかく残った8作品の中で5作品もが，最終的な審査も行われずに落選したのである。そこに投資した時間やかけた想いを考えると残念な結果であるし，素晴らしかったかもしれないデザインが表現の過剰な萎縮によって審査さえされなかったとすれば，それは人々にとってもマイナスといえる。

　さらに，これは企業に限らない。著名人も，一般人も，何か発信すればどこからともなくやってきた誰かに攻撃される可能性があるため，表現をしづらくなっている。これを読んでいる読者の中にも，ソーシャルメディア上では政治の話題をしないと決めている人も多いのではないだろうか。政治・ジェンダー・宗教・安全保障——センシティブで議論すべき話題ほど攻撃を受けやすく，ソーシャルメディア上では表現しにくい。結局，ソーシャルメディアが普及して誰もが自由に，平等に発信できる人類総メディア時代になったにもかかわらず，人々の手によってその自由さを失い，表現の萎縮が起こっているといえる。

　従来から表現規制の議論の中心となってきたのは，政府による規制であった。しかし情報社会になり，誰もが自由に発信できるようになったことで，これまでにない規模での大衆による表現規制が起こっている。しかもその規制水準は，政府による規制よりはるかに高い水準となっているのだ。

第5章

データから見るネット炎上

本章では，ネット炎上に参加している人の人数，特徴，動機などについて，Twitter データやアンケート調査データから，実態を明らかにしていく。

〈本章のポイント〉

- 炎上1件あたりについて，Twitter にネガティブな意見を書き込んでいる人はネットユーザの約40万人に1人である。
- 炎上が広がる中で，リツイートや URL を貼っているだけのものを含めると，実際に意見を投稿したユーザの21.4倍も投稿されている。さらにその投稿に対してフォロワーが見ているため，少人数の意見でも多くの人が目にすることになる。
- 炎上1件当たりの最大書き込み回数は，炎上参加者の69％が1〜3回なのに対し，51回以上の人が3％存在している。一部の炎上参加者の，さらにごく一部の投稿数が非常に多い。
- 炎上に参加しやすい人の特徴として，「男性」「若い」「世帯年収多い」「主任・係長クラス以上」「メディア利用時間が長い」といったものがある。
- 炎上参加者は協調性が低い一方で開放性が高い。また，社会・他人に対して否定的（不満を持っている）で，攻撃性がある傾向にある。
- 炎上に書き込む動機として，約60％〜70％は正義感である。また，正義感型の炎上参加者は，書き込みをする炎上の件数も，1件あたりに書き込む回数も多い傾向にある。
- マスメディア・ミドルメディアとソーシャルメディアの共振現象が炎上を激化させている。

5-1 ｜ 炎上に書き込む人の数──アンケート調査からの推計

　第4章で見てきたように炎上は頻発しており，また，様々な社会的影響を持っている。では，このような炎上というのは，いったいどれほどの人の声が反映されたものなのだろうか。それについて，5-1ではアンケート調査データをベースに推計する。

　用いるアンケート調査は，2014年11月に実施した，20〜69歳の男女を対象としたオンラインアンケートデータ19,961件と，2016年6月に実施した，20〜69歳の男女を対象としたオンラインアンケートデータ40,504件である。いずれもアンケートはマイボイスコム社の登録モニタに対して実施している。

　まず，2014年の調査において，以下のような質問を行った。

> Q. ネット上ではさまざまな炎上事件というのがあります。炎上事件とは，ある人の書き込みをきっかけに多数の人があつまってその人への批判・攻撃が行われる現象です。
> 　炎上事件についてあてはまるものをひとつ選んでください。
> 　1．炎上事件を聞いたことがない
> 　2．ニュースなどで聞いたが，実際の書き込みを見たことはない。
> 　3．実際の書き込みを1度だけ見たことがある（まとめサイト含む）
> 　4．実際の書き込みを何度か見たことがある（まとめサイト含む）
> 　5．1度書き込んだことがある
> 　6．2度以上書き込んだことがある

　選択肢5と6が選ばれた場合，炎上に書き込んだ人（炎上参加者）となる。調査の結果，「1度書き込んだことがある」人が0.48％，「2度以上書き込んだことがある」人が1.03％となり，合計1.51％となった。サンプルの1.51％が炎上に参加しているということになる。推計値1.51％の標準誤差は0.086％となり，95％信頼区間は1.37％〜1.65％となる。サンプルサイズが多少変化しても大勢は動かない。

　ただし，本推計値には2つのバイアスが考えられる。第一に，回答者が炎上に参加したことを恥じている場合，アンケートに正しく回答しないということ

が考えられる（参加したことがあるのに参加していないと答える）。この場合，推計値は過小推定となる。しかし現実的には，このバイアスはそれほど大きくないと予想される。なぜならば，後述するとおりネット炎上参加者の約60〜70%は自分が正しいと思う正義感から書いており，恥じて隠そうとしているとは考えにくいためである。

第二に，アンケート回答者のインターネット利用にバイアスがあることが考えられる。具体的には，回答者はインターネット調査会社にわざわざモニタ登録をしている人であり，インターネットをよく利用している人であることが予想される。特に2014年調査当時は回答者の主な回答手段がパソコンであったため，2021年現在よりもカジュアルなネットユーザが少なかったと予想される。この場合，インターネットをよく利用している人のほうが炎上に参加する確率が高いと考えられるので，推計値は過大推定となる。これは実は総務省の調査と比較すると明らかである。本調査における平日にインターネットを利用する時間の平均値は，全体で162.3分だったのに対し，総務省（2015）では83.6分となっており，倍近くとなっている。

そこで，NHK放送文化研究所が行った調査である諸藤・関根（2012）を参考にして，この値を補正する[1]。諸藤・関根（2012）は訪問留め置き調査で行われており，インターネットによる調査ではない。このようにバイアスを補正して推計を再実施した結果，炎上に過去1度でも書き込んだことのある人は1.11%となった。さらに，これを「過去1年以内」の現役炎上参加者に絞って推計した場合，0.47%となった。この約0.5%という値が，2014年のアンケート調査データを基とした推計値となる。

また，同様の調査を2016年でも行った結果，約0.7%となった。これは炎上件数の増加に伴ったものと考えられる。エルテスの調査では，2014年のネット炎上件数が667件，2015年の件数が1,002件となっているため（総務省, 2019），この増加分，現役の炎上参加者が増えたと思われる。

さて，ここから炎上1件当たりの参加者数を推計する。後述するが，2016年の調査で，炎上参加者1人当たりの1年間における平均参加件数が約4件であ

---

1) 本調査ではインターネット利用時間ごとの割合が分かるため利用した。例えば，インターネット利用時間が1時間未満は53.2%，などである。なお，調査ではインターネットを利用していない人も対象であったが，インターネットを利用している人だけの統計データを算出することで，分母をインターネットユーザで統一した。

ることが分かっているので，これを用いると以下のように推計できる。

$$2014\,年調査より：0.47\% \left/ \frac{667\,件}{4\,件} \right. = 0.0027\%$$

$$2016\,年調査より：0.7\% \times 1{,}002\,件 \div 4\,件／人 = 0.7\% \left/ \frac{1002\,件}{4\,件} \right. = 0.0028\%$$

　これらからは，2014年でも2016年でも炎上参加者割合はほとんど変わっていないことが分かる。つまり，炎上1件で反映されている声というのは，およそネットユーザの0.0027%〜0.0028%（約35,000人に1人）といえる。そして，インターネット利用者数は，2014年には1億18万人，2016年には1億84万人と推計されている（総務省, 2019）[2]。これをそのままかけ合わせれば炎上1件当たりの参加者数は2,700人〜2,800人程度といえる。しかし，総務省（2017）の調査対象者は6歳以上となっており，我々の調査（20歳〜69歳）とは乖離がある。6歳〜19歳と70歳以上のネットユーザにおいて，炎上参加確率が20〜69歳と同程度とは考えにくいため，前述の人数は過大推定と考えられる。以上を踏まえると，およそ2,000人〜2,500人程度が炎上1件当たりの参加者数と推定される。

5-2 ｜ 炎上に書き込む人の数── Twitter からの推計

　5-1でおおよその炎上参加者数が分かったが，値にはいくつかの課題もある。第一に，アンケート調査であり炎上に書き込んだかという総合的な聞き方になっていること（本人が炎上だと認識していない場合数字に反映されない）。第二に，調査から既に5年以上経過していること。第三に，平均値しか算出できないために一部の大規模炎上によって値が高くなってしまうこと。第四に，コメントが炎上対象に対してネガティブなものだったのかポジティブなものだったのか分からないこと。これらを踏まえ，別の分析も実施する。

　具体的には，シエンプレ デジタル・クライシス総合研究所と協力し，2020年の炎上事例における Twitter 投稿数を取得した。4-1でも記しているとおり，当研究所では，「炎上」というキーワードを含む Twitter 上の投稿を抽出し，

───────────

2）https://www.soumu.go.jp/johotsusintokei/whitepaper/ja/h29/html/nc262120.html

目視にて分類（特定の団体や個人に依存しない事象は除外）して，炎上としてカウントしている。2020 年 1 月〜 12 月にはそのような炎上が 1,415 件あったわけだが，その中からランダムに 22 件を抽出し，それら炎上に関連するツイートについて，炎上発生から 1 週間[3]のものを分析した。

　抽出された炎上の事例としては，大規模なものとしては第 4 章で紹介した「アツギタイツキャンペーン事件」や「『これでわかった！世界のいま』差別事件」などが含まれる。また，小規模なものとしては，「新型コロナウイルスは怖くない」「高須院長はエセ」などと発言していた医者がツイートを削除・ユーザ名を変更して証拠隠滅を図ったとして炎上したものなどがある。

　データとしてはまず，炎上事案発生後 1 週間について，以下を取得した[4]。

- 投稿数
- リツイートを除外した投稿数
- 投稿ユーザの数
- リツイートを除外した投稿ユーザの数

　取得に当たってはキーワードを指定して網羅的に取得した。例えば，「アツギタイツキャンペーン事件」であれば，メインのワードを「アツギ」「ATSUGI」とし，サブのワードを「性的搾取」「タイツ」「性的」「イラスト」とした。これらの意味は，メインワードのいずれか 1 つ以上と，サブワードのいずれか 1 つ以上が入っていれば取得することを指す。この例でいうと，「アツギ」「タイツ」を含むツイートは抽出されることになる。

　ただし，このような抽出方法では，炎上と関係のないツイートも多く含まれる。そこで，抽出されたツイートからランダムに 150 件[5]選択し，目視で内容を確認することで炎上と無関係なものを排除した。さらに，ツイートを「（炎上対象に対して）ネガティブ」「判断不能」「（炎上対象に対して）ポジティブ」「URL など情報を貼っているだけ」の 4 つに分類した[6]。その割合から，22 件

---

3) 炎上で話題になるピークは炎上発生直後であり，多くの場合その後数日〜 1 週間程度で収束するため。
4) これらの値は Decahose API を使い，Twitter の全体の 10 ％のデータを解析し，実際の100 ％データにスケールして数値を推計することで取得した。
5) 取得ツイートが 150 件に満たない事例については全てを選択した。

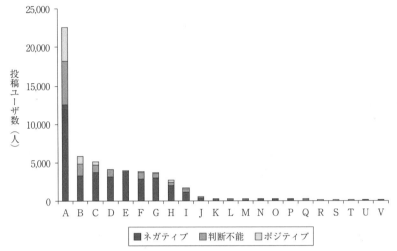

図5.1　各炎上のリツイートを除外した投稿ユーザ数

の炎上について「リツイートを除外した投稿ユーザの数」を示したのが図5.1である。図5.1では，22件の炎上にA〜Vのアルファベットを付けて，投稿ユーザ数が多い順に並べている。また，関連するURLなど情報を貼っているだけのユーザは拡散しているだけの扱いとし，数値から除外している[7]。つまりこれは，何らかの意見を投稿したユーザの数といえる。

　図5.1を見ると，ポジティブを含む全体の投稿ユーザ数ですら，半分以上の炎上では数十〜数百人しかいないことが分かる。突出して多い炎上Aでも22,567人であり，2位の炎上Bでは5,872人となっている。これらの平均値は2,546人，中央値は312人であった。さらにこれを炎上対象にネガティブなものだけに絞ると，平均値は1,708人，中央値は235人であった。

　つまり，炎上がひとたび起こっても，平均的に1,700人程度の人しか批判を書き込んでいないということになる。この約1,700人（全体で約2,500人）という数値は，アンケート調査からの推計値と近い。無論，炎上時の投稿先としてはTwitter以外も存在するため，Twitterだけの推計では不十分である。ただし，

6）投稿者によって削除済みのものについては，4つの分類は削除されていないツイートと同じ比率だったと仮定した。

7）URLなど情報を貼った後，コメントを投稿しているユーザは投稿ユーザ数としてカウントしている。

4-4 で「2016 年 12 月～ 2019 年 11 月において『炎上』を含むワードがどれほど拡散・投稿されたかを分析したところ，94.5％を Twitter が占めていた」とあるように，Instagram，Facebook，Yahoo! ニュースなどと比較しても，Twitter が炎上発生源となっている割合が圧倒的に高い。であれば，意見を投稿している人の多くが Twitter で行っていると考えられ，Twitter で投稿せずに他で投稿しているという，本分析から漏れた人はそれほど多くないと予想される。

　さらに興味深いのは中央値である。炎上が起こった時，炎上対象にネガティブな投稿をしている人は 235 人しかいない。つまり，炎上の大半は約 250 人以下の人で起こされているということである。これはネットユーザの約 0.00025％以下（40 万人に 1 人以下）に過ぎない。なお，最低値は 15 人であったので，15人で炎上といわれているケースもあるようだ。さらに便宜上「人」という単位を使っているが，実際にはアカウント数である。そのため，複数アカウントで同じ炎上について投稿している人がいれば，この人数はさらに少なくなる。

　炎上が起こると大量の人が攻撃に加わっているように見えるし，炎上対象となっている人・企業からすれば世界中が敵になったかのように感じるだろう。しかしその実，そこに反映されているのは多くの場合 250 人以下の人のネガティブな意見だったのである。なお，ネガティブな投稿ユーザが最も多かった炎上 A でも 12,492 人であり，これでもネットユーザの 0.012％に過ぎない。

　この結果が示すのは，いざ炎上が起こった際に自分の意見を投稿している人は全体から見ればごくわずかしかいないということ，そして，2014 年，2016年，2020 年と，年間炎上件数などに変化はあるものの，炎上 1 件当たりの投稿ユーザ数は大きく変わっていないということである。

5-3 ｜ ネット時代の拡散力

　このように見ると炎上というのは小規模なもので，第 4 章で見たような大きな影響を及ぼすようには到底思えない。しかしながら，インターネットの持つ高い拡散力は，たった 40 万人に 1 人のネガティブな意見しかないようなものだったとしても，炎上を大規模にしていく。

　炎上がソーシャルメディア上で大規模になっていく理由としては，複数挙げられる。

①投稿者が複数回投稿することで投稿回数が増え，多くの批判がついているように見える。

②まとめサイトやネットメディアが取り上げた記事の URL を投稿することで拡散される。

③リツイート（シェア機能）で拡散される。

先ほどの炎上A～Vの例を見てみよう。まず，①については，投稿者1人当たりの投稿回数は，どの炎上事例でも約1.5回～2.2回で，平均値は1.8回であった。5-4で後述するように一部大量に書き込む人はいるのだが，多くの人は1回，多くても数回書く場合が多いといえる。

では，②も③も含めた投稿数，つまり意見＋リツイート＋URL など情報を貼っただけの，総投稿数はどれくらいだろうか。分析の結果，なんと実際に意見を投稿したユーザ数の21.4倍が投稿されていることが分かったのである[8]。つまり，例えば2,000人が炎上に参加していたとして，リツイートなども含めた総投稿数は42,800件となる。ソーシャルメディアに備わっているリツイートなどのシェア機能は革新的であり，有益な情報を素早く，広く伝達するのに貢献している。しかしそれは同時に，このように炎上を瞬く間に広げていくのにも貢献しているといえよう。

さらに，投稿を見ている人は投稿数よりはるかに多い。なぜならば，投稿者のフォロワー全員がその投稿を見ることが可能だからである。2016年のデータとなるが，日本語を使っている Twitter ユーザのフォロワー数平均値は648である（facenavi, 2016）。とはいえ，現実的にはフォロワーであったとしても投稿を全てチェックしているわけではないし，フォローしている複数のアカウントから同じ内容がリツイートされているケースもあるだろう。以上を加味して，フォロワーのおよそ10%——平均して約65人——が新たにその炎上について知ると仮定しよう。

この場合，2,000人が炎上に参加して総投稿数が42,800件となっている炎上は，約280万人が見ている計算になる。投稿ユーザ数の中央値312人[9]を使って計算しても，約43万人が見ているといえる[10]。

---

8) これは中央値。平均値は41.6倍であるが，一部の非常に倍率が高いものに結果が引っ張られているため，ここでは中央値で議論する。

9) ネガティブな投稿以外も含んだ数値。

　大規模な炎上を考えてみよう。炎上Aは突出して投稿ユーザ数が多かったが，リツイートなども含めた総投稿数もトップで約35.5万件であった。この場合，約2,300万人が当該炎上をTwitter上で見たといえる。日本のTwitterの月間アクティブユーザ数は4,500万人といわれるが，その約半分の人が炎上AをTwitter上で見たことになる。無論，拡散されればされるほど一人が複数の拡散を見る確率が高まるため，実際にはもっと少ない可能性もある。しかし，仮に平均してフォロワーの5%が投稿によって新規に当該炎上を知ったとしても，約1,150万人がTwitter経由で当該炎上を知った計算になる。

　ここで注意しておきたいのが，これが純粋にTwitterだけで広まった結果ではないということである。メディアが一切なかった場合，このように広がることは極めて考えにくい。5-11で後述するように，実際にはTwitterで話題になっているものをマスメディアやミドルメディアが取り上げ，Twitterユーザがそれを引用して投稿を行う。これは関連するURLなど情報だけを貼っているユーザがいたことからも明らかであるし，それ以外の投稿者もメディアで知った情報を投稿しているケースが少なくない。当然，それをリツイートしたものというのは，もとをただせばメディアが広めたことによって広まっているといえる。4-4で述べたような共振現象が拡散に貢献しているといえる（藤代, 2016）。

5-4 ｜ ごく少数のさらにごく一部が多くの言説を占める

　以上のように，炎上参加者はネットユーザのごく少数であった。しかし，さらにその中のごく一部の声が非常に大きくなっていることも分かっている。例えば，あるサイエンスライターが，森友・加計問題に関する公文書開示について政府は説明責任があるという趣旨のツイートをしたところ，誹謗中傷を受けたり，デマを流されたりするようになった事件がある。「旦那は強姦魔」「娘に淫売を強要」「不正に学位を取得」などの根も葉もない話で，大量のアカウントから誹謗中傷をしつこく受けることになった。しかし，当該サイエンスライターが特に悪質な投稿者に対して発信者情報開示請求[11]を行ったところ，特定

---

10) 投稿ユーザ数が少なければ，拡散率も減少しそうに思うかもしれないが，実際には投稿ユーザ数と拡散率にはほとんど相関がなかった。

11) インターネット上で何かの被害に遭った方が，損害賠償請求などをするためには，まず匿名の投稿者が誰か特定する必要がある。そのための手続きを発信者情報開示請求という。

された男性は数百の Twitter アカウントを保持し，別々の人物を装って誹謗中傷を繰り返していたのである[12]。

　また，先述の木村花さんの事件でもそのような傾向が見えている。NHK と共にツイートを分析した結果，木村さんに 10 回以上リプライを送っている人は，投稿者の中で 1.3% だったのに対し，投稿数では 14.7% を占めていた。注意していただきたいのは，これはあくまで投稿者の中での割合であるということだ。つまり，先ほどの Twitter 分析でも述べたとおり，炎上 1 件でネガティブなコメントを書いている人は，ネットユーザのおよそ 0.00025%（40 万人に 1 人）しかいない。その 0.00025% のさらに 1.3% の人が，彼女への投稿の 14.7% を占めていたというわけである。

　このような現象は，かなり一般的に起こっている。前述した 2016 年の 40,504 人を対象としたアンケート調査について，過去 1 年間で最も書き込みをした炎上案件でどれくらい書き込んだかを質問した。ただし対象としたのは，詳細に質問を行った 2,017 人である。また，詳細調査では炎上参加者を大目にとっているため，炎上参加者の人数は 277 人である。

　調査の結果は図 5.2 である。図 5.2 からは，炎上 1 件に対して最大で 1 回書き込んだことのある人が 35%，2 〜 3 回書き込んだことのある人が 34% で，合計 70% 弱の人は 1 〜 3 回という少ない回数となっていることが分かる。その一方で，51 回以上書き込んでいる人が 3% 存在する。これはあくまで最大投稿回数なので単純な比較には注意が必要であるが，少なくとも 51 回以上書いている 3% の人と，1 〜 3 回書き込んでいる 69% の人を比較した時，前者の方が後者よりも書き込み数は多くなる[13]。

　同じような傾向は，年間炎上参加件数でも確認することができる。先ほどは炎上 1 件当たりの書き込み回数であったが，今度は 1 年間で参加した炎上の件数を調査した。その結果が図 5.3 である。図からは，1 件の人が 32%，2 〜 3 件の人が 34% と合計 66% いるのに対し，11 件以上の人が 10% いることが分かる。1 年間で 11 件以上の炎上に書き込みをしているということは，およそ 1

---

12) なお，前述の「炎上対象にネガティブな投稿をしている人は 235 人（中央値）」というのは，厳密には 235 アカウントという意味である。本件のように複数アカウントで投稿している事例を考慮すると，参加者数はさらに少ないといえるだろう。

13) 2 〜 3 回書き込んでいる 34% の人が全員 3 回で，51 回以上の人が全員 51 回だったと仮定しても，$1 \times 0.35 + 3 \times 0.34 < 51 \times 0.03$ で，51 回以上の人の書き込み回数の方が多い。

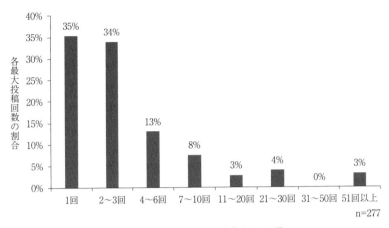

図 5.2　炎上 1 件当たり最大書き込み回数

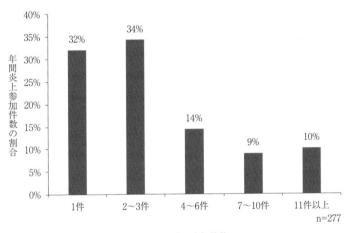

図 5.3　年間炎上参加件数

か月に 1 回以上のペースで炎上に参加している計算となる。同じ人が何度も書き込むだけでなく，同じ人が複数の炎上に積極的に参加している様子が分かる。

コラム5-1 炎上以外でも起こるごく一部の声の拡散

　以上見てきたような「一部の声がでかくなっている」現象は炎上に限らない。例えば，東京五輪開催前に「#東京五輪は中止します」と「#東京五輪の開催を支持します」という2つのハッシュタグが話題になった。1-2でも紹介したような，いわゆるハッシュタグ運動だ。鳥海（2021b）の分析によると，5月8日〜16日の期間に，前者はリツイートを含め85,115件投稿され，ツイートに参加したアカウントは27,520であった。後者は64,526件投稿され，ツイートに参加したアカウントは23,060であった。これらのワードはTwitterトレンド入りもして大きな話題となった。

　しかし，「#東京五輪は中止します」については，リツイート数の多かった上位5つのツイートは全て同じアカウントの発信であり，同アカウントの投稿は拡散全体の21%を占めていた。後者についても，リツイート数の多かった上位15個のツイートは全て2つのアカウントの発信であり，同アカウントの投稿は拡散の49.8%を占めていたのである。そして全体では，リツイートを含め約15万件も投稿があったが，その34.6%の発信源はこの3つのアカウントによるものであった。

　さらに，拡散行動においても特徴が見られた。「#東京五輪は中止します」の拡散の50%は8.7%のアカウントによって行われており，「#東京五輪の開催を支持します」の拡散の50%は15%のアカウントによって行われていたのである。特に前者の偏りは大きく，最も拡散したアカウントは287回拡散していたようだ。

5-5 　炎上参加者の特徴

　このように炎上に書き込みやすい傾向の人の特徴を分析するため，炎上参加行動を被説明変数とした回帰分析を行う。分析に使うのは2016年の40,504件のアンケート調査データである。特徴として用意した各変数としては，調査会社に回答者が登録しているデータを利用する。ただし，変数の中で世帯年収と役職については無登録のサンプルがいたため，分析に当たり排除した（排除後のサンプルサイズは32,868件）。分析モデル，推定結果の詳細な解釈は**付録3-1**を参照されたい。

　特徴として現れたのは**表5.1**のとおりである。表の見方であるが，例えば基礎属性については，「男性」「若い」「世帯年収多い」といった特徴を持ってい

表 5.1 炎上に参加しやすい特徴

変数分類	炎上に参加しやすい特徴
基礎属性	• 男性 • 若い • 世帯年収多い
役職・肩書	• 主任・係長クラス以上
メディア利用	• 新聞 • テレビ • インターネット

表 5.2 統計的に有意だった各変数の平均値（炎上参加別）

変数分類	変数	炎上非参加者	炎上参加者
基礎属性	男性（割合）	51%	70%
	年齢（歳）	47.50	40.50
	世帯年収（百万円）	6.04	7.10
役職	主任・係長クラス以上（割合）	19%	31%
メディア利用	新聞購読（割合）	71%	79%
	テレビ（時間／日）	2.56	2.69
	インターネット（時間／日）	2.70	3.57

る人は炎上に書き込みやすい傾向にあるといえる。ただし，これだけではイメージしにくいため，**表 5.2** では炎上非参加者と炎上参加者の各変数の平均値を比較している。

　各変数に解釈を加える。まず，基礎属性については，男性，若い，世帯年収が高いといった特徴の人は，炎上に参加しやすい（書き込みやすい）傾向にあることが分かった。例えば性別については，炎上参加者中 70% を男性が占めており，男性が書き込む傾向がかなり強いといえよう。若い人が書き込みやすいというのは，炎上がインターネット上の現象であることを考えれば自然である。一方，世帯年収が高いというのは興味深い結果である。平均値を見ても，炎上参加者では 710 万円であるのに対し，炎上非参加者では 604 万円[14]と，その差は 100 万円以上ある。

---

14) 炎上非参加者が厚生労働省の発表する年間世帯所得の平均値（約 550 万円）よりも高いのは，アンケートが 20 〜 69 歳を対象としたものだからと考えられる（高齢者のみの世帯などが対象から外れている）。

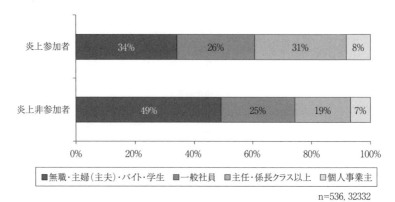

n=536, 32332

図5.4 役職・肩書きの割合（炎上参加別）

　次に，役職・肩書を確認すると，主任・係長クラス以上の場合，炎上に参加しやすい傾向が見られた[15]。平均値を見ても，炎上非参加者では19％しかないのに対し，炎上参加者では31％存在しており，その割合はかなり高くなっている。また，肩書についてもう少し詳しく見てみると，**図5.4**からは，「無職・主婦（主夫）・バイト・学生」の割合が49％（炎上非参加者）から34％（炎上参加者）になっているのに対し，その分，主任・係長クラス以上が増えている様子が分かる。

　以上を踏まえると，「独身で教養が低く，暇を持て余しているネットのヘビーユーザが，1日中パソコンの前で書き込んでいる」という従来持たれていたイメージとは異なり，一般的，あるいは少し裕福な人の方が，炎上に書き込みやすいといえる。これは意外なように感じるかもしれないが，そもそも，炎上に参加するのは何も暇でなくともできることを忘れてはいけない。たとえ役職付きで忙しくしていても，同居している家族がいても，仕事の休憩時間や家に帰ってからの自由時間の間に，今日1日何があったかインターネット上で情報収集し，書き込むのはたやすい。書き込むことに集中すれば，2時間も自由時間があれば数百件は書き込めてしまうだろう。結局，炎上とはそれほど簡単に

---

15) 変数として用意したのは，「無職・主婦（主夫）・バイト・学生」「一般社員」「主任・係長クラス以上」「個人事業主」の4つである。この内「無職・主婦（主夫）・バイト・学生」を基準として分析を行い，「一般社員」と「個人事業主」については基準と有意な差が見られなかった。

起こせてしまうものなのである。さらにいえば，こういった人が参加しやすい傾向にあるとはいえ，過去1年間に炎上に書き込んだことのある人は0.5 ～ 0.7%であり，1件当たりでいえば40万人に1人という割合だ。参加しやすいといっても，これが30万人に1人になるといった程度であろう。それくらいの割合で攻撃的な人は，主任・係長クラス以上にもいるといえる。

　最後に，メディア利用に関しては，全てのメディアで影響が見られた。つまり，新聞を購読している人，テレビ視聴時間が長い人，インターネット利用時間が長い人，こういった人は炎上に参加しやすい傾向にあるといえる。インターネットは予想通りであるが，他のメディアについては意外に感じる人もいるだろう。このようになった背景には，炎上参加者の情報感度があると考えられる。炎上しやすい話題として，ジェンダー関連，差別関連，政治関連などがある。これらについてある程度知識があり，自分なりの考えがあるからこそ，炎上に参加するのである。メディアにほとんど触れず，これらの話題に興味がなければ炎上に参加するインセンティブはないだろう。

5-6　　炎上参加者のパーソナリティ特性

　5-5で見たように，炎上参加者は一般的，あるいは少し裕福といったプロフィールが浮かび上がってきた。では，内面の特徴にはどのようなものがあるのだろうか。それを2つの方法で明らかにしていく。

　まずは，5-5と同様のモデルを使って，パーソナリティ特性について分析を行う。パーソナリティ特性としては，Big Five を用いる (Goldberg, 1990; John, Naumann, & Soto, 2008)。Big Five とは，人々のパーソナリティ特性を「外向性」「協調性」「誠実性」「神経症傾向」「開放性」の5つの大きな枠組みで捉えたものである。それぞれの特性は**表5.3**のようになっている。

　Big Five の5特性については，1項目で測定する日本語版 Ten Item Personality Inventory (TIPI) によって調査した (Gosling et al., 2003; 小塩ほか, 2012)。調査は以下の10項目について行い，それぞれ「7点：非常によくあてはまる」～「1点：全く当てはまらない」の7件法で回答してもらった[16]。

　Q. 以下の文章を読み，あなた自身にどのくらい当てはまるかについて，
　　　最も適切なものを選択してください。文章全体を総合的に見て，自分

表 5.3　Big Five のそれぞれの特徴（上野・小塩, 2018）

パーソナリティ特性	概　要
外向性	刺激を求め活動性が高く，エネルギッシュな傾向
協調性	利他性が強く，人間関係の円滑さを重視する傾向
誠実性	熱意があり，計画的で真面目に課題に取り組む傾向
神経症傾向	非現実的な思考を行いがちで，感情のコントロールができず，情緒不安定な傾向
開放性	知的好奇心や想像力，新しいものへの親和性が高い傾向

にどれだけ当てはまるかを評価してください。

1. 活発で，外向的だと思う
2. 他人に不満をもち，もめごとを起こしやすいと思う
3. しっかりしていて，自分に厳しいと思う
4. 心配性で，うろたえやすいと思う
5. 新しいことが好きで，変わった考えをもつと思う
6. ひかえめで，おとなしいと思う
7. 人に気をつかう，やさしい人間だと思う
8. だらしなく，うっかりしていると思う
9. 冷静で，気分が安定していると思う
10. 発想力に欠けた，平凡な人間だと思う

　分析の対象としたのは，先述の 32,868 人の内，さらに詳細に質問を行った 1,946 人である。ただし，炎上参加者の特徴を明らかにするため，炎上参加者が多めになるようにサンプルを取得した[17]。Big Five をモデルに組み込んで回帰分析した詳細な結果は付録 3-2 を参照されたい。分析の結果明らかになった炎上参加者のパーソナリティ特性は次の 2 つである。

---

16) 得点化に当たっては以下のような処理をしている。ただし，*印が付いているものは逆転項目で 8 から引いている。

外向性　　　=（項目 1 ＋項目 6*）/2
協調性　　　=（項目 2* ＋項目 7）/2
誠実性　　　=（項目 3 ＋項目 8*）/2
神経症傾向 =（項目 4 ＋項目 9*）/2
開放性　　　=（項目 5 ＋項目 10*）/2

　①協調性が低い
　②開放性が高い

　まず協調性が低いことについては，他人と調和的にやっていくことよりも自
分の利益を優先する協力的でないタイプで，他人に不親切，他人に不満をもっ
てもめごとを起こしやすいなどの特徴を表す。調査項目で関わっているのは
「2. 他人に不満をもち，もめごとを起こしやすいと思う」と「7. 人に気をつか
う，やさしい人間だと思う（逆転）」である。調査項目をストレートに解釈して
も，他人に不満を持ってもめ事を起こしやすく，人に気を使えない傾向がある
といえる。他人の行動を許容できず，規範に反している人や自分の考えと異な
る人に攻撃を仕掛ける炎上参加行動に協調性の低さが関与しているといえる。
　次に開放性が高いことについては，知的好奇心や想像力，新しいものへの親
和性が高い傾向を示す。調査項目で関わっているのは「5. 新しいことが好きで，
変わった考えをもつと思う」と「10. 発想力に欠けた，平凡な人間だと思う（逆
転）」である。開放性が高い人のほうが炎上参加しやすいというのは非常に興
味深い。その理由としては，革新性が高く他人と異なる考え方を持ちやすいた
めに，自分と異なる主張のものに出くわしやすく，結果的に炎上参加確率が高
まるというものが考えられる。あるいは，インターネット上の新しい事件に積
極的に興味を持ち，関与するということも考えられる。

5-7 ｜ 炎上参加者の社会・他人に対する考え方と攻撃性

　より詳細に内面的特徴を分析するため，考え方の調査を行った。考え方は 8
項目となっており，大きく分けて社会・他人に対する考え方と，攻撃性の 2 種
類となっている。それぞれの考え方を持つ人の割合を，炎上参加別に見たもの
が図 5.5 である。

---

17) このような措置により，1,946 名中 461 名が過去に 1 回以上炎上に書き込んだ経験のある
　人となった。ただし，これをこのまま回帰分析して全体の傾向を明らかにする場合，炎上参
　加者の説明力が高くなってしまう。そのため，元の炎上参加者出現比率に応じてウェイトバ
　ックをして分析した。ウェイトバックとは，サンプルと母集団の構成比が異なっているとき
　に，母集団の構成比に合わせて補正して分析する方法のことをいう。

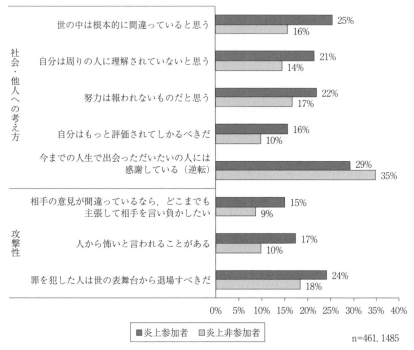

社会・他人への考え方

世の中は根本的に間違っていると思う 25% / 16%

自分は周りの人に理解されていないと思う 21% / 14%

努力は報われないものだと思う 22% / 17%

自分はもっと評価されてしかるべきだ 16% / 10%

今までの人生で出会っただいたいの人には感謝している（逆転）29% / 35%

攻撃性

相手の意見が間違っているなら，どこまでも主張して相手を言い負かしたい 15% / 9%

人から怖いと言われることがある 17% / 10%

罪を犯した人は世の表舞台から退場すべきだ 24% / 18%

0%　5%　10%　15%　20%　25%　30%　35%　40%

■炎上参加者　□炎上非参加者

n=461, 1485

図5.5　それぞれの考え方を持つ人の割合（炎上参加別）

　図5.5を見ると，逆転項目である「今までの人生で出会っただいたいの人には感謝している」を除き，全ての項目で炎上参加者の方の割合が高くなっているのが分かる[18]。「世の中は根本的に間違っていると思う」「自分はもっと評価されてしかるべきだ」「相手の意見が間違っているなら，どこまでも主張して相手を言い負かしたい」「人から怖いといわれることがある」──こういったことに該当する人は，炎上に参加しやすい傾向にあるのだ。

　以上のように5-5〜5-7を見ると，客観的な属性はやや裕福な傾向があるが，内面を見ると，「協調性が低い」「開放性が高い」「社会・他人に対して否定的（不満を持っている）」「攻撃性がある」といった特徴を持っている傾向があるといえよう。

───────────────
18）なお，これらは全て比率の差の検定によって有意な差があることが分かっている。

> ### コラム5-2　悪質クレーマーと炎上参加者
>
> 　炎上参加者の属性は，実は悪質クレーマーと近いことが分かっている。悪質クレーマーとは，次のいずれかが当てはまる人のことを指す。①とにかくクレーム回数が多い。②不当な金銭要求（「誠意を示せ」などと言い，過大な物品要求，無理難題などの要求をしている）。③因果関係が明らかでない。④恐喝，暴力，脅迫，監禁などをしている。⑤業務妨害（長時間・多頻度）。
>
> 　池内（2010）では，このような悪質クレーマーに，高学歴・（元）高所得で社会階層が高く，定年退職後の人が多いことを指摘している。また，自尊感情が高く完全主義的な傾向が強いこと，社会的不満が高いといった特徴もあるようだ。「私は，どこそこの営業部長をやっていたんだが……」というように，権威をかさに着て，後輩育成のような感覚で企業をしかりつけるようなクレームが多いというわけである。ネット炎上はインターネット上の現象で高齢者との親和性が小さいため，年齢については特徴が異なるものの，多くの部分で悪質クレーマーの特徴と炎上参加者の特徴は被る部分がある。
>
> 　また，同研究では，クレーマーは寛容性が低いという性格的特性も指摘されている。筆者の研究は厳密に同じ調査で寛容性について分析したものではないが，協調性が低いことや，社会・他人に対して否定的（不満を持っている）で攻撃的であるということが分かっている。「相手の意見が間違っているなら，どこまでも主張して相手を言い負かしたい」という考えを持っている割合も相対的に高い。以上を踏まえると，炎上参加者とクレーマーの属性が非常に近いことが分かる。

5-8 　炎上に書き込む人の動機は正義感

　では，このように炎上に書き込む人というのは，いったいどのような動機で書き込んでいるのだろうか。炎上参加動機について触れられた研究では，田代・折田（2012）が，懲らしめたい・直したいという衝動から炎上に書き込んでいる人の存在を指摘しているほか，中川（2010）は炎上加担者の分類の1つに義憤型を挙げ，スマイリーキクチ（2014）では，スマイリーキクチを犯人と思い込み，正義感から殺害予告を書き込んだ犯人がいたことが述べられている。また，Moor（2010）は，炎上[19]のほとんどの場合は投稿者に対する反論から起こされているとしている。そこで，仮説として次の仮説1が立てられる。

　　仮説1：炎上で書き込まれているものの多くは許せなかったからなどの正
　　　　　　義感からなされている（正義感型）

　そして，もう1つ指摘されているのが，平井（2012）で述べられているよう
な，対象へ反省を求めるというよりも集団でネタにするといった動機である。
同様の指摘は，吉野（2016）でもされており，炎上参加理由の推測として「面
白いから」が高い数値となっている。また，中川（2010）は，ネットユーザは
暇人であり，ユーザ同士妙な連帯感を持ち，クレームや炎上で自らのストレス
を発散していると述べている。そこで，次の仮説2が立てられる。

　　仮説2：炎上で書き込まれているものの多くはストレス発散や面白いから
　　　　　　などの楽しみからなされている（楽しみ型）

　以上を踏まえ，炎上参加動機について調査を行う。調査では，個別炎上事例
5つについて書き込んだかどうかを聞いたうえで，書き込んだ理由を以下のよ
うに回答してもらった。選択肢は，1，2が正義感型であり，4，5が楽しみ型
となっている。また，追加で，便乗型の3を選択肢に盛り込んだ。これは，弁
護士や有識者へのヒアリング調査の中で，便乗して参加している人がいる可能
性を指摘されたためである。調査対象は前述の詳細な質問をした2,017人[20]で
ある。

　　Q．それぞれの炎上事件について，あなたはなぜ書き込みましたか。最も
　　　　近いものを選んでください。
　　　1．間違っていることをしているのが許せなかったから
　　　2．その人・企業に失望したから

───────────────

19）ただし，元の論文で分析されているのは YouTube における flaming である。flaming は
　　炎上の英訳であるが，定義が若干異なる。例えば Moor（2010）でも「侮辱，悪口，その他
　　の攻撃的な言葉を使って敵意を示すこと」と定義されている。日本的な炎上の認識と異なる
　　のは，1対1のメールやコメントでも flaming と呼ぶ点である。
20）5-7と人数が異なるのは，役職・肩書や世帯年収について未登録の人も対象としているた
　　めである。

　３．多くの人が書き込んでおり，自分も参加すべきと感じたから

　４．色々書き込むのが楽しいから

　５．ストレス解消になるから

　なお，対象とした個別炎上事例は次のとおりである。（　）内はサンプルの中で当該事例に書き込んだと答えた人の数を示す。

　（ア）一般人がアイスケースに入った写真を Twitter などにアップして炎上した事件（145 人）

　（イ）五輪エンブレムやそのほか手がけた作品が他の作品と類似しているとしてデザイナーが批判を浴び，五輪エンブレムが変更された事件（184人）

　（ウ）あるサイトにて半額で購入したおせち料理が写真と全く異なり炎上した事件（143 人）

　（エ）ある企業が「働く女性たちを応援するスペシャルムービー」として動画サイトに公開した CM が，女性への偏見を助長するなどとして批判を浴び，非公開となった事件（84 人）

　（オ）あるタレントとバンドボーカルの不倫が発覚して炎上し，タレントが活動自粛となった事件（191 人）

　これら５つを選択した理由としては，有名な事例であること，対象が一般人・芸能人・企業と網羅されていること，明らかな不正行為と議論が割れそうなものが両方含まれていることなどが挙げられる[21]。

　それぞれの炎上参加動機調査の結果が図5.6である。割合の分母は，各事例に対して書き込んだ人の数である。図5.6を見ると，「間違っていることをしているのが許せなかったから」と「その人・企業に失望したから」を合わせたものは，どの事例でも合計約 60 ～ 70% いることが分かる。これらはいずれも炎上対象を批判しており，少なくとも彼らの中の正義感から炎上に書き込んでいる人（正義感型）といえる。

21）炎上について回答者に認識してもらうため，調査票冒頭で以下のように記載している。
　　「ネット上では様々な炎上事件があります。炎上事件とは，ある人や企業の行為・書き込みに対して，多数の批判や誹謗中傷が行われる現象です。」

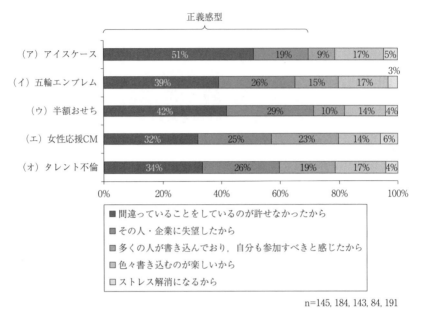

n=145, 184, 143, 84, 191

図5.6　炎上に書き込む動機

　また，「多くの人が書き込んでおり，自分も参加すべきと感じたから」とい
う便乗型の人は，どの事例でも約10％〜20％程度おり，特に女性応援CMで
多い。最後に，「色々書き込むのが楽しいから」「ストレス解消になるから」と
いう，炎上を楽しんでいる楽しみ型は，どの事例にも20％程度いた。

　以上のことから，炎上事例に参加する理由は，正義感である人が大半であり，
便乗型や楽しみ型を上回った。これは，中川（2010）において「彼らにとって
はもはや"いじめという名の娯楽である"」といわれているものの，少なくと
も書き込んでいる本人にとっては異なるといえる。彼らはあくまで許せなかっ
たり失望したりして書き込んでいるのであって，楽しんだりストレス解消のは
け口としたりしている人は，少数派である。このことから，少なくとも個別事
例ベースでは，仮説1が支持され，仮説2は支持されなかった。

　ただし，これは社会的正義ではなく，あくまで個人個人が持っている考え
方・価値観での，その人の中での正義感である。正義感とは，人によってバラ
バラである。ある物事を許せる人もいれば，全く気にしない人もいる。ある物
事を不快に感じたときに，それがたとえ第三者の全く関係のない人であったと

しても批判したり誹謗中傷したりするのが正しいと思う人もいれば，第三者に対してそのようなことをしない人もいる。価値観とは多様なもので，1億人いれば1億とおりの正義が存在する。それぞれが思い思いの価値観で正義を振りかざし，批判を集中させているのが炎上といえる。

　このような動機は，事例ベースでも分かっている。例えば，先述した木村花さんの事例において，心無いリプライをしていた人に対してNHK（2020）が取材したところ，以下のように述べている[22]。

　　情けない気持ちというのは自分も持っていて，「情けないな」と思いながら生きている。それを，自分より圧倒的に立場が上でうまくいっている人に「なめているのか」と言われることはバカにされた感覚。「夢もって頑張っているやつを，ある程度成功している人がバカにするなよ」と思う。その声を届けたほうがいいって思う。正義感ですよ，いらぬ。

　4-3で見たスマイリーキクチ中傷被害事件でも前述したとおり多くの人が正義感から書いたと述べているし，五輪エンブレム騒動（4-5参照）でも同様だ。NHKが五輪エンブレム騒動で書き込みをしていたデザイナーの男性を取材している。取材によると，最初は「これはおかしい」と思って軽い批判を書いていたのが，それに賛同して批判する意見がネット上に多く溢れているのを見ていくうちに，どんどん攻撃的で，感情的な書き込みをするようになってしまったようだ。

コラム 5-3　正義中毒

　「正義中毒」という言葉がある。中野（2020）は，人間は正義感をもとに他人に制裁を科すことで快楽物質「ドーパミン」が分泌され，悦びを抱くと指摘している。しかし，この快楽に溺れてしまうと，やがて極端に不寛容になり，他人を許さずに正義感から裁くことで快楽を得ようとし続けてしまう，正義中毒になると警鐘を鳴らす。

22）こう述べた20代男性は，自身の病気が理由で大学を辞めていた。そして，コメディアンになる夢に向かってもがいている男性出演者に感情移入しており，彼が木村氏から「人生をなめている」と問い詰められているのを見て，反感を抱いたという。

　しかも，この正義感から裁く快楽は，インターネット上では現実社会よりも強いものとなる。なぜならば，インターネットには自分と同じようにその人・企業を「許せない」と思い，同じように正義感から攻撃を仕掛けている人が少なからず存在するためだ。しかも，それをいつでも見ることができる。仲間と共に悪に対して正義の裁きを下している図式になるわけである。第1章のエコーチェンバーやフィルターバブルもそれを助ける。

　加えて，そのように一部の「罰を与えよう」とする書き込みによって，企業も，芸能人も，一般人も，大きく過剰な社会的制裁を受けることが多い。自分の言動で相手が社会的制裁を受けているのを見ると，その正義感はさらに満たされ，正義中毒からどんどん抜けられなくなっていくのである。

5-9 　正義感型の炎上参加者は書き込み回数が多い

　次に，個別炎上事例ベースではなく，そもそも炎上全般に対して人々がどのように考えているかを調査する。調査は以下のような問いによって行った。

　　Q. 炎上事件は多く発生しています。炎上事件に対して，あなたはどう考えていますか。最も近いものを選んでください。
　　　A）企業の不正や著名人の反社会的行為（不倫など）が暴かれるため，社会を良くしている
　　　B）モラルのない一般人の悪ふざけなどを罰することで，社会を良くしている
　　　C）炎上はインターネット上の祭りであり，面白い
　　　D）皆が好き勝手にいじめを行っており，良くない
　　　E）炎上のためにネット上で自由に発言をするのが難しくなっており，窮屈だ

　選択肢は，A）とB）が「炎上は社会を良くしている」となっており，正義感型といえる。また，C）は，「炎上は祭りで面白い」ということであり，楽しみ型といえる。D）とE）は「炎上は良くない」という選択肢であり，否定型といえる。まず，これらの回答結果について，炎上参加別に見たものが図5.7である。図5.7を見ると，炎上非参加者の中で70％以上の人は炎上否定型

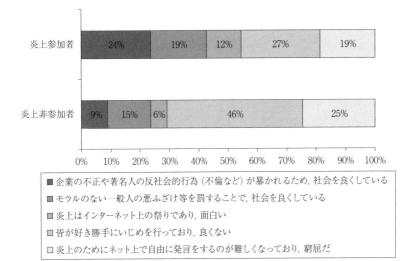

n=461, 1485

図 5.7　炎上に対する考え方（炎上参加別）

であるのに対し，炎上参加者ではそれが46％にとどまることが分かる。炎上に書き込む人は相対的に炎上に肯定的といえる。ただし，炎上に否定的にも関わらず書き込んでいる人が半数近くいるのは興味深いともいえる。

　さて，このような考え方と炎上参加行動の関係を分析する。分析では，図5.2と図5.3で示した炎上参加件数と最大書き込み回数を被説明変数として，これまでの分析に用いた変数と，炎上に対して正義感型か楽しみ型かという変数を説明変数として回帰分析を行う。ただし，調査時点での過去1年間における炎上参加件数と最大書き込み回数のデータを用いるため，過去1年以内に炎上に参加している人のみを分析対象とする。詳細な分析内容は付録3-3を参照されたい。

　図5.8は，定量分析結果のパラメータを示したものである。解釈はそれぞれ以下のようになる。統計的に有意な影響が見られなかったものは0としている。

- 正義感型の炎上参加者は，否定型の炎上参加者に比べて年間炎上参加件数が1.6件多い。
- 楽しみ型の炎上参加者は，否定型の炎上参加者に比べて年間炎上参加件

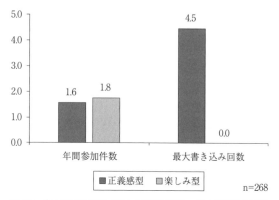

図 5.8　炎上に対する考え方と年間参加件数・最大書き込み回数

数が 1.8 件多い。

- 正義感型の炎上参加者は，否定型の炎上参加者に比べて最大書き込み回数が 4.5 回多い。

　この結果が示すのは，炎上は社会を良くしていると考えている人（正義感型）は，色々な炎上に書き込む（参加する）し，1 件当たりに書き込む回数も非常に多い。強い想いを持って炎上に参加しているといえる。その一方で，炎上は祭りで面白いと考えている人（楽しみ型）は，色々な炎上に書き込む（参加する）一方で，1 件当たりに書き込む回数は多くない。多くの炎上に関わって楽しむ一方で，強い想いはないので大量に書き込むことはしないといえるだろう。

5-10 ｜ 超萎縮社会の課題

　これまで炎上の社会的影響や実態について見てきたが，忘れてはいけないのが，差別や誹謗中傷を除けば，批判することは「表現の自由」でもあるということである。重要なのは，炎上対象となる側（情報受信者）も，これまで明らかになってきたような情報の偏りや炎上の実態を踏まえたうえで，過剰な萎縮をしないで適切にインターネットと向き合うということである。炎上に限らず，消費者による改善要望も，企業への意見も，賛同も，それが代表的な意見とは限らないということを認識する必要があるのだ。

　1 つ例を出そう。「本を読みながら歩く二宮金次郎の像は，子供がまねたら

危険なので座った像にすべきだ」という議論がある。特に，歩きスマホが問題視される現代社会では，このような声が少なくない。この議論は毎日新聞（2012）が報じているところによると，少なくとも 2012 年から存在するようだ。これについて NHK（2016）が行った調査によると，この意見に同感できる人は 23.3%であるのに対し，同感できない人は 65.7%である（残りは分からない，無回答）。

　ここまでであれば，そういう意見も世の中にはあるという話で終わりである。ところが，これを実際に座らせた学校が複数存在する。つまり，23%側の意見を採用し，予算を投じて，座った二宮金次郎の像を新たに造ったのである。なぜこのようなことが起こってしまったのか。理由の 1 つに，第 1 章で見たような情報発信の偏りが考えられる。23.3%の人は問題意識をもって現状を批判し，変えようとしている人たちである。当然声が大きく，多くの発信をする。その一方で，65.7%の人にしてみると二宮金次郎の像が歩いているのは当然のことであり，取り立てて情報発信しようとは思わない。その結果，学校に届く声は23%の人の声ばかりになる。もちろん，少数派だからといって無視して良いということはならないし，賛成派と反対派で密な議論を繰り返した末にそのような結論に至った学校もあったかもしれない。しかし，目立つ批判意見に流されて座らせてしまったとしたら，それは残念な結果である。

　他にも例がある。「うどんかるた販売中止事件」では，香川県が作った「うどんかるた」に苦情が入り，一時期販売中止となった。これは，香川県が PRの一環としてうどんにまつわる句を募集し，そこから選定したものをかるたにしたものである。苦情の対象となったといわれるのは「強いコシ　色白太目まるで妻」という句であり，「よいイメージを持たない人もいるのではないか」という主旨であったという。

　しかし，その苦情の件数はなんと 1 件であり，香川県はかなり過敏に反応したといえる。よいイメージを持たない人もいるのではないかという指摘は，間違いではないだろうし，それで苦情を入れる人がいることも大いにあり得るだろう。むしろ，いくら自治体が制作するものとはいえ，苦情 1 件で販売中止を検討することに問題があるように思われる。不寛容社会というよりも，超萎縮社会というのが正しいかもしれない。なお，このかるたについては，再検討の結果そのまま販売再開が決まった。本件はマルちゃん正麺漫画炎上事件とも構造が似ている。

　過剰な表現の萎縮は，4-13 で述べたような社会的影響を加速させるだけで

なく，正義感をもとに炎上に書き込みをする人の満足感を高め，さらに，炎上が頻発することにもつながるだろう。

| 5-11 | マスメディア・ミドルメディアと炎上 |

　第2章において，マスメディア・ミドルメディアとフェイクニュースの関係を論じたが，ネット炎上においても同様にマスメディア・ミドルメディアが深く関連している。炎上の大まかな拡散の流れを述べると以下のようになる。

　①火種の投下

　企業や人が行った行為や発言について，それを不快に思う人がネガティブに投稿・拡散を行う。ここでいう行為や発言はネット上のものに限らず，テレビでの発言や企業の不正行為など，多岐にわたる。

　②炎上開始・拡散

　リツイート・シェアなどにより情報が徐々にいきわたっていくにつれて，批判や誹謗中傷が増えていく。また，ごく一部の炎上ヘビーユーザの目に触れると，書き込み数は増加し，批判が集中──炎上が本格的に開始する。しかし実は，ここまで見てきたようなソーシャルメディア上での炎上拡散では，それほど広まらないことが分かっている。どんなにリツイートされてもそれを閲覧する人は限られているのである。株価への影響など，大きなインパクトが懸念されるようになるのは次の③からである。

　③大炎上化

　ソーシャルメディア上で大きく拡散されていると，ネットニュースやまとめサイト，トレンドブログ，キュレーションメディアなどのミドルメディアで取り上げられる。中には月間PV数が1億を超えるものもあり，閲覧者は多い。このようなサイトの運営者は，PV数を稼ぐことで広告収入を得ているため，過激なタイトルをつけたり，偏った見方で何かをたたく記事を書いたりすることも多い。また，ネットニュースのコメント欄や，まとめサイトでまとめられた発言を見ていると，批判している人が自分の他にも多くいるように見えるため，自分もこの対象を批判しても良いと思わせ，追随的批判者を生み出す。

　④極大炎上化

　しかしながら，最も炎上を巨大に，深刻なものにするのは，ネットニュース

でもなければまとめサイトでもない。実は，テレビや新聞といったマスメディアなのである。吉野（2016）によると，炎上を知る経路として最も多いのはテレビのバラエティ番組（58.8%）で，Twitter は 23.2%にとどまっていた。つまり，炎上とはインターネット上の現象にもかかわらず，実際にはマスメディアが最も広く拡散させているといえる。さらに，4-4 でも触れたとおり，マスメディアやミドルメディアとソーシャルメディアの共振現象もある。

　マスメディアやミドルメディアが炎上の拡大，さらにいうと個人への誹謗中傷の拡大に大きく寄与していることは，事例からも明らかである。
　例えば，2013 年に炎上した岩手県議が自死する事件が起きている。ある岩手県議が，病院で名前ではなく番号で呼ばれたことに腹を立て，ブログに「ここは刑務所か！名前で呼べよ。なんだ 241 番とは！と受付嬢に食って掛かりました。」「会計をすっぽかして帰ったものの，まだ腹の虫が収まりません。」などと書いたところ，非常識だとして炎上した事例だ。批判の声は大きくなり，その後県議は自死した。
　これについて，新聞各社はインターネット上の批判や誹謗中傷が原因で亡くなったかのように報じた。例えば日経新聞（2013）は以下のように報じている。

　　ネット上で「県議にふさわしくない」などと批判が広がり，小泉県議はブログを閉鎖。17 日に記者会見を開いて「公人としての立場を忘れ，著しく思慮に欠けていた。治療費は払った。病院の慣行や歴史を考えず，不適切だった」と謝罪した。
　　ネット上の反応には「加速度的に（批判が）広まっていった」と戸惑いを見せ，「失敗を謙虚に反省し，岩手県議会にふさわしい議員になりたい」と語っていた。

　これは確かに事件の一面を表している。しかしこの事件は，単純に「インターネット上で批判や誹謗中傷が相次いだ」というような事件ではない。ブログの内容とインターネット上の批判について，新聞やテレビがこぞってネガティブに取り上げ，謝罪会見は生中継までされたのである。マスメディアの情報発信能力はインターネットの比ではない。マスメディアで報じられたことが過剰な心理的負担を生み出したことは容易に想像できる。

　山梨県女子問題といわれる，ある新型コロナウイルス感染者へ誹謗中傷が溢れた事例も同様だ。山梨県在住の女性は，新型コロナウイルス感染発覚後に高速バスに乗って帰郷したりしたということで，大バッシングを受けることとなった。県が詳細に感染者の行動を公表したことも印象的だったが，それ以上に，テレビ（とりわけ情報番組）がこぞって取り上げ，かなりの時間を割いてこの女性の行動に対して批判をしていたのも印象的だった。

　確かに，この女性の行動は褒められることではないだろう。しかし，社会全体が混乱している中で，千万人単位の視聴者がいて多大な影響力を持つマスメディアにおいて，一個人を執拗に批判するというのは，社会の不寛容さを加速させているのではないか。事実，マスメディアで報じられることで，インターネット上での批判や誹謗中傷は極端に増えた。個人情報も特定・広く拡散され，ソーシャルメディアで女性のアカウントに直接罵声を浴びせる者も多く発生した。これに対して朝日新聞デジタル（2020b）が「『さらし上げ見せしめに』感染女性中傷に山梨県が対策へ」というタイトルでインターネット上の誹謗中傷や個人情報拡散に警鐘を鳴らすなど，新聞各社が報じた。しかし，その背景にはマスメディアによる過剰な追及があったのである。視聴者に分かりやすい「敵」を用意することで視聴率などを稼ごうとしているマスメディアの姿勢が，まるでネットとの相乗効果を生み出して，社会をさらに不寛容にさせているようである。

　長期にわたった小室眞子さん・圭さんへの批判もそうだろう。2021年10月26日に2人は結婚したが，2人の結婚への道のりは順風満帆とは言い難いものであった。2017年9月の婚約内定発表後，同12月に小室氏の母親に金銭トラブルがあることが週刊誌で報じられると，インターネット上ではネガティブな意見が見られるようになり，それはやがて巨大なものとなっていった。その結果，結婚直前には，眞子さんが複雑性PTSDの診断を受けたことを，宮内庁が発表する事態となった。

　事の発端は，小室家の金銭トラブルについてある雑誌がスクープしたものだった。しかしその後，インターネット上で批判の声が高まるにつれ，様々な雑誌が「疑惑」と共に，ネガティブな記事を大量に発表していった。さらに，テレビも情報番組などで，ことあるごとに2人の結婚を取り扱った。結婚直前にも，24時間態勢で米国に住む小室圭氏にテレビクルーが張り付き，撮影された映像を見たコメンテーターが，小室圭氏の髪形や，マスメディアの質問を無視

した姿勢について非難していた。

　インターネット上の批判的な声を踏まえてマスメディアがネガティブな報道をし，マスメディアで知った人がそれをまたインターネット上に投稿し──と繰り返すことで，相乗効果でかつてない規模の誹謗中傷や悪意ある噂が広がっていったのである。

　非実在型炎上もある。サザエさん不謹慎事件は前述したとおり（2-13 参照）だが，非実在型炎上事例は少なくない。新型コロナウイルスの不安真っ只中の2020 年 4 月，「＃東京脱出」というハッシュタグが拡散されていると，以下のように朝日新聞で報じられた（朝日新聞デジタル，2020c）。

　　ツイッターでは「東京脱出」というハッシュタグ（検索ワード）が拡散されている。
　　だが，ウイルスを地方に運び，そこで広げてしまえば，新たなクラスター（感染者集団）を生んでしまうおそれも否定できない。専門家は注意を呼びかけている。

　当時は東京都で感染者が急増している時期で，緊急事態宣言が出されて外出が難しくなる東京を離れ，地方に脱出しようとする人がこのようなハッシュタグを拡散しているというわけだ。記事内では，女子学生が東京から静岡に帰省した結果，家族に感染してしまった事例などを紹介している。そのうえで，感染者が多く報告される首都圏からの移動によって地方でもクラスターができてしまう危険性があるとし，そのような動きに対して注意を呼び掛けている。

　しかし，日経クロステック（2020）によると，このようなハッシュタグは，朝日新聞で記事が配信され，それが公式 Twitter アカウントで通知されるまで，たった 28 件しか投稿・拡散されていなかったのである。その一方で，記事配信以降たった 1 日で，なんと 15,242 件以上の投稿・拡散があったのだ。「『東京脱出』というハッシュタグ（検索ワード）が拡散されている」と報じられていたが，それは誰がどのように拡散していたのだろうか。確かに，28 件でも拡散されているというのは嘘ではない。また，記事の注意喚起は確かに重要な視点である。しかし，Twitter で多く拡散されていて，そういった考えの人が多く存在するというイメージを抱かせるのは，ミスリーディングだろう。

　その後，県外からの来訪に反対する動きが強まり，県外から来訪している人

の自動車に対して煽ったり落書きしたりといった悪質な迷惑行為を行う「県外ナンバー狩り」というものが話題になった。県外ナンバーを積極的に通報するような動きもあったらしい。タイミングなどを考えれば，この「東京脱出」記事と，その後の類似記事をもとにした「東京脱出」という話題の拡散が，このような行為に影響を与えていた可能性も否定できないのである。

第6章

ソーシャルメディアの価値・影響

　ソーシャルメディアは様々な面で社会に大きな影響を与えている。本章では，クチコミサイトをはじめ7分類別にソーシャルメディアの特徴と社会的影響を示したのち，コミュニケーションツール変化の歴史（1870年代～現在）や，人々が無料でソーシャルメディアを利用していることの価値を論じる。

〈本章のポイント〉

- インターネット上のクチコミには年間約1兆円以上の消費喚起効果があるように，様々な経済的恩恵がある。一方で，ステルスマーケティング・やらせレビューの問題が多く見られる。また，クチコミの実に80％が，ネットユーザの約4.2％によって書かれているという偏りもある。

- SNSは時に大きな社会的ムーブメントを起こすことがある。一方，その普及率の高さから，誹謗中傷，フェイクニュース，選択的接触などの問題が一番発生しやすいソーシャルメディアにもなっている。

- 近年におけるコミュニケーションサービスの変遷の特徴として，「主たるツールの入れ替わり期間が短い」「若い世代から変化が起きる」「消費者ニーズが牽引し，サービス中心にコミュニケーションツールが変化する」という3つが挙げられる。

- 人々が無料でソーシャルメディアを使うことのGDPに反映されない価値（消費者余剰）は，15兆6,800億円～18兆3,000億円である。これは名目GDPの約3.20～約3.74％に当たる。

　6-1 〜 6-7 では，これまで様々な諸課題について取り扱ってきたソーシャル
メディアを分類し，それらが社会にどのような影響をもたらしてきたかを振り
返る。ソーシャルメディアは主に次の 7 つに分類することができる。

- クチコミサイト・EC サイト[1]のレビュー
- 電子掲示板
- ブログ
- Q&A サイト
- SNS
- 動画共有サービス
- メッセージアプリ

6-1 ｜ クチコミサイト・EC サイトのレビュー

　クチコミサイトとは，既に存在する商品・サービスに対する人々の主観的な
意見（クチコミ）を集めたプラットフォームであり，利用者は関心のある商品・
サービスについての他人の意見を閲覧することが可能だ。また，評点機能があ
るものも多く，そういったものは，大抵の場合，点数順に並び替えて検索でき
るようになっている。
　クチコミサイトには，価格.com のように総合的にあらゆる分野を扱ってい
るものもあるが，多くの場合は分野を特化している。例えば，食べログや Retty
は外食，一休.com や 4travel は旅行・宿泊，@ cosme や LIPS は美容といった
ように，多様なクチコミサイトが存在する。
　2005 年にサービスを開始した食べログは，外食クチコミサイトとして飲食
店情報として名前，メニュー，住所などが記載されている。ユーザはクチコミ
として点数や使用金額，感想を自由に書くことができ，写真も自由に掲載する
ことができる。このサイトは，有料会員，有料店舗会員，広告で収入を得てい
る。月間 PV 数は約 15 億，月間利用者数約 1 億 1 千万人と高い人気を集めて
いる（2021 年時点）。

---

1) インターネット上に開設した，商品を販売するウェブサイトのこと。Amazon や楽天など。

　LIPS は，新興の化粧品クチコミサイトである。クチコミ機能の使いやすさ
ゆえ，ユーザの高い評価を集め，最大手の @cosme に迫る存在となっている。
ジャンル別の化粧品ランキングや，レビュアーのランキングに高い利便性を感
じるという指摘も見られる。従来の文章中心・商品ごとのレビューと異なり，
写真や動画の掲載がメインであり，レビュアーごとにクチコミを表示できるほ
か，体質や趣向などを保存しておけば，おすすめ商品の通知などを受けること
ができる。タグ機能を使い，自分の気になる商品だけをチェックするという使
い方もある。

　また，Amazon や楽天のような EC サイト（通販サイト）のレビューも，クチ
コミサイトのクチコミと同様の役割を提供している。レビュー機能はほとんど
の EC サイトに搭載されており，消費者は商品購入前に他の消費者の感想を見
ることが可能である。そして，レビューの点数やレビューの件数でソートする
ことが可能なことが多い。

　そもそもクチコミとは，消費者の間で交わされる商品・サービス・企業に関
する情報のことを指す。インターネット普及前から人から人へと口頭で伝えら
れる情報として存在していたが，情報が伝達される範囲は社会的な境界線に制
限されており，特定の情報に対するクチコミの効果は時間の経過とともに急速
に低下していた（Ellison & Fudenberg, 1995; Bhatnagar & Ghose, 2004）。しかし，
近年のソーシャルメディアの普及により，不特定多数の人との情報共有が可能
になった。1 つの情報がインターネット上の文字列として持続的に残ることで，
従来のクチコミの限界をはるかに超えたクチコミが可能になったといえる（La-
rochae et al., 2005）。

　クチコミの特徴として挙げられるのは，情報の発信者と商品の間に利害関係
がないので，実際の商品を使用した人の率直な意見・利用感が書かれている可
能性が高く，消費者にとっても有用性が高いといわれていることである（情報
の非対称性[2]の解消）。商品・サービスの選択においてクチコミは重要な役割を
占めている。特に利用後に品質が判明する経験財については，他者の消費経験
が共有されることで，潜在的な消費者はより多くの情報を得ることができるの

　2）ある取引において，買い手と売り手などの経済主体の間で，保有している情報に格差があ
　　ること。例えば，あるテレビを販売する企業とそれを購入する消費者の間だと，企業の方が
　　より詳しい情報を知っている。実はそのテレビは 1 年で壊れてしまうかもしれないが，消費
　　者はその情報を知ることはできない。

で，非常に重視される（Litvin et al., 2008）。

　クチコミは企業にとってもメリットがある。それは，商品の認知の拡大につ
ながるという利点だ。特に中小企業は，サービス・製品を多くの人に認知して
もらうためには，従来であれば高い広告料を支払わねばならないなど，困難が
あった。しかし，消費者が自ら情報拡散を行うことによって，商品の認知の拡
大が可能になったのである。これにより，コストをかけない消費意欲の刺激が
期待される。

　実際，筆者の研究チームが2015年に推計した結果によると，クチコミには
年間約1兆円以上の消費喚起効果があることが明らかになっている（Yamaguchi
et al., 2018）。他にも，Chevalier & Mayzlin（2006）は，通販サイトにおける書
籍のレビューが，売上を増加させる効果を持つことを示している。Duan, Gu,
& Whinston（2008）は，レビューの評価（点数）は映画の興行収入に影響しな
いが，レビューの投稿量は興行収入に強く影響することを示している。Vermeu-
len & Seegers（2009）は，売り上げではなく人々の印象に与える影響を研究し
ており，ホテルに関するクチコミが，人々のホテルに対する認識や印象にプラ
スの効果を与えることを実証している。

　加えて企業はクチコミを観察することで，ほとんどコストをかけずに，消費
者の意見を知ることができる。かつて消費者の意見を聞くためには，高いコス
トをかけてアンケート調査などをやらなくてはならなかった。しかしクチコミ
により，低コストで入手した情報を基にサービス改善や製品開発を行うことが
できるため，より消費者のニーズに合った商品提供が可能になる。

　しかしながら，クチコミの信用性が問題視されることもあり，特にステルス
マーケティングや，やらせレビューといわれるものが注目される。ステルスマー
ケティングとは，宣伝であることを消費者に隠して行う宣伝のことである。
クチコミサイトの匿名性を利用して，販売店側が消費者になりすまして自社製
品の宣伝や競合他社の製品を批判したりする行為（吉田 & 坂間, 2013）や，企業
に依頼を受けた業者や有名人などが，企業との関係を明らかにせずに，一消費
者を装い，その企業の財やサービスについての好意的なクチコミを投稿する行
為などを指す。ステルスマーケティングは，クチコミは中立だと考えている消
費者の情報選択を誤らせてしまう。

　このようなステルスマーケティングは，たびたび問題となっている。4-7で
紹介した「アナ雪2ステマ炎上事件」が良い例だろう。また，人気クチコミサ

イト「食べログ」において，飲食店に対する好意的なクチコミ投稿を有料で請け負う業者の存在が 2012 年に露呈し，大きな問題となったこともある。しかしその後もそのような事例は相次いで発生しており，大手 EC サイトのレビューを中心にかなりの数が見られる。現在では，嘘のレビューを書く人と販売者を仲介する業者も多く存在しているのが現状だ。EC サイト側もかなり対策しているものの，嘘のレビューかどうかを正確に判断することはかなり難しく，対応は限定的になっている[3]。そういった状況を受けて，大手 EC サイトである Amazon のレビューが偽レビューかどうか AI で判断する「サクラチェッカー[4]」というウェブサイトまで登場しているくらいである。ユーザが自力で判断する方法としては，レビューの書き込み数の時系列を見る（大量に書かれる日と全く書かれない日が混在していたら怪しい），レビューの日本語を見る（機械翻訳的なものは怪しい），といったものが考えられる。

　学術研究でもステルスマーケティングは指摘されており，Mayzlin et al.（2014）は，米国のホテルに関するレビューを分析したところ，近くに同業他社のホテルがある場合，「泊まった人しかレビューできない」ウェブサイトに比べ，「泊まっていない人もレビューできる」ウェブサイトの方が，かなり点数が下がることを明らかにした。つまり，近場にある同業他社によって，批判コメントが大量に書き込まれていることが示唆されたのである。

　特に海外ではステルスマーケティングの影響が重く受け止められており，EU では消費者保護の観点から違法であるとされており，米国でも金銭物品的提供があってクチコミを書いた場合は，それを公開しなければならないと定めている。日本では法的規制はないが，実際の物よりも明らかに優良であると誤認させるようなクチコミは，不当表示として問題となるとされる。

　ステルスマーケティングがはびこる要因として，企業側のソーシャルメディアに対する知識不足が一因として挙げられている（藤代，2012）。また，Martin & Smith（2008）は，ステルスマーケティングは短期的には効果がある可能性もあるが，信頼を失墜させるリスクも十分にはらんでおり，長期的には企業に

3）厳しく判断することは可能であるが，疑わしいものまですべて削除してしまうと，実際には嘘のレビューでないものも多く削除することになる。その場合，プラットフォーム事業者が恣意的に投稿されたレビューを削除されていると見做されるため，大きな問題となり得るし，投稿者から訴えられるリスクもある。

4）https://sakura-checker.jp/　※ 2021 年 9 月 25 日確認

悪影響があることを指摘している。さらに，企業同士の貶め合いは不毛であるし，将来的にはインターネットの価値そのものを棄損して，いずれクチコミによる経済効果を縮小させてしまう可能性もある。

6-2 ｜ 電子掲示板

　電子掲示板は，インターネット上のコミュニケーションにおいて，古くから存在する代表的なサービスの1つである。電子掲示板は，利用者が文章などを自由に投稿することができ，それに対して不特定多数の人が書き込みしていくことでコミュニケーションを行うサービスである。また，多くのものは実名制をとっておらず，身分を明かさない匿名でのコミュニケーションが可能となっている。そしてカテゴリごとに分けられていて，特定の話題について交流する場となっている場合が多い。このような掲示板は，ソーシャルメディア黎明期には既に存在しており，多くの人のコミュニケーションツールとして利用されてきた。

　掲示板は，5ちゃんねる（旧2ちゃんねる）のような総合掲示板だけでなく，中高生を対象としたミルクカフェ[5]や，女性を対象としたガールズちゃんねる[6]など，様々に差別化されたものが存在する。さらに，匿名掲示板が抱える大きな問題の1つである荒らし[7]への対策を売りにしている，ミクルのようなサービスもある。ミクルでは，削除したいと思う投稿に対し，「削除に1票」という投票行為を行うことができ，多くのユーザが投票した投稿が自動的に削除される仕組みになっている。また，この機能によって投稿が削除された場合，その投稿者は一定期間投稿できなくなるペナルティが課せられる。以上の理由から，運営側が監視しなくとも，ユーザが不快に思うような投稿はユーザの手に

---

5) 対象を中高生に絞ることで，話題が全て中高生向けになるようにしている。カテゴリとしては，受験関係が多く，他には就職に関するもの，生活に関するもの，趣味に関するものなどがある。

6)「女子の好きな話題で毎日おしゃべり」をコンセプトとして運営されている女性向けの匿名掲示板。20代から30代の女性ユーザを中心に，ニュース，トレンド，恋愛，結婚，美容，コスメ，ファッション，ヘアスタイル，料理，グルメ，ダイエット，家族，子育てなど，幅広い話題について活発な投稿が行われている。

7) ソーシャルメディア上で，話題と関係ない無意味な文字列・宣伝文・罵倒・挑発などを書き込み続ける行為（渡辺・竹内, 2013）。

よって削除されるようになっている。

　掲示板の代表的な例として，5ちゃんねるを取り上げてみよう。5ちゃんねるは，1999年に2ちゃんねるとしてサービスを開始した総合掲示板で，人々は自由にスレッドの投稿，書き込みを行うことができ，利用料は無料である。また，それらの行為は全て匿名で行うことができる。5ちゃんねる内はニュース，食文化などのカテゴリで分けられており，さらにその中でゲーム速報，アジア速報などの分類がなされて，ユーザはそれぞれの話題にあった投稿を行うことができる。基本無料ではあるものの収益化は行っており，広告による収入などがある。年間書き込み数は約9億2,000万[8]で，5ちゃんねるは国内最大の掲示板となっている。現在はSNSの普及により利用者は減少しているが，未だ多くの書き込みがなされている。5ちゃんねるの書き込みをまとめる「まとめサイト」も大量に存在しており，掲示板の外で内容を読んでいる人も多い。

　このように，歴史が長い大規模掲示板であるため，現実社会にも多くの影響を与えている。例えば，2ちゃんねるの書き込みを基にしたコンテンツ「電車男」は，書籍化されたのち，漫画化，映画化，ドラマ化もされ，英訳されてイギリスでも販売された。また，癌研究プロジェクトであるUnited Devices Cancer Research Project[9]では，2ちゃんねるユーザからなる「Team 2ch」が世界第1位を獲得し，プロジェクトに大いに貢献した。その他にも，ロードレース世界選手権に挑戦するロードレーサーがスポンサーを募集していたのに対し，2ちゃんねるで資金提供を呼びかけて実際にスポンサーとなった事例や，アフガニスタンへの学校建築募金を呼びかけ，実際に小学校建築に大いに貢献した事例など，社会に与えたポジティブな影響は少なくない。

　しかしその一方で，5ちゃんねるに限らず，匿名の掲示板では全般的に，多くの問題を抱えているのも事実だ。主な問題としては，誹謗中傷・罵倒的書き込みが日常的に行われていること[10]，薬物密売情報のやり取りに使用される

---

8) 2020年のレス数。「2ch history（仮）」http://merge.geo.jp/history/ から取得。　※2021年9月25日確認

9) UDがん研究プロジェクト，または白血病解析プロジェクト，Grid.org プロジェクト。2001年から2007年にかけて世界中で行われた，分散コンピューティングを用いた癌研究のプロジェクトである。具体的には，CPUの余剰処理能力を利用して，癌進行に関係する蛋白質とその働きを妨げそうな分子の相性を計算し，薬の開発に役立てるプロジェクトである。

10) 炎上や誹謗中傷については第4章参照。今でこそこのような文脈ではTwitterが挙げられることが多いが，当時は5ちゃんねるが主な場所であった。

こと，個人情報・著作物の不適切な投稿，犯行予告による逮捕者が出ていることなどが挙げられる。

　薬物密売事件としては，例えば，9人が覚せい剤取締法違反で2011年12月に逮捕された事件がある。この事件では，5ちゃんねるで違法薬物の販売を隠語で宣伝し，同年4～11月に全国約4,500人に覚醒剤などを販売して約1億1,000万円を売り上げていた。また，2007年8月には，「S専門。通販受け付け中」などと5ちゃんねるに書き込んで注文を受け，12人に販売していた人物が逮捕された。代金計115万円を受け取っていた。

　犯行予告としては，著名人に対する殺害予告や不特定多数の人を殺害する予告が多い他，西鉄バスジャック事件や秋葉原通り魔事件など，実行に移して被害を出した犯罪も少なからず存在する。

　西鉄バスジャック事件とは，2000年5月3日に当時17歳の少年が大型の包丁を持って西日本鉄道の高速バスを乗っ取り，乗客5人を殺傷した事件のことである。1人が死亡，2人が重傷，2人がけがをし，現行犯逮捕及び強盗殺人容疑などで再逮捕された。未成年による凄惨な事件ということで，ドキュメンタリーやドラマ化などその注目度は高かったが，同時に2ちゃんねるで犯行予告がされていたことでも話題となった。少年は頻繁に2ちゃんねるに書き込みを行っており，事件直前には「ネオむぎ茶」というハンドルネームを使って「佐賀県佐賀市17歳…。」「ヒヒヒヒヒ」という投稿を行っていたとされる。これが事実上の犯行予告とみなされ，2ちゃんねるに批判的な報道がなされた。

　また，秋葉原通り魔事件とは，2008年6月8日に当時25歳の男性が，秋葉原の歩行者天国にトラックで突っ込み，その後ナイフで次々に歩行者を刺傷し，7人が死亡，10人が重軽傷を負った事件である。この事件では，究極交流掲示板（改）という携帯電話用掲示板サイトで午前5時21分に「秋葉原で人を殺します」「車でつっこんで，車が使えなくなったらナイフを使います　みんなさようなら」など具体的な事件内容に関する書き込みがあった。これらの書き込みに反応するユーザはおらず，その後も犯行25分前の11時45分まで1人で心情を淡々と書き込んでいた。

　児童誘拐や爆破など犯行予告を2ちゃんねるなどの掲示板に書き込む事件は頻繁に報道されていることで「犯罪の温床」や「社会問題の発生源」という無法地帯のイメージが形成された（平井，2007）。大きな事件にならなかった犯行予告も起きており，この秋葉原通り魔事件が起きた6月8日から3週間でイン

ターネット上の犯罪予告に関して30件もの検挙が行われている。

さらに，犯行予告をいたずらのつもりで行って逮捕されることもたびたび起こっている。例えば，2ちゃんねるにふざけて「明日午前11時に○○小学校（実在する小学校名が入

出典：5ちゃんねる（https://yutori.5ch.net/test/read. cgi/heaven4vip/1214732232/　※ 2021 年 9 月 26 日確認）

図 6.1　実際に 5 ちゃんねるに立てられたスレッドと書き込み

る）で小女子を焼き殺す」などと書き込んだ（図6.1）男性は，威力業務妨害の容疑で逮捕された。調べに対し，「小女子は『コウナゴ』と読み小魚の意味で，殺害予告には当たらない」と容疑を否認したが，最終的に懲役 1 年 6 月，保護観察付き執行猶予 3 年（求刑懲役 1 年 6 月）となった。

6-3 ｜ ブログ

ブログとは Weblog の略で，個人や数人のグループの意見・感想を投稿するウェブサイトを指す。多くの場合コメント機能が備わっており，不特定多数の人と交流することが可能である。もともとは，気になったニュースについて個人の意見を付けて紹介するものを指していたが，現在，特に日本においては，ブログツールを使用したウェブサイト全般を含めて指す場合が多く，内容は多岐に渡っている。ブログはウェブ上で自分の意見や感想を表現する場として世界中で人気であり，一部の有名ブログユーザはブロガー（blogger）として社会に対して大きな発言力と影響力を有している。また，それにともなって自らの職業をブロガーとする知識人や著名人も近年多く見られる。

このようなブログは，2007 年には日本語で書かれたブログが世界で最も多いという調査結果が出たように（ITmedia, 2007），相対的に日本において特に人気の高いメディアである。Facebook などの SNS や電子掲示板に比べてカスタマイズがしやすく，よりオープンである，RSS 機能[11]がある，トラックバック機能[12]があるなどの点で差別化されており，SNS や掲示板が広く普及した今でも，ブログ利用者は未だに多く存在する。

---

11) Web サイトの更新情報概要をまとめ，表示する機能。ブログにおいては，興味のある複数のブログについて，毎日全てを訪問して更新チェックを行わなくとも，RSS 機能によってどれがどのように更新されたかが確認できる。

　ブログサービスの代表的な例としては，アメーバブログが挙げられる。アメーバブログは，サイバーエージェントが運営する Ameba の主要サービスである。2021 年時点でアメーバブログの月間 PV は約 50 億，月間ブログ投稿数は 550 万と，非常に多くの人に利用されている。かつては芸能人のブログ媒体として流行したが，現在は特に母親層に人気があり，約 718 万人の母親が「Ameba」を利用している。記事のジャンル別では，子育て関連の記事が突出して人気があり，月間来訪者数は約 1,320 万人である。他にも，30 代のファッションや料理関係，コスメ・美容関係の記事が人気を獲得している。ユーザの年齢層は，30 代及び 40 代で約 60% を占め，SNS の普及により，ブログ閲覧層が若者からミドル層に移行していることがうかがえる。

　さらに，近年では 2014 年にサービスを開始した note が人気である[13]。note とは，文章，写真，画像，音楽，動画などを投稿することで，ユーザとのコミュニケーションを図ることや販売を行うことができるサービスだ。様々な経験の執筆者がライターになれるように，html などの知識がなくとも直感的に執筆できる仕様となっている。

　一般的なブログが広告収入型であるのに対して，note は読者が直接クリエイターに支払いを行う点が特徴である。そのため，Amazon での製品紹介を除いて，広告掲載が不可能となっている。課金の仕組みも様々であり，例えば，クリエイターは自分の記事の冒頭を無料で公開しつつ，途中から 1,000 円などの有料で販売することが可能である。かなり柔軟な価格設定が可能といえよう。また，サポート機能という投げ銭機能[14]も存在する。クリエイターは質の良い記事を書くことで売上を伸ばすことができるし，ユーザも不快な広告を避けることができる。

　このような特徴は，クリエイターのビジネスモデルを大きく変換させる。一般的なブログでは，検索サービスの上位に表示させる SEO（Search Engine Optimization）対策が，閲覧数を高めて収入につながる。コンテンツがユーザにとって大きな価値を持つかは必ずしも収入と関係ない。極端な例を挙げると，炎

12）A というブログにおいて，B というブログの引用を行った際に，その情報が B というサイトに通知される機能。引用（リンク）元の記事の URL や内容が送信されるため，自動的に相互リンクとなり，A と B のブログ作成者及び閲覧者の交流が促進される。

13）note はブログとは異なるという見方もあるが，ここではブログとして紹介する。

14）クリエイターに対し，金銭的な支援をオンラインでできる機能のこと。

上商法と呼ばれる不快感を煽るコンテンツで閲覧数を集めた場合でも，高い売上を出すことができる。一方で，note はコンテンツに対してユーザが直接支払いをするため，コンテンツの満足度を上げることが重要になる。

note は特にコロナ禍において急成長をしており，2020 年 5 月には MAU（月間アクティブユーザ数）が 6,300 万人を超えた。また，2021 年 3 月時点では，クリエイターとしての登録者数が 380 万人を突破し，総記事数は 2,500 万を超えた。

このようなブログの社会的影響として最も大きいのが，ソーシャルメディア黎明期において，個人による不特定の人への詳細な情報発信を可能にした点だろう。記事のカテゴリ分け，検索機能，カレンダー機能など，特定の情報共有・情報発信を便利にする機能が多く，同じように個人による不特定多数の人への詳細な情報発信を可能としている掲示板とは，コミュニケーションを主体とするか，情報発信そのものを主体とするかという点で利用方法が異なる。また，アフィリエイトが広く普及しており，それによってブログ運営会社だけでなく，ブログ記事を投稿している個人が収入を得ることも可能になっている。そして，政治家のような著名人の情報発信の場としても利用され，2004 年に米国の Dean 氏が大統領民主党予備選挙でブログを利用し，支持者の獲得，選挙資金の調達，情報の随時発信に成功したのは，大いに注目を浴びた。

しかしその一方で，掲示板と同様の問題も抱えており，著作物の無断利用による著作権侵害は常に問題として付きまとっている。また，ステルスマーケティングも，クチコミサイト同様に問題となっている。特に，複数の著名人が，報酬を受け取ってペニーオークション[15]サイトのステルスマーケティングをブログで行っている事実が発覚した際は，多くのメディアに取り上げられ話題となった[16]。さらに，前述したアフィリエイトによる収入を得る目的で，プログラムによって自動的に文章を作るブログも乱立しており，情報共有・情報発信

---

15) 入札手数料オークションのこと。入札する際に手数料が発生する仕組みとなっている。表示上の開始価格や落札価格は非常に安いものの，手数料が高額になるケースが多い。通常のオークションでは入札した人のみがお金を支払うが，このシステムでは，入札できなかった人も手数料を支払う必要がある。

16) あるペニーオークションサイトにおいて，運営側が故意にほとんどの商品を落札できないように設定していたにもかかわらず，そのサイトで安く購入できたことをブログ記事にして，サイトを称賛して宣伝する著名人が複数いた事件。問題発覚後，一部の著名人が報酬を受け取っており，かつ，落札をしていなかったことを認めた。

をむしろ阻害していることから問題視されている。検索サイト Google では，このようなスパムブログはインデックスしないと発表している。

6-4 ｜ Q&A サイト

　Q&A サイトとは，個人が質問を公開し，それに対して他の人が回答する形式のウェブサイトである。不特定多数の人が回答するサイト（Yahoo! 知恵袋など）が多いが，専門家だけが回答してくれる Q&A サイトも存在する（法律相談を取り扱う「弁護士ドットコム」など）。また，多くの場合カテゴリ分けがされており，質問者は自分の質問内容に関連したカテゴリで質問することで，そのカテゴリに関心のある回答者とのマッチングが容易になっている。質問内容は，真面目な相談や質問だけではなく，大喜利のお題的なものも存在する。そのためか最近では，エンターテインメント性を重視するサイトも増えており，例えば，「Yahoo! 知恵袋」では，人気のある質問について，動画を制作して掲載している。

　従来であれば疑問点は身近な人に聞くしかなかったが，Q&A サイトの充実により，容易に不特定多数の人や専門家の回答を募ることが可能となった。知識の共有を主としたサービスであるため，Knowledge Community[17] の一種といえるだろう。

　日本には複数の Q&A サイトが存在する。代表的なものとしては，OKWave，Yahoo! 知恵袋，発言小町などがあるが，その中で最もシェアが大きいのは Yahoo! 知恵袋だと言われている。Yahoo! 知恵袋は，サービス名のとおりインターネットサービス大手の Yahoo! JAPAN によって 2004 年から開始されている。少し古いが，2014 年に Yahoo! JAPAN から発表されているデータによると，平均 PV 数は月間約 7 億 1,400 万 PV であり，質問総数約 1 億 4,000 万件，回答総数は約 3 億 5,000 万件と，その人気のほどがうかがわれる。「Yahoo! 知恵袋」は，Yahoo! JAPAN ID を使用したログインと利用登録の手続きを行うことで，誰でも無料で質問を行うことができる。また質問に対する回答も無償で行われており，人々の善意をベースとしたサービスといえるだろう。ただし，回答者は，質問に対する最もよい回答である「ベストアンサー」に自らの回答

17）知識を共有し，新たな知を生み出すコミュニティのこと。

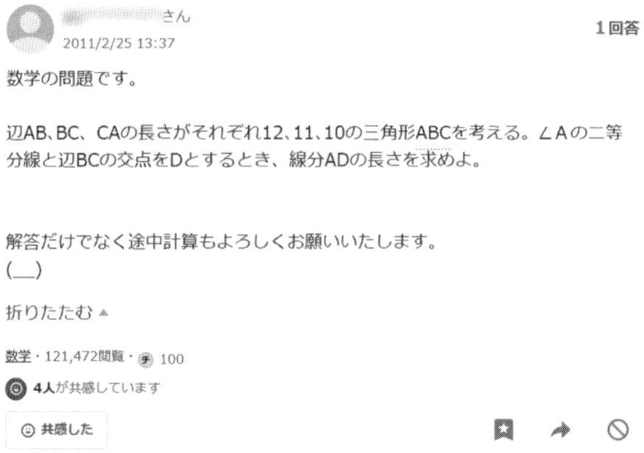

さん
2011/2/25 13:37

1回答

数学の問題です。

辺AB、BC、CAの長さがそれぞれ12、11、10の三角形ABCを考える。∠Aの二等
分線と辺BCの交点をDとするとき、線分ADの長さを求めよ。

解答だけでなく途中計算もよろしくお願いいたします。
(＿)

折りたたむ ▲

数学・121,472問覧・ 🪙 100

🎯 4人が共感しています

◎ 共感した

出典：Yahoo! 知恵袋（https://detail.chiebukuro.yahoo.co.jp/qa/question_
detail/q1256265042 ※ 2021 年 9 月 26 日確認）（モザイク処理は筆
者が実施）

図 6.2 京都大学の入試問題に関する実際の質問

が多数選ばれると，称号やコイン[18]を貰えるため，それが回答者の回答するモチベーションを維持することに役立っていることが考えられる。

　こうした Q&A サイトだが，負の側面も併せ持っている。それは Q&A サービスを利用して，本来であれば自分が独力で解答しなければならない問いの答えを不正に入手しようというものである。有名なのは，2011 年に京都大学をはじめとする複数の大学の入学試験において，試験中に 1 人の受験者が Yahoo! 知恵袋を使ってカンニング行為をした事件だろう。当該受験者は，試験中に試験問題を Yahoo! 知恵袋に書き込み，その解答を第三者から募ったのだ[19]（図 6.2）。その結果，入試でカンニングを行った大学のうち，京都大学，早稲田大学，立教大学の 3 校が偽計業務妨害で被害届を出し，本格的な捜査がなされる事態となった[20]。さらに，早稲田大学と立教大学からは合格の取り消し処分もなされている。

────────────

18)「知恵コイン」と呼ばれるもの。コインは金品と交換できるものではなく，Yahoo! 知恵袋内で完結している。ウェブサイト上では，「枚数が多いと，有用な知恵をたくさん持つ方として，ほかの利用者から尊敬や敬意を受けるでしょう。」と説明されている。

19) 試験時間中に解答となる回答が来ており，試験に影響を与えたと考えられる。

20) 当該受験生は家宅捜査などされたものの，謝罪文を提出するなど，反省している様子が見られたため，最終的に不起訴処分となっている。

Q&A サイトのもう1つの問題点として，回答者があたかも公平な立場で回答しているように見えて，自分の利益につながる回答をしている場合があり得る。これまでもたびたび出てきたステルスマーケティングの問題である。Q&A サイトの場合，具体的には，回答者が回答を通じて，特定のサイトや企業への誘導を行っているというものだ。実際に 2012 年には，羽田空港内の飲食店が「Yahoo! 知恵袋」の回答を通じて好意的な内容を投稿するように専門の業者に依頼したことが報道されている（日本経済新聞, 2012）。クチコミサイトの項でも述べたとおり，こうしたステルスマーケティングを行う事業者が存在していることは大きな社会問題となっており，クチコミサイトや Q&A サイトの運営企業には，こうしたやらせの投稿をなくす努力が求められている。

6-5 │ SNS

SNS（Social Networking Service）とは，人と人とのコミュニケーション・つながりをサポートするコミュニティ型のウェブサイトである。定義が曖昧なので用語の扱いが難しいが，ここではソーシャルメディアの中でも，Facebook，mixi，Instagram などの，オープンで人と人とがつながるネットワークを形成する，会員制のコミュニティウェブサービスとなっているものを SNS と定義する（狭義の SNS）[21]。Twitter は SNS ではなくミニブログであるという見方もあるが，ここでは SNS に括って説明をする。

日本では 2004 年にサービスを開始した GREE や mixi が人気を博し，多くの人に利用されるようになった。現在は，実世界の交友関係を反映することの多い Facebook や，逆に不特定多数のユーザとの交流が生まれやすい Twitter，写真や動画の共有に重点のある Instagram，ショート動画の共有がメインの TikTok などが有名である。

SNS に会員登録したユーザは，多くの場合，プロフィールの公開，自由な発信，ダイレクトメッセージ送受信，コミュニティの利用・作成などを行うことができる。総合的な SNS の他，職業や性別，年代，趣味で特定化した SNS など，様々な差別化が行われている。また，最近では SNS を容易に作成できる

21）尚，SNS という言葉でソーシャルメディア全般を指すこともあるが（広義の SNS），本書ではこの定義は用いない。

ソフトウェアも無料公開されており，個人が作成した SNS も多く存在する。

　その登録のしやすさ，投稿のしやすさから，近年では SNS が最もポピュラーなソーシャルメディアといえるだろう。例えば，Twitter の月間利用者数は2017 年時点で 4,500 万人と発表されている。実社会に与えている影響も大きく，例えば，東日本大震災で電力不足に陥った際に，Twitter 上で節電を呼びかける運動が拡がったことがある。Twitter 上で有志が「ヤシマ作戦」として節電協力を呼びかけ，その運動がリツイートやそれへの反応という形で広く拡散していった現象が起こったのだ。ヤシマ作戦とは，人気テレビアニメ『新世紀エヴァンゲリオン』の作中で行われた作戦名で，有名なテレビアニメの用語が用いられ親しみやすくなったことが，ソーシャルメディア上で広く拡散された一因となったと考えられる。

　140 文字以内の短文と写真・動画を投稿・閲覧できる Twitter は，情報収集ツールとしてもかなり使われている。原田（2017）では，興味のある情報を発信するアカウントを予めフォローしておき，気になる情報が出たら投稿のリンクから記事に辿り着くといった使い方が紹介されている。また，複数のアカウントを保有し，コミュニティや用途，プライバシー設定に応じて使い分ける様子も示されている。例えば，メインのアカウントの他に，実際に交友関係のある友人のみをフォローし公開範囲を限定したアカウントを持つ，懸賞用のアカウントを持つ，情報収集専用のアカウントを持つ，などである。Twtter は新型コロナウイルス関連でも情報収集ツールとしての使い方が目立つ。総務省（2020）においては，新型コロナウイルスに関する情報を見聞きした媒体として，10 代と 20 代においては約 50% の人が Twitter を挙げており，情報収集媒体としてのプレゼンスは非常に高いといえるだろう。

　また近年では，社会運動にも利用されており，「ハッシュタグで連帯」「ツイッターデモ」といったように，Twitter 上で政治的な意見を共有し，多くのツイートやリツイートがなされている例がある（1-2 や 5-4 参照）。2020 年 5 月には，「# 検察庁法改正法案に抗議します」というハッシュタグを付したツイートが爆発的に拡散し，社会現象になった。東京大学教授の鳥海不二夫氏によると，3 日間で約 470 万ツイート（リツイートを含む）が投稿されたとのことである。ただしリツイートを 70 回以上行ったものがおよそ 2% で，リツイート全体の半数を占めていたということで，ここでも少数のアカウントによって拡散されていたことがうかがえる（NHK 政治マガジン，2020）。

　実名利用が原則の Facebook では，実世界の交友関係に基づくネットワークが形成されやすいのが特徴だ。マイナビ（2017）の調査では，「人目につくことを意識して投稿する」「つながっている人は全員が知り合いなので，当たり障りのない投稿になる」など，実世界の交友関係を強く意識して利用している様子が見られる。こうした実態が一部では敬遠されているようで，高校生などの若い世代では，「Facebook は大人との連絡手段であり，それ以上の利用はない」，30 代からも「閲覧はするが投稿はしない」などの意見がみられる。近年，若い世代は Facebook 利用率が低くなっており，利用者の中高年比率が高いことが指摘されている。

　2017 年の新語・流行語大賞である「インスタ映え（SNS 映え）」の語源である Instagram では，写真や動画の共有に重きが置かれている。また，投稿後 24 時間で自動削除されてしまう「ストーリーズ機能」はその気軽さゆえに多く利用されている。ハッシュタグでの検索や，自分がフォローしている人から別のユーザを探すなど，現実世界の交友関係を超えたつながりも見られる。中には自身の影響力を背景に企業の広告を担当するユーザ（インフルエンサー）や，売買のプラットフォームとして利用するユーザも存在する。

　また，特定の世代の情報交換やコミュニケーションに幅広く使われている。例えば，育児に携わる両親同士が，ふとした思い出や悩みを発信し交流する様子が見受けられる。ハッシュタグとその投稿数を見ると「# 親バカ」投稿 920 万件，「# 新米ママ」投稿 700 万件，「# ママライフ」投稿 171 万件，「# 育児日記」投稿 254 万件，「# 新米パパ」投稿 58 万件，「# こどもごはん」投稿 58 万件，「# こども弁当」投稿 9 万件など，活発な利用が見られる（いずれも件数は 2021 年 6 月現在のもの）。

　検索ツールとしての利用も多いのが特徴だ。検索して見られる画像や映像からは直感的な情報を得られるうえ，位置情報がタグ付けされていることもあるため，利便性が高い。また，Instagram への投稿行為には他ユーザの満足が表れているだろうとの意見もあり，信憑性の高いクチコミサイトのように使われている面もある。例えば，検索窓の「スポット」に興味のある飲食店の名前を入れることで，お店の地図とユーザの投稿を一覧に表示させる使い方がある。こうして写真や動画を確認することで，実際の雰囲気を想像できるという意見が少なくない。キーワードをハッシュタグ検索にかけることで，写真や動画，ヒット数を確認し，旅行先候補の人気度を確認する使い方もある。また，美容

師のアカウントから，自身のイメージにあった髪型をハッシュタグ検索し，ダ
イレクトメールで予約をとるということもあり，多種多様な使われ方をしてい
る。

　国内旅行にあたって，Google 検索と Instagram 検索を使い分ける例も見ら
れる。Google 検索で観光地名や店名を判明させ，Instagram で写真を検索して
訪問の是非を判断するのだ。他にも，芸能人や有名人のアカウントを注視し，
衣服や趣味といったライフスタイルを真似るような利用もある。

　Instagram 投稿が消費に与える影響をアンケート調査したマージェリック
(2018) の調査によれば，10 代〜 30 代女性の約 7 割が，Instagram の投稿を見
て商品を購入や検索をした経験があるとのことである。特に芸能人や著名人の
投稿や，おしゃれな投稿が購買意欲を掻き立てやすいという。

　さらに，消費者が生産者になるような動きもあり，このような人をプロシュ
ーマー[22]と呼ぶ。ハンドメイドの雑貨やアクセサリーを Instagram にアップし，
それを他のユーザが見てコミュニケーションをとる。特に，2018 年 8 月には
「ショッピング機能」が実装されて，投稿する写真に販売先のリンクを貼れる
ようになったことから，ハンドメイド雑貨・アクセサリーの販売プラットフォ
ームとしても利用されている。

　Instagram は「発信するための消費」も喚起している。これは，商品の効用
そのものを目的とするだけでなく，Instagram に投稿することを目的として商
品を購入することである。これは，顕示的消費と自己表現というモチベーショ
ンから行われていると考えられる。

　顕示的消費とは，米国の経済学者であるソースティン・ヴェブレン氏が 100
年以上前に提示した概念である。ヴェブレン氏は，有閑階級（財産を持っている
ために生産的労働に従事しなくて良いような階級）が，己の階級を誇示するために，
宝飾品や高級自動車など性能以上に高額なものを消費・所有することを顕示的
消費と呼んだ。これと同じように，有閑階級に限らず多くの人が今，ソーシャ
ルメディア上で自分の充実した生活を誇示するために顕示的消費を行っている
という見方だ。ただし，現代においては価値観が多様化しているため，ただ高
いだけのものを見せるというのではなく，綺麗な風景の中や施設にいること，
カラフルでレアな食べ物などを体験していることなど，様々なものが称賛の対

---

22) producer（生産者）と consumer（消費者）を掛け合わせた単語。

象となりうる。そして，多くのソーシャルメディアに備わっている「いいね！」機能は，顕示的消費の裏にある承認欲求を簡単に満たしてくれる。

　もう1つ，自己表現の一環であるという解釈もある。つまり，自分は，ソーシャルメディア上に投稿した内容（写真）のようなものが好きだと，表現することそのものが喜びなのである。実際，あげられている写真は必ずしもキラキラしているものに限らない。そしてそのような投稿をすることで，自分と似た感性を持った人とつながれるかもしれないとも，期待できる。この「自己表現」という解釈が成り立つ場合であっても，そのために追加の消費が行われることは十分ありうる。例えば好きなアーティストについて発信するためにグッズを買ったり，自分の好きなお店を色んな人にも知ってもらいたいから発信したりするだろう。

　このインスタ映え（SNS映え）について，例えば，ホテルニューオータニのナイトプールは，2001年から営業しているが，2015年頃から入場者が急増した。入場料は約1万円と高価であるにも関わらず，「インスタ映え」するということで，人気を博している。そして，夜間はプールをライトアップしてDJを招いたイベントなどを行っている[23]。

　筆者の研究チームが，2018年に「発信するための消費」の経済効果を試算したところ，年間7,700億円の消費喚起効果があることが分かった（図6.3）。特に，「旅行・レジャーなど」が最も消費押上げ効果が大きく，2,377億円にのぼった。次いで高いのが「外食」の1,649億円で，この2つが非常に大きい（山口ほか，2019）。実際，若者へのインタビュー調査でも「インスタの投稿に同じ服を着ている写真を載せるのが嫌だ」，「SNSがあるから，『自己ブランディング』のために出かけてその姿を投稿することがある」，「旅行などの非日常では多少インスタを意識する」といった生の声が聞かれ，発信するために追加で消費を行っている実態が示された。

　さらに，新型コロナウイルス感染症の流行後は，ストーリーズやInstagramライブの閲覧時間や閲覧頻度が大幅に増加し，「映え」だけでなく「つながり」のツールとして利用されているという見方もある（高橋，2020）。

　また，近年利用者が増えているSNSとしてTikTokがある[24]。TikTokは

23）ただし，コロナ禍前の情報である。

24）動画共有サービスともいえるが，交流面に注目してSNSに括られることが多いため，ここではSNSとして紹介する。

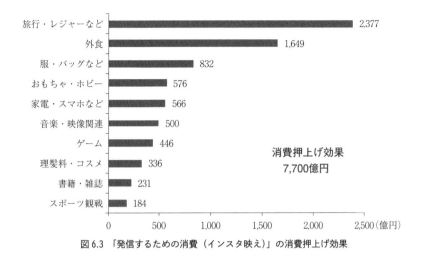

図 6.3 「発信するための消費（インスタ映え）」の消費押上げ効果

バイトダンスの運営する，15 秒から 1 分ほどの短い動画を投稿できるプラットフォームだ。利用者は動画を投稿・閲覧できるだけでなく，TikTok のアプリを使って動画を撮影・編集することが可能になっている。具体的には，再生速度の調整や，顔の輪郭を細くすること，肌を滑らかに修正することなどが可能であり，カスタマイズ性が高い。TikTok が提携する音楽聞き放題サービスの楽曲を BGM として設定できる点も特徴である。

2018 年には JC・JK 流行語大賞 2018 のアプリ部門で 1 位を取ったように，中高生を中心に人気が広がっている。世界では日本以上に利用者が急増しており，2020 年には TikTok が Facebook を抜いて世界首位のダウンロード数となった。2021 年 9 月には MAU（月間アクティブユーザ数）が 10 億を超えたことを公表している。

人気の TikToker[25] は企業からの PR 案件を受けたり，YouTube に誘導したりすることで収益を得ている。さらに，2021 年 3 月に日本で広告や投げ銭システムなどの TikTok で直接収益を得る方法が実装され，よりクリエイターが収入を得る方法が多様化した。

このように様々な社会的・経済的恩恵をもたらしている SNS であるが，ソーシャルメディアの中心であるということは，同時に，ソーシャルメディアの

25）TikTok に動画を投稿している人，クリエイター。

諸課題の中心であることも意味する。第1章〜第5章まで様々な諸課題につい
て論じてきたが，その中心には常に Facebook や Twitter のような SNS が存在
していた。例えば，第4章・第5章で扱ったネット炎上や誹謗中傷も，2000年
代には主に電子掲示板（5ちゃんねる）上の出来事であった。その一方で，5ち
ゃんねるユーザというものは限定された人たちであり，また，メディアも積極
的に炎上を取り上げることは無かった。しかし，SNS が広範囲に普及した結果，
炎上の主たるフィールドは SNS（とりわけ Twitter）となった。また，データの
取り扱いでも度々問題を起こしている。Facebook では2018年に5,000万人，
2021年には5億人を超える個人データの漏洩が起こった。

　SNS は電子掲示板などと異なりソーシャルメディアの一般化を起こし，正
に誰もが使用するソーシャルメディアとなっている。そのため，大きくポジテ
ィブな影響を社会にもたらすと同時に，ネガティブな影響もより大きくしたと
いえるだろう。

コラム6-1　ソーシャルリスニングで消費者の本音を聞く

　SNS が人々の消費活動を大きく変革する中，マーケティングにおいて「ソーシャ
ルリスニング（Social Listening）」が重視されるようになってきている。ソーシャ
ルリスニングとは，Twitter や Facebook，Instagram などのソーシャルメディア上
の消費者の生の声（投稿）を収集・分析することで，マーケティングに生かす手法
のことである。自社ブランドや製品・サービスについて，消費者が自ら発信した自
然な意見や会話を分析することで，「消費者視点」で商品開発や，リスク管理，市
場予測などをすることを目的としている。費用をかけない方法としては Twitter を
検索するなどもあるが，専用のツールを使って分析している企業も多い。

　このようなソーシャルリスニングは，「商品・サービス開発フェーズ」と「販売
フェーズ」に，実に大きな変革をもたらした。それは，大きく分けて以下3つの特
徴によるものである。

① 安価で実施可能である

　これまで消費者の生の声を聞くためには，いくらかのコストを払ってグループイ
ンタビューをしたり，アンケート調査をしたりという工夫が必要であった。ところ
が，今は消費者が自ら商品の感想をインターネット上に書き込んでくれるのである。
そして，検索機能を駆使するだけでも簡易な意見の収集・分析は可能であり，安価

でできる。そのため，マーケティング資金が潤沢でない中小企業でも，安価で開発や販売に消費者の声を反映できるようになった。

② 自然な会話

　これまでの調査では，企業側が「問い」を立て，それに対する消費者の意見を収集するのが一般的であった。しかし，ソーシャルリスニングで見えてくる消費者の声とは，自然な会話であり，そこには消費者の「本音」が現れているといえる。その率直でリアルな意見を基に，消費者視点での開発・販売が可能である。

③ リアルタイムで消費者の声を分析できる

　ソーシャルメディア上で見える消費者の生の声は，常に「その時に感じたこと」に基づいている。つまり，リアルタイムに近い状態で情報収集が可能である。時系列で意見を分析したり，表面化する前に消費者の不満を察知してリスク回避したりすることができるのである。このことは，新商品の提供やキャンペーン，企業対応前後での消費者の反応の違いを分析することを可能にするだけでなく，今後のトレンド予測など，市場の潜在的ニーズの汲み取りにも活用できることを示している。

　ソーシャルリスニングツールを使っている事例として，世界最大の化粧品会社であるロレアル・グループは，Sprinklr という分析ツールを導入している。ロレアルは 2015 年に CDO（Chief Degital Officer）の役職を日本で初めて確立した。その CDO に就任した長瀬次英氏が注目したのは，マーケターが注目する市場単位ではなく，消費者の立場で見る「個」である。マーケターの持つデータは，社内のブランドごとに独立しており，情報共有や連携ができていなかった。

　そこで，Sprinklr を利用することで，ソーシャルメディアの活用と消費者の反応をデータベースとして蓄積をした。Sprinklr は，ただソーシャルメディア上の投稿を収集して分析するだけでなく，様々な円グラフや折れ線グラフでわかりやすく傾向を提示する。

　例えば以前の場合，アイライナーの先端を「丸くしてほしい」という声があった場合でも，販売現場やカスタマーセンターの担当者が導入の判断を行っていた。しかし，ニーズの大きさが統計的・マクロ的に分からないため，商品にはなかなか反映されないという問題を抱えていた。Sprinklr を通してそれらの声を覗くことで，ニーズの大きさを統計データとして確認することができるようになり，消費者の声にエビデンスベースで応えることが可能になった。

　また，各ブランドに合わせてエンゲージメントが高いインフルエンサーをマップすることや，キャンペーンを行った際に流入効果の実証分析を行うことができる。特にサロンビジネスの「ケラスターゼ」では，キャンペーンの効果測定と比較を行い，どのインフルエンサーがターゲットにリーチをしたか，売上が伸びた商品は何

か，といったことを比較した（朴, 2021）。

6-6 │ 動画共有サービス

　動画共有サービスとは，人々の動画投稿・閲覧を主としたウェブプラットフォームを指す。動画共有サービスでは，人々が動画を自由に投稿することができ，それを不特定多数の人に公開し，視聴してもらうことが可能になっている。動画共有サービスの利用には高度な知識が不要であり，特に，閲覧するだけの人にとっては，ブラウザやアプリでページを見て再生ボタンを押すだけと非常に簡単な操作で済むため，爆発的に普及した。

　利用者が多いうえ，手軽に動画配信が可能ということで，政治家や企業の情報発信に使われるケースも多く見られる。政治家では，2008年の米国大統領選挙において，オバマ元大統領が積極的に活用したのが話題となった。選挙キャンペーン期間中に1,800本もの動画を投稿し，合計1億回ほど再生された。さらに，YouTubeとテレビCMを連携させることで，テレビ視聴者の増加も実現したという（日経クロステック, 2009）。

　また，企業では，音楽や映像といったコンテンツ産業で特にプロモーションビデオ（PV）やミュージックビデオ（MV）の配信が多いが，その他の産業でも広告手段の1つとして利用されることが非常に多くなっている。YouTube限定のCMも多く，ソーシャルメディアでバズって話題になることがたびたびある。

　代表的な動画共有サービスとしてはYouTubeが挙げられる。YouTubeは2005年にサービスを開始した世界最大の動画共有サービスであり，2006年にGoogleに買収されて以降Google傘下に置かれている。現在では，動画投稿者は再生回数に応じてYouTubeから広告収入を得ることができ，YouTubeは企業からの広告料を受け取っている。視聴者は基本的に無料で利用できるが，有料サービスのYouTube PremiumやYouTube Music Premiumには広告掲載がなく，機能も拡張されている。

　動画共有サービスは実に様々な利用方法があり，教育での活用も盛んだ。例えば，福島県立清陵情報高等学校では，第二種電気工事士試験の技能試験の対策にYouTubeを活用した。高校側が動画を作成・アップロードし，教材の1

つとして生徒に提供している。再生回数から，難易度が高いと思われる作業を特定し重点的な指導を行い，動画コメント欄での質問を受け付けた。課外授業を 10 時間削減しつつも前年と同じ合格水準を維持でき，作業に対する理解が深まったと回答した生徒は全体の 90% に達したようだ（志田, 2017）。

　また，近年は，YouTuber と呼ばれる動画クリエイターの台頭が関心を集めている。YouTuber とは，広義には YouTube に頻繁に動画を投稿する人を指す。狭義には，YouTube や企業からの広告収入で生計を立てている人を指し，中には推定年収 11 億を超える YouTuber も存在する。

　例えば，企業の商品広告として利用され，実際に消費を喚起した事例もある。日本コカコーラが自動販売機連動アプリ「Coke ON」のプロモーションのため，人気 YouTuber 4 人とのタイアップ動画を作成した。具体的には，自動販売機の検索機能を使いながら商品を購入し，購入特典を受け取る様子を映像化した。その結果，アプリのダウンロードランキングでは，総合部門で 142 位から翌日21 位，フード部門で 8 位から翌日 2 位，翌々日 1 位とジャンプアップしたようだ。また，クリエイターのマネジメント会社「UUUM」によれば，YouTuberを使った広告によって，購買意欲が最大で 49% 上昇，商材に対する認知度は66% 上昇するとされている。このように，特に登録者数の多い Youtuber は大きな影響力を持っている。先述した教育の分野でも，「教育系 YouTuber」は数多く存在し，数学や英語など様々な教科を分かりやすく動画で教えて人気を博している。

　近年では官公庁も情報発信に積極的に活用している。厚生労働省では，人気YouTuber とコラボレーションし，「年金について日本一わかりやすく説明しようとしたらこうなった」という動画を発表した。2021 年 3 月に公開された当該動画は 2021 年 9 月現在で約 70 万回再生され，年金について若年層を中心に理解を深めるのに貢献している。また，官公庁職員自らが YouTuber になるケースもあり，代表的なもので BUZZ MAFF がある。BUZZ MAFF は農林水産省の若手職員が中心の YouTuber で，食や地方の魅力について様々な手段で伝えている。2021 年 9 月現在で登録者数約 10.8 万人，最も再生された動画の再生回数が約 95 万回と人気 YouTuber となっている。これらの事例に共通していえるのは，難しい（あるいは堅い）官公庁発信の情報を，若い世代に分かりやすく伝えることを目的としているということだ。

　また，特に小学生の間で YouTuber が投稿する動画が人気を博している。

BIGLOBE（2017）の調査によれば，小学生の 55.3% が YouTuber の動画を視聴し，その割合は高学年では7割以上となっている。これは 2017 年に発表された調査なので，2021 年現在ではもっと多いだろう。「将来の夢は YouTuber」という子供も少なくなく，小中学生が選ぶ将来就きたい仕事の1位は，男子では「YouTuber（ユーチューバー）などの動画投稿者」となっている（アデコ, 2021）[26]。

　クチコミを通じて学校でのコミュニティに広まりやすく，気に入られた動画が繰り返し再生されるため，YouTuber にとって小学生は広告収入を得やすい顧客層である。小学生向けの動画としては，おもちゃの紹介・ゲーム実況・キャラクターショーなどが多い。一方で，次の動画への誘導が充実されているために，過剰な視聴を心配する保護者の意見もある。

　さらに，視聴に留まらず，子供による投稿も見られる。著名な YouTuber の中には，未就学児や小学生低学年の学童も含まれ，中には年収1億円を超える者もいる。経済誌 Forbes の発表している YouTuber の収入ランキングでは，おもちゃのレビューなどを行う Ryan's World というチャンネルの Ryan Kaji 少年が 2018 年から3年連続でトップとなっている。YouTube の広告収入や開発したおもちゃのライセンス収入などで推定 2,950 万ドル（約 30 億円以上）を稼いでいるというのだから驚きだ。ただし，動画の投稿が個人情報の流出や炎上を招く例もあり，特に未成年の YouTuber についてはその弊害も指摘されている。

　しかし，動画共有サービスがここまで発展する過程で，いくつかの大きな問題が指摘されてきた。1つは，知的財産権の問題である。他人が権利を有する動画や音声などを素材として作成された動画を，勝手にアップロードする事例が存在する。音楽や映画，ドラマ，アニメなどをそのままアップロードしている例もある。著作権侵害は親告罪（被害者が告訴しない限り検察官が公訴できない）であり，全ての作品について，権利者が違法にアップロードされていないかを確認することは不可能に近いため，このような違法アップロードが蔓延している。

　ただし，近年ではプラットフォーム事業者が積極的に対応を行っており，精度の高い AI などで違法な音楽や動画が削除されるようにコントロールしている。また，音楽の著作権を一括管理している JASRAC と，主たる動画共有サ

26）日本全国の小中学生 900 名を対象とした調査。各学年男女 50 名ずつ。

ービスは利用許諾契約を締結している。JASRAC と利用許諾契約を締結しているサービスでは，ユーザが個別に JASRAC への利用許諾手続きを行わなくとも，JASRAC 管理楽曲を利用した UGC（User-Generated Contents）[27]をアップロードすることが可能だ。また，二次的著作物は広告効果を持つことも知られており，特にゲームのプレイ動画は高い広告効果があることが指摘されている（山口, 2014）。

　もう1つ，その利用者の多さから，フェイクニュースの拡散源として問題視されている。多くの登録者を抱える人気 YouTuber・インフルエンサーが，真偽不明情報を動画で発表している事例が少なくない。特に問題視されたのが，2020 年からの新型コロナウイルス及びワクチンに関する情報である。そこで YouTube では，「深刻な身体的危害や死亡のおそれがある危険行為または違法行為の助長を目的としたコンテンツ（一部の医療に関する偽情報を含む）を禁止」するポリシーを掲げ，動画やアカウントの削除を行うだけでなく，新型コロナウイルスやワクチンに関する動画においては厚生労働省のウェブサイトへのリンクラベルを付けるなどを行った。Google の発表によると，2020 年 2 月以降 2021 年 8 月までに削除した新型コロナウイルスの危険な情報（偽の治療法やデマの主張など）に関連する動画を 100 万本削除したようである。

コラム 6-2　拡大するクリエイターエコノミー

　近年，クリエイターエコノミーの発展が目覚ましい。クリエイターエコノミーとは，個人クリエイターが自身のスキルによって収益化を行う経済圏のことを指す。1999 年に Blogger（ブロガー）が登場し，2005 年には YouTube が登場する中で，ソーシャルメディアが広まって人類総メディア時代になり，コンテンツ発信から一般消費者が収益を得るということが徐々に増えていった。しかし，ソーシャルメディア黎明期においては，このクリエイターエコノミーの規模は非常に小さいものであった。アフィリエイトや広告収入で稼ぐ以外の方法がほとんどなかったためである。YouTube は 2007 年頃に広告収入を分配するパートナープログラムへの参加を呼びかけるが，一般開放されるのは 2011 年であり，YouTuber の事務所である UUUM が設立されるのは 2013 年だ。

27）ユーザ生成コンテンツ。つまり，一般ユーザが作成したコンテンツのこと。動画共有サービスであれば，ユーザの作成した動画といえる。

　これを大きく変革させたシステムの1つに，「投げ銭システム」がある。これを業界に先駆けて導入したTwitch[28]は，自称「クリエイターエコノミーの先駆け」を名乗っているが，実際この投げ銭システムは画期的なものであった。投げ銭システムとは，簡単にいえばライブ配信や動画の視聴者が，その動画クリエイターに直接金銭を送るシステムのことである。これにより個人クリエイターがファンから直接お金を受け取ることが可能になり，クリエイターエコノミーは一気に活性化した。同システムはYouTubeが2017年にスーパーチャットという名称で実装している他，Mildomなど様々な動画共有サービス・ライブ配信サービスに備わっている。2021年9月にはなんとTwitterにもTipsという名称で正式実装された。

　それと同時に，インフルエンサーマーケティングも盛んになっている。6-5でも触れたように，多くのフォロワーやチャンネル登録者を抱えるインフルエンサーは，大きな広告効果を持っている。テレビに出ている芸能人と異なり，ソーシャルメディアというコミュニケーション空間で活躍するインフルエンサーは，製品・サービスの消費体験を，より消費者に近い目線で伝えることができる点もこの効果を後押しする。現在では企業がインフルエンサーにPRを依頼する例も少なくなく，これもクリエイターエコノミーを支えている。

　NeoReach（2021）の調査によると，2020年のクリエイター市場規模は世界で1,042億ドル（約1兆1,500億円）に達するといわれる。約5,000万人の個人クリエイターやインフルエンサーが活動しており，そのうち，200万人がフルタイムで取り組んでいるということだ。今後もこの動きは活発になっていくだろう。

　本来，消費者は多様な趣味を持っており，多様なコンテンツを求めている。しかしながら，これまでは技術的に，コンテンツの発信者は一部のマスメディアなどに限定されていた。ところが，人類総メディア時代が到来したことにより，人々はより自分の好みに合ったコンテンツに出会いやすくなった。つまり選択肢が増えたということで，現在YouTuberを見てテレビのバラエティ番組を見なくなった人にとっては，YouTuberの動画の方がテレビよりも面白いということに他ならない。当然，自分が非常に好きな相手なので，それだけ何らかの形で貢献したいと思っており，投げ銭システムはその消費者のニーズを満たし，大きなお金の流れを作る。

　そのような状況で，BASE，note，UUUMなどのクリエイターエコノミーを推進・支援する企業が，2021年7月にクリエイターエコノミー協会を設立した（筆者もアドバイザーという形で参画している）。協会のミッションは「クリエイターが活動しやすい社会環境をつくり，その自由かつ安全な活動を促進する」であり，①クリエイティブ活動の普及・促進，②クリエイターの保護，③クリエイターの活躍を

28）ゲーム配信に特化したライブストリーミング配信サービス。2011年に登場したサービスで，2014年にAmazonが買収している。

促進するための政策提言，の3つに取り組んでいくことを宣言している。2021年
8月の正式設立時には参加企業数が39社に上り，クリエイターエコノミーに対す
る社会の関心の高さが日本でも明らかになった。

6-7	メッセージアプリ

　メッセージアプリとはテキストメッセージを1対1や複数でやり取りするた
めのツールで，基本的にクローズドのコミュニケーションツールである。チャ
ット機能のみでなく，データ通信を利用した音声通話やテレビ通話，更にはフ
ァイル送受信機能も利用できる。主にスマートフォンで利用するが，パソコン
やタブレット端末でも利用できるものがほとんどである。

　国内で利用者が最も多いのはLINEである。チャット機能と通話機能に加え
て，ファイル送信や写真管理・メッセージ管理に関する様々な機能が実装され
ている。同一アカウントをスマートフォン・PC・タブレットで共有し，場面に
応じて使い分けるといった活用もある。また，気持ちやメッセージをイラスト
で表した「スタンプ」があるものが多く，コミュニケーションの幅を広げてい
る。

　さらに，LINEには，電子決済機能やエンターテインメント機能も備えられ
ており，1つのアプリを様々な用途で使える利便性を評価する声も聞かれる。
FacebookやInstagramのような交流型ソーシャルメディアアプリのように
「ライブ配信」機能も備わっていて，グループトークや複数人トークでライブ
映像を共有しているユーザもいる。また，質問に自動返信してくれる「LINE
bot機能」を使い，検索ツールとする使い方もある。例えば，現在地を入力す
ると，条件を満たした付近の飲食店を提示してくれるサービスがある。他にも，
管理者と複数のフォロワーの1対1コミュニケーションが可能な「LINE@」を
PTA連絡網として使ったり，送信時刻を設定してスケジュールのリマインダ
ーとして利用したりといった例がある。

　LINEのほかでは，Facebookのチャット機能が，「メッセンジャー（Messen-
ger）」として2014年に分離したものが日本でも広く使われている。Facebook
ユーザ同士で利用でき，メッセージの他に通話やファイル・位置情報共有など
を行うことができる。

　メッセージアプリは便利なサービスであり，利用者の極めて多いソーシャル
メディアである。その一方で，新型コロナウイルスの流行下において，チェー
ンメール形式でフェイクニュースが出回っている（2-5の事例を参照）。また，
LINEいじめといわれるようなメッセージアプリを使ったいじめも問題となっ
ている。通常のいじめと異なる点として，学校などのいじめられている場から
離れても，つまり帰宅してもいじめが続くことが挙げられる。LINEによって
直接肉体的ダメージを負うことは無いものの，精神的ないじめが四六時中展開
されることになる。このようなLINEいじめの種類として，高橋（2019）では
次の4点を挙げている。

- 仲間はずれ：いじめ対象者をグループからはずす。或いは，いじめ対象
  者だけ最初からグループに招待しない「仲間はずれ」系のいじめ。
- 無視：話しかけてきてもいじめ対象者のトークだけ無視する「無視」系
  のいじめ。
- 集団いじめ：その子に対して一斉に悪口を送るいじめ。自分を否定する
  言葉が次々と押し寄せてくるので，いじめ対象者は自分が完全に否定さ
  れたような気持ちに陥る。「集団いじめ」系のいじめ。
- 画像・動画共有：裸など，いじめ対象者の見られたくない写真や動画を
  グループ内で共有する。「画像・動画共有」系のいじめ。

　実際には，これが現実のいじめと同時並行で行われる。例えば，旭川女子中
学生凍死事件では，亡くなった女子中学生は，数人の中学生男女らにいじめら
れる中で，男子中学生にわいせつな画像を送るよう強要されたとされる。恐怖
を感じて画像を送った結果，その画像が中学生のLINEグループなどに拡散さ
れ，自慰行為を強要されるなどいじめが激化した（文春オンライン，2021）。
　また，日本最大のシェアを誇るLINEについては，データの取り扱いが問題
となったこともある。2021年に3月に発覚したこの問題は，同月1日にZホー
ルディングスとLINEの統合が完了した矢先に明らかになった。主に以下の
2点が問題とされた。

- 開発業務を担当していた中国の関連企業スタッフが，国内利用者データ
  へのアクセス権を有していた。

　・全ての画像や動画を韓国 NAVER のデータセンターで補完しており，
　　韓国関連企業がアクセス権を保有していた。

　特に中国については，2017 年に成立した「中華人民共和国国家情報法」に
よって，中国国内にあるサーバのデータは全て中国政府の求めに応じて情報提
供する義務を負っている。LINE は利用者が多いということから，国や自治体
が積極的に活用しており，住民票や給付金の申請をはじめ，新型コロナウイル
スのワクチン接種の予約システムなど公共サービスで連携していた。実際，そ
れによって利用者の利便性が向上していたのは間違いない。しかし，それが故
に，安全保障上のリスクとなってしまったのである（城内, 2021）。

6-8 ｜ コミュニケーションツールの歴史

　人類の発展を語るうえで，コミュニケーションというものは欠かせないもの
である。とりわけ，遠方の人とも可能な非対面コミュニケーションは，それを
いかに低コストで，かつ，容易に利用できるかが長らく課題であり，技術の進
歩と共にコミュニケーション形態は変化していった。特に，コミュニケーショ
ンツールの歴史は，19 世紀後半に電報が誕生して以降，約 150 年の間に主役が
短いスパンで交代を繰り返してきた。それをハードという観点から考えると，
概ね以下表 6.1 のように整理できる。

　非対面コミュニケーションは，手紙から始まり，電報，固定電話，フィーチ
ャーフォン[29]，そしてスマートフォンの誕生まで，情報通信技術の発展と共
に新しいハードが生まれ，人々の利便性を高めてきた。特に，固定電話の誕生
は，音声によるタイムラグの無いコミュニケーションを可能とし，1890 年代に
国内で電話サービスが開始され，1960 年代に本格的に普及して以降，現在に続
くまで多くの家庭で未だに使われている。

　また，特に 1990 年代は技術進歩が目覚ましく，多くのハードが市場に流通
した時期である。具体的には，FAX，パソコン，PHS，ポケベルなどのハード
が家庭に広がっていった。こうしたハードは，手紙や電報と比べると，即時性
の観点から優れている。中でも，PHS やポケベルは，固定電話と異なり携帯

---

29) スマートフォンでない携帯電話のことで，いわゆるガラケー。

表 6.1　コミュニケーション変遷：ハード

年	ハード
1870 年代〜1960 年代	電報
1960 年代〜2000 年代	固定電話
1980 年代〜1990 年代後半	ポケベル
1990 年代後半〜2000 年代	PHS
2000 年代〜2010 年代初頭	携帯電話（フィーチャーフォン）
2010 年代〜	スマートフォン

性に優れていて，手軽なコミュニケーション手段として爆発的に普及した。

　その後誕生したフィーチャーフォンは，PHS，ポケベルのメッセージ送信の機能に加えて，電話機能も兼ね備えており，人々にとって便利な端末であった。そして 2000 年代になると，携帯料金の低下と共にフィーチャーフォンが普及するようになり，PHS やポケベルは主要なデバイスではなくなっていく。しかしながら，そのようなフィーチャーフォンも主役の期間は短く，スマートフォンに置き換わってきている。2008 年から国内で販売されたスマートフォンは，20 代，30 代を中心に急激に広がり，フィーチャーフォンに代わって主要な情報通信端末として存在するようになっている。

　このような流れを，「1870 年代〜1970 年代」「1980 年代〜1990 年代」「2000 年代〜現在」の 3 つのブロックで概観する。

● 1870 年代〜1970 年代

　1870 年代〜1980 年代にかけて，主要なコミュニケーションツールは電報と固定電話であった。特に電報は，1870 年代から 1960 年代まで 100 年に渡って主要な手段として用いられている。図 6.4 は電報通数と固定電話回線の加入数を示している（1970 年代以降の推移も分かるように 2010 年まで示している）。

　電報の取扱量は 1960 年代に約 9,400 万通あったが，その後減少に転じ，2010 年の取引量は約 1,200 万通にまで落ち込んでいる。また，そのほとんどは慶弔電報である（慶弔電報比率は，NTT 東日本で 94.5%（平成 27 年度末），NTT 西日本で 95.4%（平成 27 年度上半期）となっている）。そして，1960 年代から，電報に代わってコミュニケーションツールの主役が固定電話へ変わっていくのが，図から読み取れる。電報の大きな魅力に迅速なメッセージ送信というものがあったが，固定電話はそれをはるかに上回る即時性を持っており，主役が交代した。

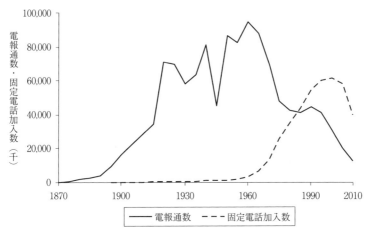

出典：ブライアンら（2001）・NTT 東西サービス概況より筆者作成。

図 6.4　電報数・固定電話契約数推移

その後，固定電話回線の加入数は 1960 年頃から大幅に増えていき，1995 年には 6,000 万件，世帯保有率は 90％を超えるまでに成長した。1980 年代には FAX も誕生する。

● 1980 年代〜 1990 年代

1980 年代からは，固定電話以外にも新しい情報通信端末が次々と誕生する。それはポケベル（無線呼び出し），PHS（Personal Handy-phone System），そしてフィーチャーフォン（ガラケー）である。

ポケベルは，電話の着信ベルだけを小型の携帯端末（ポケベル）に送るものである。一方向のものであり，ポケベルから送信することはできないという特徴を有していた。商用開始は 1960 年代後半であるが，仕事上の利用が主であり，消費者が広くコミュニケーションに利用するようになったのは，1980 年代頃からである。『ポケベルが鳴らなくて』というドラマが作られたり（1993 年），「114106 ＝愛してる」など限られた数字でメッセージを伝える「ポケベル語」が多く誕生したりと，流行した。

PHS は，屋外において無線で通話やデータ通信ができるようにした通信サービスである。ポケベルと比べて双方向の通話やデータのやり取りができること，フィーチャーフォンよりもデータ通信が高速で音質が良い，料金が安いという

特徴を持っており，1990年代半ばから急速に普及して，若い世代のコミュニケーションツールはポケベルからPHSに置き換わっていった。女子高生の間では，ピッチと呼ばれ，愛用された。しかしながら，新幹線などでの高速移動中に利用すると接続が切れやすく，通話が途切れやすい，エリアが狭くて山間部でつながらないことが多い，といった問題を有していた。また，フィーチャーフォンがPHSの機能を持ち，かつ欠点を克服した端末へと変化したことで，広い世代に普及するには至らなかった。特に機能面について，1996年にドコモがショートメッセージサービス（SMS）をフィーチャーフォンでも開始したことと，携帯電話料金が引き下げられたことがフィーチャーフォンに負けた要因としていえる。そして，当時のフィーチャーフォンは通信範囲が広い代わりに，通信速度がポケベルとPHSに劣るという弱点があったが，これも通信網の整備とともに解消された。

　フィーチャーフォンは，主にスマートフォンを除いた多機能携帯電話全般のことを指す。特に日本では，高画質カメラなどの様々な機能の付いた多機能携帯電話が安価で提供されていたため，多くの機能を備えている場合が多い。フィーチャーフォンは1980年代から登場し，当初はポケベルより契約者数が少なかったものの，固定電話をはるかに超えるスピードで普及した。ただし，高価であったことも関係し，普及はビジネス利用が牽引している。

　図6.5は，ポケベル，PHS，フィーチャーフォンの契約数推移を，1999年まで示したものである。フィーチャーフォンの契約数増加やPHSの登場により，それまで支配的であったポケベル加入数が，急速に減っていくのが分かる。さらに，1990年に100万人以下であったフィーチャーフォンの契約数は，1999年には5,000万人を超えており，固定電話契約数の増加ペースをはるかに上回る急速な普及であることが分かる。PHSはポケベルほど急速に加入数が減ることは無かったが2014年から減少幅が大きくなり，2020年には約66万人となっている。

● 2000年代～現在

　フィーチャーフォンの加入数はさらに急増していき，日本でiPhoneが発売される前年の2007年には加入数が1億を超えた。普及率にして80.4%である[30]。この頃には完全にコミュニケーションツールの主役はフィーチャーフォンになっている。

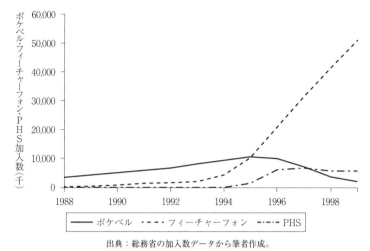

出典：総務省の加入数データから筆者作成。

図6.5 フィーチャーフォン・PHS・ポケベル契約数推移

　また，これまでビジネス利用が主であったフィーチャーフォンが，若い世代にも広がっていったのがこの時期である。2005年には，13〜19歳でフィーチャーフォン利用経験のある割合が80％を超えた。またPHS・ポケベル世代に当たる20〜29歳では，2004年にフィーチャーフォン利用経験のある人が90％を超えた。2005年頃までには，フィーチャーフォンが中高校生の間にもコミュニケーションツールとして活用されるようになっている。

　中高校生の利用者が増えたのは，価格が下がった以外にも，携帯電話からアクセスできるインターネットサービスが充実してきたことが考えられる。掲示板やブログの閲覧や投稿，着うたなどの音楽視聴，Mobage・GREE・mixiのゲームやSNSサービスなど，様々なサービスが携帯電話から利用できるようになった。このように，携帯電話が従来のコミュニケーション手段にとどまらず，ネットワークを生かした趣味や娯楽にも使える多機能な端末になったということが，若い世代にも支持される要因になっている。

　このように，1990年代後半から2000年代にかけて，コミュニケーションツールとして主たるハードとなったフィーチャーフォンであるが，2010年からはスマートフォンが若い世代を中心に急速に拡大していったことでその地位は変

30）ただし，複数台持ちの人もいる。

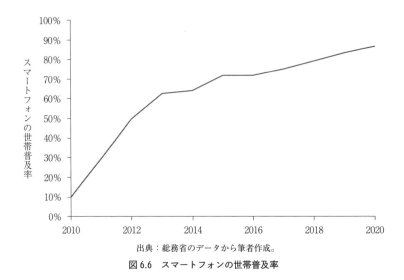

出典：総務省のデータから筆者作成。

図 6.6　スマートフォンの世帯普及率

わっていった。図 6.6 は，スマートフォンの世帯普及率の推移である。図 6.6
を見ると，2010 年から急速にスマートフォン加入数が増加し，2013 年には 60%
を超えることが分かる。加入数でも 2013 年には加入数 5,000 万人を超え（総務
省, 2014a），この年に利用率でフィーチャーフォンを抜いている（総務省, 2014b）。
日本で肩掛けのショルダーフォンとしてフィーチャーフォンが初めて販売され
た 1985 年から，加入数が 5,000 万人を超えるまで約 15 年かかったのに比べる
と，普及スピードはさらに早くなっているといえよう。

| 6-9 | 近年におけるコミュニケーションサービスの変遷の特徴 |

　以上のように，人々の，遠方と通話したい，遠方と容易に連絡をとれるよう
になりたい，それをさらに携帯端末から行いたい，などのニーズは，技術革新
と共に可能となり，技術革新による新しいハードウェアの誕生が，人々のコミ
ュニケーションツールの変化を牽引してきたといえる。しかしながら，インタ
ーネットが普及する 2000 年前後を境に，ハードウェアとサービスは一体化し
なくなっている。例えば固定電話サービスであれば，固定電話というハードウ
ェアと固定電話サービスは一体化していた。しかし，現在非常に多く使われて
いるコミュニケーション手段のメッセージアプリは，メッセージアプリという

ハードウェアがあるわけではなく，スマートフォンやパソコンの1アプリ（サービス）である。そして，サービス単位で見ると，主たるコミュニケーションツールが，人々のニーズに合わせて目まぐるしく変化する時代になっていることが確認される。

　近年における主要コミュニケーションツールの変遷の特徴は，次の3つにまとめられる。

● 主たるツールの入れ替わり期間が短い

　電報は固定電話に主役の座を奪われるまで，約100年近くコミュニケーションツールとして中心的な役割を果たしていた。次に，固定電話からフィーチャーフォンへと移るのには約40年かかっている。しかしながら，サービスで見た時の近年の主たるコミュニケーションツールは，わずか10年間の間にmixi，Twitter，Facebook，LINEと次々に登場し，現在はLINEが最も使われている。また，主役交代が起こっても，必ずしも一人勝ちになるとは限らず，用途によってサービスを使い分けるということが起こっている。

● 若い世代から変化が起きる

　特に広く普及したフィーチャーフォンは，当初20代，30代のビジネスマンを中心に普及していき，その後その他の世代へと広がっていった。しかしソーシャルメディアは，10代，20代の若い世代が最初主な利用者として存在し，他の世代へ浸透していくという構造となっている。

● 消費者ニーズが牽引し，サービス中心にコミュニケーションツールが変化する

　2000年前後までは，電報，固定電話，ポケベル，PHS，フィーチャーフォンと，技術革新と共に生み出される新しいハードが，コミュニケーションツールの変化を引き起こしており，サービスはハードと紐付いている場合が多かった。これに対して，ソーシャルメディアはデバイスに依存しているサービスではなく，違う情報通信端末から利用することが可能になっている。つまり，インターネットが広く普及した2000年代以降は，技術が先行するというよりも，人々のその時々の価値観・需要に即したサービスを提供できたものが，コミュニケーションの主役となっているといえる。

| 6-10 | GDP に反映されない（無料）ソーシャルメディアの価値 |

　以上見てきたように，ソーシャルメディアが社会に浸透する中で，我々の生活や経済にも少なくない影響を与えている。しかし，インターネット上で提供されている多くのコミュニケーションサービスは，基本利用料が無料であり，実際の金銭の支払いが存在しない。そのため，利用者が多い割に，金銭ベースの指標である GDP への貢献は限定的であることが指摘されている。

　他方，消費者がインターネットサービスの利用に消費する多大な時間という顕示選好は，消費者がインターネットから膨大な便益を得ていることを暗に示しているとも指摘されている（Brynjolfsson & Oh, 2012）。つまり，人々がソーシャルメディアを使う場合は，そこから何らかの便益を得ているからこそ時間を費やしているというわけである。

　このことは，インターネットがもたらす価値を GDP の枠組みでは捉えることには限界が存在し，経済的な貢献だけでは人々の向上した満足感を捉えるのには不適切なことを示唆している。Brynjolfsson & McAfee（2014）は，インターネットについて，GDP が測り損ねている価値が大きいことを指摘している。そして，有形のものだけを計測していたら生活をより良くする無形のものを無視することにつながるとし，消費者余剰[31]の計測や，人間開発指数などの幸福度を測る新しい手法について，いくつか提案している。また，Pantea & Martens（2014）は，こうしたインターネット上のコンテンツが生み出す消費者余剰を無視することは，インターネットの経済的な価値を過小評価することになると指摘しており，Ahmad & Schreyer（2016）は，こうした情報共有がもたらす価値を推定する試みが今後なされることが歓迎されるとしている。

　国内においても，IT の発達がもたらす非貨幣的な価値について，無料の情報シェアサービスのもたらす便益や生活利便性の向上，UGC の蓄積を指摘す

---

[31] ある財について，消費者が支払っても良いと考えている金額（支払い意思額）から実際の価格を引いたもの。例えば，りんごが好きな A さんは，ある高級りんごを店頭で見かけて，1,000 円までなら支払っても良いと考えた。このりんごの価格が 800 円だった場合，A さんは購入するだろう。この時，1,000 円払っても良いと考えていたのに 800 円で買えたため，「200 円得した」と感じる。これが消費者余剰である。これを無料のサービスに適用するならば，LINE の利用に月 500 円までなら払っても良いと考えている人にとって，無料で利用している LINE は月 500 円の消費者余剰を生み出しているといえる。

る声があり（総務省，2016），このような SNA 指標[32]に反映されない社会的厚生を計測する必要性が提唱されている（内閣府，2016）。

　そこで筆者らは，無料のソーシャルメディアが人々にもたらしている消費者余剰を推計することで，人々感じている GDP に反映されない便益を経済価値に換算することとした。推計に当たっては，同じように機会費用[33]しかかからないようなサービスの消費者余剰推計方法を提案した，Hausman（1999）と Goolsbee & Klenow（2006）の手法を参照している[34]。分析に用いるデータは，2016 年 9 月に実施した 20 〜 69 歳の男女を対象としたオンラインアンケート 6,250 件である[35]。ソーシャルメディア利用時間，インターネット利用料金，労働時間，労働日数，収入などのデータを取得した。詳細な分析方法と分析モデル，推定結果の詳細は付録4-1 を参照されたい。

　分析結果から消費者余剰を推計したものが，表 6.2 である。ただし，消費者余剰はソーシャルメディアの利用時間によって大きく異なるため，値は年代別に算出している[36]。また，基本モデルによる期待値とフルモデルによる期待値を推計しており，前者が小さく，後者が大きい値となっている。消費者余剰の推計値はこの範囲と考えられる。

　表 6.2 の年代別消費者余剰を確認すると，20 代が最も高く，約 4 兆〜約 4.6 兆円となっている。これは 20 代に突出して多く利用されていることが要因であり，若い世代が，ネット上の情報シェアに高い価値を見出していることが分

32）SNA（Systems of National Accounts）。国民経済計算。

33）ある行動を選択したことによって損失した，他の選択肢を選んだ時に得られたであろう価値のこと。例えば，ソーシャルメディアを 1 日に 3 時間使うことは，3 時間働いて収入を得る機会を損失させている。これを機会費用（機会損失）という。

34）Goolsbee & Klenow（2006）は，金銭消費よりも時間の消費が主なインターネットサービスについて，従来の金銭的アプローチによる消費者余剰の推定が困難であるとした。そのうえで，消費者の直面する効用最大化問題において，予算制約に時間の概念を導入するモデルを構築し，収入から算出した機会費用による消費者余剰の推定を行う方法を提案している。

35）アンケートはマイボイスコム社の登録モニタに対して実施している。

36）全年代合計値を推計する際には，10 代と 70 代以上の消費者余剰を，それぞれ 20 代×0.7，60 代×0.7 と仮定している。これは，10 代のインターネット利用時間が 20 代の約 70％であること（2016 年当時）や，70 代以上すべて合わせても 60 代よりも小さいと推測されることから置いた仮定である。10 代はインターネット利用時間が分かっているため近い数値であると思われるが，70 代以上は統計データがないため，信頼性に疑義は残る。しかしながら，もともと 70 代以上の消費者余剰は全体に対してごく一部であるため，これによる誤差は限定的と考えられる。

表6.2 ソーシャルメディアがもたらす消費者余剰

	基本モデルによる期待値	フルモデルによる期待値
10代	2兆7,800億円	3兆2,400億円
20代	3兆9,700億円	4兆6,300億円
30代	2兆7,700億円	3兆2,300億円
40代	2兆8,800億円	3兆3,600億円
50代	1兆9,200億円	2兆2,400億円
60代	8,000億円	9,400億円
70代以上	5,600億円	6,600億円
全世代	15兆6,800億円	18兆3,000億円
対GDP	3.20%	3.74%

かる。また，全世代の合計値は，約15.7兆～約18.3兆円となった。これは
2016年当時の名目GDPの約3.20～約3.74％にあたり，銀行（15.9兆円）や電
力（19.3兆円）の市場規模に匹敵する。以上のことから，ソーシャルメディアは，
GDPに反映されない非常に大きな価値を人々に提供していることが示された。

第7章

ソーシャルメディアの諸課題にどう対処するのか

　本章では，これまで見てきたソーシャルメディアの諸課題に対してどのような対策を打てばよいのか，具体的に考察する。

〈本章のポイント〉

- 日本では，「リテラシー向上のための啓発活動」「プラットフォーム事業者の自主的取り組みの支援と透明性・アカウンタビリティの向上」「発信者情報開示に関する取り組み」「相談対応の充実に向けた連携と体制整備」の4つの方向性が示されている。
- 日本のファクトチェック活動は限定的で，IFCN加盟団体もない（2021年現在）という課題を抱える。
- プラットフォーム事業者には，日本ローカルでの透明性・アカウンタビリティの向上だけでなく，アーキテクチャによる工夫の促進も求められる。例えばReThink機能や，見たくないものを見ない自由を保障するような機能である。さらに，フェイクニュース拡散経路データを活かしたファクトチェックの積極的配信も有効と考えられる。
- 業界団体は相談対応を積極的に実施し，官民で連携することが求められる。
- マスメディアには，批判を煽るビジネスモデルの脱却と，ファクトチェックへの積極的参加が期待される。
- 教育面では，メディア情報リテラシー教育の体系的な導入が望まれる。
- 以上のような，多様な方向から対策を進めることが重要である。また，人々が他者を尊重するという当たり前の道徳心を育むことも，豊かな情報社会実現には欠かせない。

　これまで見てきたように，インターネットとソーシャルメディアの普及がも
たらした人類総メディア時代は，我々に様々な恩恵をもたらしている一方で，
多くの課題も抱えている。これらの課題に対して人々は何ができるのだろうか。
本章では，ソーシャルメディアの諸課題への対処方法について，2021年12月
現在の状況（とりわけ近年の動き）をレビューしたうえでとるべき方向性につい
て論じる。

7-1 ｜ 海外の政策的対応の現状

　本節では，海外の政策的対応について，日本の政策の方向性に参考になりそ
うなものとして米国，ドイツ，フランス，韓国，マレーシア，ロシアを確認す
る。なお，その他の英国，オーストラリア，シンガポール，台湾，中国につい
ては付録5-1を参照されたい。

●米国の政策

　米国では，合衆国憲法修正1条により表現の自由が手厚く保証されてきた伝
統から，ソーシャルメディアの諸課題への法規制に関しても慎重な姿勢を貫い
てきた。具体的には通信品法第230条により，プラットフォーム事業者及びイ
ンターネットサービスプロバイダには広範な免責が認められている。第三者が
発信する情報について原則として責任を負わず，有害なコンテンツに対する削
除などの対応に関し，責任を問われない。しかし近年，とりわけ2020年以降
は，この現状に対して懸念が示されるようになっている。共和党は，プラット
フォーム事業者の政治的偏向や，政治的発言に対する懸念を示している。民主
党も，プラットフォーム事業者の責任を免除しすぎではないかという懸念を示
している（総務省a, 2021）。
　この通信品位法第230条及びプラットフォーム事業者の責任を巡っては，立
法，大統領，司法と複数の立場からの動きが見られる。立法の面では，プラッ
トフォーム事業者に関する責任の明確化や事業の透明化を目的とした法案が複
数提出されている。まず，プラットフォーム事業者の誘導的な報道を問題視し
た超党派議員から「誠実広告法案」が提出された。2019年5月に提出された当
法案は，「月間5,000万名以上の米国民の閲覧者の訪れるプラットフォーム事業
者に，当該プラットフォーム上で年間500ドル以上の広告費を支払った個人・

団体による政治広告に関する情報の記録・開示を義務付けるとともに，外国の個人・組織による米国の有権者に影響を与える目的の政治広告の購入を防止するための合理的措置をとることを求めるもの」である。しかし，政治的なバイアスの判断を政府機関にゆだねることで表現の自由が侵されるとし，利用者団体や業界団体から批判を受けたこともあり，2021 年 12 月現在成立には至っていない。

　2020 年 6 月には，民主党・共和党上院議員を共同提案者とした，プラットフォーム事業者に説明責任などを求める「PACT 法案」が提出されたが，こちらも成立していない。2021 年 2 月にも，民主党の上院議員 3 名から「SAFE TECH 法案」が提出された。通信品位法第 230 条の免責を制限し，言論・表現の自由への影響に配慮しつつ，ユーザが投稿したコンテンツが被害をもたらした場合の事業者の説明責任を強化する法案である。改正のポイントは 2 つあり，1 つ目は投稿が被害をもたらした場合の企業の説明責任を強化することである。もう 1 つは他の法律との関係を明確化するものであり，連邦及び州などの各種法律についてはそれぞれ影響がないこと，海外での被害についても米国で訴訟が可能になることである。しかし，2021 年 12 月現在においてこの法律も成立しておらず，過渡期といえる。

　大統領の動きとしては，2020 年 5 月にはドナルド・トランプ元大統領が，ソーシャルメディア事業者に求められている法的保護の一部を廃止する大統領令「プラットフォーム事業者によるオンラインの検閲の防止に係る大統領令」に署名した。オンライン上の言論の自由を確保するため，プラットフォーム事業者による，恣意的なユーザ投稿の削除などを限定する方向の規制の提案などを求めたものである。この大統領令により当局は，Facebook や Twitter などの企業に対し，投稿内容の削除に関して法的責任を問えるようになる。ただし大統領令だけでは通信品位法を覆すことはできず，実行可能性に関しては疑問があることが指摘されている。

　この大統領令に対して，主要プラットフォーム事業者は声明を出している。大統領令の署名された 2020 年 5 月中に，Twitter 社が公式声明として，「通信品位法第 230 条を一方的に侵害する試みは，オンライン上の表現とインターネットの自由の未来を脅かしている」と発表。同日に Facebook 社も公式声明をとして，「通信品位法第 230 条の廃止・制限により，オンライン上の言論の自由を推進するどころか，より制約される状況につながることとなるだろう」と

発表している。

　最後に，司法からも通信品位法第 230 条改革に関する勧告が出されている。2020 年 6 月に，司法省は，近年の飛躍的な技術革新と広範な法的解釈の組み合わせによる問題が生じていることを指摘した。そして，言論の自由は民主主義の根幹であり，インターネット上の言論も同様に保護されるべきであるとした一方で，プラットフォーム事業者はコンテンツから生ずる損害について責任を負わず，第三者のコンテンツを検閲する自由な裁量があったと指摘した。

　その上で司法省は，以下の 4 つの観点からの通信品位法第 230 条改正が必要と勧告した。第一に，プラットフォーム事業者に対する違法コンテンツへの適切な対応の推進である。プラットフォーム事業者には，名誉毀損の申し立てに対する通信品位法第 230 条の免責を維持しつつも，違法コンテンツに対する適切な対処を求めるべきであるという内容である。更に，連邦刑事法に違反するコンテンツであると知りながら，合理的な期間内に対応しなかった場合，あるいはコンテンツが違法であるという判決を受けながら適切な対応をしなかった場合は，免責対象外とするべきとしている。第二に，オープンな言論と透明性の向上である。通信品位法第 230 条の免責規定には，プロバイダやユーザが善意で不快なコンテンツを規律したとしても，責任を課されてはならないとある。その不快なコンテンツの例として，「卑猥（obsence）」，「過度に暴力的な内容（excessively violent）」，「他の好ましくない（otherwise objectionable）」とあるが，「他の好ましくない」を，「違法」とか「テロリズムを促進する」といった具体的な表現に置き換えるべきであると指摘している。これにより，公的な表現とも整合性のある利用規約に基づくコンテンツ監視・削除などの場合にのみ，免責規定が適用されることを狙っている。第三に，連邦政府の民事的措置の免責対象からの除外である。第四に，競争の促進の観点から，反トラスト法が通信品位法第 230 条の免責事項の対象外であること及び，同法のスコープの対象外であることを明確にすべきという内容である。

　これらの事態を受け，米国連邦通信委員会（FCC: Federal Communication Commission）は，2020 年 10 月にトランプ政権が要請する通信品位法第 230 条による免責制限について検討する規則制定手続きを開始することを発表した。しかし，2021 年 1 月の大統領選挙におけるトランプ氏の敗北を受けて方針を変更し，230 条を明確化する意向はないと表明した。以上の流れを簡単にまとめると，**表 7.1** のようになる。

表 7.1　近年における米国の政策的動き

日　付	内　容
2019/5/7	誠実広告法案が提出される（未成立）
2020/5/28	トランプ大統領が「プラットフォーム事業者によるオンラインの検閲の防止に係る大統領令」に署名
2020/5/29	「プラットフォーム事業者によるオンラインの検閲の防止に係る大統領令」に対する公式声明を発表
2020/6/17	司法省が通信品位法第 230 条の明確化を勧告
2020/10/15	FCC が通信品位法第 230 条の免責制限について検討する規則制定手続きの開始を発表
2021/1/7	バイデン氏の大統領当選が最終確定
2021/1/8	FCC が通信品位法第 230 条の明確化をしない意向を発表
2021/2/5	SAFE TECH 法案が提出される（未成立）

● ドイツの政策

　ドイツでは，2017 年に「ネットワーク執行法」が成立した。これは，2015年に流入したシリア難民をはじめとした，移民・難民に対するヘイトスピーチや偽情報などへの対策として立法されたものである。ドイツではヘイトスピーチ的なフェイクニュースの拡散も問題となっており，米国大統領選挙において得られた知見をもとにフェイクニュースへの対応も重視するとしている。この法律により，大手プラットフォーム事業者[1]は，違法コンテンツ申告のための窓口を設ける必要ができた。そして，違法と申告があったコンテンツに対しては直ちに違法性を審査し，原則として明らかに違法なコンテンツは申告を受けてから 24 時間以内，それ以外の違法なコンテンツは申告を受けてから 7 日以内に，削除またはアクセスブロックをする義務を負っている。この義務に違反したと見做された場合，最大 5,000 万ユーロという多額の過料が科せられる。民主主義をとる先進国の中ではかなり厳しい水準の法律となっている（総務省，2021b）。

　報告義務としては，違法コンテンツに関わる苦情の処理について，半年ごとに当該機関を対象とする報告書（透明性レポート）を作成し，連邦官報及び自身

---

1) 当法案の対象事業者は，利用者が任意のコンテンツを他の利用者と共有し，又は一般に公開可能なインターネット上のプラットフォームサービス（ソーシャルネットワーク）を営利目的で運営する事業者である。ただし，登録者数がドイツ国内に 200 万人以上いない事業者は，報告義務及び前述の対応義務を負わない。

のウェブサイト上で公表しなければならないと定められている。透明性レポートには，期間中の違反報告数や削除した件数などが記載される。各事業者が判断しかねる事例については，認定自主機関（FSM）に相談して判断をゆだねることになっている。この透明性レポートを巡って実際に過料も課された事例は1件あり，Facebook が提出した内容に不備があるとして，司法当局は Facebook に200万ユーロの罰金を課した。

　さらに，2020年に入り法改正と厳格化が進んでいる。2020年2月に政府が承認し，同6月に可決された法案「右翼過激主義と憎悪犯罪に関する法案」では，ネットワーク執行法を厳格化し，違反コンテンツに対する削除に加え，連邦刑事警察庁への報告を義務付けること，「違法コンテンツに関する報告」という用語の解釈を明確化することが明文化された。これを踏まえて2020年4月には連邦政府がネットワーク執行法の改正を決定し，上記法案の修正点の他いくつかの規定が加わった。追加された規定には，違反と判断されなかったコンテンツに対してユーザが再判断を求める手順の導入，ユーザフレンドリーな仕組みの整備，裁判所によるデータ開示義務命令の制度が挙げられる。

　しかしながら，当該法案にはオーバーブロッキングの問題が指摘されている。多額の罰金リスクを抱えるサービス事業者は，できるだけその対象とならないように，適切に対応しているということをアピールしたい。そうすると，違法性が怪しいものまで削除し，とにかく「削除対応が不十分である」という状態にしないようにするというインセンティブが働いてしまう。要するに，言論の場であるプラットフォーム事業者が，言論の自由をできる限り擁護しようということよりも，目をつけられないように安易に違法と判断して削除してしまう可能性があるということだ。誹謗中傷と適切な批判の線引きは難しい。過剰に削除するということは，真っ当な意見すらも削除されるリスクがあるということである。これをオーバーブロッキングという。加えて，削除の判断のかなりの部分がプラットフォーム事業者（多くの場合海外事業者）に任されているという問題もある。

　こういった状況を受け，2020年9月には，連邦司法・消費者保護省よりこのネットワーク執行法に対する評価レポートが提出された。本レポートでは，ネットワーク執行法の目的はかなりの程度で達成されており，違反報告の管理と公的説明責任が大幅に改善されたとまとめている。また，オーバーブロッキングへの懸念については，現時点ではその兆候が見られないとしている。理由

としては，申し立ての対象となったコンテンツのうち削除又は凍結された割合は約20%のみであり，苦情を受けたものが自動的に削除される事態には至っていないことに加え，オーバーブロッキング防止のためのメカニズムも効果を発揮していることが挙げられている。実際，本法律に強く反対する代表的な政党である「ドイツのための選択肢（AfD）」も，この法律が「恐れていたほどひどいことにはならなかった」と発言している（穂鷹, 2021）。しかしながら，オーバーブロッキングの危険については，常に真摯に考慮しなければならないとも記載されている。

● フランスの政策

　フランスには，主に2つのインターネット上の有害情報に対策するための法律「情報操作との戦いに関する法律」「インターネット上のヘイトコンテンツ対策に関する法律（通称：アヴィア法）」がある。

　「情報操作との戦いに関する法律」は2018年12月に制定された，選挙時におけるフェイクニュース対策のための法律である。憲法評議会の判断による一部規定付きで成立している。当法案で対象となる情報（フェイクニュース）の定義は，「予定とされる投票の誠実性を損なうような，不正確若しくは誤解を招く主張又は非難が，オンライン公衆通信サービスを通じて，意図的に，人為的にまたは自動的に，大量に伝播された場合」とされている。選挙期間中に該当情報が拡散された場合，裁判官がプラットフォーム事業者に対して送信防止措置を命じることができる。ただし，裁判官は申し立てから48時間以内に停止に関する判断を行わなければならない。

　また，TwitterやFacebookなどのプラットフォーム運営者を対象とした新たな義務も制定されている。具体的には，フランス領土における接続が一定数を超えるプラットフォームの運営者は，選挙の3か月前から投票日までの期間にコンテンツの宣伝などで情報を使用する場合，情報使用者に対し誠実な情報を提供すること，報酬が一定額を超える場合に公表することが義務付けられた。さらに，アルゴリズムの透明性や，大量にフェイクニュースを拡散するアカウントへの対策などについて適切な措置を実施することなども求められている。しかし，民主主義を危険に晒し報道の検閲につながるとの批判や，発信後48時間以内に裁判官が判断することの実現可能性が乏しいという指摘もある。

　「インターネット上のヘイトコンテンツ対策に関する法律」は，オンライン・

ヘイトスピーチに対処することを目的としている。これは，2019 年 3 月に与党のレティシア・アヴィア議員が，既存のヘイトスピーチに対する法律がソーシャルメディアの台頭に対応していないと指摘し，改正法案を提出したことに端を発する。しかしながら，同法案はコンテンツの過剰削除を促進する可能性があるとして，表現の自由の観点から大半の条項が違憲とされた。時系列順に見ると，同改正案は 2020 年 5 月 13 日に国民会議（下院）は法案を可決したが，同 18 日に元老院議員が事前審査を憲法院に付託した。これに基づき 6 月 18 日に開催された憲法評議会で，専門書裁判所の設立以外のほぼすべての条項を違憲として，項目から削除することが決定された。

　違憲審査では 4 つの規定が議論されたが，1 つを除き全て違憲判断による削除となっている。削除となったのは，具体的には次の 3 つである。

1．違法コンテンツの削除などに関する規定（編集者・ホスティング事業者）として，行政機関からの通知受領後 1 時間以内の削除又はアクセス不能化を義務付けるもの。
2．違法コンテンツの削除など（オンラインプラットフォーム）として，通報から 24 時間以内の削除などを義務付け，当該義務に違反した者に 25 万ユーロの罰金を課すもの。
3．視聴覚高等評議会（CSA: Conseil supérieur de l'audiovisuel）は，ヘイトなどに関する明らかな違法コンテンツのオンライン拡散対策に関わる各種義務を順守させるために命令を行うことができ，プラットフォーム事業者が従わない場合は罰金を課すことができるもの。

　一方，唯一合憲と判断された規定は，罰金額引き上げに関するものであり，違法コンテンツ対策に関するプロバイダの既存の各種義務に違反した場合，罰金の額を 75,000 ユーロから 25 万ユーロに引き上げるというものであった（総務省，2021b）。

● 韓国の政策

　韓国では「言論仲裁法」の改正を巡る論議が活発化している。この法律の正式名称は「言論仲裁および被害救済などに関する法律」であり，2005 年の盧武鉉政権下で制定された法律である。本法律は，定期刊行物の登録に関する旧

法と放送法の要点を，言論仲裁と被害救済に対処する 1 つの法律にまとめたものである。国民が報道により被害を被った場合，言論仲裁委員会に対して出版物の訂正，反論，補足記事を求めるか，補償を求める仲裁及び調停を申請することが可能となる（駐日本国大韓民国大使館, 2005）。

本法改正議論の背景には，YouTube をはじめとしたソーシャルメディアを「一人メディア」と称し，それらがインターネット上での影響力が増しているという問題意識がある。一人メディアの中でも，政治的なコンテンツを発信するメディアに対して，フェイクニュース抑止を目的とした規制が与党によって検討されてきている。しかしながら，この規制に対しては，当時の文在寅政権に対するネット上での攻撃を封じることが法改正の真の目的であるとして，保守派からの反対論が噴出している。

与党はまず，2021 年 2 月の臨時国会において，新聞や放送などメディアに対する最大 3 倍の懲罰的損害賠償制を導入する方針を明らかにした。NAVER などインターネットポータルサイトに対しても，フェイク情報を除去しないことに対する責任を問う立法を推進する計画となっていた。当初この法案にマスメディアは含まれず，一人メディアを規制する案としていた。しかし，マスメディアだけ適用対象から除くことに対する反発が発生した結果，マスメディア記事に対しても懲罰的損害賠償制が導入される方針に変更となった（中央日報, 2021）。その後，2021 年 8 月には国会において本格的な審議が始まることとなり，与党は強行採決の構えを取っていた。

本内容で特に問題視されているのは，マスメディアに重い賠償責任を負わせることを認めた点である。誤報や，事実を曲げた報道により，金銭的被害や不利益を受けた個人や団体が提訴して認められれば，賠償を報道機関に司法が命じることができるようになる内容である。しかしこれは報道規制につながるとして，韓国の韓国記者協会など関係団体のみならず，国際的なジャーナリスト組織である国境なき記者団などが反対や懸念を表明している。韓国弁護士会も「民主主義の根本を威嚇する」との声明を出し，撤回を求めた。更には，国連で言論と表現の自由を担当するアイリーン・カーン特別報告者は，この法改正について，「このまま成立した場合，情報や表現の自由を深刻に制限しかねない」と懸念を表明し，見直しを求めた。このように批判が相次いだ結果，毎年 9 月から始まる本国会にこの改正法案は提出される予定であったが，一時採決は保留となり，最終的に法案の 2021 年内提出は見送る方針となった（テレ朝

news, 2021)。

　また，韓国はインターネットの普及が早く，それと共に炎上によって芸能人が自死するなど，多くのインターネット上の問題とも接してきた国である。そのため，過去にも韓国はインターネット上の誹謗中傷やデマ情報の拡散による個人の被害を食い止めるための施策が検討されてきた。

　例えばサイバー侮辱罪に関する法律の導入が検討されている。侮辱罪とは公然と人を侮辱することであるが，サイバー侮辱罪のポイントは，この侮辱罪をインターネット上では非親告罪化させることにある。つまり，犠牲者からの報告を受けずに，警察が悪意に満ちたコメントの取り締まりをできるようにするということである。ただし本法律は法の善良な被害者を大量に生み出す可能性が高すぎると，反対の声が強い。侮辱されたというのは非常に感情的で主観的な判断であり，規制範囲が明確でないためだ（千代原, 2010）。名誉感情の客観的な基準も提示されていないサイバー侮辱罪の新設は，過剰立法であり，国家が国民に対して特定の道徳観念を刑罰で強要するのは刑罰権の不当な乱用であるとも指摘される（園田, 2006）。本法律はこのような懸念から，2021年現在も未成立である。

　また，代表的なものとして，2007年に改正された情報通信網法では，インターネット実名制（制限的本人確認制度）があった。同制度では，利用者の多いオンラインサービスに対して，本人確認の実施を義務付けている。これは，掲示板などのサービス運営者による，住民登録番号を利用した実名確認と，クレジットカードや携帯電話を利用した本人確認を経てから，サービス利用が可能になるような制度である[2]。

　しかしながら，インターネットが思想の自由市場ないしは公開市場である場合，憲法第21条で保障されている表現の自由の保障という観点から，このような匿名性の強制的撤廃は違憲である可能性が高いことが指摘されている（千代原, 2010）。実際，この制度はインターネットにおける表現の自由の保障という観点から，2012年には「自由な意思表示を萎縮させる」として違憲判決が下され，同制度は廃止されることとなった。

2）実名確認と本人確認が済んでいれば，実際に書き込む際はニックネームやIDでよい。

コラム 7-1　インターネット実名制は効果が限定的だった

　いくつかの研究や調査結果が，インターネット実名制による誹謗中傷・悪意ある書き込みに対する抑制効果が限定的だったことを示している。例えば，柳（2013）は，あるウェブサイトのイシュー（政治・社会）掲示板を対象に，インターネット実名制導入前後 10 日間における書き込み行為の変化を分析した Woo et al.（2010）の実証研究を引用してその効果を論じている。分析によると，規制の実施後，掲示物数は 1,319 件から 399.7 件に減少し，コメント数は 4,259 件から 2,156 件に減少した。それに対し，掲示物の場合誹謗と悪口が含まれた割合に有意な変化はなく，コメントの場合全体に占める誹謗の割合が 26.8% から 23.4% に減少したという。似たような結果は他にも出ていて，大韓民国放送通信委員会の報告によると，悪意ある書き込みの割合は 13.9% から 13.0% に減少したということである（THE CHOSUNI-LBO, 2011）。

　注意しなければならないのが，これはあくまで誹謗中傷・悪意ある書き込みの割合であって，絶対数ではないことである。通常の書き込みも減少したことを考えると，当然ながら絶対数は減少しているといえる。しかし，「人々の大幅な表現の萎縮」という，表現の自由という観点からも，人々の社会的厚生（幸福度）の観点からも大きな被害をもたらした割には，効果が小さすぎるだろう。このような問題は柳（2013）も指摘している。

　以上のような結果になった理由は，2 つ考えられる。第一に，筆者の研究で明らかなとおり，炎上に書き込んでいる人の大半が正義感で書いている点。相手が悪く，「許せなかった」や「失望した」といった理由で書き込みをしている人にとって，インターネット実名制になったとしても自分の正しさはゆるがず，書き込むのを止めないだろう。そのため，誹謗中傷もそれだけでは止められない。第二に，インターネット実名制とはいうものの，登録さえ済めばハンドルネームでの投稿が可能だった点。より厳しく書き込みも実名のみとすれば，効果が出た可能性がある。ただし，その場合通常の投稿数もさらに激減したことが想定される（表現の萎縮）。また，実名制の Facebook のニュースコメント欄などを見ているとかなり荒れていることも少なくなく，どれほど効果があるかは不明である。

● マレーシアの政策

　2018 年 5 月の総選挙直前，虚偽の情報を発信した個人や企業幹部に対し，最高 50 万リンギ（約 1,350 万円）の罰金や 6 年以下の禁固刑を科すフェイクニュース対策法が制定された。しかしその後，恣意的な運用が可能になるとの懸念

が複数の地元メディアで報じられ，実際にナジブ元政権もこの法律に基づいて
政敵であるマハティール氏を調査対象とするなど，強権的な手段として活用し
ていた。それが原因となり，政権交代後の2019年12月にはこれを廃止する法
案が可決された。

　しかし2021年3月には再び緊急事態勅令が発せられ，新型コロナウイルス
や緊急事態宣言に限定し，これらに関するフェイクニュースを作成，公開，拡
散した個人に最高10万リンギの罰金か3年以下の禁固，またはその両方を科
す内容の法案となっている。

● ロシアの政策

　2019年3月，ロシアではフェイクニュースを規制する改正行政法が施行され
た。規制の対象となるのは，社会の秩序に危害をもたらす「不確実な情報」に
ついてとされており，インフラやエネルギー施設，交通機関，金融機関などの
業務を妨害するような偽の情報も含まれている。このような情報が見つかった
場合，検察当局の要請を受けた連邦通信局が，掲載元のメディアに削除を求め
ることになっている。メディア側が拒んだ場合は，通信局が通信業者にサイト
への接続を禁止するよう要請し，違反者には罰金が科される（関根，2019）。

　ジャーナリストや人権活動家らからは，フェイクニュースの基準があいまい
であること，ネット空間の言論が規制されるおそれがあることが指摘されてい
る。特にロシアはテレビ・新聞などの主要メディアが政府の影響下にあり，代
わりに政権批判がインターネット上にあふれていることから，この影響が大き
いと言われている。大統領の諮問機関である「市民社会発展・人権評議会」も，
権力による恣意的な利用のおそれを指摘している。

　また2020年4月，新型コロナウイルスの感染拡大をうけ，プーチン大統領
は，国民の生活・安全に脅威をもたらし得るフェイクニュースの拡散に対して，
罰則を導入・強化する連邦法に署名した。国民の生命と安全に危害を与えうる
虚偽情報を故意に拡散し，その情報によって死亡者が発生した場合，150万～
200万ルーブルの罰金や5年間の懲役・禁固刑が科されるよう，刑法が改正さ
れた。加えて行政法も改正されており，国民の生活や安全などを脅かす不正確
な情報を拡散した場合，程度に応じた罰金が科されるようになった（JETRO，
2020）。

　International Press Institute（2020）によれば，政権に批判的な独立メディア

に対して実際に罰金や逮捕が発生している。6 月 22 日にはモスクワのラジオ局「Echo of Moscow」に対し，「人間の健康に脅威を与える虚偽の情報を故意に広めた」として 26 万ルーブルの罰金が科された。ニュースウェブサイト ProUfu の編集長である Timur Almaev 氏に対しても，「COVID-19 の潜在的な死者のために 1,000 個の墓が掘られた」とする記事に対し，虚偽のニュースを広めたとして 6 万ルーブルの罰金を科した。Radio Free Europe/ Radio Liberty のジャーナリストである Tatyana Voltskay 氏は，人工呼吸器が不足している可能性についての医療機関関係者への匿名インタビューを掲載したことが原因で，警察からの喚問を受けた。当局は，彼女が虚偽のニュースを広めたと主張しており，有罪となった場合には 5 年以下の懲役が科されることになる。

　さらに，2022 年 2 月に開始したロシアのウクライナ侵攻に関連して，プーチン大統領は，ロシア軍の活動に関する報道や情報発信のうち，ロシア当局がフェイクニュースと見なした場合に，記者らに対して最大 15 年の禁錮刑を科せる法案に署名した（朝日新聞, 2022）。

7-2 ｜ 日本の現状と提案されている政策の方向性

　以上見てきたように，民主主義国家においても，政策の内容は実に様々であり，米国のように表現の自由を重んじている国もあれば，ドイツのようにかなり厳しい法施行をしている国もある。

　さて，では日本ではどのような政策がとられていて，そして今後何らかの政策をとるべきなのだろうか。3-1 で見たとおり，このような話題の時に法規制を求める声は多い（例えばフェイクニュースについては 74％の人が法規制を求めている。また，日本財団（2020）の行った 18 歳未満を対象とした調査では，ソーシャルメディア上の誹謗中傷や風評被害に対して法整備が必要であると回答した人が 75.5％存在していた）。

　しかしながら，各国の状況からは，単純に法規制すれば解決するという問題でもないことが見えてくる。例えばインターネット実名制については，韓国では大きな表現の萎縮を引き起こした一方で，あまり誹謗中傷的投稿の抑止に効果がなかった。フェイクニュースを規制する法律も，ロシアやマレーシアでは政府に悪用されて言論統制につながっていることが指摘されており，シンガポールでもそのような懸念が指摘されている。

　こういった法律が施行されたとき，現在の日本で言論統制に利用されるかは議論の余地があるだろうが，法施行においては slippery slope（滑りやすい坂）という問題もある。はじめ何らかの必要性からAという第一歩を踏み出した後，将来的に，Aに類似した行為が次々と連鎖的に行われ，その結果，Bという道徳的に許容できない行為がなされる可能性が高いため，Aという第一歩を踏み出してはならないという議論である（Schauer, 1985; Burg, 1991; Lode, 1999; Volokh, 2003）。これは様々な分野で用いられる概念であるが，本件に照らし合わせて考えると，初めに，誹謗中傷やフェイクニュースを規制するという社会的厚生にプラスになると思われる第一歩を踏み出す。非親告罪化でも，罰則を強化するような施策でもよい。おそらく，施行された直後は，非常によく機能し，誹謗中傷やフェイクニュースなどの諸課題に対して適切に運用されると考えられる。しかし後々，それらの概念が拡大解釈され，やがて法による表現の弾圧や別件逮捕の材料に使われるようになる可能性があるというのが slipper slope の考え方である。つまり，過剰な表現規制となってしまう。

　ポイントは，誹謗中傷やフェイクニュースといったものは，線引きが非常にあいまいなものということである。誹謗中傷と批判を明確に定義するのは難しく，侮辱という意味でも，韓国の政策で述べたとおり定義が難しい。フェイクニュースについても，2-2などで見たとおり，自分の気にくわないものをフェイクニュースとして批判することも多々発生しており，やはり線引きが難しい。このような場合に法律によってそれを強く規制してしまうと，いまはごく限られたものを対象としていたとしても，解釈が拡大され，やがて政権に批判的な情報を手当たり次第に取り締まることに使われる可能性があるというわけだ。10年，20年，30年後に強権的な政権が生まれ，政敵の言論や国民の言論を取り締まることに使わないとは，誰も保障できない。法律を検討する時には，そのように先の先まで考えて慎重に行わなければいけないのである。

　それを避けるためにドイツのネットワーク執行法のような，プラットフォーム事業者に強力な義務を課すという方向性が考えられるが，オーバーブロッキングの懸念は残る。実際，フランスでは通報から24時間以内の削除の義務付けや多額の罰金といった，ネットワーク執行法に近い内容について，憲法評議会が違憲と判断してなくなっている。

　以上のことは日本政府も意識しており，「行政は，引き続きプラットフォーム事業者などによる自主的な削除などの対応を促進することとし，プラットフ

ォーム事業者に対して削除義務を課すことや，個別のコンテンツを削除しなかったことに対して罰則などを設ける法的規制を導入することは極めて慎重な対応を要する」と，総務省（2021c）の報告書で述べている。そのうえで，違法有害情報対策全般に関する今後の取り組みの方向性として，次の4点を打ち出している。

1．ユーザに対する情報モラル及び ICT リテラシーの向上のための啓発活動
2．プラットフォーム事業者の自主的取り組みの支援と透明性・アカウンタビリティの向上
3．発信者情報開示に関する取り組み
4．相談対応の充実に向けた連携と体制整備

　1と4は後程触れるとして，本節では2と3について論じる。まず，2については，単純にプラットフォーム事業者の自主性に任せるというものではない。違法な情報や違法ではないが有害な書き込みについては，プラットフォーム事業者は自らのポリシーや約款に基づいて適切に削除することが求められるとしている。また，特に透明性・アカウンタビリティの向上を重視している。シェアの極めて大きいプラットフォーム事業者は，民間の一企業ではあるものの，言論をコントロールする力を有しているため，透明性が求められるのである。関連して，**表7.2**のような3つのビジョンと5つの具体的な方策が総務省から示されている。

　また，大手プラットフォーム事業者には海外企業が多いことを踏まえ，日本ローカルなデータの公開や，日本語で手続可能な適切な削除要請・苦情受付態勢及び苦情処理プロセスを整備することなどを要請している。

　次に，3の発信者情報開示については，プロバイダ責任制限法の改正案が2021年4月に公布された。これにはいくつかのポイントがあるが，最も大きいのが発信者情報開示請求手続きを簡便にした点であろう。

　これまで被害者が加害者を特定するには，①コンテンツプロバイダ[3)]への仮

3）デジタル化された情報・コンテンツを提供する事業者のこと。ソーシャルメディアを運営している企業などを指す。

表7.2　透明性・アカウンタビリティに関するビジョンと方策

ビジョン	1 利用者が安心・信頼してプラットフォームサービスを利用することができるよう，プラットフォーム事業者による自律的な情報の削除などの対応に加えて，それらの取組が適切に行われていることが利用者や社会全体に対して明らかにされること。 2 利用者の表現の自由を確保する観点から，プラットフォーム事業者によってそれぞれのサービスの規約やポリシーに照らして過剰な削除や不当なアカウント停止などの行き過ぎた対応が行われていないかという点についても明らかにされること。 3 違法・有害情報に関する利用者や第三者からの削除要請・苦情受付態勢及び苦情処理プロセスを適切に定め，わかりやすく公開し，適切に運用を行うこと。
方策	① 違法・有害情報対策として，どのような種類・性質の情報又はアカウントに対して，どのような対応を行うのか，自らが提供するサービスの全体的な考え方や具体的な対応に関する規約やポリシーをあらかじめ明確に定めてわかりやすく公開すること。 ② 規約やポリシーに基づいて自らが実際に行った削除などの取組，アーキテクチャ上の工夫，AI を活用した取組などの結果を具体的・定量的なデータにより公開すること。 ③ 削除要請や苦情に関する受付態勢・プロセスを設けるとともに，申立者及び利用者（発信者）に対して対応の可否に関する通知や適切な理由説明を行うこと。 ④ 取組の効果について分析を行い，公開すること。 ⑤ 自らのサービスにおける違法・有害情報の流通状況及びリスクについて分析を行い，公開すること。また，外部の研究者などが調査分析を行う際に必要な情報を提供すること。

処分の申し立て，②アクセスプロバイダ[4]への訴訟提起，という2回もの裁判手続きが必要であった。そのため，特定するまでに，3か月～1年ほどかかる。例えば5-4で紹介したサイエンスライターの事例でも，相手の特定までに1年かかっている。さらに，いうまでもなくこれで終わらない。これはまだスタート地点に過ぎず，ここから個人が特定された相手との，名誉棄損罪などを根拠とした，損害賠償請求に関する裁判が行われるのである。

　こういった状況を踏まえ，改正法では非訟手続きが追加された。被害者は裁

---

4) インターネット接続サービスを提供する事業者のこと。例えばNTTやSoftbankなどの企業が該当する。

判所に対し，コンテンツプロバイダに対する開示命令を申し立て，もしコンテンツプロバイダにおいてアクセスプロバイダが分かる場合には，その情報を被害者に提供し，被害者はアクセスプロバイダに対する開示命令を申し立てることができるようになった。簡単にいえば，必要な手続きが2回から1回に減ったといえる。

　また法務省では，法制審議会が2021年10月に，侮辱罪を厳罰化するための法整備について法務大臣に答申した。現行の法定刑（30日未満の拘留，または1万円未満の科料）に対し，新たに1年以下の懲役・禁錮または30万円以下の罰金を加え，公訴時効も現在の1年から3年に延ばす案である。侮辱罪は昔から存在するものであるが，誹謗中傷が頻発するインターネット普及後の社会においては，法定刑が機能していないと考えたためだろう。これは2022年3月8日に閣議決定された。

　これらの法改正はいずれも被害者に寄り添う法改正であり，現在の被害者に不利すぎる状況を是正するのに大いに貢献するだろう。また，このような法改正は，抑止効果も期待できると考えられる。つまり，被害者が訴えやすくなったことによって訴訟リスクが高まるので，心無い誹謗中傷を安易に書き込む動きが鈍化するということだ。実際，木村花さんの事件で，木村さんが亡くなった後に，なんと彼女に加えられていた攻撃的な投稿のうち，60%ほどが削除されたことが分かっている。先述したように，攻撃的な書き込みをしている人は自分が正しいと思って書いているため，実名制にしても中々その手を緩めようとしない。しかし，いざ被害者が亡くなって，自分が訴えられる可能性が出てくると，途端にコメントを削除して逃げようとしたのである。このことは正に，訴訟リスク・賠償リスクが実際にリアルになってくると，多くの人は誹謗中傷を投稿するのをやめる可能性があるということを示している。

コラム7-2　被害者に寄り添う法律も表現の自由とのバランスが求められる

　このように被害者に寄り添う法律についても，制度乱用のリスクは指摘されている。例えば発信者情報開示請求を楽にするという視点で，非常に簡便化したと仮定する（数日で特定可能など）。多くの人はその制度を適切に利用するだろうが，一部スラップ訴訟のように使う人も現れるだろう。つまり，個人からの批判などに対して，手当たり次第に発信者情報開示請求と損害賠償請求を起こし，言論を封じ込

めようとするリスクだ。特に数日で特定可能ともなれば，実質的にインターネットは実名制になるだろう。

　また，侮辱罪の厳罰化についても，政府への批判などが自由にできなくなる可能性はゼロではない。すでに名誉棄損罪には懲役刑がある。侮辱罪がこれまで懲役を伴っていなかったのは，厳しい論評と悪口は非常に区別が難しく，厳罰化が表現の萎縮を招くと考えられてきたという側面がある。筆者としては本改正案の程度であれば表現の萎縮にはつながらないと予想しているが，今後の社会への影響は常に注視しておく必要があるだろう。

7-3 ┃ フェイクニュース対策としてのファクトチェックの効果

　ファクトチェックとは，社会に広がっている情報・ニュースや言説が事実に基づいているかどうかを調べ，そのプロセスを記事化して，正確な情報を人々と共有する営みのことを指す。端的にいえば，言説や情報の真偽検証である。ファクトチェックでは事実と意見を区別し，個人の価値観に基づく意見や評価そのものはファクトチェックの対象にしない。例えば，「ジョージ・ワシントンは米国の最も偉大な大統領であった」と「ジョージ・ワシントンは米国の初代の大統領であった」という2つの言説があった時，前者は意見であるためファクトチェックの対象とならず，後者はファクトチェックの対象となり得る[5]。

　ファクトチェック記事は次の3つの要素により記事化される（ファクトチェック・イニシアティブ，"メディアパートナー"）。

1. 対象言説の特定・選択：公共の場で不特定多数に発信されたもので，社会に影響が大きいものを優先的に選ぶ。
2. 対象言説の真偽や正確性を判定：調査結果を踏まえて判定を行う（レーティング[6]）。
3. 事実や証拠の明示：根拠情報や理由を誰でも確認できる記事にする。

　また，国際ファクトチェックネットワーク（IFCN: International Fact-Checking

---

5) 言うまでもなく，これは正しい情報なので判定は「正確」となる。
6) FIJのレーティングについては2-7を参照。

Network）（ファクトチェック・イニシアティブ，“国際的なルール”）では，ファクトチェック綱領として「非党派性と公正性」「情報源の透明性」「財源・組織の透明性」「方法論の透明性」「明確で誠実な訂正」の5つが定められている（詳しい内容は付録5-2参照）。

　このようなファクトチェックは，フェイクニュースを訂正するのに効果があり，少なくとも Twitter の言論空間において言説の流れを変更するのに寄与していることが筆者らの調査で分かっている。

　筆者らは，新型コロナウイルスワクチンに関して，フェイクニュース「菅首相が打ったワクチンは偽物」について分析を行った。これは，菅元首相がワクチンを接種する様子が報道された2021年3月16日に発生したデマである。「注射器はビタミンなどの栄養剤専門のもの」「シールで製造番号が記入されていない」などの理由から，接種したワクチンが偽物であったと主張されている。この主張の背後には，ワクチンは本当は危険なものであるにもかかわらず，国民を安心させるために政府が演出をしているという考えがあるものと思われる。BuzzFeed はファクトチェックに当たり，実際にワクチン注射を担当した医師に確認を取り，ワクチンが本物であることを確認している（千葉, 2020）。また，本物のワクチンの注射器にはシールで製造番号が記載されているという情報もデマであり，実際のシールはワクチンの瓶に貼られるものであり，注射器に貼られるものではない。

　本件についてのツイートを見てみると，結果は次のとおりであった。3月16日に，本件に言及したツイート[7]は全部で499件であった（リツイートを含む）。そのうち，当該フェイクニュースを肯定するツイートは474件（95.0％），否定するツイートは25件（5.0％）であった。ワクチンが偽物であると主張する人ばかりが情報発信をしていることがうかがえる。一方，BuzzFeed によるファクトチェック記事が配信された4月15日にこの話題に言及したツイートは4,810件であった。そのうち，4,800件（99.8％）がファクトチェック結果を広めようとするもの（うち3,343件が，BuzzFeed による公式ツイートをリツイートするもの）で，疑義言説の内容を否定しないツイートはわずか10件（0.2％）であった（図7.1）。ここから，情報発信主体の交代が起こっていることが予想される。つまり，疑義言説に否定的な態度の人々が情報発信の多数派になっているのである。

7）キーワード「ワクチン」と，「偽物」または「本物」を含むツイートを目視で確認した。

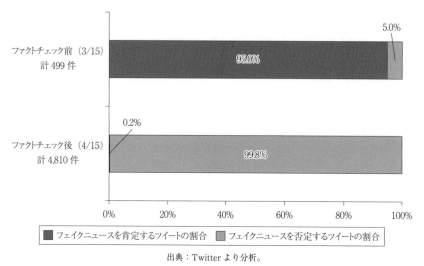

出典：Twitter より分析。

図 7.1　「菅首相が打ったワクチンは偽物」に関するツイート数割合

　もちろん，第 1 章で見たとおり，Twitter 空間は一般的な世論とは異なり，「書きたい人だけ」が書いているので，以上の分析をもってファクトチェックの効果が大きいと断定することはできない。また，実際にはフェイクニュースを信じた人がファクトチェックによって考えを変えたというより，ファクトチェック結果を広めようと思った人が多くツイートするようになったというのが実態だろう。しかし少なくとも，ソーシャルメディア上の情報における発信主体を変更する力は持っており，Twitter 言論を塗り替える効果があることは示唆される。

7-4 | ファクトチェックに関する日本の状況と課題

　このようなファクトチェックは，日本でどのように実施されているのだろうか。ファクトチェック・イニシアティブ（"メディアパートナー"）によれば，18 の団体がメディアパートナーとして登録されており，そのうち朝日新聞や Buzz-FeedJapan など 12 団体はファクトチェックの記事を発表している。また，デューク大学がまとめている世界のファクトチェック団体のデータでは，日本は 3 団体がファクトチェックを実施している団体として認められており，FIJ，

InFact, 毎日新聞が挙げられている（Duke Reporter's Lab, "Fact Checking")[8]。さらに, 2020 年度（2020 年 4 月〜2021 年 3 月）に FIJ のメディアパートナーによって発表されたファクトチェック記事は 160 本であり, 2019 年度（2019 年 7 月〜2020 年 3 月）に比べて増加していることが分かっている。2019 年度は 73 本であり, 期間を調整しておよそ 1.6 倍以上に記事数が増加しているといえる。

　このように日本のファクトチェックは以前に比べてだいぶ進んでいるものの, 世界的に見てアクティブな団体数が少ないだけでなく, 2021 年 12 月現在, IFCN に加盟している団体が存在していないという問題を抱える。IFCN には 2021 年 12 月現在で 102 のアクティブな団体が加盟している。最も加盟団体数の多い国はインドであり, 15 団体が加盟している。次いで米国が 8 団体, インドネシアが 5 団体, フランスが 4 団体加盟している。近隣のアジア諸国では, 台湾からは MyGoPen と Taiwan FactCheck Center の 2 団体, 韓国からは JTBC の 1 団体, 香港からは Factcheck Lab の 1 団体が加盟している。欧米だけでなく, アジア諸国に比べても日本のファクトチェック活動は遅れているといわざるを得ないだろう。このような状況について藤代（2019c）は, ファクトチェック団体の活動推進と同時に, ファクトチェックの在り方も議論していかなければ, フェイクニュース対策が国際的な動きから取り残された「ガラパゴス」化するおそれがあると指摘している。

7-5 ファクトチェックの限界

　日本はこのように, 2021 年現在では未だ多くの課題を抱えており, これからファクトチェックを活発化しようと, 日本政府並びに各企業・業界団体が考えているところである。一方, 世界ではファクトチェックに関してかなり進んでおり, その代表的な事例を付録 5-3 にまとめている。ただし, ファクトチェックはフェイクニュースに対する万能薬ではなく, 次の 5 つのような限界があることも指摘されている。

　第一に, 真実のニュースは普及しにくい（2-12 参照）。例えば, ドイツで年越しを祝う花火や爆竹の映像を地元新聞記者がソーシャルメディアに投稿した際,

---

8) ただし, 2021 年 12 月現在でアクティブな団体は世界で 349 存在しており, 日本の人口を考えればファクトチェック団体がかなり少ないといえる。

付近で工事中の境界に花火が引火し，ボヤ騒ぎが起こった。すると，この映像と共に「シリア人が教会に放火した」というフェイクニュースが拡散する。さらに，多くのフェイクニュースを取り扱うネットニュースがそれを取り上げ，欧州を中心に28か国のソーシャルメディアで25,000回シェアされてしまった。当該記者が真実を伝える詳細な記事を発信するものの，それは500回程度しかシェアされず，デマの拡散防止や訂正はあまりできなかったのである（白崎，2020）。

　第二に，何が「ファクトか」という問題がある。2-2で述べたとおり，あらゆる情報には意図や編集があり，「完全無欠な情報」は存在しない。「誤り」「不正確」であるかどうかは一種の評価・判断を伴う。その結果，ファクトチェッカーの間でも判定が分かれる場合が存在してしまう。そのため，ファクトチェック団体は，検証に耐えられる根拠情報と事実を共有し，読者の真偽判定の一助を提供することを目的としている。

　第三に，中立性の問題が挙げられる。現実の問題として，国際ファクトチェック・ネットワーク（IFCN）に承認されたファクトチェック団体を装い，実態は政党や政治家が運営したり，資金援助をしたりしている団体の出現が複数の国で確認されている。また，それ以外にもファクトチェッカーや団体の適性を判定する「審査担当者」が政治的な攻撃や，ソーシャルメディア上での炎上行為，物理的な暴力の危険にさらされるという，「敵対的な環境」で仕事をしなければならない事例が増えている。

　第四に，事業継続の難しさがある。例えば日本にはかつて，日本報道検証機構という団体が存在していた。この団体は，2012年3月から，いかなる団体からも独立した民間の第三者機関として，報道の正確性・信頼性の向上を促進するために活動しており，1,000本以上の検証記事を発表してきた。団体の運営は寄付のほか，会員からの会費，記事配信料を収入源として行われていた。しかし，2019年8月に十分に寄付金が集まらず，事業継続が困難となったとして解散してしまった。持続的な実施に向けては議論が続けられているが，現状では持続可能なファクトチェックの事業モデルが存在せず，ファクトチェックの担い手が不足している。さらに，社会的認知や理解が不足していることも問題となっている。

　海外での事業継続方法の事例としては，基本的にファクトチェック機関が自ら資金を稼ぐか，欧米では財団がコストを負担している場合も多くある。米国

では Google などのプラットフォーム事業者が負担している場合もあり，質の向上や社会活動の一環として行われている。ただし外部からの資金調達において，コスト負担によってファクトチェック機関に色がついてしまうことは避けなければならない。ファクトチェック結果が左右されかねないため，ファクトチェック企業の税制優遇などは危険であるといえる。

　第五に，バックファイア効果が知られている。これは，ファクトチェックを提示することで，かえって元のフェイクニュースを支持してしまう現象のことを指す。特に，個人がもともと持っている考えやイデオロギーにとって都合の悪い訂正情報は信頼されにくく，かえってフェイクニュースを信じさせることにもなり得てしまう。これは実証実験でも示唆されている。Nyhan, & Reifler (2010) は米国の学生を対象に実験を行い，「イラクに大量破壊兵器があるとしてイラク戦争に踏み切ったブッシュ元大統領を支持するニュース記事」を見せた後，「大量破壊兵器は見つからなかった」とする CIA の報告書を見せた。その後，「『イラクは大量破壊兵器を確かに保有していたが，発見される前に廃棄したのだ』という説を支持するか」と質問した。すると，保守的な思考を持つ学生は，CIA の報告書を見せた方が「発見される前に破棄した」という説を支持する傾向があったという結果となった。

　以上のように，ファクトチェックは「真実を明らかにする行為」ではあるものの，①多くの人に届けることが難しい，②何が「真実か」は個人の判断が伴う，③中立性の確保が難しい，④事業の安定的な継続が難しい，⑤強く信じている人にファクトを提示しても反発する，といった課題がある。しかしこれでフェイクニュースに対する対策としてファクトチェックをあきらめるべきだというものではない。短期的には確かに効果は限定的で課題も多いかもしれないが，中長期的にはニュースに間違いがあるということを認識させる効果，メディアの信頼向上効果が考えられる。また，海外では Facebook のファクトチェックプログラム[9]で，フェイクニュースの配信が 80％減少した事例もある（Perez, 2018）。

9）独立した第三者ファクトチェッカーの助けを借り，記事の正確さを評価することで，Facebook は誤った情報とされた記事のニュースフィードのランクを下げて配信を減らすこととした。

7-6 | プラットフォーム事業者に期待される対策

7-2 で総務省も指摘しているとおり，プラットフォーム事業者には原則として自由な言論の場を提供しつつ，規約を適切に運用していくことが求められるだろう。その際の透明性・アカウンタビリティの向上は極めて重要であり，また，ローカルでのユーザ対応を手厚くすることも大切だ。

では，そのような全体的な方向性のほかに，プラットフォーム事業者には何ができるか。それはアーキテクチャ[10]上の工夫に他ならない。現在でも多くのサービスがブロック機能やミュート機能など，様々な機能を提供している。交流したくないユーザはブロックすれば良いし，聞きたくない単語があればその単語を指定してミュートしたり，ユーザ単位・ハッシュタグ単位でミュートしたりすることも可能である。まだこういった機能を使いこなせていないユーザが多いのも事実であり，人々自身がこのような機能を使いこなせるようになることも大切だろう。

しかしこれだけではなく，まだ工夫の余地はあると考えられる。まず，情報発信という面からは，ReThink 機能の効果が高いことが分かってきている。ReThink 機能とは，ソーシャルメディアでユーザが誰かに攻撃的な投稿をしようとした時に，それを検知して「本当にこの内容を送りますか？」といったようなメッセージを表示する機能である。これは実は，いくつかのソーシャルメディアで既に実装されている。例えば Twitter の英語版では，侮辱的なリプライを投稿しようとすると，それが他人を傷つけたり攻撃的だったりする言葉であることを告げるメッセージが表示される。これを導入した結果，表示された人の 34% が内容を修正するか，削除するかしたのである。さらに一度表示された人は，その後そのような投稿をする確率が 11% 低下したということも分かっている。つまり，その場で効果があるだけでなく，学習効果もあるというわけだ。このような機能は既に日本語版でも，TikTok が導入している。世界で導入した結果，約 40% の人が内容を修正するか削除したといった結果も得られている。

---

10) コンピュータやソフトウェア，システム，それらの構成要素などにおける，基本設計や仕様，設計概念などを指す。

　この機能の特徴は，AIによってアラートが出される点だろう。人が注意すると角が立つところも，AIが注意することで納得して修正・削除することがある。人類総メディア時代になってまだそれほど経っていない現状では，人々は公に発信することに慣れておらず，気付かずに誹謗中傷を書いていることも少なくない。それをAIで教えることで，短期的にも長期的にも効果が得られるのである。Twitterの日本語版や，その他のソーシャルメディアでの実装が期待される。

　また，受信の面でも様々な工夫が考えられ，「見たくないものを見ない自由」を保障することが重要であるという指摘がある（徐東輝, 2020）。これは，情報の溢れる現代においては，自分が受信する情報は自分の手でコントロールできるようにすべきという発想である。現在でも，前述のようにブロックやミュートなどの機能でこれに配慮されている。しかし現実には，例えばブロックしても別のアカウントを作って攻撃的なメッセージを送ってくるユーザも少なくない。また，単語でのミュートもいちいち設定しなければならない挙句，誹謗中傷にも通常の投稿にも使われるような単語は指定しづらい。さらに，人によっては個別ユーザをブロックしたり，ミュートしたりすることに抵抗感のある人もいるだろう。

　そこで求められるのが，より簡単で，なおかつ「人をブロックする」といった行為でない，心理的抵抗感のより少ないシステムだ。例えば筆者が考えているのは，投稿内容の誹謗中傷度を判定し，それぞれのユーザがどのレベルの誹謗中傷を見たくないか設定できるようなシステムである。誹謗中傷をとにかく見たくないという人は最も強いレベルで見えなくするような設定にすればよいし，誹謗中傷なども含めてすべての投稿を見たい人は設定をオフにすればよい。その中間もある。現在のAIでは，投稿内容を分析してその誹謗中傷度を数値化することは可能であり，技術的に実現可能である。また，これはあくまでも投稿はされているものであり，受信者がOKとすれば表示されるわけなので，表現の自由も担保される。

　また，フェイクニュースという観点からは，ファクトチェックの積極的配信ということが考えられる。ファクトチェックをするのは外部のファクトチェック機関で，プラットフォーム事業者はそれらの機関と連携する。7-5で見たとおり，ファクトチェック記事は広まりにくいという特性があるため，できるだけ人々の目に，効率よく触れるようにするのが望ましい。具体的には，ソーシ

ャルメディアでのフェイクニュース拡散データをもとに，フェイクニュースが
タイムラインに表示されたであろうユーザに優先的にファクトチェック記事を
表示させるという手法である。これにより，効果的にフェイクニュースを打ち
消すのに寄与するだろう。ただし，フェイクニュースは現実での会話によって
拡散される側面もあるため，フェイクニュースが世間一般に広く拡散された場
合には，ニュースとして優先的に表示するなどの工夫が考えられる。

　1-2で触れたフィルターバブル対策はどうだろうか。現在はパーソナライズ
化された情報が提供されているために，人々はある特定の分野・考え方の情報
や，センセーショナルな情報ばかりに触れがちである。そこで，パーソナライ
ズ化されていない情報を，ノイズとして一定の割合で表示するようにするとい
う機能が考えられる。個人ではなく，皆が話題にしている情報を混ぜるような
ものでも良い。

　また，ニュースサイトのコメント欄などではしばしば，片方の意見ばかりが
上位に来たり，強調されたりする現象が起きている。これは，人々が評価した
コメントが上位に来たり強調されたりする仕組みのためであり，その背景には，
ある記事を読んでコメントを評価しようと思う人が，一方向に偏りやすいこと
がある。優先表示されていないコメントまで見ると両論ある場合でも，目立つ
のは一方向になってしまう。そこで，内容を分析し，アルゴリズムによってあ
る程度両論が目立つようにするという方法が考えられる。例えば，Amazonの
レビューを見ると，上位の肯定的レビューと上位の批判的レビューが優先表示
されている。もちろん，ニュースコメントでは点数をつけないので，アルゴリ
ズムの難易度が高くなるだろう。しかしこのような工夫をしないと，ニュース
コメントによって人々が多様な視点を知るどころか，むしろ偏った意見によっ
て極性化する可能性がある。

　こういったフィルターバブル問題に対して，鳥海・山本（2022）は，「デジタ
ル・ダイエット宣言」という提言書をまとめている[11]。本提言書では，デジタ
ルプラットフォームの普及によって受け取る情報が爆発的に増えたことで摂取
する情報のバランスが崩れていることを問題視し，情報的健康を実現すること
を提言している。情報的健康とはすなわち，多様な情報をバランスよく摂取し
ている状態のことを指す。人は，身体的健康のためにカロリーや栄養素を気に

11）筆者も賛同者として関与している。

し，適切な食物を食すように努力している。それと同じように，人々自身が判断して，偏った情報ばかりを摂取しないように努力できる環境を整える必要があるというわけだ。

　そのための施策として様々な提言がなされているが，代表的なのが「コンテンツ・カテゴリーの公表」である。これはカロリー表示に類するものだと考えてもらえれば分かりやすい。つまり，配信されているコンテンツについて，コンテンツ自体の要素・成分を表示して人々が自ら情報のバランスを考えられる環境を整えると共に，プラットフォーム事業者が自社サービス全体について，その要素・成分がどのようなバランスとなっているかを表示するといったものである。食品表示法によって食品にはカロリーや栄養成分の表示が義務付けられているように，コンテンツに対してもそれができないかというわけである。

　無論，どのような要素・成分とするかなど，今後様々な議論を重ねていく必要がある。また，カロリーと異なり直接的に個人の健康や生死に関係するわけではないため，人々にそれをチェックするインセンティブがどれほどあるかは不透明である。しかし，人々が自ら思考して情報をバランスよく摂取する環境を整えるという意味では，やはりこういった取り組みは非常に有効であろう。

7-7 ｜ 業界団体に期待される対応

　既にセーファーインターネット協会（SIA）や，ソーシャルメディア利用環境整備機構（SMAJ）といった業界団体が，インターネットの誹謗中傷の被害者に対する相談窓口の開設，啓発活動，調査研究などをしている。例えばSIAで取り組んでいる相談窓口では，2020年6月の開設から約半年で1,237件（697名）の連絡を受け，特定誹謗中傷情報に該当すると判定した情報は293件（22.4%となっていた。293件については，削除などを促す通知を実施したURL937件に対し，削除件数は836件と，削除率は85.9%だったのを明らかにしている（セーファーインターネット協会, 2021）。

　ただし，インターネット上の誹謗中傷の量を考えれば，相談されたのはそのごく一部であることが推察される。被害者が相談に乗ってもらったり，自分の代わりに削除依頼をしてもらえたりすることは，被害者救済という意味で大きな意味を持つ。より広範囲に相談窓口の存在を周知すると共に，大規模にも対応できる人員を適切に配置することが効果的だろう。また，総務省支援事業で

ある違法・有害情報相談センターと連携し，役割分担や知見の共有をしていくのも重要である。これは7-2で総務省が掲げる4つの政策の方向性の中で，「4. 相談対応の充実に向けた連携と体制整備」に該当する。

　同時に，フェイクニュースやフィルターバブルといった諸課題に対し，7-6で挙げたようなプラットフォーム事業者に期待される対策を，業界団体として具体的に定義して推奨していくことが求められるだろう。さらに，業界団体の重要な役割として統計データの整備がある。市場全体の統計データから，各加盟企業の取り組み，透明性レポートなどが一覧性を持って整備されることが望まれる。

7-8 | マスメディアに期待される対応

　誰もが自由に発信できる人類総メディア時代で，玉石混交の情報が入り乱れる社会だからこそ，情報の質が担保されたマスメディアの役割はさらに重要なものとなっている。これは，フェイクニュースが飛び交った2016年の米国大統領選挙の後，New York Times の収益が大幅に増加したことからも明らかだ。New York Times は，2016年には8億7,900万ドルだった購読者売り上げが，2017年には10億800万ドルにまで成長している。それだけ多くの人が，フェイクニュースの蔓延するこの時代において，まとまっていてクオリティの担保されたマスメディアの価値を再認識したというわけだ。このような丁寧で質の高い取材に基づく報道を今後も続けていくことが，社会にとってもマスメディアのビジネスにとっても有益となるのである。

　しかし5-11で見たとおり，マスメディアが時に炎上や誹謗中傷の拡散と密接に関わることがある。マスメディアも企業であるため，どうしても商業性を追求し，批判を煽ったりセンセーショナルな見出し・内容にしたりすることがある。しかしそれは，この情報社会では可視性・持続性を持った状態で人々の批判・誹謗中傷を対象者に伝えることにつながる。木村花さんのような悲劇を生まないためにも，このようなビジネスモデルは転換する必要があるだろう。

　今，とりわけマスメディアは，インターネットに押される中で生き残り戦略を模索している最中だ。しかし，インターネットと既存メディアの負の相乗効果（共振現象）を放置し，むしろ煽ることは，商業性という面に照らしても，得かどうか疑問である。例えば，5-11で紹介した小室眞子さん・圭さんの件に

ついては，テレビや雑誌などの報じ方に失望する声も多く聞こえた。米国のメディアも，「メディアの狂乱」「傷つけるような激しいメディアの報道と世間の残酷な意見」などと同情的に報じていた。また，結婚直前の小室圭さんの髪形をめぐる報道についても，New York Times は「ゴシップに飢えた日本のタブロイド紙は，小さな餌にも食いつく」と述べている（GLOBE+, 2021）。人々の批判的感情を煽ることで短期的には収益を上げられても，中長期的には信頼を損なって，商業面にも悪影響が出る可能性がある。

　では，どのような対応が望まれるのか。重要なのは，自身の高すぎる影響力を認識したうえで，一個人への批判的感情を過剰に煽るのをやめることであろう[12]。文字だろうと，映像だろうと，報道や論評の先にいるのは1人の人間であることを忘れてはいけない。自分や家族が同じように報道・論評されても平気かという視点を持って報じるべきだろう。そして今一度，メディアには商業性の追求だけでなく，公共性という重要な役割があることを認識し，事実に基づいた正確な報道と個人の人権を守ることを心掛けることが求められるだろう。

　また，第1章で見たようにネット世論には少なからず偏りがあるし，第5章で見たように一部の声が大きく見えているだけのことも多いが，マスメディアがそれらをインターネットの声として積極的に紹介する事例が増えてきた。そして，通常の取材の際には丁寧に事実関係を調査する一方で，インターネットの声というのはそれが投稿されているのは事実ということで，極端な人の意見なのか，bot[13]の意見なのか，1人が大量のアカウントを使って意見を述べているだけなのか，投稿内容を検証することがほとんどない。ソーシャルメディアに関する研修の充実を図り，発信される情報とは偏った一部の切り取られた声だということを，幅広く周知しておくことが大切だろう。

　さらに，残念ながら日本では，マスメディアがファクトチェックに消極的なことが指摘されている。例えば石川（2018）は以下のように述べている。

---

12) 無論，公人と私人で扱いは異なる。しかし現実には，4-11で見たように，一般人の炎上をメディアが取り上げることは，意図せぬ公人化現象によって過剰な制裁を一個人に与えることにつながる。また，芸能人や著名人であっても，政治家や官僚などを除いて公人ではないことは，今一度改めて認識する必要があるのではないか。さらにいえば，公人に対しても，事実検証も出来ていない不確かな疑惑で名誉を棄損したり，公然と誹謗中傷したりするようなことがあれば，やはり問題であろう。

13) ここでは，機械によって自動でソーシャルメディア上で発信するシステムのことを指す。

　ファクトチェックを主体的に行う動きはネット上でも見られるが，流布された誤りを糺して，正確な情報を不特定多数の人びとに提供し直すのは，マスメディアが最も適任である。SNS を介した情報接触には，「フィルターバブル」や「エコーチェンバー」と呼ばれる集団極性化をもたらす特性が指摘されているが，新聞をはじめとするマスメディアの社会的役割として期待すべきは，伝えるべき正しい情報を取捨選択して，理性的な議論を促すことであろう。

　無論，マスメディアは独自取材の過程で既にファクトチェックをしている。しかし，近年求められているファクトチェックとは，主にソーシャルメディア上で急速に拡散されるフェイクニュースを事実検証することである。日本のマスメディアでそのようなファクトチェックを積極的にしている企業は一部にとどまる。しかし世界に目を向けると，多くの主要マスメディアがファクトチェックのチームを立ち上げている。例えば英国の BBC は 2017 年にファクトチェックチームを編成し，ソーシャルメディア上で大きく話題になっている不確かな情報をファクトチェックすると宣言している（The Guardian, 2017）。また韓国では，マスメディア，大学，プラットフォーム事業者が連携してファクトチェックを行っている。日本でもそういった取り組みが進むことが，フェイクニュースに強い社会を作るうえで求められるだろう。

　ただし，藤代（2019a）では，ファクトチェックの課題として費用対効果の悪さが挙げられている。例えば 2018 年の沖縄知事選においてファクトチェックを行った沖縄タイムスでは，65 件の不確実情報が収集されたものの，紙面化したフェイクニュースは 2 件にとどまっていた。記者はインタビューに対し，「（フェイクニュース検証記事は）すごい労力がかかる。普通に記事を書くよりも大変で，費用対効果が悪い。根拠がなく書いているものは検証することが出来ない。」と述べている。このような状況を是正するためには，プラットフォーム事業者や業界団体がファクトチェックに対する支援[14]をしていくことや，そもそも人々自身がより情報のクオリティに目を向け，ファクトチェックに関心を持つような社会になることが必要だろう。

14）直接の経済的支援だけでなく，7-6 で書いたようにファクトチェック記事をプラットフォーームにおいて優先的に表示することは，人々がファクトチェックを知る機会が増えるだけでなく，ファクトチェック記事の収入も増やすことになるだろう。

コラム7-3　ミドルメディアの役割

　本節ではマスメディアに期待されることをまとめているが，炎上・誹謗中傷の拡散やフェイクニュースの拡散において，ミドルメディアはマスメディアよりもはるかに大きく関与している。PV数の多い人気ミドルメディアにおいても批判を煽っていることはしばしばあるし，フェイクニュースを配信していることもある。

　これらのメディアも，メディアである以上は商業性だけでなく公共性も求められるべきである。それがもしできていないメディアであるならば，ポータルサービスに載せないといった措置や，広告を配信しないといった措置があり得るだろう。

　前者については，例えばYahoo! ニュースは契約している企業の媒体のみを掲載している。契約時には信頼性・専門性や，編集部の体制，過去のトラブルなどを勘案して契約を決定する。また入稿された記事については，外部からの指摘などをもとに媒体に問い合わせたり，取り下げや修正を検討するように依頼したりしている（ヤフー株式会社, 2021）。ポータルサービスは様々な媒体を多くの人に届ける役割を持っているため，このような運用をさらに適切に，厳しくしていくことが重要であろう。他のポータルサービスにも同様のことがいえる。

　また，新聞からネットメディアまで多様な媒体が同じレイアウトで表示され，それを多くの人がポータルサービスのニュースとしてしか認識していない状況がある。つまり，媒体ごとのクオリティの差を考慮せずに情報に接してしまっている人が多い。このような状況を是正するため，媒体が何かをより人々が確認しやすいようにすることが求められる。

　後者については，Googleは2016年の米国大統領選挙でフェイクニュースサイトへの広告配信が問題視され，その後広告を配信しないなどの対策を強化した。結局ほとんどの場合は商業性を追求した結果，煽り見出しやフェイクニュース配信になっているので，その元となる広告配信を撲滅すればよいというわけである。また，EUでは2021年5月に，フェイクニュース対策の自主的取り組みルール「行動規範」の強化案を発表した。行動規範では，インターネット広告は依然としてフェイクニュースの収益化・拡散を後押ししているため，プラットフォーム事業者とインターネット広告業界は，フェイクニュースへの資金供給を断ち切るために一丸となって取り組むべきだと指摘している（平, 2021）。

7-9 ｜ メディア情報リテラシー教育の普及

　人々が，人類総メディア時代の恩恵を最大限に得て，ネガティブな面を最小限に抑えるには，メディア情報リテラシー教育の充実が欠かせない。メディア情報リテラシーとは，国連やユネスコが世界中で進めている教育運動の中核にあるものである。メディアリテラシーと情報リテラシーを統合したものであるが，3-5で扱ったようなニュースリテラシーやデジタルリテラシーの概念も含める多元的なリテラシーである。そして，インターネット上のヘイトスピーチやフェイクニュースといった諸課題は個人の行為に矮小化される情報モラルではないため，日常的な学習の中に，メディア情報リテラシー教育を充実させることが対策として重要だと，ユネスコ，OECD，EUなどでも指摘されている（坂本, 2022）

　実際，海外ではメディア情報リテラシーに関する教育・啓発がかなり充実している。英国では中等・高等教育でのメディア学の科目が発達しており，13歳からほとんどの生徒が受講する教育の修了目標では，生徒は批判的思考や意思決定・メディアの役割に関する知識と理解など広範な知識が求められている。フィンランド，ハンガリー，チェコでは国が学校で教えるメディアリテラシーの枠組みを決定し，そのうえで学校にある程度の柔軟性を持たせる仕組みをとっている。ドイツでは学校でのメディアリテラシー教育のほとんどが必修科目として行われ，各州によってもカリキュラムが異なっている（McDougall, 2018）。米国では，メディア情報リテラシー教育として，チェックリスト方式での情報をチェックする方法の講義が広く行われている。チェックリストとは，特定の言説やニュースの信頼性・信憑性を確認するにあたり，適時性・内容の正確性・情報発信者の意図・ウェブサイトのURL・筆者の連絡先は掲載されているか，などの項目を1つずつ確認していく手法である（耳塚, 2020）。

　対して日本においては，情報モラルを含む情報活用能力に関する教育は比較的充実しており，児童がプログラミングなどの技術を習得できるような取り組みも始まっている。ただしこれについてもいくつかの課題が指摘されている。例えば情報活用能力の調査の結果，小・中・高に共通する傾向として，ある特定の表などに整理された情報を読み取ったり解釈したりすることはできるが，複数の情報が階層的になっているウェブページから目的に応じて特定の情報を

見つけ出し関連付ける問題の正答率が低かった。また，基本的な情報モラルは理解しているが，情報の発信・伝達の際に他者の権利を踏まえて適切に対処することに課題があること，不正請求のメールやウェブサイトなどの対処に課題があることなどが分かっている。これらの問題については，情報活用能力については児童生徒の経験差が大きく影響しており，教育方法や教育体制が学校現場に十分行き渡っていないため，各学校の学習活動の充実が必要であることが指摘されている（堀田・佐藤, 2019）。また坂本（2022）は，日本の情報モラル教育は「問題発生の予防的な側面を主に担うもの」としてリスク回避に重点が置かれており，ポジティブな IT 利用やそのために必要なデジタル・アイデンティティ形成という視点を有していないことを問題視している。

　そして，メディアに関する教育もまだ充実しているとは言い難い。大学教育ではメディアに関する授業も存在するが，初等・中等教育では諸外国のような体系だったものは乏しい。また，新井（2018）は，25,000 人を対象とした基礎読解力のリーディングスキルテストによって，日本の中学生・高校生が教科書レベルの文章を正確に読解できていないことを示した。この結果は，この情報社会で溢れている様々な情報の読解に影響していると予想される。堀田・佐藤（2019）はこうした状況を受け，メディアとしてのインターネットに関する知識を身につけさせることが必要だと指摘する。以上のように，メディア情報リテラシー教育といわれるものは，子供の頃からの体系だったカリキュラムとしては未だ課題があり，IT 企業の実施している出前授業や大学の講義などで補塡している状況といえる。

　では，どのような教育が求められるか。筆者がまず第一歩として重要だと考えているのは，情報の発信・受信双方に関する教育である。現在の情報モラル教育でも，発信に関する教育は充実している。インターネット上での言葉遣いも良識に従い，差別表現や誹謗中傷は自制する必要があるということ，他人を傷つけるようなことを言ってはいけないことなどは教えられている[15]。しかしそれに加えて，侮辱的な投稿やフェイクニュースをもととした中傷を書き込むことで，罪に問われることの啓発も大切だろう。名誉棄損罪や侮辱罪が成立することもあるし，民事訴訟で数百万円の損害賠償が認定されたこともある。

15）とはいえ，前述したように「情報の発信・伝達の際に他者の権利を踏まえて適切に対処することに課題がある」と指摘されているのだから，発信の教育もより丁寧に実施していく必要があるだろう。

安易に他人を傷つけた代償が自分にも返ってくるということは広く周知しておくことが大切だ。

　そして，情報の受信の教育も求められる。本書では，情報の様々な特性について確認してきた。第1章では，インターネット上の情報は常に極端な意見が出やすいというバイアスがあり，一部の人の声が大きく発信・拡散されていることや，フィルターバブルやエコーチェンバーによって人々が自分の見たい情報ばかりに晒されていることを示した。第2章・第3章では，フェイクニュースが既に我々の身近に存在することや，誰でも騙され得ることなどを示した。第4章・第5章では，実は炎上とはごくわずかの人の偏った意見が反映されたものであると同時に，マスメディアやミドルメディアがそれを拡大させていることを示した。

　フィルターバブルなどは人の力ではどうしようもない面もあり，完全に避けることは不可能である。また，AIを駆使して本物のように見せかけたディープフェイク画像や動画を，人間の目で偽物かどうか区別するのも困難だ。しかしながら，このような情報の偏りやフェイクの存在を知らずに大量の情報に接するのと，知って接するのでは全く異なる。このような情報の受信の教育は欠かせない。そのうえで，具体的にどのように身を守ればよいのか──例えば3-13で示したような具体的な対策を教育・啓発していくのが有効だろう。

　なお，ここでは学校教育をメインで記しているが，フェイクニュースを誤情報と気付かないのはむしろ年齢の高い人に多かったように，老若男女問わず皆にこのような教育・啓発をしていくことが重要である。そのためには，企業の研修に盛り込んだり，自治体の講習を開催したりといったことで地道に広めていくしかないだろう。企業がメディア情報リテラシーについて研修を行うことは，無用な炎上リスクや，フェイクニュースに騙されるリスクを避けることにもつながり，ひいては企業にとってもプラスになる。

　ただし，フェイクニュースを誤情報と気付かずに拡散する人の分析（3-5参照）では，自己評価でのメディアリテラシーが高い場合には，むしろ拡散してしまう傾向にあることが分かっている。また同様に，Lyons et al.（2021）では，自分の能力を過信している人ほどフェイクニュースに騙されやすいということが明らかになっている。このことは，能力以上に「自分はメディアリテラシーが高い」と中途半端に思わせてしまうと，むしろフェイクニュースが社会に広まりやすくなるということを示唆している。そういった危険性まで含め，メデ

ィアや情報について丁寧に教育・啓発し，具体的に身を守る方法まで広めることが求められる。そのうえで，ソーシャルメディアを忌避するのではなく，ソーシャルメディアという革新的なツールやその他の IT をポジティブに活用していく方法を教育・啓発していくことが重要だ。

コラム 7-4　リテラシー教育は効果があるのか？

　このようなメディア情報リテラシー教育については，様々な IT 企業が出前授業をしたり，コンテンツを作成したりしている。また，IT の適切な活用という意味では，e- ネットキャラバンや，キャリア企業の実施しているスマホ・ケータイ安全教室などがある。さらに総務省も，近年本領域に力を入れており，特設サイトでの啓発や，リテラシー向上のためのカリキュラム・教材の作成を行っており，筆者も関与しているところである。

　しかし，西田（2021）は，リテラシー教育を通じた対策の実効性に疑問を呈している。というのも，全国に小学校は約 2 万校，中学校は約 1 万校，高校は約 5,000 校存在する。それに対し，例えば LINE（2015）は 2014 年に全国の小中学校で 300 回以上の「青少年の健全なインターネット利用を啓発する講演活動」を実施し，2015 年は倍増を見込んでいた。西田（2021）はこのような取り組みの理念に共感しつつも，このような実践がどの程度，国民全体のメディア情報リテラシー向上に寄与しているのか明確でないことを問題視しているのである。そのため，民間による取り組みによってリテラシー向上施策を国民全体に行きわたらせることができるのか，また，過去にそういった事例があるのかは議論の余地があるとしている。

　この指摘はもっともであり，欧米のように学校教育の中にメディア情報リテラシー教育を体系的に盛り込まなければ，国民全体のリテラシー向上の実現は難しいといわざるを得ない。そのような教育への導入を検討すると共に，出前授業などもより多くの人に届けられるように，動画などのコンテンツとして誰でも使用できるようにしたり，インフルエンサーと組んで若い世代を中心に広めたり，ポータルサイトを開設して企業作成の啓発コンテンツを集約したりするなどの工夫が必要だろう。

7-10 　求められるのは複合的な対策と人々自身の変化

本章ではこれまで，ソーシャルメディアがもたらした様々な課題に対し，社

会としてどのような対処があり得るか述べてきた。忘れてはいけないのが、1つの施策で問題を根絶できるような特効薬などないということだ。誹謗中傷も、フェイクニュースも、ソーシャルメディアが登場する前から社会に存在していたものであり、それがソーシャルメディアによってより大きくなったに過ぎない。どのような対策をしても根絶されることは無く、もし完全に消え去ったとしたら、それは完全に言論統制された社会を意味するだろう。

　重要なのは、各組織・人がそれぞれ適切な対策をとって一歩ずつ前へ進んでいくことである。本章では政策、プラットフォーム事業者の対策、業界団体の対応、マスメディアの対応、教育といった、様々な面から対処方法を考察してきた。これらを一歩一歩進めていくことが、ソーシャルメディアの諸問題の影響力を弱め、良い部分を大きくすることにつながっていくだろう。

　その際には、我々一人ひとりもまた変わっていくことが重要だ。人類総メディア時代になってまだ数十年しか経っていない今の状況では、人々はどのようにこの情報過多の社会に接していいか分かりかねている。7-9で教育として述べたような情報の受信と発信は、そのまま人々がそれらを実践することが推奨される内容である。

　そしてこのような時代だからこそ、当たり前の道徳心──「他者を尊重する」──ということが一人ひとりに求められる。他者を尊重するというのは、要するに「他人」と「自分」をフラットにみて、相手のことに想いを馳せるということだ。そうすれば、自分がやられて嫌なことを相手にしたら、相手がどう思うか想像できる。だからそれをしなくなる。もし、全人類が他人を尊重できていれば、誹謗中傷も炎上も、フェイクニュースも、ネットいじめも、ありとあらゆるソーシャルメディア上の問題は起きないはずである。

　これはまた「議論」についてもいえる。議論においては時に相手を批判することがあるが、そのような批判においても、他者を尊重するということが重要である。尊重して批判するというのは、一見して矛盾しているように見えるかもしれない。しかし、相手の考え方に対し、別の観点から批判を加えるのと、相手の人格そのものを否定するような誹謗中傷をするのとは全く別のことなのである。日本では、欧米に比べてディスカッションの練習をする機会が極めて少ないと言われる。そのため、残念ながら「相手を尊重して批判する」ということになれていない人も多い。議論の場にもかかわらず、不適切な罵り方をしたり、人格を否定したりする人も少なくない。そして受け手もまた、あくまで

も批判であるにもかかわらず，それを自分への攻撃と混同して不機嫌になったり萎縮したりすることも多い。これはソーシャルメディア上で議論がしづらい一因になっているだろう。

　我々一人ひとりが，「他人を尊重する」という当たり前の道徳心を育み，意識する。それと同時に，ディスカッションを教育現場にもっと取り入れて，相手を尊重しながら批判的にものを見ることを練習する。こういったことの積み重ねが，ソーシャルメディア上の諸課題を抑制し，健全な議論や合意形成ができる社会を育んでいくのである。

　最後に，本書で取り上げたソーシャルメディアというサービスは非常に革新的なものであるが，これはあくまで情報社会の黎明期に誕生した1つのサービス形態に過ぎないと考えている。いまや，AIによって，誰かが頭の中で思い描いている映像を，デジタル上に描写することができるようになってきている。他者の感覚情報を，センサーによってデジタルで共有できる技術も日進月歩で発達している。このような技術が将来普及すれば，間違いなく人同士のつながりは今より広く，濃くなっていく。また，そのような段階に行かずとも，Meta（旧Facebook）のCEOであるマーク・ザッカーバーグ氏が「私たちはソーシャルメディア企業というイメージからメタバース企業へ移行する」と述べたとおり，オンライン上の空間において交流するということも急速に拡大している。

　このように人々のつながりが濃く，広くなれば，人々は他者との関係性の中で，自分たちの本質により一層向き合わなければならなくなる。本質とはつまり，人間は他者を尊重できる生物か，それとも独善的で自分本位な生物かということだ。これは人類にとって非常に大きなハードルであるが，それと同時に，これを乗り越えることは大変意義のあることでもある。これをただ「解決すべき問題」「解決が難しいからもうどうしようもない」と単純化するのではなく，受け入れたうえで，より豊かな情報社会を皆で考えて向かっていった先に，人類に新しいステージがあるのではないか。そう，このインターネットのもたらした現象を乗り越えることは，次なる時代のための進化なのだ。

　筆者は，人々がこの進化を遂げると信じてやまない。なぜならば，人はこれまでも，数多の問題を解決して今の社会を築き上げてきたからだ。そのような進化の先にある豊かな情報社会の発展に，本書が少しでも寄与できれば幸いである。

【付録】

第 1 章補足情報

付録 1-1　分極化指数の算出方法（1-3 補足）

　分極化指数とは，政治的意見の極端度を示す指数である。政治的意見は，「憲法 9 条を改正する」「社会保障支出をもっと増やすべきだ」等の次の下位尺度 10 項目について，「7 点：強く賛成」～「1 点：強く反対」の 7 件法で調査する。

1. 憲法 9 条を改正する
2. 社会保障支出をもっと増やすべきだ　※逆転項目
3. 夫婦別姓を選べるようにする　※逆転項目
4. 経済成長と環境保護では環境保護を優先したい　※逆転項目
5. 原発は直ちに廃止する　※逆転項目
6. 国民全体の利益と個人の利益では個人の利益の方を優先すべきだ
7. 政府が職と収入をある程度保障すべきだ　※逆転項目
8. 学校では子供に愛国心を教えるべきだ
9. 中国の領海侵犯は軍事力を使っても排除すべきだ
10. 現政権は日本を戦前の暗い時代に戻そうとしていると思う　※逆転項目

　調査結果について，保守系の下位尺度はそのまま，リベラル系の内容は逆転（8 から引いた）したうえで点数化し，さらにそこから 4 を引いて「どちらともいえない」が 0 になるように基準化したものを，q_{ij}（$q_{ij} = -3, -2, -1, 0, 1, 2, 3$）とする。ただし，i は個人を，j は問い番号を指す。例えば，個人 I が問い 2 について「やや賛成（5 点）」と回答した場合，$q_{i2} = |(8-5)-4| = 1$ となる。そして，政治傾向の指標（pol）は，その平均値を算出する次の式（A1.1）から得られる。

$$pol_i = \left(\sum_{j=1}^{10} q_{ij}\right)\Big/ 10 \tag{A1.1}$$

付録 1-2　各意見の人がソーシャルメディアに投稿した数の推計方法（1-5 補足）

　1-5 における，各意見の人がソーシャルメディアに投稿した数の推計は，次のように行った。今，7 段階の各意見を j とした時に，サンプルにおける意見分布と，ソーシャ

ルメディア上の投稿数分布は次のように推計される。

サンプルの意見分布

$$\frac{n_j}{\sum_{j=1}^{7} n_j} \tag{A1.2}$$

ソーシャルメディア上の投稿数分布

$$\frac{\overline{Post_j} n_j}{\sum_{j=1}^{7} \overline{Post_j} n_j} \tag{A1.3}$$

　ただし，n_j は意見 j の人の数，$\overline{Post_j}$ は意見 j の人が平均してソーシャルメディア上に当該トピックについて投稿している回数である。仮に，投稿する回数が意見によって変化しない場合，$\overline{Post_j}$ は j に依存せず一定の値となり，サンプルの意見分布とソーシャルメディア上の投稿数分布は完全に一致することになる。

付録 1-3　回帰分析モデルと詳細な推定結果（1-7 補足）

　1-7 での回帰分析に用いたモデルは以下のとおりである。個人 i のテーマ j に対するソーシャルメディア投稿モデルは以下の式（A1.4）のように書ける。

$$Post_{ij} = a + \beta Opinion_{ij} + \gamma_1 Characteristic_i + \gamma_2 Media_i + \gamma_3 Country_i + \varepsilon_{ij} \tag{A1.4}$$

- $Post_{ij}$：個人 i がテーマ j についてソーシャルメディアに投稿した回数。
- $Opinion_{ij}$：テーマ j に対する個人 i の意見の極端さ[1]。
- $Characteristic_i$：は個人 i の属性ベクトル。具体的には，性別，年齢，結婚の有無，大卒かどうか，大都市（100 万都市）在住か，ソーシャルメディアでのフォロワー数である。
- $Media_i$：個人 i のメディア利用時間ベクトル。具体的には，テレビ，新聞，ネットニュース，ラジオ，ソーシャルメディアに費やす時間（分 / 日）である。
- $Country_i$：個人 i が住んでいる国。具体的には，日本，韓国，米国である。憲法改正の分析においてはこの変数は使用しない。

---

1) 意見の極端さは，各個人 i のテーマ j に対するスコア（1〜7 点で，7 点は良い面ばかりである，1 点は悪い面ばかりであるとしている）から，各国における全個人の平均値を引いた値の絶対値とした。例えば，個人 i のスコアが 5 点で，その国における平均が 3.5 点だった時，意見の極端さは 1.5 となる。同様に，個人 i のスコアが 3 点だったら，意見の極端さは 0.5 となる。この値が大きいほど，意見が極端であることを示している。

- $\alpha, \beta, \gamma_1, \gamma_2, \gamma_3, \gamma_4$：各変数・ベクトルにかかっているパラメータ。
- ε_{ij}：誤差項。

このモデルの直感的な解釈は，テーマjに対するソーシャルメディア投稿回数に対して，テーマjに対する意見の極端さ，個人の属性，メディア利用時間，居住している国が影響を与えているということである。この中で，$Opinion_{ij}$ のパラメータである β は，意見が1ポイント極端になるとどれくらいソーシャルメディア投稿回数が増加するかを表している。そのため，有意[2]に $\beta > 0$ であれば，極端な人ほどソーシャルメディアに多く投稿するということを示している。メディア利用時間がモデルに入っているのは，メディア利用時間が長ければそれだけ情報に接する機会も増え，トピックjについてソーシャルメディアに投稿する回数が増加する可能性があるためである。

ただし，（A1.4）式の推定に当たっては，通常の最小2乗法による線形回帰では問題がある可能性がある。何故ならば，ソーシャルメディアに当該トピックについて投稿する人は全体の中の一部である。そして，投稿回数は0未満になることはないため，0で最小値を打ち切りされたデータとなり，投稿回数0回の人が多いデータとなっている（図1.5）。

このような場合には Tobit モデルでの分析が適しているので，主たる推定では Tobit モデルで推定を行う。また，不均一分散に対処するため，被説明変数であるソーシャルメディアへの投稿回数と，説明変数のソーシャルメディアフォロワー数，メディア利用時間（テレビ視聴時間，新聞閲読時間，ネットニュース閲読時間，ラジオ聴取時間，ソーシャルメディア利用時間）は（1を足して）自然対数変換する。

分析に用いるデータの基本統計量は表 A1.1 のようになる。

以上を踏まえ，（A1.3）式を憲法改正について分析した結果が表 A1.2，外国人が増えることについて分析した結果が表 A1.3 である。ただし，ソーシャルメディアをそもそも利用していない場合ソーシャルメディアに投稿することはできないため，利用していないと回答した人は分析対象から除外している。この対処により，サンプルサイズはそれぞれ日本で 2,108，韓国で 832，米国で 867 となっている。なお，全ての推定結果で，p値は White（1980）の不均一分散に頑健な標準誤差から算出されている。また，推定には統計ソフト STATA を用いており，有意水準を5%として有意なものに*を，1%水準で有意なものに**を付けている。

これらの制御変数について簡単に解釈を加えると，まず表 A1.2 の憲法改正については，男性であると憲法改正に関するソーシャルメディアへの投稿回数が多い，年齢が上がると投稿回数が少ない，大都市在住であると投稿回数が多い，ソーシャルメディアフ

2）統計的に偶然に起こったとは考えにくく，意味があると考えられることを指す。

表 A1.1　基本統計量

変数	平均値	標準偏差	最小値	最大値
ソーシャルメディアへの投稿回数（憲法改正）	1.557	7.564	0.000	60.000
意見極端度（憲法改正）	0.667	0.966	0.000	3.033
ソーシャルメディアへの投稿回数（外国人）	4.114	12.050	0.000	60.000
意見極端度（外国人）	0.998	0.802	0.044	3.323
性別（男性）	0.489	0.500	0.000	1.000
年齢	44.426	12.929	20.000	69.000
結婚有無（既婚）	0.568	0.495	0.000	1.000
学歴（大卒）	0.587	0.492	0.000	1.000
大都市在住	0.454	0.498	0.000	1.000
ソーシャルメディアフォロワー数（人）	250.975	758.903	15.000	6000.000
テレビ視聴時間（分/日）	154.506	127.414	0.000	480.000
新聞閲読時間（分/日）	28.507	57.387	0.000	480.000
ネットニュース閲読時間（分/日）	53.294	70.134	0.000	480.000
ラジオ聴取時間（分/日）	49.224	90.362	0.000	480.000
ソーシャルメディア利用時間（分/日）	67.656	96.781	7.500	480.000
日本	0.553	0.497	0.000	1.000
韓国	0.219	0.413	0.000	1.000
米国	0.228	0.419	0.000	1.000

ォロワー数が多いと投稿回数が多い，新聞閲読時間が長いと投稿回数が多い，ソーシャルメディア利用時間が長いと投稿回数が多い，となっている。

　次に表 A1.3 の制御変数を見ると，表 A1.2 より有意な変数は多いもののほとんど傾向は同じである。新たに有意になったものとして，既婚であるとソーシャルメディア投稿回数が多い，テレビ視聴時間が長いと投稿回数が少ない，ネットニュース閲読時間が長いと投稿回数が多い，韓国だと（日本に比べて）投稿回数が少ない，となった。この中で予想に反するのは，テレビ視聴時間である。なぜならば，メディア利用時間が長い人はそれだけ「憲法改正」や「外国人が自国に増えること」といったトピックの情報を得ており，それらの問題に対するソーシャルメディア投稿回数も多いと考えられるためである。この解釈としては，テレビを好む人とソーシャルメディアで投稿することを好む人が異なっており，テレビを多く視聴する人ほどソーシャルメディア投稿回数がそもそも少ないため，外国人が増えることというトピックについても投稿回数が少なくなったということが考えられる。

　いずれにせよ，制御変数の推定結果はどれも解釈可能な範囲で，モデルは妥当と考えられる。これらを踏まえた，関心のある変数の解釈は 1-7 本編を参照されたい。

　さらに，頑健性を検証するため，主たる推定である表 A1.3 について異なる方法で分

表 A1.2　推定結果（憲法改正）

変数分類	変数	係数	p 値
意見極端度	意見極端度（憲法改正）	0.683	0.00 **
属性	性別（男性）	0.779	0.00 **
	年齢	−0.039	0.00 **
	結婚有無（既婚）	0.411	0.08
	学歴（大卒）	0.287	0.19
	大都市在住	0.683	0.00 **
	ソーシャルメディアフォロワー数（人）	0.347	0.00 **
メディア利用時間	テレビ視聴時間（分/日）	−0.077	0.37
	新聞閲読時間（分/日）	0.387	0.00 **
	ネットニュース閲読時間（分/日）	0.074	0.50
	ラジオ聴取時間（分/日）	0.108	0.06
	ソーシャルメディア利用時間（分/日）	0.850	0.00 **
定数項	定数項	−9.016	0.00 **
	n	2108	
	R2	0.136	

注1：**p<0.01, *p<0.05.
注2：p 値は不均一分散に頑健な標準誤差から算出している。
注3：Tobit model で推定している。

析を行った結果が**表 A1.4** である。なお，1-7 本編において本頑健性の検証については触れていない。**表 A1.4** において，<1> 列は最小2乗法で線形回帰した結果を示している。また，<2> 列は，意見極端度を，「7点：良い面ばかりである」〜「1点：悪い面ばかりである」として点数を振ったのち，「各個人 i の点数をその平均で引いた値」ではなく，「各個人 i の点数を4点で引いた値」にした場合の推定結果である。4点というのは，「どちらともいえない」である。

　推定結果の中でまず <1> 列を見ると，パラメータは全体的に小さくなっているものの，意見極端度はいずれも有意に正となっていることが分かる。また，<2> 列は，制御変数こそパラメータに変化がみられるものの，意見極端度のパラメータと p 値は**表 A1.3** の推定結果と一致しており，意見極端度の作成に仕方による結果の違いは見られなかった。これらの結果から，意見極端度が高くなるとソーシャルメディアへの投稿回数が増加するというのは，頑健な結果であると考えられる。

　さらに，LINE 等のメッセージアプリや，ネットニュースのコメント欄についての分析の詳細は**表 A1.5** である。**表 A1.5** の <3> 列はメッセージアプリの「外国人が自国に増えること」というテーマに関する投稿回数の分析結果で，<4> 列はネットニュース

表 A1.3 推定結果（外国人が増えること）

変数分類	変数	係数	p 値
意見極端度	意見極端度（日本）	0.447	0.00 **
	意見極端度（韓国）	0.454	0.00 **
	意見極端度（米国）	0.788	0.00 **
属性	性別（男性）	0.760	0.00 **
	年齢	−0.016	0.00 **
	結婚有無（既婚）	0.368	0.01 **
	学歴（大卒）	0.177	0.17
	大都市在住	0.588	0.00 **
	ソーシャルメディアフォロワー数（人）	0.109	0.03 *
メディア利用時間	テレビ視聴時間（分/日）	−0.129	0.01 **
	新聞閲読時間（分/日）	0.272	0.00 **
	ネットニュース閲読時間（分/日）	0.201	0.00 **
	ラジオ聴取時間（分/日）	0.053	0.16
	ソーシャルメディア利用時間（分/日）	0.694	0.00 **
国	韓国	−0.480	0.04 *
	米国	−0.406	0.15
定数項	定数項	−6.250	0.00 **
	サンプルサイズ	3807	
	R2	0.108	

注 1 ： **p<0.01, *p<0.05.
注 2 ：p 値は不均一分散に頑健な標準誤差から算出している。
注 3 ：Tobit model で推定している。

のコメント欄の「外国人が自国に増えること」というテーマに関する投稿回数の分析結果である。それぞれ，メッセージアプリ利用者，ネットニュース利用者のみを対象に分析している。

表 A1.4　頑健性の検証：最小 2 乗法による推定結果と変更した極端度による推定結果

変数分類	変数	<1> 係数	<1> p 値	<2> 係数	<2> p 値
意見極端度	意見極端度（日本）	0.508	0.00 **	0.380	0.00 **
	意見極端度（韓国）	0.480	0.00 **	0.422	0.01 **
	意見極端度（米国）	0.881	0.00 **	0.694	0.00 **
属性	性別（男性）	0.836	0.00 **	0.767	0.00 **
	年齢	−0.017	0.01 **	−0.016	0.00 **
	結婚有無（既婚）	0.390	0.01 **	0.368	0.00 **
	学歴（大卒）	0.189	0.19	0.179	0.16
	大都市居住	0.632	0.00 **	0.594	0.00 **
	ソーシャルメディアフォロワー数（人）	0.138	0.01 *	0.107	0.03 *
メディア利用時間	テレビ視聴時間（分/日）時間	−0.144	0.01 **	−0.138	0.00 **
	新聞閲読時間（分/日）	0.298	0.00 **	0.274	0.00 **
	ネットニュース閲読時間（分/日）	0.222	0.00 **	0.188	0.00 **
	ラジオ聴取時間（分/日）	0.058	0.16	0.054	0.15
	ソーシャルメディア利用時間（分/日）	0.770	0.00 **	0.701	0.00 **
国	韓国	−0.581	0.03 *	−0.531	0.02 *
	米国	−0.548	0.08	−0.363	0.18
定数項	定数項	−7.014	0.00 **	−6.121	0.00 **
	サンプルサイズ	3807		3807	
	R2	0.104		0.107	

注 1：** p<0.01, * p<0.05.
注 2：p 値は不均一分散に頑健な標準誤差から算出している。
注 3：<1> は最小 2 乗法，<2> は Tobit model で分析している。

表 A1.5　メッセージアプリ・ネットニュースコメントの推定結果

変数分類	変数	<3> 係数	<3> p 値	<4> 係数	<4> p 値
意見極端度	意見極端度（日本）	0.216	0.11	0.384	0.00 **
	意見極端度（韓国）	0.326	0.03 *	0.544	0.00 **
	意見極端度（米国）	0.917	0.00 **	0.761	0.00 **
属性	性別（男性）	0.425	0.00 **	0.826	0.00 **
	年齢	−0.051	0.00 **	−0.044	0.00 **
	結婚有無（既婚）	0.654	0.00 **	0.497	0.00 **
	学歴（大卒）	0.117	0.43	−0.017	0.91
	大都市在住	0.718	0.00 **	0.691	0.00 **
	ソーシャルメディアフォロワー数（人）	−0.004	0.95	−0.051	0.34
メディア利用時間	テレビ視聴時間（分/日）	−0.056	0.30	−0.155	0.00 **
	新聞閲読時間（分/日）	0.365	0.00 **	0.432	0.00 **
	ネットニュース閲読時間（分/日）	0.387	0.00 **	0.653	0.00 **
	ラジオ聴取時間（分/日）	0.126	0.01 **	0.147	0.00 **
	ソーシャルメディア利用時間（分/日）	0.372	0.00 **	0.270	0.00 **
国	韓国	0.092	0.71	0.498	0.05
	米国	−0.912	0.01 **	0.270	0.43
定数項	定数項	−4.671	0.00 **	−6.246	0.00 **
	サンプルサイズ	3658		4546	
	R2	0.123		0.193	

注 1 ： **p<0.01, *p<0.05.
注 2 ： p 値は不均一分散に頑健な標準誤差から算出している。
注 3 ： Tobit model で推定している。
注 4 ： <3> 列はメッセージアプリの分析結果，<4> 列はネットニュースコメントの分析結果を示す。

第3章補足情報

付録2-1　フェイクニュースへの判断や拡散行動に関する回帰分析モデルと詳
細な推定結果（3-5補足）

　人々のフェイクニュースに関する行動は，「誤情報と気付いた」「誤情報と気付かなか
ったが拡散しなかった」「誤情報と気付かずに拡散した」の3つに分類することができ
る。この3つの行動を説明する分析モデルは，個人をi，各フェイクニュースをtとし
た時，次のように書ける。モデルは多項ロジスティックモデルである。

$$ln\left(\frac{P_{bit}}{P_{ait}}\right)=a_b+\beta_{b1}Literacy_i+\beta_{b2}Charactristics_{it}+\beta_{b3}Media_i+\gamma_b Fakenews_t$$

$$ln\left(\frac{P_{cit}}{P_{ait}}\right)=a_c+\beta_{c1}Literacy_i+\beta_{c2}Charactristics_{it}+\beta_{c3}Media_i+\gamma_c Fakenews_t$$

(A2.1)

　ただし，各記号は以下を指す。
- P_{ait}は個人iがフェイクニュースtを誤っていると気付いている予想確率。
- P_{bit}は個人iがフェイクニュースtを誤っていると気付かないで拡散しない予想確率。
- P_{cit}は個人iがフェイクニュースtを誤っていると気付かないで拡散する予想確率。
- $Literacy_i$：個人iのリテラシーベクトル。具体的には，メディアリテラシー，ニュースリテラシー，デジタルリテラシー，情報リテラシーの4つの変数を持ったベクトルである。詳しい内容は後述する。
- $Charactristics_{it}$：個人iの属性ベクトル。具体的には，性別（男性）[3]，年齢，学歴（大卒以上）[4]，居住地域（人口の多い都府県在住）[5]，インターネット利用歴（年）という客観的な属性の他，個人iのフェイクニュースtのジャンルのニュースに対する関心度（1～5）[6]と，自己評価といった内面属性が含まれる。
- $Media_i$：個人iのメディア利用時間ベクトル。具体的には，ソーシャルメディア，

---

3) 男性であれば1とするダミー変数。
4) 最終学歴が大学卒か大学院卒であれば1とするダミー変数。
5) 人口の多い都府県（東京都，大阪府，神奈川県，埼玉県，愛知県）のいずれかに在住であれば1とするダミー変数。

ネットニュース，メッセージアプリ，動画共有サービス，テレビ視聴，新聞閲読の
7つの利用時間（分）変数を持ったベクトル。分析の際には自然対数変換している。
- *Fakenews*ₜ：フェイクニュースのベクトルで，どのフェイクニュースなのかを示す。
- $a_b, \beta_{b1}, \beta_{b2}, \beta_{b3}, \gamma_b, a_c, \beta_{c1}, \beta_{c2}, \beta_{c3}, \gamma_c$：各変数とベクトルにかかっているパラメータ。

本モデルはパネルデータ構造となっている。つまり，個人iがフェイクニュースtを
見聞きしていた場合，1サンプルとなる。個人iが3つのフェイクニュースを知ってい
た場合，3サンプルとなる。フェイクニュースtを知らない場合は，分析対象に含まれ
ない。また，変数 *Fakenews*ₜによって，フェイクニュースによる固定効果をコントロー
ルしている。自己評価には，原田（2016）の短縮版自己評価感情尺度を用いている。こ
れは，「今の自分が好きである」などの下位尺度12項目について，「5点：非常に当てはま
る」〜「1点：全く当てはまらない」として5件法で回答してもらい，逆転項目は数値
を6から引いて逆転したうえで，その平均値を自己評価尺度としたものである。つまり，
点数が高ければ自己評価が高いといえる。

4つのリテラシー変数である「メディアリテラシー」「ニュースリテラシー」「デジタ
ルリテラシー」「情報リテラシー」は，多くの先行研究を引用しながらフェイクニュー
スとリテラシーの関係を実証的に研究した Jones-Jang et al.（2019）の研究を参照した。
各リテラシーは以下のように定義される。

- メディアリテラシー：特定の事象に関して，メディア情報にアクセスして分析し
発信する能力。
- ニュースリテラシー：ニュースが社会で果たす役割を理解する能力，ニュースを
検索・識別する能力，ニュースを作成する能力など。
- デジタルリテラシー：インターネットに関する知識と，それと相関している情報
の読み取り，書き込み，表示，聞き取り，作成，伝達に関する能力。
- 情報リテラシー：情報を適切に判断し，情報を通じて決定を下す能力。

それぞれのリテラシーが下位尺度を持っており，情報リテラシー以外は「7点：非常
にそう思う」〜「1点：全くそう思わない」の7件法で調査した結果の平均値をそれぞれ
のリテラシーとする。また，情報リテラシーは4つの問いに対する回答結果から，1問
1点とした合計点数をそのまま情報リテラシーとする。具体的な質問項目は以下のとお

6）各フェイクニュースのジャンル（「スポーツ・芸能・文化」「社会・事件」などの8種）
に対するニュース関心度を，「5点：非常に関心がある」〜「1点：全く関心がない」の5件
法で調査し，そのまま関心度とした。

り。

〈メディアリテラシー〉

　1．私はいくつかのニュースソースを用いてニュースを見ている

　2．私は自身の反応や批判を示すために，ニュース制作者に対して連絡を取っている

　3．私は自分の家族や友人と，ニュースに関して情報交換を行っている

　4．私はメディアの与える負の影響に関して，周囲の人間に注意を促している

〈ニュースリテラシー〉

　1．報道機関の所有者は，メディアコンテンツに対して影響力を持つと思う

　2．個人の見つけるニュースには，その個人の政治的価値観が反映されていると思う

　3．2人の人間が同じニュースを見たとしても，得られる情報は違うと思う

　4．政治候補者に関するニュースは，人々の意見に対して影響力があると思う

　5．ニュースは現実よりもドラマティックに作られていると思う

　6．紛争・戦争に関するニュースは目立つように特集されていると思う

〈デジタルリテラシー〉

　1．高度な検索を使い慣れている

　2．PDFを多く使っている

　3．スパイウェアを理解している

　4．Wikiを使い慣れている

　5．キャッシュを理解している

　6．フィッシングサイトを理解している

　7．タグ付けを理解している

　8．JPGを理解している

　9．ブログやSNSなどのソーシャルサービスを使い慣れている

　10．コンピュータウイルスについて理解している

〈情報リテラシー〉

　1．知らない概念を理解するために最も信頼でき，簡潔だが包括的に知ることができ
　　るツールは＿＿である。（新聞，国語辞典，百科事典，学術論文）

　2．以下のものを，きちんと事実か検証されていると思う順番に順位付けをしてくだ
　　さい。（ブログ，新聞，学術論文，裁判所による事実の認定）

　3．以下の選択肢の中から，加工されていない生のデータを1つお選びください。
　　（株価の終値，天気図，表で公表されている人口データ，グラフで公表されてい
　　る人口データ）

　4．以下の遺伝子組み換え食品に関する文の内，筆者の意見が入っていないものはど
　　れでしょうか。最も近いものを1つお選びください。（遺伝子組み換え食品は世

界的な食糧危機をもたらした，2013 年には新たに 15 の遺伝子組み換え食品が欧州で認可された，遺伝子組み換え実験は止めるべきである，大抵の遺伝子組み換え研究者は大企業から大きな収入を得ている）

ただし，情報リテラシーの正解は以下のとおりである。

1．百科事典
2．裁判所による事実の認定，学術論文，新聞，ブログ
3．株価の終値
4．2013 年には新たに 15 の遺伝子組み換え食品が欧州で認可された

以上を踏まえて式（A2.1）を分析したものが**表 A2.1** である。ただし，p 値はフェイクニュース t についてクラスタ頑健標準誤差から算出されている。限界効果列には平均限界効果[7]を記載していて，標準化係数列には標準化偏回帰係数[8]を記載している。

付録 2-2　コロナ・政治フェイクニュースへの接触率（3-9 補足）

---

20 件の新型コロナウイルス・政治フェイクニュースへの接触率は**図 A2.3**，**図 A2.4** のとおりである。接触率を見ると，概ね，どのフェイクニュースでも 5％以上の人が接触しており，最も高いもので「転売屋がマスクを 1 週間あたり 9 億枚も購入したのでマスク不足となった」（17.5％）となった。マスク不足が深刻である中，フリマアプリやオークションサイトでのマスクの高額転売が報じられていた。そのため，「転売屋が購入していた」という事実を含んでいたために広まったと考えられる（「9 億枚も購入した」

7）限界効果とは，説明変数が 1 単位増加した時に確率がどの程度変化するのかを表している。限界効果は，以下のような式で算出される。

$$限界効果_{il} = g(X_i'\beta)\beta^l = \Delta(X_i'\beta)[1 - \Delta(X_i'\beta)]\beta^l$$

ただし，g は関数形，β^l はベクトル X の 1 番目の変数のパラメータという意味である。注目すべきは，限界効果はサンプル i によって変化するという点である。そのため，サンプル全体の平均値を求めるのが一般的である。これを平均限界効果という。本稿でも，平均限界効果を用いる。

$$平均限界効果_l = \frac{1}{n}\sum_{i=1}^{n} g(X_i'\hat{\beta})\widehat{\beta^l}$$

8）標準化係数とは，全ての変数の平均値を 0，標準偏差を 1 としたうえで推定した結果の係数であり，他の説明変数が一定という条件のもと，当該説明変数が 1 標準偏差変化した時に，標準化された被説明変数が何単位変化するか表した値である。主として説明変数同士の説明力を横比較する際に用いられる。

表A2.1 分析結果：フェイクニュースを誤情報と気付かない・拡散しない人と，誤情報と気付かない・拡散する人の特徴

変数分類	変数	<1> 誤情報と気付いていない・拡散していない 係数	標準化係数	p値	<2> 誤情報と気付いていない・拡散した 係数	標準化係数	p値
リテラシー	メディアリテラシー（1〜7）	−0.177	−0.184	0.000 **	0.437	0.456	0.000 **
	ニュースリテラシー（1〜7）	−0.185	−0.168	0.005 **	−0.324	−0.294	0.000 **
	デジタルリテラシー（1〜7）	−0.168	−0.229	0.000 **	−0.165	−0.225	0.000 **
	情報リテラシー（0〜4）	−0.052	−0.056	0.237	−0.140	−0.152	0.028 *
属性	自己評価（1〜5）	0.002	0.001	0.966	0.200	0.133	0.002 **
	性別（男性）	−0.155	−0.155	0.116	−0.339	−0.339	0.010 *
	年齢（歳）	0.011	0.171	0.003 **	0.003	0.052	0.450
	学歴（大卒以上）	0.036	0.018	0.513	0.040	0.020	0.643
	人口の多い都道府県在住	−0.182	−0.091	0.052	0.001	0.000	0.993
	インターネット利用歴（年）	−0.020	−0.116	0.034 *	−0.042	−0.245	0.000 **
	ニュース関心度（1〜5）	0.040	0.039	0.514	0.073	0.071	0.203
メディア利用時間	ソーシャルメディア利用時間（対数）	−0.037	−0.066	0.134	0.091	0.164	0.002 **
	ネットニュース利用時間（対数）	0.066	0.076	0.018 *	0.126	0.144	0.000 **
	メッセージアプリ利用時間（対数）	−0.073	−0.116	0.008 **	−0.032	−0.052	0.621
	動画共有サービス利用時間（対数）	−0.030	−0.053	0.264	0.064	0.113	0.106
	テレビ視聴時間（対数）	0.021	0.033	0.562	−0.024	−0.038	0.408
	新聞閲読時間（対数）	−0.202	−0.334	0.000 **	−0.077	−0.128	0.018 *
フェイクニュースの分野	スポーツ・芸能・文化	0.772	0.243	0.000 **	0.579	0.182	0.000 **
	社会・事件	0.300	0.094	0.000 **	0.156	0.049	0.000 **
	外国人	0.912	0.287	0.000 **	0.755	0.237	0.000 **
	生活・健康		ベース			ベース	
	経済	1.198	0.376	0.000 **	1.057	0.332	0.000 **
	国内政治（リベラルに有利）	1.020	0.321	0.000 **	1.025	0.322	0.000 **
	国内政治（保守に有利）	0.669	0.210	0.000 **	0.460	0.145	0.000 **
	国際情勢	0.716	0.225	0.000 **	0.520	0.163	0.000 **
	災害	0.573	0.180	0.000 **	0.278	0.087	0.000 **
	定数項	3.052		0.000 **	−0.445		0.093
	サンプルサイズ				4133		
	人数				1991		

Note 1：**p<0.01，*p<0.05。
Note 2：p値はフェイクニュースのクラスタについて頑健な標準誤差から算出している。
Note 3：多項ロジスティックモデルで分析している。基準は誤情報と気付いている人。

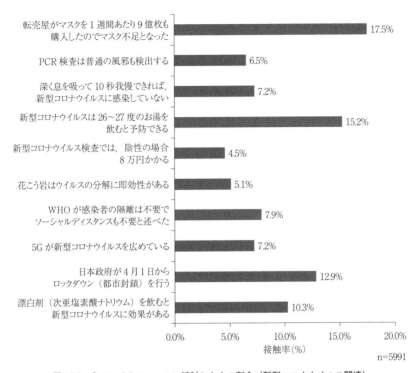

図 A2.3　各フェイクニュースに接触した人の割合（新型コロナウイルス関連）

が誤っている）。また，全体的に新型コロナウイルス関連のフェイクニュースの方が接触率が高い。

付録 2-3　各コロナ・政治フェイクニュースを誤情報と気付いていない人の割合（3-10 補足）

新型コロナウイルスと政治フェイクニュース 20 件について，個別フェイクニュースを誤情報と気付いていない人の割合を示したのが図 A2.5，図 A2.6 である。これらの図の分母は各フェイクニュースに接触している人である。例えば，「転売屋がマスクを 1 週間あたり 9 億枚も購入したのでマスク不足となった」というフェイクニュースについては，71.4% が誤情報と気付いていない。

これらの図を見ると，まず新型コロナウイルス関連のフェイクニュースについては，誤情報と気付いている人が多いことが分かる。特に，医療・健康系のフェイクニュース[9] は約 10% ～ 30% の人しか誤情報と気付いていない人がいない。ただし，「PCR 検

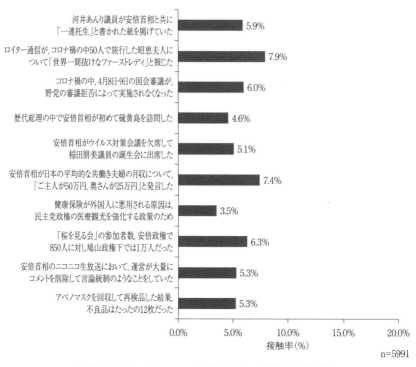

図A2.4　各フェイクニュースに接触した人の実割合（政治関連）

査は普通の風邪も検出する」（83%）といった，検査等に関するフェイクニュースはファクトチェック結果がそれほど広まっていないのか，誤情報と気付いていない人が多い結果となった。

　その一方で，政治関連では約75%〜約85%の人が誤情報に気付いておらず，最も低いものでも「安倍首相が日本の平均的な共働き夫婦の月収について，「ご主人が50万円，奥さんが25万円」と発言した」の67%であった。

9）「深く息を吸って10秒我慢できれば，新型コロナウイルスに感染していない」「新型コロナウイルスは26〜27度のお湯を飲むと予防できる」「花こう岩はウイルスの分解に即効性がある」「5Gが新型コロナウイルスを広めている」「漂白剤（次亜塩素酸ナトリウム）を飲むと新型コロナウイルスに効果がある」の5つ。

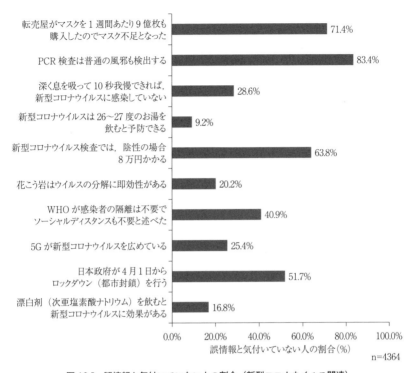

図 A2.5　誤情報と気付いていない人の割合（新型コロナウイルス関連）

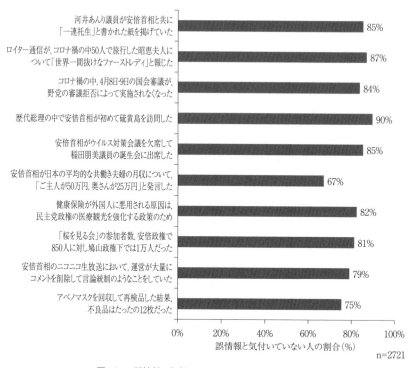

図 A2.6　誤情報と気付いていない人の割合（政治関連）

第5章補足情報

付録3-1　炎上参加者の特徴に関する回帰分析モデルと詳細な推定結果（5-5 補足）

個人 i の炎上参加行動モデルは，以下の式（A3.1）のように書ける。

$$logit[P(Flaming_i = 1)] = log\left(\frac{P[Flaming_i]}{1 - P[Post_i]}\right)$$

$$= \alpha + \beta_1 Charactristics_i + \beta_1 Position_i + \beta_3 Media_i + \varepsilon_i$$

（A3.1）

ただし，各記号は以下を指す。また，モデルはロジットモデルとなっている。

- $Flaming_i$：個人 i が過去全期間で1度でも炎上に参加していたら（書き込んでいたら）1とするダミー変数。
- $P(Flaming_i = 1)$：$Flaming_i = 1$ となる確率。
- $Charactristics_i$：個人 i の属性ベクトル。具体的には，性別（男性）[10]，年齢，学歴（大卒以上）[11]，居住地域（人口の多い都府県在住）[12]，世帯年収（百万円）という客観的な属性。
- $Position_i$：個人 i の役職（職位）を示すベクトル。具体的には，一般社員，主任・係長クラス以上，個人事業主，無職・主婦（主夫）・バイト・学生の4つ。なお，分析に当たっては無職・主婦（主夫）・バイト・学生を基準とした。
- $Media_i$：個人 i のメディア利用に関するベクトル。具体的には，新聞を購読しているか，テレビの視聴時間（時間/日），インターネット利用時間（時間/日）である。
- $a, \beta_1, \beta_2, \beta_3$：各変数・ベクトルにかかっているパラメータ。
- ε_i：誤差項。

（A3.1）式を分析した結果が**表A3.1**である。ただし，p 値は不均一分散に頑健標準誤差から算出されている。限界効果列には平均限界効果を記載している。結果の解釈としては，例えば性別については，男性であれば炎上参加確率が1.135% 高いということを示している。1.135% というと少なそうだが，元々の炎上参加者が少ない（過去全期間

10）男性であれば1とするダミー変数。
11）最終学歴が大学卒，大学院卒であれば1とするダミー変数。
12）人口の多い都府県（東京都，大阪府，神奈川県，埼玉県，愛知県）のいずれかに在住であれば1とするダミー変数。

表 A3.1　炎上参加行動分析結果

変数分類	変数	係数	限界効果	p 値
基礎属性	性別（男性）	0.723	1.135%	0.00 **
	年齢	−0.062	−0.097%	0.00 **
	学歴（大卒以上）	0.148	0.233%	0.13
	人口の多い都府県在住	−0.057	−0.089%	0.52
	世帯収入（百万円）	0.046	0.072%	0.00 **
役職	一般社員	−0.042	−0.066%	0.74
	主任・係長クラス以上	0.538	0.843%	0.00 **
	個人事業主	0.330	0.518%	0.07
メディア利用	新聞（閲読者）	0.505	0.792%	0.00 **
	テレビ（時間/日）	0.077	0.120%	0.01 **
	インターネット（時間/日）	0.251	0.393%	0.00 **
	定数項	−3.692		0.00 **
サンプルサイズ			32868	
Pseudo R2			0.092	

注 1：**p<0.01，*p<0.05。
注 2：ロジットモデルで推定。p 値は不均一分散に頑健な標準誤差から算出している。

に 1 度でも炎上に参加した人は分析に使ったサンプル内で 1.66%）ため，それと比較すると大きな効果といえる。

付録 3-2　パーソナリティ特性を入れたモデルの詳細な推定結果（5-6 補足）

　Big Five をモデルに組み込んで回帰分析した詳細な結果は表 A3.2 のとおり。パーソナリティ特性で協調性が有意に負，開放性が有意に正となっている。なお，モデルは式（A3.1）にパーソナリティ特性を入れたモデルを使用しており，その他の分析手法は付録 3-1 と同じである。

付録 3-3　炎上参加件数・書き込み回数に関する回帰分析モデルと詳細な推定結果（5-9 補足）

炎上参加件数・書き込み回数に関する分析では，次の 2 つのモデルを使用する。

$$Participation_i = a + \beta Type_i + \gamma_1 Charactristics_i + \gamma_2 Position_i + \varepsilon_i \tag{A3.2}$$

表 A3.2　パーソナリティ特性を入れた炎上参加行動モデルの推定結果

変数分類	変数	係数	限界効果	p 値
基礎属性	性別（男性）	0.437	0.682%	0.02 *
	年齢	−0.076	−0.119%	0.00 **
	学歴（大卒以上）	0.043	0.067%	0.87
	人口の多い都府県在住	−0.122	−0.190%	0.39
	世帯収入（百万円）	0.056	0.087%	0.00 **
役職	一般社員	0.161	0.252%	0.39
	主任・係長クラス以上	0.815	1.273%	0.00 **
	個人事業主	0.661	1.033%	0.03 *
メディア利用	新聞（閲読者）	0.440	0.687%	0.00 **
	テレビ（時間/日）	0.024	0.037%	0.52
	インターネット（時間/日）	0.172	0.269%	0.00 **
パーソナリティ特性	外向性	0.032	0.049%	0.67
	協調性	−0.273	−0.426%	0.00 **
	誠実性	0.000	−0.001%	1.00
	神経症傾向	0.036	0.056%	0.66
	開放性	0.231	0.361%	0.00 **
	定数項	−2.449		0.00 **
サンプルサイズ			1946	
Pseudo R2			0.1084	

注 1：**p<0.01，*p<0.05。
注 2：ロジットモデルで推定。p 値は不均一分散に頑健な標準誤差から算出している。

$$Post_i = a + \beta Type_i + \gamma_1 Charactristics_i + \gamma_2 Position_i + \varepsilon_i \tag{A3.3}$$

ただし，各記号は以下を指す。

- $Participation_i$：個人 i が過去 1 年以内に参加した炎上の件数。
- $Post_i$：個人 i が過去 1 年間に参加した炎上で，最も多く書き込んだ回数（炎上 1 件当たりの最大書き込み数）。
- $Type_i$：個人 i の炎上参加タイプ。正義感型，楽しみ型，否定型の 3 種類が存在する。なお，分析に当たっては否定型を基準とした。
- $Charactristics_i$：個人 i の属性ベクトル。**付録 3-1** と同様の変数。
- $Position_i$：個人 i の役職（職位）を示すベクトル。**付録 3-1** と同様の変数。
- $a, \beta, \gamma_1, \gamma_2$：各変数・ベクトルにかかっているパラメータ。
- ε_i：誤差項。

表 A3.3　炎上参加タイプと参加件数・書き込み回数に関する分析結果

変数分類	変数	年間参加件数		最大書き込み回数	
		係数	p 値	係数	p 値
炎上参加タイプ	正義感型	1.574	0.00 **	4.483	0.01 **
	楽しみ型	1.762	0.04 *	2.025	0.23
基礎属性	性別（男性）	0.536	0.31	1.570	0.35
	年齢	−0.022	0.28	0.055	0.46
	学歴（大卒以上）	0.683	0.57	1.193	0.72
	人口の多い都府県在住	0.268	0.56	1.553	0.26
	世帯収入（百万円）	0.011	0.81	0.155	0.35
役職	一般社員	0.174	0.77	0.720	0.72
	主任・係長クラス以上	−0.243	0.68	−0.226	0.91
	個人事業主	0.062	0.95	−4.360	0.02 *
メディア利用	新聞（閲読者）	1.346	0.00 **	1.078	0.41
	テレビ（時間/日）	−0.053	0.69	0.436	0.38
	インターネット（時間/日）	0.273	0.01 **	0.721	0.06
	定数項	1.610	0.10	−5.489	0.10
サンプルサイズ		268		268	
Pseudo R2		0.1266		0.0952	

注 1 ： **p<0.01, *p<0.05。
注 2 ：最小 2 乗法で推定。p 値は不均一分散に頑健な標準誤差から算出。

　本モデルの直感的な解釈は以下のとおりである。（A3.2）式は，過去 1 年間における炎上参加件数に対して，炎上参加タイプと属性がどのように影響しているかを分析するモデルである。（A3.3）式は，過去 1 年間における炎上 1 件当たりの最大書き込み回数に対して，炎上参加タイプと属性がどのように影響しているかを分析するモデルである。なお，いずれも分析対象は過去 1 年間で炎上に参加した人のみである。

　これらのモデルを最小 2 乗法で推定した結果が表 A3.3 となる。なお，p 値は不均一分散に頑健な標準誤差から算出されている。

第6章補足情報

付録4-1 消費者余剰の分析モデルと詳細な推定結果（6-10補足）

　消費者余剰の推計においては，同じように機会費用しかかからないようなサービスの消費者余剰推計方法を提案した，Hausman（1999）とGoolsbee & Klenow（2006）を参照する。Goolsbee & Klenow（2006）は，個人の効用最大化問題において，予算制約に時間の概念を導入している。人々の効用が，ソーシャルメディアの利用（消費）とそれ以外の合成財の利用（消費）によって決定づけられていると仮定する。ただし，いずれの財についても，利用にはお金と時間を費やすこととなる。そのため，消費と労働時間の関係は，予算制約と，実際の財の消費の両方において，トレードオフになっているといえる。この時，効用関数と予算制約式は以下の式（A4.1）と式（A4.2）で与えられる。

● 効用関数

$$U(L_I, L_O, C_I, C_O) = \theta(C_I^{a_I} L_I^{1-a_I})^{1-1/\sigma} + (1-\theta)(C_O^{a_O} L_O^{1-a_O})^{1-1/\sigma} \qquad \text{(A4.1)}$$

● 予算制約式

$$P_I C_I + F_I + P_O C_O = W(1 - L_I - L_O) \qquad \text{(A4.2)}$$

　ただし，添え字のIはソーシャルメディアを指し，Oはそれ以外の合成財を指す。また，変数記号の意味は下記のとおり。
- U：効用。
- P：価格。
- C：財の利用量。
- L：一週間あたりの，非睡眠時間に対する，財を利用する時間の割合。
- F_I：ソーシャルメディア利用にかかる料金。
- W：賃金。
- θ：インターネットの効用への寄与率で0から1の間の値をとる。
- σ：ソーシャルメディアとその他の合成財の代替弾力性。
- a：効用関数における各要素（時間と財）の集約度を表すパラメータ。

さて，a は，各財に対する全体支出（金銭＋時間）のシェアで表される。これは以下のようになる。

$$a_I = \frac{P_I C_I}{P_I C_I + WL_I} \quad and \quad a_O = \frac{P_O C_O}{P_O C_O + WL_O} \tag{A4.3}$$

以上の予算制約式と効用関数の下での効用最大化問題を解くと，各個人の最適なソーシャルメディア財と合成財の量の組を求めることができる。このモデルから消費者余剰を求める際に，等価変分（EV）を用いる。これは，ソーシャルメディアへのアクセスができない場合の，ソーシャルメディア財を消費するときの効用と同じ水準に効用を保つために必要な収入の増加量を示す。EVを算出するにあたり，用いるパラメータについては，以下の式（A4.4）を推定すればよい。これは，先述の式（A4.1），式（A4.2）による効用最大化問題を解くことにより求められる。

$$ln\left(\frac{1-L_I}{L_I}\right) \approx ln(A) + (a_O - a_I)(\sigma - 1)lnW + \sigma ln\left(\frac{1-\theta}{\theta}\right) \tag{A4.4}$$

左辺は，睡眠時間以外における（ソーシャルメディア以外の利用割合）/（ソーシャルメディア利用割合）を指す。右辺の第一項は切片，第二項は利用時間の機会費用，第三項が個々の合成財とソーシャルメディア財の選好の比となっている。ここで，式（A4.5）とした時，式（A4.4）は式（A4.6）のようになる。

$$\sigma = \frac{\beta_I}{a_O - a_I} + 1 \tag{A4.5}$$

$$ln\left(\frac{1-L_I}{L_I}\right)_i = \beta_a + \beta_I lnW_i + \beta_x \dot{x_i} + u_i \tag{A4.6}$$

ただし，i は個人を指し，$\dot{x_i}$ は個人の属性を指す。また，a について，ソーシャルメディアの価格は0として，$a_I = 0$，a_I については以下の式（A4.7）の変形で求められる[13]。

$$a_O = \frac{P_O - C_O}{P_O C_O + WL_O} = \frac{WL_W - P_I C_I}{WL_W - P_I C_I + WL_O} = \frac{L_W}{L_W + L_O} \tag{A4.7}$$

さて，Hausman（1999）は消費者余剰を式（A4.8）で表したうえで，余暇の需要曲

13）ただし，F_I は総予算制約に対して極小であるため，0として計算している。これは，Goolsbee & Klenow（2006）と同様である。

線を線形と仮定し，収入に対する等価変分の割合を求めている。これは式（A4.9）のようになる。

$$CS = -0.5 * \left(\frac{財の支出シェア}{弾力性} \right) \tag{A4.8}$$

$$\frac{EV}{W} = \frac{0.5L_I}{\tau} \tag{A4.9}$$

式（A4.9）について，消費可能時間に対するソーシャルメディア利用時間の割合である L_I が支出シェアとして用いられている。ここで τ は余暇需要の弾力性であり，式（A4.10）で求めることができる。以上より，収入に対する補償変分の割合は，式（A4.11）のようになる。

$$\tau = \sigma \left\{ 1 - L_I \left(1 - \frac{F_I}{W} \right) \right\} \tag{A4.10}$$

$$EV/W = 0.5L_I / \sigma \left\{ 1 - L_I \left(1 - \frac{F_I}{W} \right) \right\} \tag{A4.11}$$

本研究の関心は，弾力性のパラメータ σ，ならびに推定される消費者余剰である。実際の分析は，まず，式（A4.6）の推定により β_I を得て，そのうえで式（A4.5）から σ の値を求め，それを利用し，式（A4.11）の推定により消費者余剰を推定する。

以上を踏まえ，ソーシャルメディアがもたらしている消費者余剰を推計する。推定にあたっては，賃金のみを説明変数としたモデルと，統制変数も含めたフルモデルの両方の推定を行う。フルモデルの変数群は，Goolsbee & Klenow（2006）を参照している。また，分析には収入変数を用いるため，サンプルは有職者に限定している。

式（A4.6）の推定結果は表 A4.1 のとおりである。σ の推定に用いる β_I を見ると，<1> 列では $\beta_I = 0.146$，<2> 列では $\beta_I = 0.072$ となっており，それによって算出される σ は，それぞれ，$\sigma = 1.394$ と $\sigma = 1.196$ である。この値は，インターネットの消費者余剰について推定した，Goolsbee & Klenow（2006）の $\sigma = 1.32$ と $\sigma = 1.36$ に近い。さらに，これらの弾力性から式（A4.11）を用いて消費者余剰を推計したものが，第 6 章の表 6.2 となる。

表 A4.1　回帰分析結果

| | <1> | | <2> | |
| | 基本モデル | | フルモデル | |
	係数	p 値	係数	p 値
賃金（対数）	0.146	0.000 ***	0.072	0.055 *
学歴（大卒以上）			−0.182	0.000 ***
人口の多い都府県在住			−0.094	0.060 *
同居家族数			−0.062	0.001 ***
性別（男性）			−0.068	0.213
結婚している			0.662	0.000 ***
定数項	2.265	0.000 ***	2.863	0.000 ***
σ	1.394		1.196	
サンプルサイズ		3795		

注1：***p<0.01，**p<0.05，*p<0.1。
注2：p値は不均一分散に頑健な標準誤差から算出している。

第 7 章補足情報

付録 5-1　海外の政策的対応（7-1 補足）

● 英国の政策

2019 年に「Online Harms White Paper」をデジタル・文化・メディア・スポーツ（DCMS）省と内務省が共同で作成し公表した。2017 年に発表されたインターネット安全戦略（グリーンペーパー）では，英国民をオンラインで保護するための適切な措置には至っていないと考えられていた背景がある。この問題に対し，一貫した単一の規制の枠組みの中で，オンライン上の有害な行動やコンテンツに取り組むことを目的とした白書である。

ポイントとしては，プラットフォーム事業者などのオンライン企業による自主規制に依存せず，政府が規制を行い，当該規制が守られているかを監視する独立機関を設置するといった新たな規制の枠組みを示すことが挙げられる。具体的には 3 点がある。第一に，法定注意義務の設定がある。政府は，プラットフォーム事業者が遵守すべき法定の注意義務を策定し，ユーザの安全性に対する企業の責任を高め，オンライン上の有害コンテンツ・行為に対処することを求める。第二に，独立した規制機関の設置である。上記の注意義務が順守されているかを監視・評価するため，独立規制機関を設置し，違反したプラットフォームに対して罰則・罰金を科すなどの執行権限を保有させる。第三に，注意義務を果たす行動規範の作成である。上記の規制機関は設定された注意義務の履行・遵守方法を概説したものを行動規範として作成する。

指摘されている問題点としては，フェイクニュースなど定義があいまいなものまで対象としていることや，規制機関による規制の実行可能性，政府が有害情報からの防御と個人の基本的な権利のバランスをどのように保つか明確にできていないといった点が挙げられる。

2019 年の 4 月に当白書が公表されて以降，7 月 1 日までパブリックコメントが募集され，2020 年 12 月に英国政府により対応が公表された。資料では，サービスの規模等に応じた段階的な規制とすることが示された。例えば，低リスクのサービスに対する免除を導入すること，リスクが高くリーチ力のある少数のサービスに対する規制を強化することが挙げられている。また，対象とする情報の範囲としては，違法ではないが有害なコンテンツも規制する方針は変更せず，一般的な定義を定めることとし，有害とみなされる偽情報・誤情報も範囲に含まれるとした。更に，新設も検討されていた執行機関に

ついては，既存機関である OFCOM（Office of Communications：英国情報通信庁）が
その役割を担う方針が示されている。

上記資料で発表された政府の対応を踏まえ，2021年にオンライン安全法案（The Online
Safety Bill）が5月12日に公表された。7月22日時点のニュースでは当草案は現在，庶
民院と貴族院の合同メンバーによる委員会により精査されており，この委員会が12月
10日までに報告をする予定になっている。その後政府が必要な変更を加えた後，正式に
議会に提出されることが計画されている（Martin, 2021）。

● オーストラリアの政策

オーストラリア政府のフェイクニュースに対する主な対応として，選挙の完全性に対
する脅威に対処するためのタスクフォース「Electoral Integrity Assurance Taskforce」
の設立と，「偽情報と誤情報に関するオーストラリア実施規範（通称 the Code: Austra-
lian Code of Practice on Disinformation and Misinformation)」の策定が挙げられる。

タスクフォースに関しては，2018年7月に4つの州で行われた連邦政府の予備選挙
に先立ち，ターンブル政権が複数機関で構成して設立した。関係機関としては，オース
トラリア選挙管理委員会（AEC: Australian Electoral Commission），財務省，内務省，
オーストラリア・サイバー・セキュリティ・センターが含まれている。このタスクフォ
ースの役割は，選挙プロセスへのサイバー干渉に関して，AEC に技術的な助言と専門
知識を提供することである。2019年には，AEC がソーシャルメディアを通じた広告キ
ャンペーン「Stop and Consider」を行い，2019年の連邦選挙期間に見聞きする情報を
注意深く確認するように有権者に呼びかけた（Parliament of Australia, 2019）。

また，Code はデジタル情報分野における有害な偽情報や誤情報による課題に対処す
るためのガイドとして使用されることが期待されている。プラットフォーム事業者では，
Twitter，Google，Facebook（現 Meta），Microsoft，Redbubble，TikTok，Adobe，
Apple が自主的に署名している。開始の12か月前には，オーストラリア政府がデジタ
ルプラットフォームに対し，偽情報と誤情報に対処し，サービス利用者がニュースコン
テンツの信頼性，信用性，ソースをより簡単に識別できるようにするための自主的な規
範を策定するよう要請していた。本規定は，民主主義や政策決定のプロセス，あるいは
公衆衛生，安全，セキュリティ，環境などの公共財を損なうおそれのある偽情報や誤情
報を対象としている。

Code への加盟者に課された義務は2つある。1つ目は，規範の中核的な目的である，
偽情報や誤情報による被害に対する保護措置を提供することを約束しなければならない
とされている。2つ目は，各加盟者は加盟後3か月以内に報告書を提出し，その後は年
次で報告書を提出する必要がある。報告書の内容は，規範の成果を達成するための加盟
者の進捗状況となっている。尚，Code への参加は任意である為，加盟者はいつでも規

範や特定のコミットメントから離脱することができる（Gilbert + Tobin, 2021）。

　対策はフェイクニュースについてだけではない。2021 年 9 月には，既存のデジタル監視法に大幅な変更を加える改正案が成立した。本改正により，オーストラリア連邦警察とオーストラリア刑事情報委員会という 2 つの法執行機関に，新たな 3 つの権限が与えられることとなった。第一に，「データ破壊令」であり，法執行機関はデバイス上のデータを追加・コピー・削除・変更することができるようになる。第二に，「アカウント掌握令」であり，法執行機関が個人のアカウントを最大 90 日間管理することができるようになり，法執行機関がなりすましたり情報収集したりすることができるようになる。また，この権限の執行に裁判所の許可は必要なく，アカウント所有者への同意も必要ない。第三は，「ネットワーク活動例」であり，法執行機関が「深刻な犯罪活動の疑いがあるネットワーク」にアクセス可能になる。

　本法改正に関して，人権活動団体の Digital Rights Watch は，オーストラリア当局が国民のソーシャルメディアアカウントを乗っ取ることすら可能になっていること，ネットワーク活動例の「深刻」の定義が曖昧であることを指摘している（Gigazine, 2021）。

　他にも，2021 年 10 月にオーストラリア政府は，テクノロジー企業を対象とするオンラインプライバシー規則の制定に向けた法案として，プライバシー法の改正案（オンラインプライバシーなどの強化）を公表した。この規則は Facebook などのソーシャルメディア企業に対し，子供の個人情報の収集・利用・開示において子供の利益を最優先にさせることを義務付ける内容である。16 歳未満の子供の場合は，アカウント設定時に親の承認を得ることも義務付けるとされている（The Wall Street Journal, 2021）。Anadolu Agency（2021）は，この法案が公表された背景として，オーストラリアでは新型コロナウイルスの流行以前から若者の間で精神的不健康の兆候が増加しており，この問題の一端にソーシャルメディアがあると David Coleman 首相補佐官が述べていることを明らかにしている。対象となったプラットフォームは，ソーシャルメディア上の子供に対する保護の強化を含む，厳格な新しいプライバシー要件に準拠する必要がある。

　加えて，熊本日日新聞（2021）によれば，2021 年 11 月にモリソン首相は中傷投稿などの被害に遭った人が苦情を訴えられる仕組みの導入を，Facebook や Twitter などのソーシャルメディアに義務付ける法案を近く提出することを発表した。ABC News（2021）によると，2022 年にはこの法案が国会に提出される予定であり，ソーシャルメディア企業はネット上で誹謗中傷を受けたと感じる人のための苦情処理システムを作ることが義務付けられる。この法律により，ソーシャルメディアはユーザの個人情報を収集する必要が発生する可能性があり，法的措置が取られる場合にはユーザの個人情報を開示するように裁判所が強制することができるようになる。現状どのような個人情報を収集する必要があるかは明らかになっていないが，名前・メールアドレス・電話番号が含まれる可能性が高いと考えられ，これは新規加入ユーザだけではなく既存ユーザにも

適用される。

　一方，このようにソーシャルメディア側に責任を押し付ける法案については，2021年9月に判決が下された，Facebookに投稿されたメディア投稿へのコメントによる名誉棄損に対する責任の所在はメディアにあるとする判決（Reuters, 2021）とは，異なった内容となっていることも指摘されている。

● シンガポールの政策

　2019年5月，オンライン虚偽情報・情報操作防止法（POFMA: Protection from Online Falsehoods and Manipulation Act）が制定された。これにより，政府は今後オンラインプラットフォームに対して，公共の利益に反する虚偽の情報と思われるコンテンツの削除及び訂正文の掲載を命じることができるようになった。また，同法案では政府当局がインターネット上のプラットフォームで，個人的なチャットグループを監視することも可能であり，送受信者しか内容を閲覧できない暗号化されたメッセージアプリなども対象となっている。

　このような法律の施行には，政府が，フェイクニュースは宗教的不和をもたらす可能性があり，当局に虚偽情報が急速に拡散するのを防ぐ権限が必要だと考えたという背景がある（BBC, 2019）。当局は損害が証明されるものに限定されると述べ，表現の自由に配慮しているとしているが，グループチャットやメッセージアプリまで対象としたことから批判もなされている。また，法律にあいまいな表現が多く，正しい情報を決める権限が政府に集中しすぎているため，政府を批判する勢力を標的にするのに悪用されるおそれがあることも問題点として指摘されている。

　Poynter（2019）によると，この法案は1年以上前の2018年1月から議論がなされており，オンライン上の誤報の問題にどう対処するのが最善かをテーマにした委員会の設置が決議されたことから始まっている。3月にはオンライン上の意図的なデマに関する公聴会を開催した。FacebookとGoogleは報道の自由を侵害するとして，公聴会で反論している。これらの内容を踏まえ，9月の議会報告書の中で政府は提言を行った。この提言の中で重要なこととして，誤報の拡散を数時間のうちに食い止めるための法整備を求めることが挙げられている。最終的には，2019年4月にプラットフォーム事業者に対し，誤報の拡散を取り締まる新たな権限を与え，特定の検閲規定に従わなければ罰金を課すことができる法案が議会で決議され，月内に可決された。

　罰則規定は以下のとおりである。悪意を持って虚偽の情報を共有した場合，37,000ドル以下の罰金または5年以下の懲役が科せられる。また，虚偽の情報を認証されていないオンラインアカウントやbotを用いて共有した場合，罰金・懲役刑共に倍に跳ね上がる。更に，Facebookのようなプラットフォーム事業者は，誤った情報を広める役割を果たした場合，最高74万ドルの罰金と10年以下の懲役刑が科される可能性がある。

　2020 年 1 月時点で，当局は POFMA に基づく是正命令を既に数回出していることが明らかになっており，Facebook もその対象となっていた。また，新型コロナウイルスのワクチンを巡っては，この安全性と効果に疑問を提起するウェブサイト「Truth Warriors」に対し，当法案を適用し犯罪捜査を進めることを明らかにした（Sankei.Biz, 2020）。

● 台湾の政策

　台湾行政院（内閣）は 2018 年 12 月，インターネット上のフェイクニュース対策として，ラジオテレビ法や災害防救法など 7 つの法律について，フェイクニュース防止のための法改正を行う方針を明らかにした。

　この背景には，2018 年 9 月に発生した台風の影響で日本の関西国際空港の連絡橋に大型貨物船が衝突，一時閉鎖された際に，中国のフェイクニュースが広く拡散されたことがある。中国メディアの報じたフェイクニュースは，中国の駐大阪総領事館がバス 15 台を緊急手配して中国人を優先して救出するというものだったが，これは事実と異なり，実際には中国のバスは空港に行っていなかった。しかし，台湾では一部のテレビ局のコメンテーターが事実確認の不十分なまま「なぜ中国にできて台湾の大阪弁事処は救出に行けないのか」と強硬に駐大阪事務所を非難した。この結果，同事務所の所長がこれを苦に自死する事件が起きたのである。中国側からのフェイクニュースには，「中国の救出バスは『自分は中国人だと認識する』ことを条件に台湾人の一部も乗車を許した」というものまであったとされる（産経新聞, 2021）。

　災害防救法の修正法案では，地震や台風などのフェイクニュースを意図的に拡散することで，損害を与えたり犠牲者が出たりする事態を引き起こした場合，最高で無期懲役刑を科す法律が制定されることとなった。また，ラジオテレビ法では，事実確認の原則に違反してニュースを制作し，公共の利益を損ねた場合，調査報告を行ったうえで最高で 200 万台湾ドルの罰金を課すこととなった。

　さらに，台湾は中国からのサイバー攻撃や台湾海峡周辺での軍事的な活動，フェイクニュースなど，武力攻撃とは判断できない事態への対策が急務となっている。特に，台湾内政部の陳政務次長は「新型コロナウイルスの感染が拡大した時期に，台湾政府を非難したり，社会の不安を煽ったりするような内容のフェイクニュースが増えた」と指摘している（ロイター, 2021）。これを受けて，「海外敵対勢力」から指示や資金援助を受けて選挙活動やフェイクニュースの拡散などをすれば，5 年以下の懲役を科す法律「反浸透法」が制定された。敵対勢力としては中国が想定されているが，この定義があいまいであり，中国で活動する台湾企業や留学生が中国人と接触しただけで処罰対象になりかねないという指摘がある他，中国は「両岸の敵意をあおっている」と反発している（西日本新聞, 2020）。更に台湾の蔡英文総統は 2021 年 11 月に欧州議会の代表団と会談し，中国からのサイバー攻撃やフェイクニュースを使った情報操作に対抗するため，

EU と協力して対応していくことを確認した（テレ朝 news, 2021）。

　このように，台湾は民主主義国家の中ではかなり強いフェイクニュースに対する法律があるが，その背景には言語を同じにする中国からの情報操作と安全保障問題が絡んでいる。

●中国の政策

　2001 年に中国では「金盾」というインターネット検閲システムが導入された。「オンライン上の批判的な発言」や「人々を堕落させる不道徳文化」等を取り締まることを目的としたものである。監視対象サイトは非常に多岐に渡っており，Google 系サービス，Facebook，Twitter，Wikipedia などの欧米発のものや，PIXNET のような台湾や香港のものもアクセスすることができない状態になっている。YouTube やニコニコ動画などの動画共有サービスもアクセスが遮断されている。また，「天安門事件」のような共産党の政治批判につながりかねない用語の検索もすることができないようになっている（サイバーセキュリティ.com, 2020）。

　このシステムによるアクセス遮断の仕組みは以下の 4 段階のとおり。第一に，DNSによるアクセス制御があり，ブラウザに URL を入れると DNS に対して URL の IP アドレスを問い合わせて接続するが，ここでその接続先がブロック対象の場合，IP アドレスが返されないためアクセスすることができない。第二に，接続フェーズが監視されている。IP アドレスを直接入力するなど DNS のチェックを潜り抜けた場合でも実際に接続先の IP アドレスがブロック対象になっていれば接続は遮断される仕組みとなっている。第三に，特定ワードに対するブロックがある。接続の際にブロックの基準となるような特定のキーワードが含まれている場合，アクセスが遮断されるようになっている。第四に，ここまでの 3 段階をすべてクリアした場合であっても，接続対象のウェブサイトの内容は接続時に監視システムによってチェックされ，政府にとって問題のない情報が確認されて初めて閲覧することができるようになっている。

　さらに 2015 年頃からは，習近平国家主席の政権のもと，インターネット上の風評被害を撲滅する対策に乗り出した。2015 年には，株式市場の乱高下などのフェイクニュースを流したアカウントが 165 件摘発された。2017 年にも，新たなキャンペーンとしてインターネット上の偽広告や著作権侵害などを取り締まっている。

　また，時期を同じくして，風評被害を防止するための規制が複数実施された。2016 年にはサイバーセキュリティ法にて，経済や社会の秩序を損なうインターネット上の噂を制作または拡散することを犯罪とした。2017 年にも「Administration of Internet News Information Services」という法律で，ネットニュースプロバイダに対し「政府が認めた報道機関が発表した情報を，歪めたり改ざんしたりせずに転載する」ことを要求した。つまり，プラットフォーム事業者は，独自の記事を記載したり，帰属表示のない情報を

発信したりすることが禁止されている。

　プラットフォーム事業者に対する直接的な調査・規制にも乗り出している。2016 年に中国政府は「百度」に対し，検証されていない広告の削除，有料リスティング広告の運用手順の見直し，フェイクニュースの助長による損失の補塡などを要求した。2017 年には，WeChat，Weibo，Baidu Tieba などのプラットフォーム事業者を調査し，各社は自主規制を強化することとなった（Repnikova, 2018）。

付録 5-2　IFCN のファクトチェック綱領（7-3 補足）

　国際ファクトチェックネットワーク（IFCN：International Fact-Checking Network）のファクトチェック綱領は以下のとおりである。なお，翻訳内容は全て FIJ のウェブサイトから引用している。

　ポインター研究所の国際ファクトチェックネットワーク（IFCN）は，ファクトチェックの質的向上を目指しています。私たちは，非党派性と透明性をもったファクトチェック活動がジャーナリズムのアカウンタビリティーの強力な道具になりうると信じています。逆に，根拠不明で偏りのあるファクトチェックは人々の理解を妨げ，メディアや専門家に対する不信を増大させることになるでしょう。
　この行動規範は，公的な人物や主要な機関による言説や，広範に流通している社会の利害に関する言説の正確性について，非党派的な記事を恒常的に発表している組織のためのものです。これは，世界中のファクトチェッカーが協議した結果であり，日々の活動における原則を誠実な（ファクトチェックの）実践者に提供するものです。

　1. 非党派性と公正性
　私たち（ファクトチェッカー）は，全てファクトチェックにおいて同じ基準を用いて言説のファクトチェックを行います。一方のサイドに偏ったファクトチェックはしません。全てのファクトチェックのために同じ手続に従い，証拠をもって結論を語らせるようにします。私たちは，ファクトチェックする問題について，唱道したり，政治的立場をとったりすることはしません。
　2. 情報源の透明性
　私たちは，読者に私たちの調査結果自体を検証してもらいたいと考えています。読者が私たちの調査をたどれるよう詳細に全ての情報源を提供します。ただし，情報源の個人的な安全が損なわれる場合を除きます。そのような場合でも，可能な限り詳細な情報を提供します。

3. 財源・組織の透明性

私たちは，財源について透明性をもちます。他の組織から資金を受け入れても，資金拠出者は私たちの調査で達した結論に対して全く影響を与えないことを確約します。私たちの組織における全ての重要人物の職業的背景を詳しく説明し，組織の構造や法的地位についても説明します。読者が私たちと連絡をとる方法についてもきちんと示します。

4. 方法論の透明性

私たちは，自分たちが用いている選択，調査，執筆，編集，公表，そして自らのファクトチェックの訂正についての方法を説明します。私たちは，読者にファクトチェックすべき言説を提供するよう奨励し，私たちがファクトチェックをする理由や方法について透明性をもちます。

5. 明確で誠実な訂正

私たちは，自らの訂正方針を公表し，厳格に従います。その方針に従って，読者に訂正記事を明確かつ透明性をもって表示されるように，訂正を行います。

付録5-3　世界のファクトチェックの状況（7-5補足）

●国際ファクトチェックネットワーク（IFCN）

2015年9月に設立され，ポインター研究所に所属している団体である。ファクトチェッカーを育てるオンライン／オフラインの教育事業や研究集団への助成，ファクトチェックのための基本原則集の出版などを行っている。IFCNは綱領に基づいて正式加盟団体の審査を行い，世界各国の100以上のメディア・団体が加盟している。綱領には，前述した5つの原則がある。この原則を守る企業や団体は，Associated Press（AP通信社）やWashington Post, PolitiFact, Factcheck.org，ドイツのCorrectiv，ブラジルのAos Fatosなど，多岐にわたっている（Poynter, "The International Fact-Checking Network"）。

新型コロナウイルスに関してもファクトチェックを実施しており，データベースには9,000以上のファクトチェック結果が，70以上の国をカバーする形で掲載されている。また，視覚的に，どのようなジャンルのフェイクニュースが存在しているのかを確認するシステムも用意されている（Poynter, "Fighting the Infodemic: The #CoronaVirus-Facts Alliance"）。

●First Draft

First Draftは，デジタル時代の信頼と真実に関する課題に取り組むために働くジャーナリスト，学者，技術者を支援する組織で，2015年6月に9つの設立パートナー（bellingcat, Dui Deeper, Emergent, Eyewitness Media Hub, Google News Initiative, Meed-an, reported.ly, storyful, Verification junkie) と非営利団体として設立された。設立パートナーを含め，コア（abc news, AFP, AP, CNN, Facebook, Twitter, YouTube など），学術研究（日本のファクトチェック・イニシアティブ，大学附属の研究所など），技術（banjo, Dataminr など）で 145 の組織と結び付きがある。現在はロンドンに本社を置き，ニューヨーク市立大学にあるニューヨーク支局を持つ独立した組織として運営されている。選挙の際にソーシャルメディア上に出回る誤報への対応を目的としている（西田, 2019）。

米国，英国，フランス，ドイツ，ブラジル，ナイジェリアでの選挙に関する実績があり，2019 年には，アルゼンチン，オーストラリア，カナダ，インドネシア，南アフリカ，スペイン，ウルグアイで持続可能で協力的な取り組みの開発をサポートし，ヨーロッパでの誤報の傾向や戦術を調査するための国境を越えたプロジェクトを支援する。また，同年にはシドニーにもシドニー工科大学の Centre for Media Transition と協働で支局を設立し，アジア太平洋地域のニーズに応えている。ニューヨークとシドニーのオフィスは共通の目的と戦略を共有し，CrossCheck initiative や First Draft の新型コロナウイルスに関する報道のグローバルプロジェクトで協働している。

金銭的支援を行う組織は当初の設立パートナー以外にも存在し，2020 年には 14 組織から，2019 年にも 9 組織から支援を受けている。AI の研究団体である「Partnership on AI」にも参画しており，新たなテクノロジーのメディア生成及び検知における研究状況を強化し，関連組織の連携を強化する一連のプロジェクトや活動に参画している。参加企業には，BBC や Radio-Canada, Facebook, Microsoft などがある。

4 半期ごとに発行されているレポートでは，First draft はオンラインでの偽情報対策のトレーニングを行っている実績や，ニュースへの First draft の貢献数が記載されている。2021 年第一 4 半期には 3 つのタイムゾーン，9 つの言語を含む 51 のトレーニングイベントを開催し，6,149 人が参加した。ウェブサイトを訪れた人数も 27 万人と前期より増加した。1,006 のニュースに寄与しており，これは前期比 24％増となっている。

● BBC

BBC は 2017 年にファクトチェックチームを編成し，ソーシャルメディア上で大きく話題になっている不確かな情報をファクトチェックすると宣言した（The Guardian, 2017）。さらに 2019 年夏，フェイクニュース拡散防止プロジェクトのための新たなイニシアティブ（TNI：Trusted New Initiative）を立ち上げた。これには 4 つの計画が含まれている。第一に「早期警告システム」がある。これは，組織が選挙中に人間の生命を脅かすか，民主主義を混乱させるフェイクニュースを発見した場合，迅速に警告できるシステムを作るものである。フェイクニュースが定着する前にフェイクニュースを弱

体化するため，迅速かつ集合的に動くことに重点が置かれていることが特徴である。第二に「メディア教育」として，メディア教育をサポートし，促進するための共同オンラインメディア教育キャンペーンを行っている。第三に，選挙に関する「投票者情報」として，どこでどのように投票するかなど選挙に関する情報を投票者に提供している。第四に「共有学習」として，特に注目を集める選挙を中心に情報を提供している。実際にBBCは「Beyond Fake News」というサイトを立ち上げ，どのようにしてBBCがフェイクニュースと戦っているのか，今のフェイクニュースにはどのようなものがあるか，新型コロナウイルスに関するフェイクニュースに関して知っておくべき情報などをまとめたサイトを提供している（BBC, "Beyond Fake News"）。

　このイニシアティブに参加を表明した団体には，AFP，欧州放送連合（EBU），英紙フィナンシャル・タイムズ（Financial Times），First Draft，インド英字紙ヒンズー（The Hindu），米紙ウォールストリート・ジャーナル（WSJ）などがある。この他にも，提携するFacebook，Google，Microsoftも参加している（AFPBB News, 2019）。

　2020年から問題になっている新型コロナウイルスに関してもアクションを起こしている。BBC World Serviceは，研究者によって構成されたチームとの共同出資により，TNIによるフェイクニュースの拡散防止プロジェクトに協力している。TNIは，新型コロナウイルスのワクチンに対する反ワクチン的なフェイクニュースへの対策を行っている。また，BBC World Service独自でもメディア教育の拡大をインドで実施しているほか，BBC Monitoring teamはBBC Local Radioと協力し，視聴者がどのようなフェイクニュースに接しているのかを調査することを決めている（BBC, 2021b, 2021c）。

●ワシントンポスト

　2007年9月にワシントンポスト（Washington Post）に載った，2008年の米国大統領選挙に備えたファクトチェックに関するコラムが始まりとなり，それは2011年に常設のものとなった。数人のチームで構成されており，カバーする分野は政策，経済から航空機の安全まで多岐にわたる。このチームのファクトチェックの特徴は，ピノキオのイラストでファクトチェック結果を示す「ピノキオテスト」である。この「ピノキオテスト」は，フェイクの度合いや頻度に応じて，「1ピノキオ」，「2ピノキオ」，「3ピノキオ」，「4ピノキオ」，「チェックマーク」，「逆さまのピノキオ」，「判定保留」，「底なしのピノキオ」に分類するものである。更に，メールだけでなくTwitterやFacebookから，読者が直接提案をチームに送信することができることも特徴となっている。ダイレクトメールに限らず，ハッシュタグ「#FactCheckThis」を付けてツイートすることで送信することが可能である。

　このプロジェクトは，2019年にはToner Prize for Excellence in Political Reportingを受賞したほか，2020年にはニューヨーク大学のArthur L. Carter Journalism Institute にノミネートされ，ジャーナリストがすべきことの素晴らしい一例だとして称賛されている。

● Snopes

研究者であり作家でもある David Mikkelson 氏が CEO をつとめる，独立した無党派のウェブサイトで，1994 年から都市伝説やその他のうわさを研究している。信頼できるファクトチェックの需要が増加してくるにつれて Snopes も成長し，2021 年現在は最古且つ最大のファクトチェックサイトとなっている。Snopes のサイトでは，ファクトチェック結果のアーカイブ及びその検索，Hot50 や What's New での人気・最新コンテンツのまとめなどがある。

カリフォルニアに本拠を置く企業である Snopes Media Group Inc.（SMG）が運営する。収入は主にデジタル広告販売を通じて得ており，広告主は，編集スタッフと連絡を取ることがなく，また，発行するコンテンツに一切影響を与えないことを明記している。また，読者や非党派組織から直接寄付を受け入れている。この他，クラウドファンディングやファクトチェックパートナーシップの取り組みに参加したことで Facebook から 10 万ドルを受け取っている。

ファクトチェックのプロセスは，対象が画像のデジタル加工から議会法案の条文説明まで多岐に渡るため一概に説明はできないが，主としては以下のとおりである。調査は通常，主張やニュースの出所に連絡を取り，詳細な説明や裏付け情報を得るところから始まる。また，そのトピックに関する印刷物を探すだけでなく，トピックに詳しい専門家や組織との連絡を試みる。その後，一般的には各項目について編集スタッフが担当し，事前調査やファクトチェックの初稿を執筆する。テーマの性質や複雑さに応じて，編集スタッフの他のメンバーが追加調査を行うなど，1 人の執筆のみにはならないようにし，基準に達していないと判断した場合には修正を行う。テーマの中でも，政治的擁護団体や党派的シンクタンクなどからの情報やデータは懐疑的にみるよう読者に警告している。

しかしスキャンダルもあり，2021 年 8 月 13 日に米 BuzzFeed News が，Snopes が Guardian や LA Times など他社の記事を剽窃していたことを報じた。New York Times もこの事件を取り上げており，剽窃が 60 件に上っていたことを報じている。これを指導していたのは創業者で CEO の David Mikkelson 氏であり，ファクトチェックの老舗として信頼されていた Snopes の信頼を大きく落とした。問題となった記事はファクトチェックではなく，同サイトに掲載されていたニュースもあり，目的は広告収入を上げるためのアクセス稼ぎであった。BuzzFeed News のまとめによれば，7 月下旬から 8 月上旬にかけ，ジャーナリスト Dean Sterling Jones 氏が記事に関して問い合わせを行ったことから，David Mikkelson 氏に盗作疑惑がかけられており，Snopes のメンバーが社内調査を行っていた。記事の問い合わせは Snopes のマネージングディレクター

Doreen Marchionni 氏宛に行われており，適切な帰属表示なしに Snopes のニュース記事として様々なニュースサイトの文章が張り付けられていると思われる 20 以上の事例が明らかになった。

　問題となるコンテンツは，他の報道機関が報道した速報や奇抜なストーリーを集約したものが多く，調査中には非倫理的な行動を推奨するメモを従業員に送っていたことも判明した。Doreen Marchionni 氏は内部調査の結果判明まで David Mikkelson 氏の編集権限を停止し，ワードプレスへのアクセス権を削除。Dean Sterling Jones 氏は改めて調査を行い，剽窃の可能性がある 140 件のニュースを抽出，再調査を行った結果，54 本が盗用された素材が用いられたものであることが判明した。Snopes では問題のあるコンテンツは削除された。

●韓国

　2017 年に設立された国立ソウル大ファクトチェックセンターに，中央日報や朝鮮日報の新聞社，公共放送の KBS，ネットメディア計 30 社が加盟している。活動内容は，各社が独自にファクトチェック活動を恒常的に実施することであり，うち 1 社が IFCN にも加盟している。サイト上では True と False の程度をメーターで表示するほか，「ファクトチェックの提案」を送信することができ，ここでファクトチェックしてほしい記事を提案することができる。

　ファクトチェックセンター以外にも，ファクトチェックに関連する活動は実施されている。例えば，NAVER はニュースサイトにファクトチェック一覧ページを設置し，検索結果のファクトチェック結果表示も導入した。他にも，放送記者協会主催のファクトチェックコンテストには多数の市民が応募参加した（楊井，2021）。

●台湾

　MyGoPen や Taiwan FactCheck Center などの複数のファクトチェック団体がファクトチェックを恒常的に実施している。Taiwan FactCheck Center は，Taiwan Media Education Watch Foundation と Quality News Development Association が，共同で 2018 年に設立した非営利団体である。ファクトチェック実施団体のうち 2 社は IFCN に加盟している機関で，Facebook の第三者機関として検証結果を表示する活動も行っている。他にも，テレビ局と連携し，ファクトチェック団体の検証結果を放送してもいる。

　その他の団体でも活動は実施されており，LINE 台湾がファクトチェック特設ページで真偽不明情報を募集しているほか，市民参加型ファクトチェックのチャットボットサービス（Cofacts）が普及している。更に，Google 検索にはファクトチェックの検証結果が表示されるようになっている（楊井，2021）。

謝　辞

　本書の発行に当たっては，これまで以上に多くの人々に支えていただいた。最後に，深い感謝を述べて終わりにしたいと思う。

　まず，恩師であり，本書で取り上げたようなテーマを私が研究するきっかけを与えてくださった田中辰雄先生には，現在に至るまで様々な点でご指導いただいているだけでなく，多様なテーマで共同研究を実施させていただいている。私が領域にとらわれずに，統計学的手法を使って実社会の様々な現象を解き明かそうという姿勢を持てたのは，田中先生のご指導のおかげに他ならない。正に本書は，田中先生がいなければ発行に至っていなかったといっても過言でもないのであり，田中先生は私の第二の父ともいえる存在である。心より深謝の意を表する。

　また，本書を執筆するにあたり，リサーチアシスタント（執筆当時）の井上絵理氏，大島英隆氏，小室敬氏，谷原吏氏に多大なご協力をいただいた。心より御礼申し上げる。

　本書の編集を担当してくださった勁草書房の宮本詳三氏・伊従文氏には，私の企画を快諾していただいただけでなく，私が執筆に迷うたびに数々の的確で有益なご助言をいただいた。ここに深謝の意を表する。

　本書の元となっている研究の多くは，様々な研究者と共同で執り行ったものである。また，色々な視点や理論において，普段出席している委員会や学会でお世話になっている方々，連携している企業の方々，取材に来るメディアの方々等，多くの人との会話がヒントになっている。私を支えてくださるそのような多くの人に，深く感謝申し上げる。

　最後に，いつも研究活動を支えてくださる国際大学グローバル・コミュニケーション・センターの皆さんと家族に，心より感謝申し上げる。

山口真一

参考文献

ABC News (2021, 11-28). Social media companies could be forced to give out names and contact details, under new anti-troll laws. https://www.abc.net.au/news/2021-11-28/social-media-laws-online-trolls/100657004 (参照 2021-12-30).

ABEMA TIMES (2020, 8-29).「令和に"萌え"は要らない？ 環境省のイメージキャラが炎上『ネギま！』作者・赤松健氏「世界はより良い方向性を模索中」」. https://times.abema.tv/articles/-/8621898 (参照 2021-12-6).

ABEMA TIMES (2021, 6-28).「「生きた心地がしない…」"おでんツンツン男"が語る炎上後の生活」. https://times.abema.tv/articles/-/8664031 (参照 2021-12-6).

Adamic, L., & Glance, N. (2005). The Political Blogosphere and the 2004 U.S. Election: Divided They Blog. *Proceedings of the 3rd international workshop on Link discovery (LinkKDD '05).8,* 36-43. https://doi.org/10.1145/1134271.1134277

AFPBB News. (2014, 1-20).「「金髪に高い鼻」は人種差別，ANA 新 CM に外国人から苦情」. https://www.afpbb.com/articles/-/3006872 (参照 2021-12-6).

AFPBB News. (2019, 9-9).「英 BBC の偽ニュース撲滅イニシアティブ，AFP など国際メディア多数参加」. https://www.afpbb.com/articles/-/3243699 (参照 2021-12-28).

AFPBB News. (2021, 9-2).「9.11 から 10 年，いまだ根強い「米政府陰謀説」」. https://www.afpbb.com/articles/-/2823753 (参照 2021-9-27).

Ahmad, N., & Schreyer, P. (2016). Measuring GDP in a Digitalised Economy. *Paris. OECD Statistics Working Papers.* No. 2016/07.

Allcott, H., & Gentzkow, M. (2017). Social Media and Fake News in the 2016 Election. *Journal of Economic Perspectives, 31*(2), 211-236. https:/doi.org/ 10.1257/jep.31.2.211

Allport, G. W. & Postman, L. (1947). *The psychology of rumor.* New York: Henry Holt.

Anadoku Agency. (2021, 10-25). Australia plans tough law for social media platform to protect children. https://www.aa.com.tr/en/world/australia-plans-tough-law-for-social-media-platform-to-protect-children/2402272 (参照 2021-12-30).

Arima, Y. (2012). Effect of group means on the probability of consensus. *Psychological Reports. 110*(2), 607-623. https://doi.org/10.2466/01.11.17.21.PR0.110.2.607-623

Barberá, P., & Rivero, G. (2015). Understanding the Political Representativeness of Twitter Users. *Social Science Computer Review, 33*(6), 712-729. https://doi.org/10.1177/0894439314558836

BBC. (2018, 2-17).「2016 年米大統領選に介入でロシア人・企業を正式起訴　米特別検察官」. https://www.bbc.com/japanese/43094878 (参照 2021-9-27).

BBC. (2019, 4-4). Concern over Singapore's anti-fake news law. https://www.bbc.com/news/business-47782470 (参照 2022-3-21).

BBC. (2021a, 3-3).「米議会襲撃が過激派を「刺激」　FBI 長官が上院公聴会で警告」. https://www.bbc.com/japanese/56261598 (参照 2021-12-30).

BBC. (2021b,3-21). *BBC Trust in News: RISJ research suggests independent fact checking labels can help deter the spread of Covid-19 misinformation.* https://www.bbc.com/mediacentre/2021/ risj-fact-checking-labels/ (参照 2021-12-28).

BBC.（2021c,12-10）. *Trusted News Initiative（TNI）to combat spread of harmful vaccine disinformation and announces major research project.* https://www.bbc.com/mediacentre/2020/ trusted-news-initiative-vaccine-disinformation （参照 2021-12-28）.

BBC. *Beyond Fake News.* https://www.bbc.co.uk/beyondfakenews/ （参照 2021-12-28）.

Benkler, Y., Faris, R., & Roberts, H. (2018). *Network propaganda: Manipulation, disinformation, and radicalization in American politics.* New York: NY Oxford University Press.

Bennett, W. L., & Iyengar, S. (2008). A New Era of Minimal Effects? The Changing Foundations of Political Communication. *Journal of Communication, 58,* 707-731. https://doi.org/10.1111/ j.1460-2466.2008.00410.x

Bhatnagar, A., & Ghose, S. (2004). Online information search termination patterns across product categories and consumer demographics. *Journal of Retailing, 80*(3), 221-228. http://doi.org/ 10.1016/j.jretai.2003.10.001

BIGLOBE（2017, 2-28）.「小学生の半数以上がユーチューバー動画を視聴　BIGLOBE が「子どもの スマホ動画視聴事情」を調査～子どもに人気のユーチューバーは HIKAKIN が断トツ！～」. https://www.biglobe.co.jp/pressroom/info/2017/02/170228-1 （参照 2021-10-4）.

Bimber, B. (2003). *Information and American Democracy: Technology in the Evolution of Political Power* (Communication, Society and Politics). Cambridge: Cambridge University Press.

Bottger, P. C. (1984). Expertise and air time as bases of actual and perceived influence in problem-solving groups. *Journal of Applied Psychology, 69*(2), 214–221. https://doi.org/10.1037/0021- 9010.69.2.214

Boxell, L., Gentzkow, M., & Shapiro, J. M. (2017). Greater Internet use is not associated with faster growth in political polarization among US demographic groups. *Proceedings of the National Academy of Sciences, 114,* 10612 - 10617. https://doi.org/10.1073/pnas.1706588114

Brown, R. (2003). *Social Psychology* (2nd Ed). New York: Free Press.

Bruce, G (2020, 10-21). *Half of Trump's supporters think top Democrats are involved in child sex-trafficking.* YouGovAmerica. https://today.yougov.com/topics/politics/articles-reports/2020/10/20/ half-trump-supporters-believe-qanon-theory-child-s （参照 2021-9-27）.

Brynjolfsson, E., & McAfee, A. (2014) *The second machine age: Work, progress, and prosperity in a time of brilliant technologies.* WW Norton & Company.

Brynjolfsson, E., & Oh, J. H. (2012). The attention economy: Measuring the value of free digital services on the internet. *Paper presented at the International Conference on Information Systems, ICIS 2012.* 4 3243-3261.

Business Journal (2020, 5-7).「女子大生ユーチューバーななこ，自粛要請無視し沖縄旅行が物議…謝 罪文がさらに批判呼ぶ」. https://biz-journal.jp/2020/05/post_155846.html （参照 2021-12-6）.

BuzzFeedNews. (2021, 8-13). The Co-Founder Of Snopes Wrote Dozens Of Plagiarized Articles For The Fact-Checking Site. https://www.buzzfeednews.com/article/deansterlingjones/ snopes-cofounder-plagiarism-mikkelson （参照 2021-12-30）.

Cardenal, A. S., Aguilar-Paredes, C., Cristancho, C., & Majó-Vázquez, S. (2019). Echo-chambers in online news consumption: Evidence from survey and navigation data in Spain. *European Jour-*

nal of Communication, 34(4), 360-376, doi: 10.1177/0267323119844409.

Carvalho, C., Klagge, N., & Moench, E. (2011). The persistent effects of a false news shock. *Journal of Empirical Finance, 18*(4), 597-615. https://doi.org/10.1016/j.jempfin.2011.03.003

Center for Countering Digital Hate. (2021). *The Disinformation Dozen Why platforms must act on twelve leading online anti-vaxxers.* https://www.counterhate.com/disinformationdozen (参照 2021-9-28)

Chevalier, J. A., & Mayzlin, D. (2006). The effect of word of mouth on sales: Online book reviews. *Journal of marketing research, 43*(3), 345-354. https://doi.org/10.1509/jmkr.43.3.345

Chuai, Y., & Zhao, J. (2020). Anger makes fake news viral online. *ArXiv,* abs:2004.10399. https://arxiv.org/abs/2004.10399

Park, M. (2010, 2-2). Medical journal retracts study linking autism to vaccine. *CNN.* http://edition.cnn.com/2010/HEALTH/02/02/lancet.retraction.autism/index.html (参照 2021-12-30).

COURRiER Japon. (2020, 10-28).「20 年の結婚生活にピリオドも…Q アノン離婚⁉ トンデモ陰謀論が引き裂く人間関係」. https://courrier.jp/news/archives/216711/ (参照 2021-9-28).

Del Vicario, M., Bessi, A., Zollo, F., Petroni, F., Scala, A., Caldarelli, G., Stanley, H. E., & Quattrociocchi, W. (2016). The spreading of misinformation online. *PNAS Proceedings of the National Academy of Sciences of the United States of America, 113*(3), 554–559. https://doi.org/10.1073/pnas.1517441113

Digital, Culture, Media and Sport Committee. (2017). *Disinformation and 'fake news': Interim Report Volume 1. Report.* House of Commons Paper (5th ed.). Dandy Booksellers.

Duan, W., Gu, B., & Whinston, A. B. (2008). The dynamics of online word-of-mouth and product sales—An empirical investigation of the movie industry. *Journal of retailing, 84*(2), 233-242. https://doi.org/10.1016/j.jretai.2008.04.005

Duke Reporter's Lab. Fact Checking. https://reporterslab.org/fact-checking/

Ellison, G., & Fudenberg, D. (1995). Word-of-mouth communication and social learning. *The Quarterly Journal of Economics*, 110(1), 93-125. https://doi.org/10.2307/2118512

Eugene Volokh. (2003). The Mechanisms of the Slippery Slope. *Harvard Law Review, 116*(4). 1026-1137. https://doi.org/10.2307/1342743

Facenavi. (2016, 11-19).「日本人ツイッターユーザー調査 2016 年版」. http://facebook.boo.jp/twitter-user-survey-2016 (参照 2021-12-13)

Fan R, Zhao J, Chen Y, Xu K. (2014). Anger Is More Influential than Joy: Sentiment Correlation in Weibo. *PLoS ONE, 9*(10): e110184. https://doi.org/10.1371/journal.pone.0110184

First Draft. *About.* https://firstdraftnews.org/about/ (参照 2021-12-28).

Gigazine (2021, 9-9).「SNS アカウントの乗っ取りも可能なデジタル監視法がオーストラリアで成立, 一体どれほどの権利が侵害されるのか」. https://gigazine.net/news/20210909-australia-identify-and-disrupt/ (参照 2021-12-30).

Gilbert + Tobin (2021, 6-25). Fake News: A look into the Australian Code of Practice on Disinformation and Misinformation. https://www.gtlaw.com.au/insights/fake-news-look-australian-code-practice-disinformation-misinformation (参照 2022-1-1).

GLOBE+ (2021, 10-24),「日本の眞子さま・小室圭さん結婚報道, アメリカメディアはあきれながら見ている」. https://globe.asahi.com/article/14464378 (参照 2022-1-1).

Goldberg, L. (1990). An alternative "Description of Personality": The big-five factor structure. *Journal of Personality and Social Psychology, 59*, 1216-1229. http://doi.org/10.1037//0022-3514.59.6.1216

Goldhaber, M. H. (1997). The attention economy and the Net. *First Monday, 2*(4). https://doi.org/10.5210/fm.v2i4.519

Gollwitzer, A. (2018). Social Media Use Relates to Perceiving the United States as More Politically Polarized, *SSRN*, 3137325. http://dx.doi.org/10.2139/ssrn.3137325

Goolsbee, A. & Klenow, P. J. (2006). Valuing Consumer Products by the Time Spent Using Them: An Application to the Internet. *American Economic Review, 96*(2). 108-113. http://doi.org/10.1257/000282806777212521

Gosling, S. D., Rentfrow, P. J., & Swann, W. B., Jr. (2003). A very brief measure of the Big-Five personality domains. *Journal of Research in Personality, 37*, 504-528. https://doi.org/10.1016/S0092-6566(03)00046-1

Gruzd, A. & Roy, J. (2014). Investigating Political Polarization on Twitter: A Canadian Perspective. *Policy & Internet, 6*, 28-45. https://doi.org/10.1002/1944-2866.POI354

Hargrove, T., & Stempel III, G. H. (2006). Third of Americans suspect 9-11 government conspiracy. *Scripps News, 1.*

Hauben, M., & Hauben, R. (1997). *Netizens: On the history and impact of Usenet and the Internet.* Los Alamitos, Calif: IEEE Computer Society Press.

Hausman, J. (1999). Cellular Telephone, New Products, and the CPI. *Journal of Business & Economic Statistics, 17*(2), 188-194. https://doi.org/10.3386/w5982

InFact. (2019a, 12-18).「《週刊》ネット上の情報検証まとめ（Vol.11)」. https://infact.press/2019/12/post-4254/（参照 2021-9-28).

InFact. (2019b, 12-4).「[FactCheck]『10 月、小売売上高が歴史的低下』日本で報じられていない」は本当か？」. https://infact.press/2019/12/post-4104/（参照 2021-9-28).

InFact. (2020a, 5-6).「《週刊》ネット上の情報検証まとめ（Vol.31 / 2020.5.6)」. https://infact.press/2020/05/post-5787/（参照 2021-9-28).

InFact. (2020b, 6-18). [新型コロナ FactCheck]「「PCR 検査は風邪も検出」と誤った主張の動画が拡散」. https://infact.press/2020/06/post-6304/（参照 2022-03-29).

InFact. (2020c, 2-26).「《週刊》ネット上の情報検証まとめ（Vol.21 / 2020.2.26)」. https://infact.press/2020/02/post-4980/#03（参照 2021-9-28).

InFact. (2020d, 7-15).「[コロナの時代] ファクトチェック：「WHO が方向転換『感染者の隔離は不要』」は誤り」. https://infact.press/2020/07/post-7141/（参照 2021-9-28).

InFact. (2020e, 4-22).「《週刊》ネット上の情報検証まとめ（Vol.29 / 2020.4.22)」. https://infact.press/2020/04/post-5630/（参照 2021-9-28).

InFact. (2020f, 3-18).「《週刊》ネット上の情報検証まとめ（Vol.24 / 2020.3.18)」. https://infact.press/2020/03/post-5170/（参照 2021-9-28).

InFact. (2020g, 5-13).「《週刊》ネット上の情報検証まとめ（Vol.32 / 2020.5.13)」. https://infact.press/2020/05/post-5910/（参照 2021-9-28).

InFact. (2020h, 6-3).「《週刊》ネット上の情報検証まとめ（Vol.35 / 2020.6.3)」 https://infact.press/2020/06/post-6114/#02（参照 2021-9-28).

International Press Institute. (2020). *Russian journalists face fines and probes amid creeping censor-*

ship. https://ipi.media/russian-journalists-face-continued-fines-and-probes-amid-creeping-censorship/（参照 2021-12-27）.

ITmedia（2007, 4-6）.「世界で最も多いのは日本語ブログ──Technorati 調査」. http://www.itmedia.co.jp/news/articles/0704/06/news057.html（参照 2021-10-4）.

ITmedia ビジネスオンライン（2020, 1-20）.「ドコモ代理店「クソ野郎」騒動に潜む，日本からブラック企業がなくならないそもそもの理由」. https://www.itmedia.co.jp/business/articles/2001/20/news019.html（参照 2021-12-6）.

Iyengar S., Sood G., Lelkes Y.（2014）. Affect, Not Ideology: A Social Identity Perspective on Polarization. *Public Opinion Quarterly*, 76(3), 405-431. https://doi.org/10.1093/poq/nfs059

J-CAST ニュース（2016, 4-20）.「被災地「弁当ツイート」謝罪の山中アナ　安倍氏カツカレー騒動の「火付け役」だった」. https://www.j-cast.com/2016/04/20264685.html（参照 2021-12-6）.

J-CAST ニュース（2020, 11-30）.「アツギのタイツ広告炎上，識者に聞く　問題はどこにあったのか【前編】」. https://www.j-cast.com/2020/11/30399947.html?p=all（参照 2021-12-6）.

J-CAST ニュース（2021, 10-21）.「著名人も通う高級焼肉店で「岩塩舐め」騒動　従業員がインスタ投稿で炎上 ... 店長謝罪」. https://www.j-cast.com/2021/10/21423087.html（参照 2021-12-6）.

JETRO（2020, 4-3）.「衛生防疫規則違反とフェイクニュース拡散に対する罰則を導入・強化」. https://www.jetro.go.jp/biznews/2020/04/c6d36293dc98fe5d.html（参照 2021-12-27）.

John, O. P., Naumann, L. P., & Soto, C. J.（2008）. Paradigm shift to the integrative Big Five trait taxonomy: History, measurement, and conceptual issues. In O. P. John, R. W. Robins, & L. A. Pervin（Eds.）, *Handbook of personality: Theory and research*. 3rd ed. New York: Guilford Press. pp. 114-158.

Jones-Jang, S. M., Mortensen, T., & Liu, J.（2021）. Does Media Literacy Help Identification of Fake News? Information Literacy Helps, but Other Literacies Don't. *American Behavioral Scientist*, 65(2), 371-388. https://doi.org/10.1177/0002764219869406

Kahneman, D.（2011）. *Thinking, fast and slow*. Macmillan.（村井章子（訳）（2012）.『ファスト＆スロー』（上）（下）早川書房）

Kim, K., Sin, S. C. J., & Yoo-Lee, E. Y.（2014）. Undergraduates' use of social media as information sources. *College & Research Libraries*, 75(4), 442-457. https://doi.org/10.5860/crl.75.4.442

Laroche, M., Yang, Z., McDougall, G. H., & Bergeron, J.（2005）. Internet versus bricks-and-mortar retailers: An investigation into intangibility and its consequences. *Journal of retailing*, 81(4), 251-267. https://doi.org/10.1016/j.jretai.2004.11.002

Lazarsfeld, P. F., Berelson, B., & Gaudet, H.（1948）. *The people's choice : how the voter makes up his mind in a presidential campaign*（2nd ed.）. Columbia University Press.（有吉広介（訳）（1987）.『ピープルズ・チョイス：アメリカ人と大統領選挙』芦書房）

Lee, J. K., Choi, J., Kim, C. and Kim, Y.（2014）. Social Media, Network Heterogeneity, and Opinion Polarization. *Journal of Communication*, 64(4), 702-722. https://doi.org/10.1111/jcom.12077

Li, Y.（2019）. Influences on the Ability to Recognise Fake News. Doctoral dissertation Auckland University of Technology.Lyons, B. A., Montgomery, J. M., Guess, A. M., Nyhan, B., & Reifler, J.（2021）. Overconfidence in news judgments is associated with false news susceptibility. *Proceedings of the National Academy of Sciences*, 118(23), 10.1073/pnas.2019527118.

LINE.（2015, 8-15）,「青少年の健全なインターネット利用を啓発する講演活動」. https://linecorp.com/

ja/csr/newslist/ja/2015/3（参照 2021-12-30）.

Litvin, S. W., Goldsmith, R. E., & Pan, B.（2008）. Electronic word-of-mouth in hospitality and tourism management. *Tourism management, 29*(3), 458-468. https://doi.org/10.1016/j.tourman.2007.05.011

Lode, E. J.（1999）. Slippery Slope Arguments and Legal Reasoning. *California Law Review, 87*, 1469-1543. https://doi.org/10.2307/3481050

Lottridge, D. M., & Bentley, F.（2018）. Let's Hate Together: How People Share News in Messaging, Social, and Public Networks. *Proceedings of the 2018 CHI Conference on Human Factors in Computing Systems*, 1-13. https://doi.org/10.1145/3173574.3173634

Lyons, B. A., Montgomery, J. M., Guess, A. M., Nyhan, B., & Reifler, J.（2021）. Overconfidence in news judgments is associated with false news susceptibility. *Proceedings of the National Academy of Sciences, 118*(23). https://doi.org/10.1073/pnas.2019527118

Martin, Alexander.（2021, 7-22）. *What is the Online Safety Bill and why are some people worried about it?*. Sky news. https://news.sky.com/story/what-is-the-online-safety-bill-and-why-are-some-people-worried-about-it-12437427

Martin, K. D., & Smith, N. C.（2008）. Commercializing social interaction: The ethics of stealth marketing. *Journal of Public Policy & Marketing, 27*(1), 45-56. http://dx.doi.org/10.2139/ssrn.1111976

Mayzlin, D., Dover, Y., & Chevalier, J.（2014）. Promotional Reviews: An Empirical Investigation of Online Review Manipulation. *The American Economic Review, 104*(8), 2421-2455. https://doi.org/10.1257/aer.104.8.2421

McDougall, J., Sternadel, D., van Driel, B. and Zezulkova, M.（2018）. *Teaching media literacy in Europe: evidence of effective school practices in primary and secondary education*. NESET II report. Luxembourg: Publications Office of the European Union.

Mizoroki, S., Silverman, C., & Frankel, S.（2016, 11-23）.「フェイクニュースが民主主義を壊す Facebook が助長したその実態」. BuzzFeed. https://www.buzzfeed.com/jp/sakimizoroki/fake-news-on-sns-and-democracy（参照 2021-9-28）.

Moor, Peter J., Heuvelman A, & Verleur R.（2010）. Flaming on YouTube, *Computers in Human Behavior, 26*(6), 1536-1546. https://doi.org/10.1016/j.chb.2010.05.023

Morales, N.（2011, 5-13）. *Obama's Birth Certificate Convinces Some, but Not All, Skeptics*. GALLUP. https://news.gallup.com/poll/147530/obama-birth-certificate-convinces-not-skeptics.aspx（参照 2021-9-28）.

NeoReach（2021, 2-8）. *CREATOR ECONOMY Defining the Creator Economy Market Size*. https://neoreach.com/creator-economy-market-size/（参照 2021-10-4）.

Neyazi, T. A., Kalogeropoulos, A., & Nielsen, R. K.（2021）. Misinformation concerns and online news participation among internet users in India. *Social Media+ Society, 7*(2), 20563051211009013, doi: 10.1177/20563051211009013.

NHK（2016）.「「不寛容社会」に関する世論調査 （RDD 追跡法） 単純集計結果」. https://www.nhk.or.jp/bunken/research/yoron/pdf/20160616_1.pdf（参照 2021-12-31）.

NHK（2017）.「クローズアップ現代＋× NHK News Web 追跡！ "ネット炎上"」. https://www3.nhk.or.jp/news/special/enjyou/（参照 2021-12-7）.

NHK（2020, 3-5）.「花こう岩などの石 専門家「コロナウイルスに効果なし」」. https://www3.nhk.

or.jp/news/html/20200305/k10012315881000.html（参照 2021-9-28）.

NHK 政治マガジン（2020, 5-16）.「検察庁法改正めぐる投稿専門家がデータ分析」. NHK. https://www.nhk.or.jp/politics/articles/lastweek/36813.html（参照 2021-10-4）.

NHK（2020, 6-4）.「ネットのひぼう中傷　なくすために　～女子プロレスラーの死～」. https://www.nhk.or.jp/gendai/articles/4425/index.html（参照 2021-12-30）.

NHK（2021, 6-29）.「WEB 特集 "危険なうそ" がもたらす世界」. https://www3.nhk.or.jp/news/html/20210629/k10013108471000.html（参照 2021-9-28）.

Nyhan, B., Reifler, J. (2010). When Corrections Fail: The Persistence of Political Misperceptions. *Political Behavior, 32*, 303-330. https://doi.org/ 10.1007/s11109-010-9112-2

OECD. Reinforcing democracy. Preventing and combating misinformation and disinformation. https://www.oecd.org/governance/reinforcing-democracy/（参照 2021-12-30）.

Owen, D. (2017). Twitter Rants, Press Bashing, and Fake News. The Shameful Legacy of Media in the 2016 Election. In Sabato, L., Kondik, Kyle, & Skelley, Geoffrey, (Ed.), *Trumped : The 2016 election that broke all the rules* (pp. 167-180). Rowman & Littlefield.

Pantea, S., & Martens, B. (2014). The value of the Internet for consumers. *European Commission J RC Working Papers on Digital Economy.* No 2014-08.

Pariser, E. (2011). *The filter bubble: How the new personalized web is changing what we read and how we think.* London: Penguin.

PARLIAMENT of AUSTRALIA. (2019). *Responding to fake news.* https://www.aph.gov.au/About_Parliament/Parliamentary_Departments/Parliamentary_Library/pubs/BriefingBook46p/FakeNews （参照 2021-12-30）.

Perez, S. (2018, 6-21). Facebook expands fact-checking program, adopts new technology for fighting fake news. TechCrunch+. https://techcrunch.com/2018/06/21/facebook-expands-fact-checking-program-adopts-new-technology-for-fighting-fake-news/（参照 2022-1-1）.

Pew Research Center. (2014). *Political Polarization in the American Public: How Increasing Ideological Uniformity and Partisan Antipathy Affect Politics, Compromise and Everyday Life.* https://www.pewresearch.org/politics/wp-content/uploads/sites/4/2014/06/6-12-2014-Political-Polarization-Release.pdf（参照 2021-9-27）.

Polletta, F., & Chen, P. C. B. (2013). Gender and public talk: Accounting for women's variable participation in the public sphere. *Sociological Theory, 31*(4), 291-317, doi: 10.1177/0735275113515172.

Poynter. *Fighting the Infodemic: The #CoronaVirusFacts Alliance.* https://www.poynter.org/coronavirusfactsalliance/（参照 2021-12-28）.

Poynter. *The International Fact-Checking Network.* https://www.poynter.org/ifcn/（参照 2021-12-28）.

Poynter. (2019, 1-8). *A guide to anti-misinformation actions around the world.* https://www.poynter.org/ifcn/anti-misinformation-actions/#singapore（参照 2021-12-30）.

Putterman, S. (2020, 1-28). *No, drinking bleach will not ward off coronavirus.* PolitiFact. https://www.politifact.com/factchecks/2020/jan/30/tweets/no-drinking-bleach-will-not-ward-coronavirus/（参照 2021-9-28）.

Repnikova, Maria, (2018, 9-6). *China's Lessons for Fighting Fake News.* Foreign Policy. com. https://foreignpolicy.com/2018/09/06/chinas-lessons-for-fighting-fake-news/（参照 2021-12-28）.

Reuters. (2021, 5-25). *53% of Republicans view Trump as true U.S. president- Reuters/Ipsos*. https://www.reuters.com/world/us/53-republicans-view-trump-true-us-president-reutersipsos-2021-05-24/ (参照 2021-9-28).

Reuters. (2021, 9-9). Australian media outlets liable for Facebook comments, court finds. https://www.reuters.com/business/media-telecom/australian-media-outlets-liable-facebook-comments-court-finds-2021-09-08/ (参照 2021-12-30).

Rheingold, H. (2000). *The Virtual Community: Homesteading on the Electronic Frontier*. Boston: The MIT Press.

Ro'ee, L. (2021). Social Media, News Consumption, and Polarization: Evidence from a Field Experiment. *American Economic Review, 111*(3), 831-70. https://doi.org/10.1257/aer.20191777

Sankei.Biz. (2020, 4-12). 「米 IT, シンガポールと不和　新型コロナの偽情報も拡散…防止法に苦慮」. https://www.sankeibiz.jp/macro/news/200401/mcb2004011012013-n1.htm (参照 2021-12-30).

Schauer, F. (1985). Slippery Slopes. *Harvard Law Review, 99*(2), 361-383. https://doi.org/10.2307/1341127

Shen, T. J., Cowell, R., Gupta, A., Le, T., Yadav, A., & Lee, D. (2019, June). How gullible are you? Predicting susceptibility to fake news. In *Proceedings of the 10th ACM Conference on Web Science* (pp. 287-288), 10.1145/3292522.3326055.

Shibutani, T. (1966). *Improvised News: A Sociological Study of Rumor. Indianapolis: Bobbs-Merrill*. (広井脩・橋元良明・後藤将之訳. (1985). 『流言と社会』. 東京創元社)

Snopes. (2018, 11-13). *Did a 5G Cellular Network Test Cause Hundreds of Birds to Die?*. https://www.snopes.com/fact-check/5g-cellular-test-birds/ (参照 2021-10-25).

Stroud, N. J. (2010). Polarization and partisan selective exposure. *Journal of communication, 60*(3), 556-576. https://doi.org/10.1111/j.1460-2466.2010.01497.x

Sunstein, C. R. (2001). *Republic.com*. Princeton University Press. (伊達尚美 (訳) (2003). 『インターネットは民主主義の敵か』毎日新聞社；伊達尚美 (訳) (2018). 『#リパブリック』勁草書房)

THE CHOSUNILBO. (2011, 12-30). *Real-Name Online Registration to Be Scrapped*. http://english.chosun.com/site/data/html_dir/2011/12/30/2011123001526.html (参照 2021-12-30).

The Guardian. (2017, 1-12). BBC sets up team to debunk fake news. https://www.theguardian.com/media/2017/jan/12/bbc-sets-up-team-to-debunk-fake-news

The NewYork Times Magazine. (2015, 2-15). *How One Stupid Tweet Blew Up Justine Sacco's Life*. https://www.nytimes.com/2015/02/15/magazine/how-one-stupid-tweet-ruined-justine-saccos-life.html (参照 2021-12-7).

The New York Times. (2021, 8-13). Snopes Retracts 60 Articles Plagiarized by Co-Founder: 'Our Staff Are Gutted'. https://www.nytimes.com/2021/08/13/business/media/snopes-plagiarism-David-Mikkelson.html (参照 2021-12-30).

The Policy Institute at King's College London & Ipsos MORI. (2018). *The public's Brexit misperceptions*. https://www.kcl.ac.uk/policy-institute/assets/brexit-misperceptions.pdf (参照 2021-9-28).

The Wall Street Journal. (2021, 10-26). 「交流サイト上で子ども保護へ, 豪が新法検討」. https://jp.wsj.com/articles/australia-considers-new-privacy-rules-to-protect-children-on-social-media-11635175973 (参照 2021-12-30).

United Nations. (2020). *International Migrant Stock*. https://www.un.org/development/desa/pd/

content/international-migrant-stock（参照 2021-10-25）.

Van Badham. (2020, 9-27). *If your friends or family have fallen for an internet conspiracy cult, here's what you should do*. The Guardian. https://www.theguardian.com/commentisfree/2020/sep/28/if-your-friends-or-family-have-fallen-for-an-internet-conspiracy-cult-heres-what-you-should-do（参照 2021-10-25）.

Vermeulen, I. E., & Seegers, D. (2009) Tried and tested: The impact of online hotel reviews on consumer consideration. *Tourism management, 30*(1), 123-127. https://doi.org/10.1016/j.tourman.2008.04.008

Visser, N (2019, 7-22). *Man Accused of Gunning Down Mob Boss Obsessed Over Qanon Conspiracy: Report*. HuffPost. https://www.huffpost.com/entry/anthony-comello-qanon-mob-boss_n_5d350df1e4b0419fd32eb398?ri18n=true（参照 2021-9-28）.

Vosoughi, S., Roy, D. K., & Aral, S. (2018). The spread of true and false news online. *Science, 359*, 1146-1151. https://doi.org/10.1126/science.aap9559

Wardle, C. (2017, 2-17). *Fake News. It's complicated*. Medium. https://medium.com/1st-draft/fake-news-its-complicated-d0f773766c79（参照 2021-9-28）.

Wardle, C., & Derakhshan, H. (2017). Information disorder: Toward an interdisciplinary framework for research and policy making. *Council of Europe reort, 2017-09*. https://rm.coe.int/information-disorder-report-november-2017/1680764666

White, H. (1980). A heteroskedasticity-consistent covariance matrix estimator and a direct test for heteroskedasticity. *Econometrica: journal of the Econometric Society*, 817-838.

Wibren van der Burg. (1991). The Slippery Slope Argument. *Ethics, 102*(1), 42-65. https://www.jstor.org/stable/2381721

Woo Ji-Suk, Na Hyun-Soo, Choi Jeong-Min. (2010). 인터넷 게시판 실명제의 효과에 대한 실증 연구 : 제한적본인확인제 시행에 따른 게시판 내 글쓰기 행위 및 비방과 욕설의 변화를 중심으로 (インターネット掲示板実名制の効果に対する実証研究：制限的本人確認制の施行による掲示板内における書き込み行為及び誹謗と悪口の変化を中心に).『행논총 (行政論叢)』, 48(1), 71-96. https://hdl.handle.net/10371/69064

Yahoo JAPAN (2021, 9-21).「Yahoo! ニュースオリジナル「フェイクニュース」への備え～デマや不確かな情報に惑わされないために～」. https://news.yahoo.co.jp/special/fakenews/（参照 2021-9-28）.

Yamaguchi, S., Sakaguchi, H., & Iyanaga, K. (2018). The Boosting Effect of E-WOM on Macro-level Consumption: A Cross-Industry Empirical Analysis in Japan. *The Review of Socionetwork Strategies, 12*(2), 167-181. https://doi.org/ 10.1007/s12626-018-0027-4

Zimmermann, F., & Kohring, M. (2020). Mistrust, disinforming news, and vote choice: A panel survey on the origins and consequences of believing disinformation in the 2017 German parliamentary election. *Political Communication, 37*(2), 215-237.

朝日新聞. (2017, 10-6).「今さら聞けない?!　「保守」「リベラル」ってなんだ?」. 就活ニュースペーパー by 朝日新聞 - 就職サイト あさがくナビ. https://asahi.gakujo.ne.jp/common_sense/morning_paper/detail/id=2324

朝日新聞デジタル（2017, 4-27）.「タイトルであおる「釣り記事」排除へグノシーが対策」. https://www.asahi.com/articles/ASK4W4J6MK4WULFA010.html（参照 2021-9-28）.

朝日新聞デジタル（2017, 6-15）.「「人殺しは死ね」デマと闘った18年　スマイリーキクチ」. https://www.asahi.com/articles/ASK6H42X3K6HUEHF005.html/（参照 2021-12-6）.

朝日新聞デジタル（2019, 7-23）.「「土用のウナギ予約を」環境省公式ツイート，炎上し削除」. https://www.asahi.com/articles/ASM7R35VVM7RULBJ003.html（参照 2021-12-6）.

朝日新聞デジタル（2020a, 6-6）.「突然，掲示板に「詐欺師」　炎上弁護士が見たネット中傷」. https://www.asahi.com/articles/ASN664F66N5VOBJB007.html（参照 2021-12-6）.

朝日新聞デジタル（2020b, 5-8）.「「さらし上げ見せしめに」感染女性中傷に山梨県が対策へ」. https://www.asahi.com/articles/ASN576V6GN57UZOB00Y.html（参照 2021-12-13）.

朝日新聞デジタル（2020c, 4-7）.「「東京脱出」SNS拡散中　新たなクラスター生むおそれ」. https://www.asahi.com/articles/ASN46632XN46ULBJ00M.html（参照 2021-12-30）.

朝日新聞デジタル（2021, 8-26）.「日テレ「スッキリ」アイヌ差別表現を検証　チェック甘く」. https://www.asahi.com/articles/ASP8V575NP8VUCVL00C.html（参照 2021-12-6）.

アデコ（2021, 3-23）.「調査　全国の小中学生900人を対象にした「将来就きたい仕事」に関する調査　男子の1位は「YouTuber」，女子の1位は「パティシエ」―中学生男子が選ぶ「将来就きたい仕事」のトップ10に，初めて「プロゲーマー」がランクイン」. https://www.adeccogroup.jp/pressroom//2021/0323（参照 2021-10-4）.

朝日新聞デジタル（2022, 3-5）.「ロシア，フェイクニュースと見なせば禁錮刑に　欧米メディア取材停止」. https://digital.asahi.com/articles/ASQ356J15Q35IIPE00N.html（参照 2022-3-30）.

新井紀子（2018）.『AI vs. 教科書が読めない子どもたち』東洋経済新報社

有馬守康，齋藤哲哉，小林 創，稲葉 大.（2019）.「「取り付け騒ぎ」に関する理論的・実験的分析と事例との整合性に関する考察（金融危機に関する理論分析と実験的検証）」.『日本大学経済学部経済科学研究所紀要』，(49), 45-53.

安藤健二，高橋史弥（2020, 6-9）.「NHKが動画を削除して謝罪。「これでわかった！世界のいま」の公式Twitterが投稿し，批判殺到していた。」. HuffPost. https://www.huffingtonpost.jp/entry/sekaima_jp_5edf2322c5b621d9aa4d2fdc（参照 2021-12-6）.

飯塚隆介，鳥海不二夫，西口真央，高野雅典，吉田光男（2020）.「デマの訂正が社会的混乱に与える影響の分析」.『第18回データ指向構成マイニングとシミュレーション研究会（DOCMAS）』，1-10.

池内裕美（2010）.「苦情行動の心理的メカニズム」.『社会心理学研究』，25(3), 188-198.

石川徳幸（2018）.「デジタル時代の新聞産業とジャーナリズム」.『情報の科学と技術』，68(9), 434-439.

伊地知晋一（2007）.『ブログ炎上：Web2.0時代のリスクとチャンス』アスキー.

伊地知晋一（2009）.『ネット炎上であなたの会社が潰れる！―ウェブ上の攻撃から身を守る危機管理バイブル』WAVE出版

板倉洋一郎（2006）.「インターネット上における「意図せぬ公人化」をめぐる問題」.『情報処理学会研究報告. EIP, [電子化知的財産・社会基盤]』2006(128), 9-14.

岩田健太郎（2017）.『ワクチンは怖くない』光文社新書 光文社

梅田望夫（2006）.『ウェブ進化論：本当の大変化はこれから始まる』筑摩書房

大船 怜（2020, 2-27）.「《週刊》ネット上の情報検証まとめ（Vol.21）【大船怜】」. ファクトチェック・イニシアティブ. https://fij.info/archives/5282（参照 2021-9-28）.

荻上チキ（2007）.『ウェブ炎上―ネット群集の暴走と可能性』ちくま新書 筑摩書房

荻上チキ（2011）．『検証 東日本大震災の流言・デマ』光文社新書 光文社

勝部元気（2016, 10-18）．「志布志うなぎ少女ＣＭで見えた差別の根深さ（上）」．『論座』．https://webronza.asahi.com/culture/articles/2016101700007.html（参照 2021-12-6）．

桂 敬一，大蔵 雄之助（1990）．「朝日・サンゴ事件の問いかけるもの」．『新聞学評論』，39. 278-279.

亀井昭宏（2011）．「東日本大震災と公共広告─災害時における広告の役割と消費者へもたらした影響と反応─」．『早稲田大学大学院商学研究科紀要』（73），1-14.

川口貴久・土屋大洋（2019）．「現代の選挙介入と日本での備え：サイバー攻撃と SNS 上の影響工作が変える選挙介入」．東京海上日動リスクコンサルティング．https://www.tokiorisk.co.jp/service/politics/rispr/pdf/pdf-rispr-01.pdf（参照 2021-9-28）．

城内実（2021, 4-16）．「LINE 問題は安全保障上のリスクを浮き彫りにした」．毎日新聞．https://mainichi.jp/premier/politics/articles/20210409/pol/00m/010/002000c（参照 2021-10-4）．

金 鐵鎔（2003）．「インターネット電子掲示板上の政治的意見の発信行動に関する研究」．『慶應義塾大学大学院社会学研究科紀要：社会学心理学教育学：人間と社会の探求』，57（2003），51-60.

熊本日日新聞（2021, 11-28）．「豪，SNS 中傷投稿の削除容易に」．https://kumanichi.com/articles/482185（参照 2021-12-30）．

小塩真司，阿部晋吾，カトリーニ ピノ（2012）．「日本語版 Ten Item Personality Inventory（TIPI-J）作成の試み」．『パーソナリティ研究』．21(1), 40-52.

小寺敦之（2017）．「メディア・リテラシー測定尺度の作成に関する研究」．『人文・社会科学論集』，34. 89-106.

小林直樹（2015）．『ネット炎上対策の教科書』日経デジタルマーケティング

小森政嗣（2020）．「SNS がきっかけとなったトイレットペーパー騒動」．『国民生活』，(99), 4-5.

サイバーセキュリティ.com（2021, 9-17）．「グレートファイアウォール（金盾）とは？世界最高峰のセキュリティを誇る中国の壁」．https://cybersecurity-jp.com/security-measures/6729（参照 2021-12-28）．

坂本旬（2022）．『メディアリテラシーを学ぶ：ポスト真実社会のディストピアを超えて』大月書店

笹原和俊（2018）．『フェイクニュースを科学する──拡散するデマ，陰謀論，プロパガンダのしくみ』化学同人

佐藤卓己（2019）．『流言のメディア史』岩波書店

佐野広記（2018, 4-15）．「数千万稼ぐ者も…「フェイクニュース製造村」で見た驚きの現実」．https://gendai.ismedia.jp/articles/-/55222（参照 2021-10-25）．

産経新聞（2021, 9-11）．「台北駐日経済文化代表処代表・謝長廷（75）（11）中国発フェイクニュースと外交官の死」．https://www.sankei.com/article/20210911-EW6EAT3OLFOBDGHN6TMFPOW7HM/（参照 2021-12-28）．

シエンプレ デジタル・クライシス総合研究所（2020）．「デジタル・クライシス白書 2020」

シエンプレ デジタル・クライシス総合研究所（2021）．「デジタル・クライシス白書 2021」

志田博隆（2017）．「YouTube を活用した資格指導の実践」．『福島県教育研究会平成 29 年度発表会発表概要』．https://center.fcs.ed.jp/multidatabases/multidatabase_contents/detail/166/e8868f67f335a721b9739a80af2bef91?frame_id=318（参照 2021-10-4）．

篠原修司（2020, 12-1）．「ナイキ CM に「感動した」「日本人を差別主義者の悪者にしてる」賛否両論。実体験ストーリーの説明伝わらず」．Yahoo!JAPAN ニュース．https://news.yahoo.co.jp/byline/shinoharashuji/20201201-00210363（参照 2021-12-6）．

徐東輝（2020, 5-29）.「SNS上の誹謗中傷への規制のあり方」. note. https://note.com/tonfi/n/n9e7aeade 94cc（参照 2021-12-27）.

女性自身（2019, 8-28）.「ムクドリが大量死！次世代通信規格5Gはベルギーでは導入中止に」. https:// jisin.jp/domestic/1768486/（参照 2021-9-28）.

白崎護（2020）.「フェイクニュースとメディア環境」.『研究論集』, 112, 331-349.

スマイリーキクチ（2011）.『突然，僕は殺人犯にされた〜ネット中傷被害を受けた10年間』竹書房

セーファーインターネット協会（2021）.「誹謗中傷ホットライン 活動報告（2020年6月29日〜12月 31日）」. https://www.saferinternet.or.jp/wordpress/wp-content/uploads/bullyingreport20200629- 1231-2.pdf（参照 2021-12-27）.

関根和弘（2019, 3-19）.「ロシア，フェイクニュース対策の名目で情報統制か。ネットを海外から遮断す る可能性も」. HuffPost. https://www.huffingtonpost.jp/entry/russia-internet-restriction_jp_5c90a 577e4b071a25a8629e2（参照 2021-12-27）.

瀬谷健介（2020, 4-10）.「安倍首相「平均的な共働き夫婦の奥さんの月収」画像は誤り　発言が改変, 検索で大量ヒット」. BuzzFeed. https://www.buzzfeed.com/jp/kensukeseya/fc-abe-pic（参照 2021- 9-28）.

総務省（2014a）.『情報通信白書 平成26年度版』ぎょうせい

総務省（2014b）.『平成25年情報通信メディアの利用時間と情報行動に関する調査報告書』ぎょうせ い

総務省（2015）.『情報通信白書 平成27年度版』ぎょうせい

総務省（2016）.『情報通信白書 平成28年度版』ぎょうせい

総務省（2017）.『情報通信白書 平成29年度版』ぎょうせい

総務省（2019）.『情報通信白書 令和元年版』ぎょうせい

総務省（2019, 5-24）.「プラットフォームサービスに関する研究会（第8回）諸外国におけるフェイク ニュース及び偽情報への対応」. https://www.soumu.go.jp/main_content/000621621.pdf（参照 2021-12-27）.

総務省（2020, 6-19）.「新型コロナウイルス感染症に関する情報流通調査」. https://www.soumu.go.jp/ menu_news/s-news/01kiban18_01000082.html（参照 2021-10-4）.

総務省（2021a, 3-17）.「プラットフォームサービスに関する研究会（第24回）インターネット上の違 法・有害情報を巡る米国の動向」. https://www.soumu.go.jp/main_content/000739937.pdf（参照 2021-12-27）.

総務省（2021b, 3-17）.「プラットフォームサービスに関する研究会（第24回）インターネット上の違 法・有害情報を巡る独・仏の動向」. https://www.soumu.go.jp/main_content/000739936.pdf（参 照 2021-12-27）.

総務省（2021c）.「プラットフォームサービスに関する研究会 中間とりまとめ（案）」. https://www. soumu.go.jp/main_content/000769208.pdf（参照 2021-12-27）.

園田寿（2006）.「ネットワーク上の個人認証に関する韓国での新しい動きについて」.『甲南法務研究』, (2), 63-74.

平和博（2017, 5-12）.「フェイクニュースはなぜフランス大統領選を揺るがさなかったのか．新聞紙学 的」. https://kaztaira.wordpress.com/2017/05/12/fakenews_and_french_presidential_election/ （参照 2021-9-28）.

平和博（2021, 5-28）.「フェイクニュースの収益化を後押し，ネット広告業界に「責任を取れ」」.

Yahoo!JAPANニュース. https://news.yahoo.co.jp/byline/kazuhirotaira/20210528-00240175 (参照 2021-12-27).

高橋暁子 (2019, 6-4).「LINE いじめはなぜ怖い？いじめの4タイプと対策」. AllAbout. https://allabout.co.jp/gm/gc/455357/ (参照 2019-10-4).

高橋暁子 (2020, 6-13).「コロナ禍のインスタは「映えよりもつながり」──友人との交流や趣味情報が癒しに」. CNET Japan. https://japan.cnet.com/article/35155011/ (参照 2021-10-4).

田代光輝, 折田明子 (2012).「ネット炎上の発生過程と収束過程に関する一考察～不具合に対する嫌がらせと決着による収束～」.『情報処理学会研究報告, EIP, [電子化知的財産・社会基盤]』2012-EIP-57(6), 1-6.

田中辰雄 (2017). Effect of Flaming on Stock Price: Case of Japan (「炎上の株価への影響：日本のケース」).『慶應義塾大学経済研究所 IES Keio DP』. 2017-003.

田中辰雄, 浜屋敏 (2018).「ネットは社会を分断するのか─パネルデータからの考察─」.『富士通総研研究レポート』, 462, 1-25.

田中辰雄・浜屋敏 (2017).「結びつくことの予期せざる罠：ネットは世論を分断するのか？」.『富士通総研研究レポート』, 448.

田中辰雄・浜屋敏 (2019).『ネットは社会を分断しない』角川新書 KADOKAWA.

田野大輔 (2020).「「沈黙」がもたらすもの──「自粛警察」に見るファシズムの危険性」. 大月書店note. https://note.com/otsukishoten/n/n656d3159580f (参照 2021-12-6).

千葉雄登 (2020, 4-27).「10秒息を我慢できれば… LINE で拡散した, コロナ感染の見分け方は誤り」. BuzzFeed. https://www.buzzfeed.com/jp/yutochiba/hold-your-breath-for-10-seconds-myth (参照 2021-10-25).

千葉雄登 (2021).「「菅首相がうったワクチンは偽物」「ワクチンの中身は水銀」「添加物で肝臓が空洞化」は本当なの？専門家の見解は…」. BuzzFeed. https://www.buzzfeed.com/jp/yutochiba/vaccination-factcheck

中央日報 (2021, 2-10).「韓国与党「メディアに懲罰的損害賠償制今月導入」, 野党「メディア脅迫法」」. https://japanese.joins.com/JArticle/275403?sectcode=200&servcode=200 (参照 2021-12-27).

駐日本国大韓民国大使館 (2005, 8-2).「お知らせ：新しい新聞法が本日施行される (2005年7月28日)」. https://overseas.mofa.go.kr/jp-ja/brd/m_1049/view.do?seq=612054 (参照 2021-12-27).

千代原亮一 (2010).「サイバー暴力とサイバー侮辱罪」.『日本情報経営学会誌』. 30(3), 88-98. https://www.jstage.jst.go.jp/article/jsim/30/3/30_KJ00006159496/_pdf (参照 2021-12-27).

辻 大介 (2019).「統計的因果推論とメディア研究」.『マス・コミュニケーション研究』, 95, 15-25.

辻 大介 (2020, 3-30).「「ネットは社会を分断しない」？──楽観論を反駁する」. シノドス. https://synodos.jp/opinion/society/23400/ (参照 2021-9-27).

辻 大介, 北村 智 (2018).「インターネットでのニュース接触と排外主義的態度の極性化」.『情報通信学会誌』, 36(2), 99-109.

テレ朝news (2021, 9-30).「韓国「言論仲裁法」改正案 批判相次ぎ年内提出断念」. https://news.tv-asahi.co.jp/news_international/articles/000230452.html (参照 2021-12-27).

テレ朝news (2021, 11-4).「「中国のサイバー攻撃に対抗」台湾と EU が協力確認」. https://news.tv-asahi.co.jp/news_international/articles/000234211.html (参照 2021-12-28).

徳力基彦 (2019, 10-29),「京都市ステマ騒動で考える, 芸能界と一般人の常識の乖離」. Yahoo!JAPANニュース. https://news.yahoo.co.jp/byline/tokurikimotohiko/20191029-00148723 (参照 2021-

12-6).

徳力基彦 (2019, 12-5).「アナ雪 2 のステマ騒動で考えるべき，ステマ疑惑の大きすぎる代償」．Yahoo!
　JAPAN ニュース．https://news.yahoo.co.jp/byline/tokurikimotohiko/20191205-00153652 (参照
　2021-12-6).

鳥海不二夫 (2020a, 8-19).「安倍総理の健康状態に対する意見は大きく二分されている」．Yahoo! JAPAN
　ニュース．https://news.yahoo.co.jp/byline/toriumifujio/20200819-00193980 (参照 2021-9-27).

鳥海不二夫 (2020b, 12-28).「「#（自民|立憲民主）党の解党を求めます」ハッシュタグどちらがより
　エコーチェンバーか比較してみた」．Yahoo! JAPAN ニュース．https://news.yahoo.co.jp/byline/
　toriumifujio/20201228-00214803 (参照 2021-9-27).

鳥海不二夫 (2020c, 7-6).「2020 都知事選はツイッター上でどのように扱われていたか」．Yahoo! JAPAN
　ニュース．https://news.yahoo.co.jp/byline/toriumifujio/20200706-00186907 (参照 2021-9-27).

鳥海不二夫 (2020d, 4-27).「4 月 26 日のサザエさんが不謹慎だと言った人は 11 人しかいなかった話」．
　note. https://note.com/torix/n/n0f3c61300ac4?fbclid=IwAR2LouJGgJ5UusNxjtCGMKzCopJ9iT
　9KxYwbs0aWZQhA4Z6Dr-cJZq4wKF0 (参照 2021-10-26).

鳥海不二夫 (2021a, 11-22).「温泉むすめは萌えているか？炎上のツイート分析」．Yahoo!JAPAN ニュー
　ス．https://news.yahoo.co.jp/byline/toriumifujio/20211122-00269110 (参照 2021-12-30).

鳥海不二夫 (2021b, 5-17).「ツイッター上で拡散した「# 東京五輪は中止します」と「# 東京五輪の開
　催を支持します」を比較してみた」．Yahoo!JAPAN ニュース．https://news.yahoo.co.jp/byline/
　toriumifujio/ 20210517-00238264 (参照 2021-12-13).

鳥海不二夫，山本龍彦 (2022).「共同提言「健全な言論プラットフォームに向けて―デジタル・ダイエ
　ット宣言 ver.1.0」」．*KGRI Working Paper, 2*, 1-21. https://www.kgri.keio.ac.jp/docs/S2101202201.
　pdf (参照 2022-1-6).

内閣府 (2016).「経済社会構造の変化の把握について②〜多様なサービスの生産・消費動向の把握〜.
　より正確な景気判断のための経済統計の改善に関する研究会第三回」．https://www5.cao.go.jp/
　keizai-shimon/kaigi/special/statistics/03/kaigi_03.html (参照 2021-10-04).

中川淳一郎 (2010).『ウェブを炎上させるイタい人たち―面妖なネット原理主義者の「いなし方」』宝
　島社新書　宝島社

中野信子 (2020).『人は，なぜ他人を許せないのか？』アスコム

西田宗千佳 (2019, 1-12).「グーグルは情報の信頼性向上に貢献するのか」．東洋経済オンライン．
　https://toyokeizai.net/articles/-/257564?page=3 (参照 2021-12-28).

西田亮介 (2021).「近年の日本における偽情報（フェイクニュース）対策と実務上の論点」．『情報通
　信学会誌』. 39(1), 13-18.

西日本新聞 (2020, 1-11).「台湾総統選「偽ニュース」過熱　中国が拡散？規制には懸念も」．https://
　www.nishinippon.co.jp/item/n/574845/ (参照 2021-12-28).

日刊スポーツ (2021, 8-13).「劔樹人，メンタリスト DaiGo "差別" 発言「優生思想の主張は詭弁」」．
　https://www.nikkansports.com/entertainment/news/202108130000143.html (参照 2021-11-13).

日経クロステック (2009, 1-26).「オバマ氏は大統領選で 1800 本の動画を YouTube に投稿，グーグル，
　YouTube のブランディング活用に意欲」．https://xtech.nikkei.com/it/article/NEWS/20090126/
　323502/ (参照 2021-10-4).

日経クロステック (2020, 7-6).「「新型コロナの SNS デマはマスメディアが拡散」，東大の鳥海准教授
　が分析」．https://xtech.nikkei.com/atcl/nxt/column/18/01353/070100001/ (参照 2021-12-13).

日本経済新聞（2012, 1-16）.「ヤフー知恵袋でもやらせ　飲食店, 好意的投稿を依頼」. http://www.
　　nikkei.com/article/DGXNASDG1604T_W2A110C1000000/（参照 2021-10-4）.

日本経済新聞（2013, 6-25）.「病院巡り「刑務所か」　ブログ炎上の岩手県議自殺か」. https://www.
　　nikkei.com/article/DGXNASDG25021_V20C13A6CC0000/（参照 2021-12-13）.

日本経済新聞（2016, 12-30）.「ロシア外交官 35 人追放　オバマ氏, 大統領選干渉に対抗」. https://
　　www.nikkei.com/article/DGXLAS0040001_Q6A231C1000000/（参照 2021-10-25）.

日本財団（2020, 7-30）.「18 歳意識調査「第 28 回― SNS ―」詳細版」. https://www.nippon-foundation.
　　or.jp/app/uploads/2020/07/wha_pro_eig_136.pdf　（参照 2021-12-27）.

日本ジャーナリスト教育センター（2017, 10-24）.「【フェイク判定】民進党・辻元清美氏が「大発狂」と
　　ネットで話題に 記者の質問に無言」. https://jcej.hatenablog.com/?page=1507076650（参照 2021-10-
　　26）.

日本トレンドセンター（2020, 3-4）.「【買い占め問題】買い溜めをした人の 9 割は「デマ」だと知って
　　いる」. https://trend-research.jp/2302/（参照 2021-12-31）.

ねとらぼ（2016, 12-15）.「コンビニおでんを指で「ツンツン」男を逮捕, 動画投稿で大炎上に」.
　　https://nlab.itmedia.co.jp/nl/articles/2101/21/news123.html（参照 2021-12-6）.

ねとらぼ（2020, 2-21）.「Twitter で見掛ける "一般人風" 漫画紹介アカウント, 実は電子書籍サイトの
　　ステマだった―― 運営会社「誤解を招く表現となってしまった」」. https://nlab.itmedia.co.jp/
　　nl/articles/2002/21/news094.html（参照 2021-12-6）.

ねとらぼ（2021, 1-21）.「オルビスがステマ疑惑を Twitter 上で謝罪　従業員がインフルエンサーとし
　　て自社製品を紹介していると指摘受け」. https://nlab.itmedia.co.jp/nl/articles/2101/21/news123.
　　html（参照 2021-12-6）.

朴熙成（2021）.「ロレアルのデジタル・トランスフォーメーション戦略に関する探索的なアプローチ：
　　外部企業との協働によるデータ活用の取り組みを中心に」.『福岡女子大学紀要』, 7, 111-157.

簇智広太・伊藤大地（2017, 1-27）.「「ヘイト記事は拡散する」嫌韓デマサイト, 運営者が語った手法」.
　　BuzzFeed.https://www.buzzfeed.com/jp/kotahatachi/korean-news-xyz-2（参照 2021-9-28）.

簇智広太（2019a, 7-30）.「京アニ放火殺人「NHK のディレクターと容疑者が知り合い」は事実無根,
　　公式に否定」. BuzzFeed. https://www.buzzfeed.com/jp/kotahatachi/nhk-kyoani（参照 2021-9-
　　28）.

簇智広太（2019b, 7-18）.「安倍首相の答弁動画「富裕層の税金を上げるなんて馬鹿げた政策」→誤り
　　編集され拡散, 740 万再生に」. BuzzFeed. https://www.buzzfeed.com/jp/kotahatachi/abe-koike
　　（参照 2021-9-28）.

簇智広太（2019c, 12-9）.「中村哲さんの追悼式典「日本政府関係者の姿はなかった」は誤り　アフガ
　　ニスタンの空港で」. BuzzFeed. 201https://www.buzzfeed.com/jp/kotahatachi/rip-dr-nakamura
　　（参照 2021-9-28）.

簇智広太（2019d, 10-21）.「「NHK が災害取材で町のタクシー 3 台を貸し切り」は不正確, ネットで拡
　　散」. BuzzFeed.https://www.buzzfeed.com/jp/kotahatachi/nhk-taxi.（参照 2021-9-28）.

簇智広太（2019e, 11-14）.「桜を見る会「鳩山首相が例年より相当多く呼び, 1 万人の大台に乗った」
　　は誤り」. BuzzFeed. https://www.buzzfeed.com/jp/kotahatachi/sakura-sakura（参照 2021-9-
　　28）.

簇智広太（2020a, 2-18）.「「新型コロナの検査費用, 陰性なら 8 万円自己負担」は誤り。現状では「無
　　料」です」. BuzzFeed. https://www.buzzfeed.com/jp/kotahatachi/unknown-cause-china-12（参

照 2021-9-28).

旗智広太 (2020b, 3-30).「「4月1日ロックダウン」「テレビ関係者の情報」LINE で出回る"うわさ"に注意。その見分け方は？」. BuzzFeed. https://www.buzzfeed.com/jp/kotahatachi/tokyo-lock down-2 (参照 2021-9-28).

旗智広太 (2020c, 4-9).「緊急事態宣言後の国会「こんな時に野党が審議拒否」は誤り。「全くのフェイク」と批判も」. BuzzFeed. https://www.buzzfeed.com/jp/kotahatachi/emergency-declaration-5 (参照 2021-9-28).

濱田理央 (2017, 1-19).「「ヒールが似合う人」は女性蔑視か　東急電鉄のマナー広告に賛否」. HuffPost. https://www.huffingtonpost.jp/2017/01/19/tokyu_n_14260560.html (参照 2021-12-6).

原田朱美 (2017, 11-16).「最大40個！ツイッターのサブアカいくつある？　若者の意外な使い方」. Withnews. https://withnews.jp/article/f0171116001qq000000000000000W03j10101qq00001621 6A (参照 2021-10-4).

原田宗忠 (2015).「短縮版自己評価感情尺度の作成」.『愛知教育大学教育臨床総合センター紀要』, (5), 1-10.

平井智尚 (2007).「2ちゃんねるのコミュニケーションに関する考察」.『メディアコミュニケーション』. 57, 163-173.

平井智尚 (2012).「なぜウェブで炎上が発生するのか：日本のウェブ文化を手がかりとして」.『情報通信学会誌』, 29(4), 4_61-4_71.

廣瀬克哉 (1998).「『情報革命』と権力：覇権化・アナキー化・民主化の相克」野家啓一他 (編)『新・哲学講義7：自由・権力・ユートピア』(pp. 125-164) 岩波書店

ファクトチェック・イニシアティフ.「メディアパートナー」. https://fij.info/introduction/basic/ (参照 2021-12-27).

ファクトチェック・イニシアティフ.「基本的な考え方」. https://fij.info/introduction/basic/ (参照 2021-12-27).

ファクトチェック・イニシアティブ (2020, 12-1).「チェック済み情報まとめ」(海外編). https://fij. info/coronavirus-feature/overseas (参照 2021-9-28).

ファクトチェック・イニシアティブ. 国際的なルール. https://fij.info/introduction/principles (参照 2021-12-30).

風斗博之 (2016).「911真相究明運動と報道機関」.『人間情報学研究』, 21, 103-105.

福田瑠千代 (2019, 8-28).「「5Gでムクドリ大量死」デマ拡散　2018年に Facebook で流行したフェイクニュース」. ねとらぼ. https://nlab.itmedia.co.jp/nl/articles/1908/28/news120.html. (参照 2021-9-28).

福地秀彦 (2020).「新型コロナウイルス感染拡大と流言・トイレットペーパー買いだめ～報道のあり方を考える～」.『放送研究と調査』, 2020-6, 2-24.

藤代裕之 (2012).「ニュースサイトにおけるポータルサイトの役割」. *Journal of global media studies.* (11). 1-9.

藤代裕之 (2012, 1-7).「「食べログ」だけではない　ネットでやらせがはびこる理由」. 日本経済新聞. https://www.nikkei.com/article/DGXNASFK0604E_W2A100C1000000/ (参照 2021-10-4).

藤代裕之 (2016).「テレビが"ネット炎上"を加速する」. *GALAC.* 2016(10), 12-15.

藤代裕之 (2019a).「フェイクニュース検証記事の制作過程～ 2018年沖縄県知事選挙における沖縄タイムスを事例として～」.『社会情報学』. 8(2), 143-157. https://www.jstage.jst.go.jp/article/ssi/

8/2/8_143/_pdf/-char/ja

藤代裕之 (2019b).「フェイクニュース生成過程におけるミドルメディアの役割〜 2017 年衆議院選挙を事例として〜」.『情報通信学会誌』. 37(2), 93-99.

藤代裕之 (2019c, 12-28).「日本のファクトチェックに足りない 3 つの視点「フェイクニュース対策」ガラパゴス化の恐れ」. Yahoo!JAPAN ニュース. https://news.yahoo.co.jp/byline/fujisiro/20191228-00156700?fbclid=IwAR1_7ypuRLXOk6tmvDioQ7TEegppR_MQUe1jZekjfKvKknvLDNuOHubISLw（参照 2021-12-27）.

藤代裕之 (2021).『フェイクニュースの生態系』青弓社

ブライアンら (2001).『マクミラン新編世界歴史統計 1 ヨーロッパ歴史統計』東洋書林

文春オンライン (2021, 4-15).「「娘の遺体は凍っていた」14 歳少女がマイナス 17℃の旭川で凍死　背景に上級生の凄惨イジメ《母親が涙の告白》」. https://bunshun.jp/articles/-/44766（参照 2021-10-4）.

ヘフェリン, サンドラ (2020, 8-27).「環境省「萌えキャラ」動画騒動　なぜニッポンの公的機関の PR は炎上するのか」. 朝日新聞 GLOBE+. https://globe.asahi.com/article/13669302（参照 2021-12-6）.

穂鷹知美 (2021, 4-12).「ドイツのネットワーク執行法で変わったことと変わらないこと──違法なコンテンツの排除はネット上の発言をどう変えたか」. シノドス. https://synodos.jp/opinion/international/24236/（参照 2021-12-27）.

堀田龍也, 佐藤和紀 (2019).「日本の初等中等教育における情報リテラシーに関する教育の動向と課題」.『電気情報通信学会 通信ソサイエティマガジン』. 13(2), 117-125. https://www.jstage.jst.go.jp/article/bplus/13/2/13_117/_pdf

マージェリック (2018, 7-12).「【Instagram のショッピング機能に関する調査】インスタの衝動買い女子が増加中！　Instagram を見て購入経験有のうち 7 割衝動買い経験者。ショッピング機能認知度は約半数，使ってみたい人 6 割強と意欲的〜「SNS が購入の起点」となる最新お買い物トレンドが顕著に〜」. https://mergerick.com/release/shopnow_2018_0712.html（参照 2021-10-4）.

マイナビ (2017, 7-21).「【女子大生のソーシャルメディア事情】Twitter のアカウントは当然 2 個持ち⁉ Twitter の使い方編」. https://gakumado.mynavi.jp/gmd/articles/50810（参照 2021-10-4）.

毎日新聞 (2012).「二宮金次郎像：受難　「戦時教育の名残だ」「歩いて本読むの危険」…大津市教委，補修に難色」. 1 月 25 日大阪夕刊／大阪, 9.

毎日新聞 (2020).「新型コロナ：新型コロナ　S NS に「感染」デマ，県内コンビニ店長が中傷被害　うそ認めて謝罪を／滋賀」. 10 月 21 日地方版／滋賀, 20.

毎日新聞 (2020, 10-29).「デヴィ夫人発言で関西テレビが謝罪文　「不妊の理由は堕胎」発言は「全くの誤り」」. https://mainichi.jp/articles/20201029/k00/00m/040/075000c（参照 2021-12-6）.

毎日新聞 (2021).「見る探る：陰謀論の思考とは／下　トランプ氏支持者「J アノン」のデモに同行　古いメディアは「フェイク」」. 6 月 6 日朝刊, 6.

前屋毅 (2000).『全証言　東芝クレーマー事件』小学館文庫

松田純子 (2020, 11-6).「タカラトミー「リカちゃん」炎上に学ぶ，致命的な NG 投稿と話題になる投稿の紙一重の違い」. プレジデントオンライン. https://president.jp/articles/-/40133（参照 2021-12-6）.

松田美佐 (2014).『うわさとは何か──ネットで変容する「最も古いメディア」』中央公論新社

みずほ情報総研 (2020).「日本におけるフェイクニュースの実態等に関する調査研究　ユーザのフェイクニュースに対する意識調査─報告書─」. https://www.soumu.go.jp/main_content/000715293.

pdf（参照 2021-10-4）.

耳塚佳代（2020）.「「フェイクニュース」時代におけるメディアリテラシー教育のあり方」.『社会情報学』. 8(3), 29-45.

諸藤絵美, 関根智江（2012）.「多様化するインターネット利用の現在：「メディア利用の生活時間調査」から②」.『放送研究と調査』, 11, 16-34.

安田聡子（2020, 10-27）.「Qアノンについて知っておきたい5つのこと。大統領選を左右する陰謀論はなぜ拡大しているのか」. HuffPost. https://www.huffingtonpost.jp/entry/qanon-us-election_jp_5f9531dfc5b6a2e1fb620ae5（参照 2021-10-25）

楊井人文（2021, 5-13）.「日本や海外におけるファクトチェックの取り組みについて. 総務省「プラットフォームサービスに関する研究会」」. https://www.soumu.go.jp/main_content/000749420.pdf（参照 2021-12-28）.

ヤフー株式会社（2021）.「フェイクニュース問題に対する取組み」. https://www.soumu.go.jp/main_content/000635166.pdf（参照 2021-12-27）.

山口真一（2014）.「ゲーム産業におけるインターネット上の著作権侵害と経済効果：ゲームプレイ動画とゲームソフト販売本数に関する実証分析」.『情報通信政策レビュー』, 9, 178-201.

山口真一（2015）.「ネット炎上の実態と政策的対応の考察―実証分析から見る社会的影響と名誉毀損罪・制限的本人確認制度・インターネットリテラシー教育の在り方―」.『情報通信政策レビュー』, 11, 52-74.

山口真一（2018）.「ネットワーク上における消費者の情報発信の偏り：日米オンラインレビューに関する実証分析」.『組織学会大会論文集』, 7(2), 495-500.

山口真一, 佐相宏明, 青木志保子（2019）.「インスタ映え（ソーシャルメディア映え）」の経済効果に関する実証分析」. *GLOCOM Discussion Paper, 19*(1).

吉川慧（2019, 2-18）.「フィフィさん, 蓮舫議員が「改正児童虐待防止法に反対」と誤りをツイート→謝罪し削除」. BuzzFeed. 2019-2-18. https://www.buzzfeed.com/jp/keiyoshikawa/fifi（参照 2021-9-28）.

吉田明弘, 坂間千秋（2013）.「ネット商取引のゲーム理論的解析：カスタマーレビューが購買活動に与える影響について」.『電子情報通信学会技術研究報告：信学技報』. 112(383), 5-9.

吉野ヒロ子（2016）.「国内における「炎上」現象の展開と現状：意識調査結果を中心に」.『広報研究』. (20), 66-83.

吉野ヒロ子（2021）.『炎上する社会―企業広報, SNS 公式アカウント運営者が知っておきたいネットリンチの構造』弘文堂

ヨッピー（2016）.「PC デポ 高額解除料問題 大炎上の経緯とその背景」. Yahoo! ニュース. https://news.yahoo.co.jp/byline/yoppy/20160823-00061403（参照 2021-12-31）.

読売新聞オンライン（2020, 4-12）.「「深く息を吸い 10 秒我慢できれば…感染可能性低い」愛知県警が誤情報を投稿」. https://www.yomiuri.co.jp/national/20200412-OYT1T50078/（参照 2021-9-28）.

柳文珠（2013）.「韓国におけるインターネット実名制の施行と効果」.『社会情報学』. 2(1), 17-29. https://doi.org/10.14836/ssi.2.1_17

ロイター（2021, 5-24）.「新型コロナで中国がフェイクニュース拡散, 台湾が批判」. https://jp.reuters.com/article/health-coronavirus-taiwan-idJPKCN2D50CI（参照 2021-12-28）.

渡辺成美, 竹内勇剛（2013）.「他者の存在を示唆する表現を通した電子掲示板における荒らし行為の抑制手法」.『電子情報通信学会技術研究報告：信学技報』112(455), 67-72.

索 引

1・A～Z

5ちゃんねる　56, 224-227, 238
　2ちゃんねる（現5ちゃんねる）　1, 144, 147-149, 225-227
9.11陰謀論　50-51
AI　223, 242, 281, 290, 293, 327
Big Five　201-202, 312
disinformation　→　偽情報を参照
Electoral Integrity Assurance Taskforce（豪）　320
Facebook　5, 14, 16-18, 24, 38, 47, 82, 90, 118, 133, 136, 151, 193, 232, 234, 238, 245, 259, 262-263, 279, 293, 320-324, 327-330
FIJ（ファクトチェック・イニシアティブ・ジャパン）　53, 61, 71, 73-74, 276-277, 325
First Draft　326-328
IFCN（International Fact-Checking Network）　274, 277-278, 325-326, 330
infodemic　60
Instagram　118, 133, 193, 232, 234-236, 238, 245
LINE　29, 119, 133, 245-247, 253-254, 330
　LINEいじめ　246
malinformation（悪意ある情報）　43-44
misinformation　→　誤情報を参照
OFCOM（英国情報通信庁）　320
Online Harms White Paper（英）　319
PACT法案（米）　259
PHS　247-251, 253
POFMA（Protection from Online Falsehoods and Manipulation Act, シンガポール）　322-323
Qアノン　45-47, 50
Snopes　57, 329-330
SNS（Social Networking Service）　1, 5, 24-29, 33, 122, 148, 220, 232-234, 236-238, 286, 304
Tobitモデル　296
Twitter　4, 10, 13-15, 20, 24, 30-33, 47, 82, 86, 92-93, 103, 111, 118-119, 127-128, 133, 136, 144, 148-149, 151, 190-196, 207, 215, 232-233, 238, 244, 259, 263, 275-276, 280-281, 320-321, 324, 327-328
WHO（世界保健機関）　60, 63, 65-66
Yahoo! ニュース　33, 46, 81, 90, 193, 287
YouTube　240-244, 265, 324, 327
　YouTuber　168, 181, 241-244

あ　行

愛国心　34, 294
アヴィア法（仏）　263
アテンションエコノミー（関心経済）　78, 80-81
アルゴリズム　16-18, 263, 282
イデオロギー　11, 13, 18-20, 33, 51, 75, 97, 114, 279
意図せぬ公人化　181-182, 285
インスタ映え　234, 236
インターネット実名制　266-267, 274
インターネット悲観論・楽観論　2
インターネット安全戦略（英）　319
インフルエンサー　19, 30, 49, 55, 91, 133, 234, 239, 243-244, 291
陰謀論　45-51, 60, 90
右派・右翼　13, 40, 47, 77, 262
エコーチェンバー（現象）　3, 10, 13-17, 32, 111, 210, 286, 290
オーバーブロッキング　262-263, 270
穏健化効果　18, 20

か 行

拡散性　　4, 87, 143-144, 148
確証バイアス　　128-129
可視性　　4, 87, 143, 284
疑義言説　　71, 100, 275
偽情報（disinformation）　　43-45, 77, 80, 96, 103, 243, 261, 319-320, 327
キャンセル・カルチャー　　46
共振現象　　5, 149, 195, 215, 284
共和党（米）　　8-9, 12, 40, 51, 79, 83, 258-259
極端化効果　　2-3, 18-21, 23
クチコミ　　5, 106, 155, 172, 220-224, 242
　クチコミサイト　　1, 155, 220-223, 229, 232, 234
クラスタ　　14-15, 30-31, 164, 305
クリエイターエコノミー　　243-245
クレーマー　　145, 205
クロスチェック　　39
顕示的消費　　235-236
憲法改正　　8, 12, 23-24, 28, 296-298
言論仲裁法（韓）　　264
言論の自由　　145, 259-260, 262
誤情報（misinformation）　　4, 42-45, 69, 77, 84, 93, 96, 103-114, 126-139, 153, 290, 302, 306-310, 319-320
五輪エンブレム騒動　　150, 185-186, 207

さ 行

サザエさん不謹慎事件　　91, 162, 217
自己評価　　110-113, 290, 302-303
自粛警察　　153-154
持続性　　4, 143-144, 284
自民党　　15, 67, 136
社会的厚生　　255, 267, 270
集団極性化　　3, 10, 13, 17, 286
消費喚起効果（消費押上げ効果）　　5, 222, 236
消費者余剰　　5, 254-256, 315-317
情報検証行動　　122-124, 140
情報障害（information disorder）　　43-44

情報操作との戦いに関する法律（仏）　　263
情報リテラシー　→　リテラシーを参照
新型コロナウイルス　　2, 12, 46, 48, 60-71, 84, 112, 117, 119, 123-133, 136, 140, 151, 153, 172-175, 191, 216-217, 233, 236, 243, 246-247, 268, 275, 305-310, 321, 323, 326-328
人類総メディア時代　　1-2, 4, 87, 142, 186, 243-244, 258, 281, 284, 288, 292
スーパースプレッダー　　133-138
ステルスマーケティング　　155, 165-167, 170-176, 222-223, 229, 232
スマートフォン　　17, 139, 148, 245, 247-253
正義感　　84, 88, 147, 189, 205-214, 267, 313
誠実広告法案（米）　　258, 261
政治的混乱　　4, 82, 84-85, 113
政治的動機　　18, 20-21, 77, 79, 82
選択的接触　　3, 5, 10-13, 16, 19-21, 35, 111
ソーシャルリスニング　　238-239

た〜は 行

通信品位法第230条（米）　　258-261
デジタル・ダイエット宣言　　282
デマ　　2, 41-42, 48-49, 51, 53, 60, 66, 74-76, 83-84, 92-94, 112, 123, 131, 136, 147, 183, 195, 243, 266, 275, 278, 322
#東京五輪は中止します　　198
#東京脱出　　217-218
東京都知事選挙（2020年）　　30-31
東芝クレーマー事件　　144
同類性（homophily）　　3, 10-12
豊川信用金庫事件　　76, 83, 132
認知バイアス　　128-129
ネットワーク執行法（独）　　261-262, 270
パーソナルメディア　　89
バイトテロ　　150, 177-178
ハッシュタグ　　15-16, 136-137, 171, 174, 180, 198, 217, 233-235, 280, 328
発信するための消費　→　顕示的消費を参照
東日本大震災　　42, 53, 148, 152-153, 233
ピザゲート事件　　38
非実在型炎上　　91-92, 162, 217

誹謗中傷　2-5, 55, 142, 146, 149-153, 182-185, 195, 209, 212, 214-217, 225, 238, 262, 266-267, 269-270, 273, 281, 283-287, 289, 292, 321
表現の萎縮　4, 185-186, 213, 267, 269, 274
表現の自由　33, 162, 184, 212, 258-259, 264-269, 272-273, 281, 322
ファクトチェック　39, 42, 48, 53, 56-57, 61, 63, 72-73, 86, 96-98, 104-105, 125-130, 274-279, 281-282, 285-286, 308, 325-330
ファクトチェック・イニシアティブ　→ FIJ を参照
ファクトチェック綱領（IFCN）　275, 325
フィーチャーフォン　183, 247-253
フィルターバブル　3, 10, 18, 210, 282, 284, 286, 290
不謹慎　91-92, 151-153
仏大統領選挙（2017 年）　39-40, 60
プラットフォーム事業者　5, 33, 223, 242, 258-264, 270-272, 279-287, 292, 319-320, 322, 324-325
分極化　9-10, 18, 20
　分極化指数　18-19, 294
分断　2-4, 8-10, 18, 20, 46-47, 80, 82, 85-86, 90, 113
米国大統領選挙（2016 年）　38, 42, 60, 72, 75, 77-80, 90, 284, 287
米国大統領選挙（2020 年）　45-46, 60, 71, 82, 260
ポケベル　247-253
保守　8-9, 11-12, 17, 20, 22, 31, 39-40, 46, 51-52, 61, 79, 97, 114, 156, 265, 279, 294

ま〜わ　行

マスメディア　1, 4-5, 11-13, 34-35, 42-43, 53, 57, 79-81, 84, 87-94, 97, 111, 118-122, 126-130, 140, 143, 149-150, 174, 178, 181, 195, 214-217, 244, 265, 284-287, 290, 292
ミドルメディア　4-5, 89-90, 129, 195, 214-215, 287, 290
民主主義　1, 9, 11, 13, 44, 60, 75, 83, 113-116, 260-261, 263, 265, 269, 320, 324, 327
民主党（日本）　69-70
民主党（米）　8-9, 12, 45-46, 48, 51, 79, 229, 258-259
立憲民主党　15, 58, 129
リテラシー
　情報リテラシー　109, 111-112, 288, 302-306
　デジタルリテラシー　109-112, 288, 302-306
　ニュースリテラシー　109, 111-112, 288, 302-306
　メディアリテラシー　109-113, 288-290, 302-306
　メディア情報リテラシー　288-291
　リテラシー教育　112, 288-291
リベラル　8-9, 11, 17, 19-20, 22, 33, 45-46, 51, 61, 97, 114, 294
ロジットモデル　311-313
ワクチン　48-50, 112, 136, 140, 243, 247, 275, 323, 328

著者略歴

山口 真一（やまぐち しんいち）
国際大学グローバル・コミュニケーション・センター准教授。
1986 年生まれ。博士（経済学・慶應義塾大学）。2020 年より現職。
専門は計量経済学，社会情報学，情報経済論。NHK や日本経済新聞
をはじめとして，メディアにも多数出演・掲載。KDDI Foundation
Award 貢献賞，組織学会高宮賞，情報通信学会論文賞（2 回），電
気通信普及財団賞，紀伊國屋じんぶん大賞を受賞。主な著作に『正
義を振りかざす「極端な人」の正体』（光文社），『なぜ，それは儲か
るのか』（草思社），『炎上とクチコミの経済学』（朝日新聞出版），
『ネット炎上の研究』（勁草書房）などがある。他に，早稲田大学ビ
ジネススクール兼任講師，シエンプレ株式会社顧問，株式会社エコ
ノミクスデザインシニアエコノミスト，日経新聞 Think! エキスパー
ト，日本リスクコミュニケーション協会理事，クリエイターエコノ
ミー協会アドバイザーなどを務める。また，内閣府「AI 戦略会議」
をはじめとし，総務省，厚生労働省，文部科学省などの様々な政府
有識者会議委員を務める。

ソーシャルメディア解体全書
フェイクニュース・ネット炎上・情報の偏り

2022年 6 月25日　第 1 版第 1 刷発行
2024年 4 月25日　第 1 版第 2 刷発行

著　者　山　口　真　一

発行者　井　村　寿　人

発行所　株式会社　勁　草　書　房

112-0005 東京都文京区水道2-1-1　振替　00150-2-175253
（編集）電話 03-3815-5277／FAX 03-3814-6968
（営業）電話 03-3814-6861／FAX 03-3814-6854
本文組版 プログレス・平文社・中永製本

＊落丁本・乱丁本はお取替いたします。
　ご感想・お問い合わせは小社ホームページから
　お願いいたします。

https://www.keisoshobo.co.jp

田中辰雄
ネット分断への処方箋
ネットの問題は解決できる

A5判 2,420円
60351-0

田中辰雄・山口真一
ネット炎上の研究
誰があおり，どう対処するのか

A5判 2,420円
50422-0

田中辰雄・山口真一
ソーシャルゲームのビジネスモデル
フリーミアムの経済分析

A5判 2,750円
50406-0

ルチアーノ・フロリディ／塩崎亮 訳・河島茂生 訳・解説
情報の哲学のために
データから情報倫理まで

四六判 3,300円
15477-7

キャス・サンスティーン／伊達尚美 訳
選択しないという選択
ビッグデータで変わる「自由」のかたち

四六判 2,970円
55077-7

山口智美・斉藤正美・荻上チキ
社会運動の戸惑い
フェミニズムの「失われた時代」と草の根保守運動

四六判 3,080円
65377-5

勁草書房刊

＊表示価格は2024年4月現在。消費税10%が含まれています。